EL LIBRO DE LA
POLITICA

DK LONDRES

EDICIÓN DE ARTE DE PROYECTO
Amy Orsborne

EDICIÓN SÉNIOR
Sam Atkinson

COORDINACIÓN DE ARTE
Karen Self

COORDINACIÓN EDITORIAL
Esther Ripley

DIRECCIÓN DE PUBLICACIONES
Laura Buller

DIRECCIÓN DE ARTE
Phil Ormerod

SUBDIRECCIÓN DE PUBLICACIONES
Liz Wheeler

DIRECCIÓN DE PUBLICACIONES
Jonathan Metcalf

ILUSTRACIÓN
James Graham

DIRECCIÓN DE PREPRODUCCIÓN
Rachel Ng

PRODUCCIÓN SÉNIOR
Gemma Sharpe

Estilismo de
STUDIO 8 DESIGN

DK DELHI

EDICIÓN DE ARTE SÉNIOR
Anjana Nair

EDICIÓN DE ARTE
Nidhi Mehra

ASISTENTES DE EDICIÓN DE ARTE
Niyati Gosain, Vidit Vashisht,
Namita y Gazal Roongta

COORDINACIÓN DE ARTE
Arunesh Talapatra

ASESOR DE DISEÑO
Shefali Upadhyay

EDICIÓN SÉNIOR
Monica Saigal

ASISTENTE DE EDICIÓN
Archana Ramachandran

COORDINACIÓN EDITORIAL
Pakshalika Jayaprakash

COORDINACIÓN DE PRODUCCIÓN
Pankaj Sharma

COORDINACIÓN DE MAQUETACIÓN
Balwant Singh

MAQUETACIÓN
Arvind Kumar, Rajesh Singh Adhikari,
Syed Md Farhan, Dheeraj Arora y
Bimlesh Tiwary

ICONOGRAFÍA
Surya Sankash Sarangi

Producido para DK por
TALL TREE LTD

COORDINACIÓN EDITORIAL
Rob Colson

DIRECCIÓN DE ARTE
Ben Ruocco

EDICIÓN SÉNIOR
Richard Gilbert, Camilla Hallinan,
Scarlett O'Hara y Sarah Tomley

Publicado originalmente en Gran Bretaña
en 2013 por Dorling Kindersley Limited,
80 Strand, London, WC2R 0RL

Parte de Penguin Random House

Copyright © 2013 Dorling Kindersley Limited

Título original: *The Politics Book*
Primera reimpresión 2018

© Traducción en español 2014
Dorling Kindersley Limited

Servicios editoriales: deleatur, s.l.
Traducción: Juan Andreano Weyland

ISBN: 978-1-4654-6629-7

Impreso y encuadernado por Vivar (Malasia)

UN MUNDO DE IDEAS
www.dkespañol.com

EL LIBRO DE LA
POLITICA

CONTENIDO

COLABORADORES

PAUL KELLY (ASESOR EDITORIAL)

Paul Kelly es vicedecano de teoría política en la London School of Economics and Political Science. Es autor, editor y coeditor de once libros. Sus principales intereses son el pensamiento político británico y la filosofía política contemporánea.

ROD DACOMBE

El doctor Rod Dacombe es profesor titular de política del departamento de economía política del King's College de la Universidad de Londres. Sus investigaciones se centran básicamente en la teoría y la práctica de la democracia y en la relación entre el sector de las organizaciones sin ánimo de lucro y el Estado.

JOHN FARNDON

John Farndon es autor de muchos libros sobre historia de la ciencia y las ideas, y sobre temas contemporáneos. También suele escribir sobre ciencia y cuestiones medioambientales, y en cuatro ocasiones ha sido finalista del premio Science Book para jóvenes.

A.S. HODSON

A.S. Hodson es escritor y antiguo editor colaborador de BusWatch.com.

JESPER JOHNSØN

Jesper Johnsøn es científico político y asesora a países en desarrollo sobre gobernanza y reformas anticorrupción. Trabaja en el instituto U4 Anti-Corruption Resource Centre, de la fundación Chr. Michelsen Institute, en Bergen (Noruega).

NIALL KISHTAINY

Niall Kishtainy enseña en la London School of Economics y está especializado en historia de la economía y desarrollo. Ha trabajado para el Banco Mundial y la Comisión Económica para África (CEPA), perteneciente a la ONU.

JAMES MEADWAY

James Meadway es el vocal de economía del comité asesor independiente (think-tank) británico New Economics Foundation. Ha sido asesor de política del Tesoro de Reino Unido, donde se ocupó de desarrollos regionales, ciencia y políticas innovadoras.

ANCA PUSCA

La doctora Anca Pusca es profesora titular de estudios internacionales en el Goldsmiths College, de la Universidad de Londres. Es autora de *Revolution, Democratic Transition and Disillusionment: The Case of Romania* y *Walter Benjamin: Aesthetics of Change*.

MARCUS WEEKS

Marcus Week estudió filosofía y ejerció como profesor antes de dedicarse exclusivamente a la escritura. Ha colaborado en muchos libros sobre arte y ciencias populares.

IDEAS REVOLUCIONARIAS
1770–1848

LA REBELIÓN DE LAS MASAS
1848–1910

CHOQUE DE IDEOLOGÍAS
1910–1945

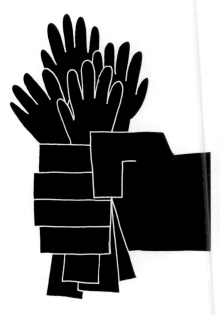

LA POLÍTICA DE POSGUERRA
1945–PRESENTE

INTRODU

CCION

Si todos pudiéramos tener lo que queremos cuando lo queremos, la política no existiría. Sea cual fuere el significado exacto de esa actividad compleja llamada política —y, como expone este libro, se ha entendido de muchas formas distintas—, está claro que la experiencia humana nunca nos da todo lo que queremos. Hemos de competir, esforzarnos, pactar y, a veces, luchar por ello. Al hacerlo creamos un lenguaje para explicar y justificar nuestras demandas y para retar, contradecir o responder a las demandas de los demás. Este lenguaje podría ser, o bien un lenguaje de intereses, ya sean individuales o grupales, o bien de valores, como en el caso de los derechos y las libertades o de la igualdad y la justicia. Pero, desde sus inicios, lo primordial de la actividad política es la creación de ideas y conceptos políticos que nos ayuden a exigir y defender nuestros intereses.

Sin embargo, la cuestión trasciende esta visión de la política y las ideas políticas que parece reducirlo todo a la pregunta de quién consigue qué, dónde, cuándo y cómo. Sin duda la vida política es, en parte, la respuesta necesaria a los retos de la vida cotidiana, y supone la aceptación de que, a menudo, la acción colectiva es mejor que la individual. Pero hay otra tradición del pensamiento, asociada a Aristóteles, según la cual la política no se refiere solamente a la lucha por obtener bienes materiales en tiempos de escasez. La formación de sociedades complejas va acompañada de diferentes cuestionamientos. ¿Quién debe gobernar? ¿Qué poderes deben tener los gobernantes y cómo se compara su legitimidad con la de otras estructuras de autoridad, como la familia o las organizaciones religiosas?

Aristóteles defendió que es natural que el hombre viva de forma política, y esto no solo significa que el hombre vive mejor dentro de una sociedad compleja que abandonado y aislado. También significa que es intrínsecamente humano tener opiniones sobre cómo han de resolverse los asuntos de interés público. La política es una actividad noble por medio de la cual los hombres deciden las reglas según las cuales van a vivir y los objetivos que perseguirán colectivamente.

Moralismo político

Aristóteles no pensaba que todos los seres humanos pudieran participar en la actividad política: en su sistema, las mujeres, los esclavos y los extranjeros quedaban excluidos del derecho a gobernarse ellos mismos y a gobernar a otros. No obstante, su idea básica de que la política es una actividad colectiva única para lograr determinados objetivos y fines sigue vigente hasta hoy. Pero, ¿qué fines? Desde antiguo, muchos pensadores y muchas figuras políticas han expresado diferentes ideas sobre los objetivos que puede o debe alcanzar la política. A este enfoque se lo denomina moralismo político.

Para los moralistas, la vida política es una rama de la ética, o filosofía moral, por lo que no es raro que, dentro de este grupo de pensadores, haya muchos filósofos. Los moralistas argumentan que la política debe enfocarse al logro de propósitos importantes y que los acuer-

La sociedad política existe para realizar acciones nobles y no solo para acompañarnos.
Aristóteles

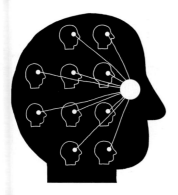

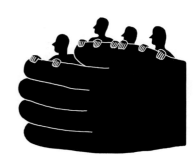

dos políticos deben proteger valores como la justicia, la igualdad, la libertad, la felicidad, la fraternidad o la autodeterminación de los pueblos. En su expresión más radical, el moralismo describe sociedades políticas ideales conocidas como utopías, así llamadas por el libro *Utopía* del estadista y filósofo Tomás Moro, publicado en 1516, donde imaginaba una nación ideal. El pensamiento utópico se remonta a la obra *La república*, de Platón, pero siguen utilizándolo algunos pensadores modernos, como Robert Nozick, para analizar ideas. Algunos teóricos creen que el pensamiento utópico conlleva ciertos peligros, ya que en el pasado sirvió para justificar la violencia totalitaria. Pero lo más positivo del pensamiento utópico es que su objetivo es lograr una sociedad mejor; y muchos de los filósofos citados en este libro lo utilizan para proponer valores a alcanzar o a proteger.

Realismo político
Otra tradición fundamental del pensamiento político rechaza la idea de que la política exista para proponer valores morales o éticos como la felicidad o la libertad; y opina, en cambio, que solo trata del poder como medio para conseguir los fines, derrotar a los enemigos y mantener los pactos. Según esto, sin la capacidad

de conseguir y mantener el poder, los valores, por nobles que sean, son inútiles.

El grupo de pensadores que se centra en el poder por oposición a la moralidad es el de los llamados realistas. Estos ponen el foco en el poder, los conflictos y la guerra, y suelen mostrarse cínicos respecto a las motivaciones humanas. Quizá los dos teóricos del poder más importantes fueron el italiano Nicolás Maquiavelo y el inglés Thomas Hobbes, quienes vivieron en épocas de guerras civiles y trastornos sociales en los siglos XVI y XVII, respectivamente. El concepto que Maquiavelo tenía de la naturaleza humana era que los hombres son «mentirosos y desagradecidos» y para nada nobles

Que sobre las formas de gobierno discutan los necios cuanto quieran. El gobierno mejor es el mejor administrado.
Alexander Pope

ni virtuosos. Así, advirtió de los peligros de los móviles políticos que van más allá del ejercicio del poder. Para Hobbes, el «estado de naturaleza», sin ley, supone la guerra de todos los hombres contra los demás. Por medio de un «contrato social» con sus súbditos, el soberano ejerce poder absoluto para salvar a la sociedad de este estado de salvajismo. Pero la idea del poder no es exclusiva de los comienzos de la Europa moderna: gran parte del pensamiento político del siglo XX tiene que ver con su origen y su ejercicio.

Sabio consejo
El realismo y el moralismo son visiones importantes que tratan de comprender toda la experiencia política y su relación con otros rasgos de la condición humana. Pero no todos los pensadores políticos han adoptado tan amplia perspectiva de los acontecimientos. Junto a los filósofos políticos existe una tradición igualmente antigua que es más pragmática y trata solo de obtener los mejores resultados posibles. Quizá jamás se eliminen las guerras y los conflictos, y también quizá jamás se deje de discutir sobre la relación entre valores políticos como la libertad y la igualdad, pero quizá sí podamos avanzar en la elaboración de constituciones y leyes o en »

conseguir que los gobernantes sean los más aptos. Algunos de los primeros pensamientos sobre política —como, por ejemplo, los del filósofo chino Confucio— se relacionan con las capacidades y las virtudes de la figura del consejero sabio.

Nacimiento de la ideología

Hay otro tipo de pensamiento político que suele llamarse ideológico. Una rama importante del pensamiento ideológico sostiene que las ideas son propias de cada periodo histórico. De los orígenes del pensamiento ideológico hay ya rastros en la filosofía histórica de pensadores alemanes como Georg Hegel y Karl Marx, quienes explicaron que las ideas de cada periodo político difieren porque igualmente difieren las instituciones y las prácticas de las sociedades, así como a que el significado de las ideas cambia a lo largo de la historia.

Platón y Aristóteles consideraban la democracia un sistema peligroso y corrupto, en tanto que la mayor parte del mundo moderno la ve como la mejor forma de gobierno, y se alienta a los regímenes autoritarios a que se democraticen. De la misma manera, hubo un tiempo en que se pensaba que la esclavitud era un estado natural que excluía a muchas personas de cual-

quier tipo de derecho, y, hasta el siglo XX, las mujeres no eran consideradas ciudadanas en la mayoría de los países.

Esto plantea la cuestión de qué hace que cobren importancia algunas ideas, como la igualdad, mientras se rechazan otras, como la esclavitud o la legitimidad divina del poder de los reyes. Uno de los responsables de este cambio histórico es Marx, que argumentó que las ideas van unidas a los intereses de las clases sociales, como la trabajadora o la capitalista. Fueron los intereses de clase los que dieron origen a los grandes «ismos» de la política ideológica, desde el comunismo y el socialismo hasta el conservadurismo y el fascismo. Las clases sociales de Marx no son el único

Los filósofos solo han interpretado el mundo […], el objetivo es cambiarlo.
Karl Marx

origen de la política ideológica: muchas ideas políticas recientes han surgido también a partir de la evolución interna misma del liberalismo, el conservadurismo, el socialismo o el nacionalismo.

El pensamiento político ideológico se ha enfrentado a la hostilidad y las críticas. Si, como dicen los críticos, las ideas son solo el reflejo de los procesos históricos, seguramente las personas atrapadas en esos procesos no representan más que un papel pasivo, y así la discusión y la deliberación racionales tienen poco valor. La lucha ideológica se parece más a un partido de fútbol: es la pasión y no la razón la que nos hace apoyar a nuestro equipo, y a fin de cuentas lo único que importa es ganar. A muchos les preocupa que la política ideológica derive en los peores excesos del realismo, que considera que los fines pueden justificar el uso de unos medios brutales e injustos. La política ideológica parece ser una guerra perpetua entre equipos rivales e irreconciliables.

La solución de Marx a este problema vendría con el triunfo revolucionario de la clase trabajadora y la superación técnica de la pobreza, que resolverían el conflicto político. Este planteamiento de la política parecía extremadamente optimista a principios del siglo XX, y se ha

comprobado que la revolución no ha hecho más que sustituir un tipo de tiranía por otro. A este respecto, el marxismo y otras ideologías son solo las formas más nuevas del moralismo utópico irrealista.

Un futuro controvertido

Según Georg Hegel, las ideas políticas son una abstracción de la vida política de una sociedad, un Estado, una cultura o un movimiento político. Comprender estas ideas y las instituciones o movimientos que generan requiere del estudio de su historia y su evolución. La historia siempre es el relato de cómo hemos llegado adonde estamos ahora. Pero no podemos ver el futuro para saber hacia dónde vamos.

En la mitología romana, la lechuza de Minerva era el símbolo de la sabiduría. Para Hegel, dicha ave solo «levanta el vuelo al atardecer», lo cual implica que la comprensión solo llega de forma retrospectiva. Hegel advierte contra el optimismo de concebir ideas para el futuro. Aunque también se opone sutilmente a su propia y célebre afirmación de que el Estado moderno es el fin de la historia. Es muy fácil considerar nuestra era como la más progresista, iluminada y racional de todos los tiempos, porque creemos en la democracia, los derechos humanos, las economías abiertas y los gobiernos constitucionales. Pero, como veremos en este libro, estas ideas no son nada sencillas, y tampoco las comparten todas las sociedades y los pueblos, incluso hoy.

Los últimos ochenta años de historia del mundo han visto el surgimiento de nuevos estados-nación gracias al fin del imperialismo y a la descolonización. Federaciones como Yugoslavia y Checoslovaquia se han dividido en nuevos estados, lo mismo que la antigua Unión Soviética. El deseo de soberanía nacional es muy fuerte en sitios como Quebec, Cataluña, Kurdistán y Cachemira. Pero, mientras los pueblos luchan por convertirse en estados, los estados han creado federaciones complejas y uniones políticas. En las últimas tres décadas ha aparecido la Unión Europea, que aspira a una integración política más estrecha, así como la zona del Tratado de Libre Comercio de América del Norte y muchas otras organizaciones de cooperación regional.

Las viejas ideas de soberanía de los estados no encuentran fácil acomodo en el nuevo mundo político de soberanía mancomunada, cooperación económica y globalización. Aquí es muy pertinente la idea de Hegel: no podemos predecir qué les pareceremos a la gente del futuro, ni si lo que a nosotros nos parece de sentido común será tan convincente para nuestros descendientes.

Entender el presente exige comprender la diversidad de ideas y teorías políticas de toda la historia. Estas ideas explican las posibilidades del presente, advierten contra el exceso de confianza en nuestros valores políticos y nos recuerdan que las demandas sociales para organizar y gobernar la vida colectiva pueden cambiar de forma impredecible. A medida que surgen nuevas posibilidades de ejercer el poder, también aparecen nuevas exigencias con respecto a su control y responsabilidad, y con estas vendrán ideas y teorías políticas nuevas. La política nos concierne a todos, de manera que todos tenemos que intervenir en el debate. ∎

La política es algo demasiado serio para dejárselo a los políticos.
Charles de Gaulle

EL PENSA
POLITICO
LA ANTIG
800 a.C.—30 d.C

MIENTO
EN
UEDAD

Comienza en China el **periodo de Primaveras y Otoños** y aparecen las «Cien escuelas de pensamiento».

Confucio propone un sistema de gobierno basado en **valores tradicionales** gestionado por eruditos.

Se funda la **República romana**.

En Grecia, los sofistas como Protágoras sostienen que la justicia política es una imposición de **valores humanos** y no un reflejo de la justicia en la naturaleza.

c. **770 A.C.**   **600–500 A.C.**   *c.* **510 A.C.**   *c.* **460 A.C.**

600 A.C.   **594 A.C.**   **476–221 A.C.**   **399 A.C.**

El **general chino Sun Tzu** escribe *El arte de la guerra* para el rey Ho-lu de Wu.

Solón crea una **Constitución para Atenas** que prepara el camino a la ciudad-estado democrática.

Durante el **periodo de los Reinos Combatientes**, los siete mayores estados chinos compiten por la supremacía.

Después de años de **cuestionar la política y la sociedad** de Atenas, Sócrates es condenado a muerte.

E l comienzo de la teoría política puede rastrearse en las antiguas civilizaciones china y griega. En ambos lugares surgieron pensadores que cuestionaron y analizaron el mundo que les rodeaba en la forma que actualmente llamamos filosofía. Hacia el año 600 a.C. algunos se interesaron por la organización de las sociedades. Al principio, los chinos y los griegos creían que estos asuntos eran parte de la filosofía moral, o ética. Los filósofos estudiaban cómo estructurar la sociedad para asegurar al pueblo no solo felicidad y seguridad, sino también una «vida buena».

El pensamiento político en China

A partir del año 770 a.C., aproximadamente, China vivió una época de gran prosperidad que se conoce con el nombre de «periodo de Primaveras y Otoños», durante el cual varias dinastías gobernaron pacíficamente los distintos estados. En ese tiempo se concedía un gran valor a la erudición, lo que permitió que aparecieran las llamadas «Cien escuelas de pensamiento». El más influyente de esos filósofos fue sin lugar a dudas Confucio, que combinó filosofía moral y política y propuso conservar los valores morales tradicionales chinos en un Estado liderado por un gobernante virtuoso asesorado por un consejo de administradores.

Posteriormente, Mo Di y Mencio refinaron todavía más esta idea con el objetivo de evitar la corrupción y los gobiernos despóticos, pero en el siglo III a.C. aumentó el conflicto entre los estados. El periodo de Primaveras y Otoños llegó a su fin y dio comienzo el periodo de los Reinos Combatientes, época de constantes luchas por el control de un imperio chino unificado. Fue en ese contexto donde pensadores como Han Fei Tzu y la escuela legalista defendieron la disciplina como principio orientador del Estado y donde el militar Sun Tzu aplicó las técnicas guerreras al concepto de política exterior y de gobierno. Estas políticas más autoritarias aportaron estabilidad al nuevo imperio, que más tarde volvió a una forma de confucianismo.

La democracia griega

Paralelamente al periodo de los Reinos Combatientes, la civilización griega comenzaba a florecer. Como China, Grecia no era una única nación, sino que estaba formada por un grupo de ciudades-estado inde-

El filósofo chino Mo Di propone una **clase meritocrática** pura de ministros y asesores elegidos por su virtud y capacidad.

En su *Política*, Aristóteles describe diversas formas de gobierno de la ciudad-estado y propone el orden civil (**gobierno constitucional**) como el más práctico.

Mencio populariza las **ideas de Confucio** en China.

La dinastía Han adopta el confucianismo como **filosofía oficial** de China.

c. 470–391 a.C.   **335–323 a.C.**   **372–289 a.C.**   **200 a.C.**

c. 380–360 a.C.   **c. 370–283 a.C.**   **300 a.C.**   **54–51 a.C.**

En *La república*, Platón pide «**reyes filósofos**» con sabiduría y conocimientos para comprender la naturaleza de una «vida buena».

El consejo de Chanakia a Chandragupta Mauria ayuda a establecer el **Imperio mauria** en India.

En un intento de unificar China, las ideas autoritarias de Shang Yang y Han Fei Tzu se adoptan como **doctrina del legalismo**.

Cicerón escribe *De republica* tomando como modelo *La república* de Platón, pero defiende una forma de gobierno **más democrática**.

pendientes con diversos sistemas de gobierno. La mayoría estaban regidas por un monarca o una aristocracia, pero Atenas había establecido una cierta democracia con una Constitución elaborada por el estadista Solón en 594 a.C. La ciudad pasó a convertirse en el centro cultural de Grecia y proporcionó un espacio intelectual en el que los filósofos especulaban sobre el Estado ideal, su objetivo y la forma en que debía ser gobernado. Sus planteamientos y teorías acabarían constituyendo la base de la filosofía política de Occidente.

La «edad de oro» de la filosofía clásica griega finalizó con Aristóteles, cuando Alejandro Magno emprendió una serie de campañas militares con objeto de extender las fronteras de su reino desde Macedonia hasta África del norte y, por Asia, hasta el Himalaya. Pero en India encontró la resistencia de toda una organización. Por entonces, India se componía de varios estados independientes, pero un pensador político innovador, llamado Chanakia, ayudó a unificarla bajo el imperio de su protegido Chandragupta Mauria. Políticamente, Chanakia era pragmático y abogaba por la disciplina estricta para garantizar la seguridad económica y material del Estado, y no el bienestar moral. Su realismo contribuyó a proteger el Imperio mauria y unificó la mayor parte de India en un Estado que floreció durante más de cien años.

El surgimiento de Roma

Mientras tanto, en Europa surgía otro poder. Alrededor de 510 a.C. se funda la República romana tras derrocar una monarquía tiránica. Se estableció una democracia representativa que guardaba muchas similitudes con el modelo ateniense. Se elaboró una Constitución, y encabezaron el gobierno dos cónsules, que eran elegidos cada año por los propios ciudadanos, y un Senado que les asesoraba. Bajo este nuevo sistema, la República vio reforzada y ocupó territorios en la mayor parte de Europa central. Sin embargo, en el siglo I a.C. se produjo un conflicto civil cuando diversas facciones pugnaron por el poder. Julio César asumió el gobierno en 48 a.C. y se proclamó emperador, haciendo desaparecer la República. Una vez más, Roma caía bajo un yugo monárquico y dinástico, y el nuevo Imperio romano iba a mantener Europa bajo su dominio durante los quinientos años siguientes. ■

SI DESEAS EL BIEN, LA GENTE SERA BUENA

CONFUCIO (551–479 A.C.)

EN CONTEXTO

IDEOLOGÍA
Confucianismo

ENFOQUE
Paternalista

ANTES
1045 A.C. Bajo la dinastía Zhou de China, todas las decisiones políticas quedan justificadas por el Mandato del Cielo.

Siglo VIII A.C. Comienza el periodo de Primaveras y Otoños y aparecen las «Cien escuelas de pensamiento».

DESPUÉS
Siglo V A.C. Mo Di propone una alternativa a los posibles nepotismos y amiguismos del confucianismo.

Siglo IV A.C. El filósofo Mencio populariza las ideas de Confucio.

Siglo III A.C. Los principios más autoritarios del legalismo llegan a dominar el sistema de gobierno.

Un líder debe ser un *junzi*, un «**hombre superior**».

La gente menos que perfecta **puede cambiar** por medio de un ejemplo de bondad sincera.

El *junzi* posee las cualidades de la **virtud**, la **fidelidad** y la **sinceridad**, que exhibe en rituales y ceremonias.

Por lo tanto, el *junzi* ofrece **un buen ejemplo** a su gente.

Si el deseo de un líder es el bien, la gente será buena.

Kong Fu Tzu («maestro Kong»), que se conocería más adelante en Occidente con el nombre latinizado de Confucio, vivió en un momento crucial de la historia política de China: el final del periodo de Primaveras y Otoños, que consistió en cerca de trescientos años de prosperidad y estabilidad en los que florecieron la literatura, el arte y, en especial, la filosofía. Esto originó las llamadas «Cien escuelas de pensamiento», en las que se exponían libremente multitud de ideas. Durante este proceso surgió una nueva clase de pensadores y eruditos, muchos de los cuales fueron valiosos consejeros de familias nobles.

Las nuevas ideas de estos eruditos sacudieron la estructura social china. Se los empleaba por sus méritos y no por sus contactos familiares; esta nueva clase meritocrática de eruditos se convirtió en un reto para los gobernantes hereditarios, que siempre habían pensado que el suyo era un «Mandato del Cielo». Esto causó conflictos, porque diversos gobernantes aspiraban a gobernar todo el país. Durante esa era, que se conoció como «periodo de los Reinos Combatientes», se evidenció que se necesitaba un sistema de gobierno fuerte.

El hombre superior

Como la mayoría de los jóvenes educados de clase media, Confucio hizo carrera como funcionario, y de ahí surgieron sus ideas sobre la organización del gobierno. Al ser testigo directo de las relaciones entre el gobernante, sus ministros y sus gobernados, y muy consciente de la fragilidad de la situación política de la época, decidió formular una estructura basada en su propio sis-

Véase también: Sun Tzu 28–31 ■ Mozi 32–33 ■ Han Fei Tzu 48 ■ Sun Yat-Sen 212–213 ■ Mao Zedong 260–265

tema de filosofía moral que permitiese a los gobernantes administrar su poder con justicia.

Las ideas de Confucio estaban firmemente enraizadas en las convenciones chinas y se basaban en los valores tradicionales de lealtad, deber y respeto, personificadas por el *junzi* (el «caballero» u «hombre superior») cuya virtud era un ejemplo para los demás. Se alentaría a todos los integrantes de la sociedad a que imitasen las virtudes del *junzi*. En opinión de Confucio, la naturaleza humana no es perfecta, pero sí es capaz de cambiar gracias a la virtud sincera. Igualmente, el ejemplo de un gobierno justo y benevolente puede cambiar a la sociedad.

La noción de reciprocidad –la idea de que un tratamiento generoso y justo tendrá una respuesta justa y generosa– subyace a la filosofía moral de Confucio, y también

es la piedra angular de su pensamiento político. Para que una sociedad sea buena, su gobernante debe ser la personificación de las virtudes que desea ver en sus gobernados; a su vez, la lealtad y el respeto harán que el pueblo desee emular esas virtudes. En la recopilación de sus enseñanzas, conocida como *Analectas*, Confucio aconseja: «Si lo que deseas es el bien, la gente será buena. El carácter moral del gobernante es el viento; el carácter moral de los que están por debajo de él es la hierba. Cuando el viento sopla, la hierba se inclina». Sin embargo, para que esta idea sea eficaz, es necesario establecer una nueva estructura social, una jerarquía que tenga en cuenta la nueva clase funcionarial meritocrática y que, a la vez, respete el mandato tradicional de las familias nobles. En sus propuestas para lograrlo, Confucio volvió a contar »

Confucio

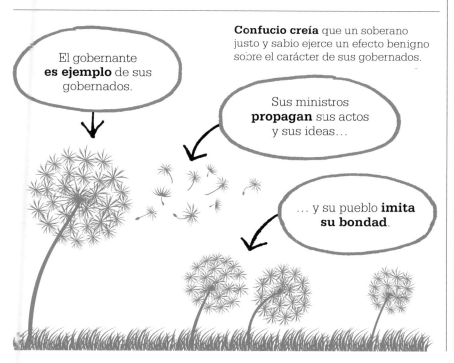

El gobernante **es ejemplo** de sus gobernados.

Sus ministros **propagan** sus actos y sus ideas…

… y su pueblo **imita su bondad**.

Confucio creía que un soberano justo y sabio ejerce un efecto benigno sobre el carácter de sus gobernados.

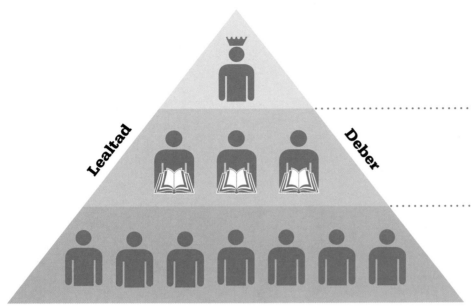

Confucio consideraba al **soberano** intrínsecamente superior. Su tarea era ser modelo de perfecta conducta como ejemplo para sus súbditos.

Los **ministros y asesores** eran importantes «intermediarios» entre el soberano y sus súbditos, y su deber de lealtad era con ambas partes.

Según Confucio, **el pueblo**, si se le da un buen ejemplo a seguir y una idea clara de lo que se espera de él, se comportará correctamente.

Respeto

con los valores tradicionales y basó la sociedad en las relaciones intrafamiliares. La benevolencia del soberano y la lealtad del súbdito reflejan la relación entre un padre amante y un hijo obediente (relación que los chinos consideran de máxima importancia).

Confucio consideraba que hay cinco «relaciones constantes»: soberano/súbdito, padre/hijo, marido/mujer, hermano mayor/hermano menor y amigo/amigo. En estas relaciones hace hincapié no solamente en la categoría de cada persona según su generación, edad y género, sino también en el hecho de que existen deberes por ambas partes y que, en cualquier tipo de relación, la responsabilidad del superior hacia el inferior es igual de importante que la de este hacia aquel. Al extrapolar estas relaciones al conjunto de la sociedad, son sus derechos y responsabilidades recíprocos los que le confieren cohesión y crean una atmósfera de lealtad y respeto de cada estrato social hacia el otro.

Justificación del gobierno hereditario

A la cabeza de las jerarquías confucianas está el soberano, que indudablemente ha heredado su cargo; aquí, Confucio exhibe su pensamiento político conservador. Así como la familia es el modelo de las relaciones dentro de la sociedad, el respeto tradicional a los padres (especialmente al padre) se extiende a todos los antepasados, y esto justifica el principio hereditario. Como el padre se considera el cabeza de familia, es natural que el Estado esté gobernado por una figura paternal: el soberano.

Sin embargo, según Confucio, el cargo del soberano no era inalienable, por lo que un gobernante injusto o imprudente merecía la oposición e incluso el derrocamiento. Es en el estrato siguiente de la sociedad donde Confucio se mostró más innovador, ya que propuso que fueran los eruditos los que actuasen como ministros, asesores y administradores del gobernante. Su mediación entre el soberano y los súbditos era

crucial, ya que su deber de lealtad era para con ambos. Tenían mucha responsabilidad, de modo que era imprescindible que se reclutasen entre los candidatos más aptos e ilustrados y que todos los funcionarios tuviesen gran altura moral, es decir, que fuesen *junzi*. En el sistema de Confucio, estos ministros serían nombrados por el soberano, por lo que del buen carácter de este dependía lo demás. Dijo Confucio: «La

El buen gobierno consiste en que el gobernante sea gobernante, el ministro ministro, el padre padre y el hijo hijo.
Confucio

administración del gobierno consiste en elegir los hombres adecuados, y eso se hace por medio del buen carácter del gobernante, quien lo cultiva al recorrer los senderos del deber. Y el recorrido de esos senderos del deber se cultiva por medio de apreciar la benevolencia».

El papel de los funcionarios era básicamente de asesoría, y de los ministros se esperaba no solo que estuviesen bien informados sobre la administración y la estructura de la sociedad china, sino también que conocieran en profundidad su historia, su política y su diplomacia. Esto era fundamental para asesorar al gobernante sobre asuntos como alianzas y guerras con los estados vecinos.

Sin embargo, esta nueva clase de funcionarios también desempeñaba otra función igualmente importante: evitar que el gobernante cayera en el despotismo, ya que mostraban lealtad hacia su superior, pero también benevolencia hacia sus inferiores. Al igual que el gobernante, ellos también debían dar ejemplo e inspirar con su virtud al soberano y al pueblo.

La importancia del ritual

Muchas partes de los escritos de Confucio parecen manuales de etiqueta y protocolo y describen la conducta adecuada de los *junzi* en diversas situaciones, pero también dejan claro que eso no es una cáscara vacía. Los rituales que describió Confucio no eran meras lindezas sociales, sino que tenían un propósito mucho más profundo, y, para que cobraran significado, era importante que los participantes fuesen sinceros. Los funcionarios no solamente debían realizar su trabajo de forma virtuosa, sino que también se les tenía que ver actuando virtuosamente. Por eso, Confucio puso el acento en las ceremonias y los rituales, que también servían para subrayar el estatus de cada uno de los integrantes en la sociedad; la aprobación de estos actos también muestra la tendencia conservadora de Confucio.

Estos rituales permitían al pueblo manifestar su devoción a sus superiores en la jerarquía y su consideración a los que estaban por debajo. Según Confucio, estos rituales debían calar en toda la sociedad, desde las formales ceremonias reales y de Estado hasta las interacciones sociales cotidianas, y los participantes debían respetar sus papeles. Solo cuando la virtud se manifestaba sincera y honradamente de esta manera podía triunfar la idea de gobernar con el ejemplo. Por eso, para Confucio, las virtudes más importantes eran la sinceridad y la honradez, solamente comparables con la lealtad.

Muchos de estos rituales y ceremonias estaban basados en diversos ritos religiosos, pero Con-

El hombre superior gobierna según la naturaleza de los hombres y con lo que es apropiado para ellos, y tan pronto como ellos cambian lo que está mal, él se detiene.
Confucio

fucio no daba importancia a esta cuestión. Su filosofía moral no se basaba en la religión, y el sistema político que sostenía solo reconocía que la religión tenía su sitio en la sociedad. Pocas veces habla de los dioses en sus escritos, excepto para expresar su esperanza de que la sociedad se pueda organizar y gobernar de acuerdo con el Mandato del Cielo, lo cual ayudaría a unificar los diversos estados que competían por el poder. Pese a que creía firmemente en el gobierno de un soberano hereditario, no »

Unos actores, que representan
un ritual confuciano en la provincia china de Shandong, muestran la importancia del recogimiento y el respeto a los visitantes actuales no versados en su gran tradición formal.

sentía la necesidad de justificarlo como derecho divino.

Este rechazo implícito del derecho divino, combinado con un sistema de clases basado en los méritos y no en la herencia, muestra la parte más radical de Confucio. Aunque defendía una jerarquía sostenida por estrictas reglas de protocolo, de manera que todos conocieran su lugar dentro de la sociedad, eso no significaba que no hubiera movilidad social. Los capaces (y con buen carácter) podían ascender de rango hasta las más altas instancias del gobierno, fuera cual fuese su linaje; y los que ocupaban puestos de poder serían destituidos si no mostraban las cualidades necesarias, no importa cuán noble fuera la familia en que habían nacido. Este principio incluía al soberano mismo. Confucio consideraba que el asesinato de un gobernante despótico era la eliminación necesaria de un tirano y no la de un gobernante legítimo. Afirmaba que la flexibilidad de esta jerarquía engendraba un respeto

más real, lo cual, a su vez, daba origen al consentimiento político, que era la base necesaria para un gobierno fuerte y estable.

Crimen y castigo

La filosofía moral de Confucio también se ocupó de las leyes y los castigos. Anteriormente, el sistema legal se había basado en los códigos de conducta que prescribía la religión, pero él abogó por un enfoque más humanista para sustituir las leyes emanadas de los dioses. Al igual que con su idea de estructura social, propuso un sistema fundado en la reciprocidad: si te tratan con respeto, tú tratarás con respeto. Su versión de la universal Regla de Oro («trata a los demás como querrías que te trataran a ti») estaba en negativo: «No hagas a los demás lo que no quieras que te hagan a ti»; lo cual pone el énfasis en la evitación de las malas conductas antes que en las faltas o delitos en sí. Una vez más, esto se consigue con el ejemplo, ya que, según sus palabras: «Cuando conozcas a alguien mejor

> El que gobierna con su virtud es… como la Estrella Polar: está en su sitio mientras las estrellas menores le rinden homenaje.
> **Confucio**

que tú, cambia tus pensamientos para igualarte a él. Cuando conozcas a alguien no tan bueno como tú, mira dentro de ti y examínate».

En vez de imponer leyes rígidas y castigos severos, Confucio creía que la mejor manera de combatir los delitos era instilar el sentimiento de vergüenza sobre el propio comportamiento. Aunque las personas puedan evitar cometer delitos, si se dejan guiar por la ley y les asusta el castigo, no adquieren el sentido real del bien y del mal; en cambio, si les guía el ejemplo y el respeto, incorporan el sentido de la vergüenza de sus faltas y aprenden a ser realmente buenos.

Ideas impopulares

La filosofía moral y política de Confucio combinaba ideas sobre la bondad innata y la sociabilidad de la naturaleza humana con la rígida estructura formal de la sociedad china. No sorprende que, como administrador de la corte que fue, en-

En esta pintura de la dinastía Song, el emperador chino preside los exámenes para el funcionariado. Las «oposiciones» se introdujeron en vida de Confucio y estaban basadas en sus ideas.

El confucianismo absorbió las funciones religiosas cuando se convirtió en la filosofía oficial china. Por todo el país aparecieron templos confucianos, como este de Nankín.

contra a un sitio importante para la nueva clase meritocrática de eruditos. Pero estas ideas se consideraron sospechosas, y no se adoptaron en vida de Confucio. A los integrantes de la familia real y de la nobleza no les agradó este rechazo implícito de sus derechos divinos, y se sintieron amenazados por el poder que proponía para sus ministros y asesores. A su vez, los administradores habrían disfrutado de mayor control sobre posibles gobernantes despóticos, pero dudaban que se pudiera gobernar con el ejemplo, y tampoco estaban dispuestos a renunciar a su derecho a ejercer el poder por medio de leyes y castigos.

Los pensadores políticos y los filósofos posteriores también criticaron el confucianismo. Mo Di, filósofo chino nacido poco después de la muerte de Confucio, estaba de acuerdo con sus modernas ideas sobre meritocracia y gobernar con el ejemplo, pero creía que su énfasis en las relaciones familiares podía conducir al nepotismo y al amiguismo. Los pensadores militares, como Sun Tzu, no tenían tiempo para la filosofía moral que subyacía a la teoría política confuciana, y su planteamiento de los asuntos de gobierno fue mucho más práctico: proponían un sistema autoritario y hasta despiadado para asegurar la defensa del Estado. A pesar de ello, algunos elementos del confucianismo se fueron incorporando a la sociedad china en los dos siglos posteriores a su muerte, y, defendidos por Mencio (372–289 a.C.), fueron bastante populares en el siglo IV a.C.

La filosofía del Estado

Probablemente el confucianismo fuera útil para gobernar en tiempos de paz, pero muchos creían que no era lo bastante sólido en el periodo de los Reinos Combatientes que siguió, ni para las luchas por un imperio chino unificado. Durante dicha época, las ideas de Confucio fueron reemplazadas por un sistema de gobierno pragmático y autoritario denominado «legalismo», que se prolongó mientras el emperador consolidaba su autoridad sobre el nuevo imperio. Sin embargo, hacia el siglo II a.C., la paz regresó a China, que adoptó el confucianismo como filosofía oficial del Estado bajo la dinastía Han. A partir de ese momento continuó dominando la estructura de la sociedad, especialmente en la práctica de contratar a los eruditos más aptos como funcionarios. Los exámenes para ingresar al servicio público, que se comenzaron a realizar en el año 605 d.C., se basaban en textos clásicos confucianos, práctica que siguió hasta inicios del siglo XX, cuando se constituyó la República de China. El régimen comunista chino no hizo desaparecer del todo el confucianismo, que influyó sutilmente la estructura social hasta la Revolución cultural proletaria. Hoy en día, algunos elementos del pensamiento confuciano, como los referidos a las relaciones sociales y la lealtad filial, siguen profundamente enraizados en el estilo de vida del país. Nuevamente vuelven a tomarse en serio las ideas de Confucio, mientras el país cambia el comunismo maoísta por la versión china de una economía mixta. ■

Lo que sabes, sabes; y lo que no sabes, no sabes. Esa es la verdadera sabiduría.
Confucio

EL ARTE DE LA GUERRA ES DE VITAL IMPORTANCIA PARA EL ESTADO

SUN TZU (c. 544–496 A.C.)

EN CONTEXTO

IDEOLOGÍA
Realismo

ENFOQUE
La diplomacia y la guerra

ANTES
Siglo VIII A.C. Comienza la «edad de oro» de la filosofía china, que produce las llamadas «Cien escuelas de pensamiento».

Siglo VI A.C. Confucio propone para la sociedad civil una estructura basada en los valores tradicionales.

DESPUÉS
Siglo IV A.C. El consejo de Chanakia a Chandragupta Mauria ayuda a establecer el Imperio mauria en India.

1532 Se publica *El príncipe* (escrito en 1513), de Nicolás Maquiavelo.

1937 Mao Zedong escribe *La guerra de guerrillas*.

A finales del siglo VI a.C., China llegaba al fin de una era de prosperidad pacífica –el llamado periodo de Primaveras y Otoños– en la que florecieron los filósofos. Gran parte del pensamiento se había centrado en la filosofía moral (o ética), y la filosofía política que emanó de ella se ocupó de la forma moralmente correcta en que el Estado debía organizar sus asuntos internos. Esto culminó con la integración por Confucio de las virtudes tradicionales dentro de una jerarquía liderada por un soberano y administrada por eruditos.

Sin embargo, hacia el final del periodo de Primaveras y Otoños se debilitó la estabilidad política de va-

Véase también: Chanakia 44–47 ▪ Han Fei Tzu 48 ▪ Nicolás Maquiavelo 74–81 ▪ Mao Zedong 260–265 ▪ Che Guevara 312–313

La guerra castiga a los que **amenazan o atacan** el Estado…

Planificar, emprender y evitar la guerra determina la **política exterior**…

…como **criminales** dentro del mismo son **castigados**…

…y las **estrategias militares** sientan la base de la organización política interna…

para asegurar **un Estado estable y próspero**.

El arte de la guerra es de vital importancia para el Estado.

Para cubrir la tumba del emperador militarista Qin Shi Huang se construyó un ejército de terracota. Qin vivió doscientos años después de Sun Tzu, pero sin duda leyó su obra.

ricos estados chinos y, a medida que aumentaba la población, también lo hacían las tensiones. Los gobernantes de esos estados no solo debían gestionar sus asuntos internos, sino también defenderse del ataque de sus vecinos.

Estrategia militar

En esta atmósfera los asesores militares igualaron en importancia a los administradores civiles y la estrategia militar comenzó a conformar el pensamiento político. La obra más importante sobre este tema fue *El arte de la guerra*, que se cree escribió Sun Tzu, general del ejército del rey de Wu. Su párrafo inicial dice: «El arte de la guerra es de importancia vital para el Estado. Es asunto de vida o muerte, el camino hacia la seguridad o la ruina. Por eso es tema de investigaciones que de ninguna manera se pueden ignorar». Esto señalaba una clara ruptura con la filosofía política de la época, y posiblemente la obra de Sun Tzu fue la primera declaración explícita de que la guerra y la inteligencia militar son elementos críticos de la gestión del

Estado. *El arte de la guerra* se ocupa de las cuestiones prácticas de la protección y el mantenimiento de la prosperidad del Estado. Mientras los pensadores anteriores se habían centrado en la estructura de la sociedad civil, este tratado se enfoca sobre la política internacional y solo habla de la administración pública por lo que respecta al quehacer de planificar y emprender guerras y al problema de mantener económicamente los servicios militares y de inteligencia.

Se considera que la detallada descripción del arte de la guerra que hace Sun Tzu se aplica a una estructura para una organización política de cualquier tipo. Incluye una lista de los «principios de la guerra» que se deben tener en cuenta al planificar una campaña. Además de los asuntos prácticos, como el clima y el terreno, la lista menciona la influencia moral del gobernante, la capacidad y las cualidades del general y la **»**

Los cinco fundamentos de la guerra

El Dao, o **Camino**, hace que soldados y gobernantes tengan una misma opinión.

Los generales tendrán en cuenta el **Cielo**, que es Ying y Yang, y el ciclo de las estaciones.

El estratega tendrá en cuenta la **Tierra**: alta y baja, cercana y lejana, abierta y cerrada.

El **mando** se muestra con prudencia, integridad, compasión y valor.

La organización y una buena cadena de mando inculcan **disciplina**.

organización y disciplina de los hombres. Estos principios implican una estructura jerárquica con un soberano al frente que acepta consejos e imparte órdenes a sus generales, quienes comandan y organizan las tropas.

Según Sun Tzu, el soberano es quien aporta liderato moral. Para apoyarlo, el pueblo debe estar convencido de que su causa es justa, y el gobernante debe guiar con su ejemplo; esta idea de Sun Tzu coincide con la de Confucio. Igual que el administrador de la sociedad civil, el general actúa como asesor del gobernante y administrador de sus órdenes.

No nos sorprende que Sun Tzu enfatice las cualidades del general, las cuales describe como «el baluarte del Estado». Su formación y su experiencia avalan los consejos que da al soberano y determinan las normas prácticas; además son vitales para la organización del ejército. Situado a la cabeza de la cadena de mando, controla la logística y, especialmente, la instrucción y la disciplina de sus hombres. *El arte de la guerra* recomienda que se aplique rigurosamente la disciplina y que los castigos por desobediencia sean duros, pero atemperados por una aplicación coherente de premios y castigos.

Saber cuándo luchar

Aunque esta descripción de la jerarquía militar reflejaba la estructura de la sociedad china, *El arte de la guerra* fue más innovador en cuanto a política internacional. Como muchos generales anteriores y posteriores, Sun Tzu creía que el fin de los militares era proteger el Estado y asegurar su bienestar y que la guerra debía ser el último recurso. Un buen general debe saber cuándo luchar y cuándo no, y debe recordar que muchas veces se puede quebrar la resistencia del enemigo sin utilizar las armas. Primero debe intentar frustrar los planes enemigos; si esto

falla, defenderse de su ataque; solo si fracasa en esto deberá lanzar una ofensiva.

Para evitar la guerra, Sun Tzu era partidario de mantener una defensa fuerte y de formar alianzas con los estados vecinos. Ya que una guerra costosa es perjudicial para ambas facciones, a menudo lo sensato es un arreglo pacífico. Las campañas largas y, especialmente, los asedios a una ciudad enemiga merman tanto los recursos que su coste suele ser mayor que los beneficios de la victoria. Los sacrificios que debe hacer el pueblo ponen a prueba su lealtad a la justicia moral de la causa.

La inteligencia militar

Según Sun Tzu, el secreto de las relaciones internacionales estables es el espionaje, que en aquel tiempo era asunto de los militares. Los espías aportan información vital sobre las intenciones y la capacidad del enemigo, y permiten que los generales al mando aconsejen al gobernante sobre las posibilidades de victoria en caso de conflicto. En este mismo sentido, Sun Tzu explica que el segundo elemento más importante en este vaivén de informaciones es el engaño. Por ejemplo: se puede evitar la guerra al pro-

Si te conoces a ti mismo y a tu enemigo, puedes ganar sin riesgo cien batallas.
Sun Tzu

Un líder lo es por el ejemplo
y no por la fuerza.
Sun Tzu

La Gran Muralla china, comenzada
en el siglo VII a.C., protegía los territorios
recién conquistados. Para Sun Tzu, las
medidas defensivas eran tan importantes
como las fuerzas de ataque.

porcionar al enemigo informaciones falsas sobre las defensas. También desaconsejó lo que consideraba la locura de tratar de destruir al enemigo en una batalla, ya que esto hace disminuir las recompensas que se obtienen de una victoria: tanto la buena voluntad de los soldados derrotados como las riquezas de los territorios conquistados al rival.

Los consejos prácticos de *El arte de la guerra* se apoyan en una cultura tradicional basada en los valores morales de justicia, decencia y moderación. Dicen que las tácticas militares, la política internacional y la guerra existen para sostener esos valores y que deben realizarse de acuerdo con ellos. El Estado ejerce su capacidad militar de castigo sobre los que lo perjudican o lo amenazan desde fuera, así como emplea las leyes para castigar a los criminales de dentro. Cuando lo hace de modo moralmente justificable, el Estado se ve recompensado con súbditos más felices y con la adquisición de tierras y riquezas. *El arte de la guerra* llegó a ser muy influyente entre gobernantes, generales y ministros de los diversos estados que pugnaban por un imperio chino unificado. Más adelante influyó en las tácticas de líderes revolucionarios como Mao Zedong y Hô Chi Minh. Actualmente es lectura obligatoria en muchas academias militares y suele incluirse en cursos de política y economía. ∎

Sun Tzu

Considerado tradicionalmente el autor del legendario tratado *El arte de la guerra*, Sun Wu (más tarde Sun Tzu, o «maestro Sun») nació probablemente en el estado de Qi o de Wu alrededor de 544 a.C. Nada se sabe de sus primeros años, pero se hizo famoso como general del estado de Wu en muchas campañas exitosas contra el vecino estado de Chu.

Llegó a ser consejero (como un actual consultor militar contratado) del rey Ho-lu de Wu en asuntos de estrategia militar, y escribió su célebre tratado para que el gobernante tuviese un manual.

Es un libro conciso de trece capítulos breves, y fue muy leído después de su muerte, acaecida *c.* 496 a.C., tanto por los jefes de los estados que combatían por el control del Imperio chino, como por pensadores militares de Japón y de Corea. Se tradujo por primera vez al francés en 1782, y es posible que influyera a Napoleón.

Obra principal

Siglo VI A.C. *El arte de la guerra*.

LOS PLANES DE UN PAIS SOLO DEBEN COMPARTIRSE CON LOS DOCTOS
MO DI (*c.* 470–391 a.C.)

H acia el final de la «edad de oro» de la filosofía china, que entre los siglos VIII y III a.C. produjo las llamadas «Cien escuelas de pensamiento», los pensadores aplicaron sus ideas de filosofía moral a las tareas prácticas de la organización social y política. El más destacado de ellos fue Confucio, que propuso una jerarquía basada en las relaciones familiares tradicionales, reforzadas por ceremonias y rituales. No obstante, dentro de esta jerarquía, reconoció la im-

Solo deben darse puestos de autoridad a **personas virtuosas**.

Solo deben darse puestos de autoridad a **personas capaces**.

La virtud y la capacidad no provienen necesariamente de la adhesión a la **tradición** o de la pertenencia a una **familia noble**.

La virtud y la capacidad **se aprenden por el estudio**.

Los planes de un país solo deben compartirse con los doctos.

Según Mo Di, los trabajadores cualificados podían ser buenos administradores del gobierno si tenían aptitud y formación.

portancia de una clase funcionarial que ayudase y asesorase al gobernante, idea desarrollada más adelante por Mo Di.

Confucio y Mo Di creían que el bienestar del Estado se apoyaba en la capacidad y la fiabilidad de la clase administrativa, pero diferían en la forma de elegir a los administradores. Según Mo Di, Confucio se adhería demasiado a las convenciones de las familias nobles, que no necesariamente eran fuente de la virtud y la capacidad esenciales en un funcionariado eficaz. Mo Di consideraba que las cualidades y la cualificación necesarias para desempeñar altos cargos eran producto de la aptitud y el estudio, y no del origen familiar.

Un código unificador

«Elevar a los que lo merecen» (según explicaba Mo Di su idea de la meritocracia) es la piedra angular del pensamiento político moísta, pero también está ligado a otros aspectos de su filosofía moral. Creía en la bondad intrínseca de la gente y en que se debía vivir en un ambiente de «amor universal», pero también reconocía la tendencia humana a actuar en el propio interés. Esto, según él, sucedía ocasionalmente en situaciones de conflicto que no eran efecto de falta de moralidad, sino de ideas diferentes acerca de lo que es moralmente correcto. Era tarea de los líderes políticos, por lo tanto, unir a la gente bajo un código moral coherente puesto en vigor por un sistema de gobierno fuerte y ético. Este código se basaría en lo que era necesario para el mayor bien de la sociedad, y su formulación exigía el conocimiento y la erudición de que solamente disponían los doctos.

Indudablemente, las preferencias de Mo Di por una clase ministerial elegida sobre la base de sus méritos y capacidades provenían de su propia experiencia de abrirse camino hasta las altas esferas a partir de unos orígenes muy humildes. Previó la posibilidad de nepotismo y amiguismo cuando era la nobleza la que nombraba a los ministros. También creía que había que gobernar cultivando la prosperidad del Estado para el bienestar del pueblo

La exaltación de la virtud es la raíz del gobierno.
Mo Di

en su conjunto. Si bien Mo Di atrajo a una enorme cantidad de seguidores, se le consideraba un idealista, y los gobernantes de su época no adoptaron el moísmo. No obstante, sistemas políticos posteriores incorporaron algunos de los elementos de su pensamiento: por ejemplo, su afán por establecer un código moral unificado influyó mucho sobre los regímenes legalistas autoritarios que surgieron en el siglo IV a.C. Ya en el siglo XX, los líderes chinos Sun Yat-sen y Mao Zedong redescubrieron las ideas de Mo Di sobre la igualdad de oportunidades. ■

Mo Di

Se cree que Mo Di nació hacia la época en que murió Confucio, en Tengzhou, provincia de Shandong, en una familia de artesanos o quizá de esclavos. Era ebanista e ingeniero y trabajó en las cortes de familias nobles; llegó al funcionariado civil y fundó una escuela para funcionarios y asesores. Sus ideas filosóficas y políticas le hicieron ganar adeptos y obtener el título de Mo Tzu (o Mo Zi, «maestro Mo»). Los moístas, como se conocía a sus partidarios, vivían según los principios de sencillez y pacifismo durante el periodo de los Reinos Combatientes, hasta que la dinastía Qin estableció su régimen legalista. Después de su muerte, sus enseñanzas se recogieron en el *Mo zi*. El moísmo desapareció en 221 a.C., con la unificación de China, pero se redescubrió a inicios del siglo XX.

Obra principal

Siglo V A.C. *Mo zi.*

MIENTRAS NO SEAN REYES LOS FILOSOFOS, LAS CIUDADES NO TENDRAN REPOSO DE SUS MALES

PLATÓN (*c.* 427–347 A.C.)

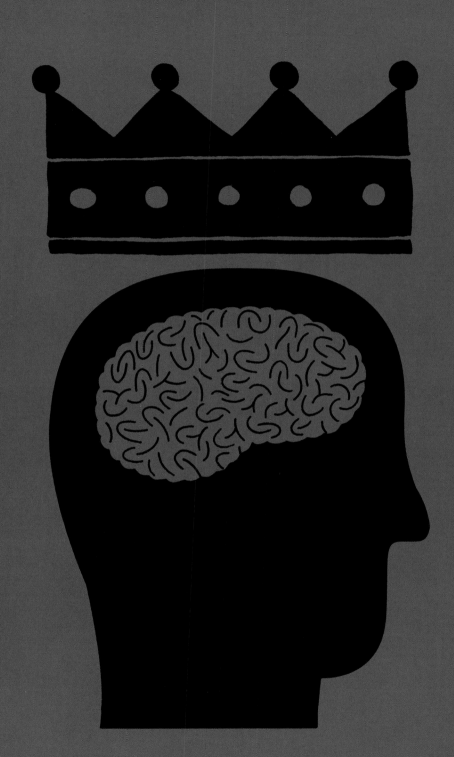

EN CONTEXTO

IDEOLOGÍA
Racionalismo

ENFOQUE
Reyes filósofos

ANTES
594 a.C. El legislador ateniense Solón establece una serie de leyes que sientan las bases de la democracia.

C. 450 a.C. El filósofo griego Protágoras argumenta que la justicia política es solamente una imposición de las ideas humanas y no el reflejo de la justicia natural.

DESPUÉS
335–323 a.C. Aristóteles afirma que el orden civil (gobierno constitucional) es el más práctico entre los mejores modos de gobernar.

54–51 a.C. Cicerón escribe *De republica*, donde aboga por una forma de gobierno más democrática que la propuesta en *La república*, de Platón.

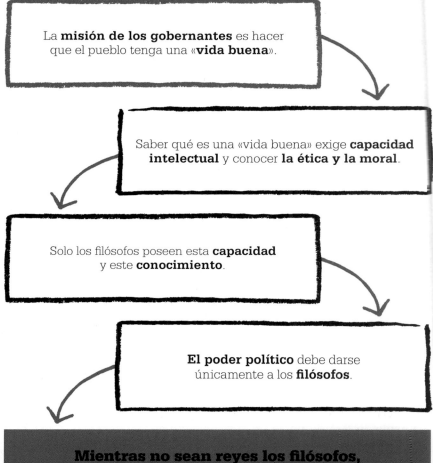

La **misión de los gobernantes** es hacer que el pueblo tenga una «**vida buena**».

Saber qué es una «vida buena» exige **capacidad intelectual** y conocer **la ética y la moral**.

Solo los filósofos poseen esta **capacidad** y este **conocimiento**.

El poder político debe darse únicamente a los **filósofos**.

Mientras no sean reyes los filósofos, las ciudades no tendrán reposo de sus males.

A finales del siglo VI a.C., en Grecia comenzó una «edad de oro» que iba a durar doscientos años. Conocida como «periodo clásico», florecieron la literatura, la arquitectura, la ciencia y, especialmente, la filosofía, todas ellas disciplinas que acabaron influyendo profundamente en la civilización occidental.

Apenas comenzado el periodo clásico, el pueblo de la ciudad-estado de Atenas derrocó a su despótico gobernante e instituyó una forma de democracia según la cual se elegía a los funcionarios del gobierno de entre los ciudadanos por medio de una lotería y las decisiones se tomaban en asamblea democrática. En dicha asamblea todos los ciudadanos podían hablar y votar: no elegían representantes para que lo hicieran por ellos. Pero hay que recordar que los «ciudadanos» eran una minoría de la población: hombres libres de más de 30 años cuyos padres fueran atenienses. Las mujeres, los esclavos, los niños, los jóvenes y los extranjeros o inmigrantes de primera generación quedaban excluidos del proceso democrático. Este ambiente político hizo rápidamente de Atenas un centro cultural de primera clase y atrajo algunos de los principales pensadores de la época. Uno de los más grandes fue un ateniense llamado Sócrates, cuyo cuestionamiento filosófico de las ideas de justicia y virtud generalmente aceptadas atrajo un séquito de jóvenes discípulos. Lamentablemente, también atrajo la atención de las autoridades, que convencieron a la asamblea democrática de que condenase a muerte a Sócrates por corrupción de menores. Uno de estos jóvenes seguidores de Sócrates era Platón, de naturaleza inquisitiva y

Véase también: Confucio 20–27 ▪ Mo Di 32–33 ▪ Aristóteles 40–43 ▪ Chanakia 44–47 ▪ Cicerón 49 ▪ San Agustín de Hipona 54–55 ▪ Al-Farabi 58–59

> La democracia se vuelve despotismo.
> **Platón**

actitud escéptica como su maestro, que al ver el injusto trato dispensado a su maestro se desilusionó del sistema ateniense.

Platón llegó a ser un filósofo tan influyente como Sócrates y, hacia el final de su carrera, dedicó su vasto intelecto a la política, escribiendo *La república*. Al haber sido testigo de la condena de Sócrates y siendo él mismo de familia noble, Platón no simpatizaba con la democracia. Pero tampoco le satisfacía ninguna de las demás formas de gobierno, y creía que todas ellas conducían al Estado hacia los «males».

La vida buena
Para captar lo que Platón entendía como «males» en este contexto, es importante recordar el concepto de *eudaimonia*, o «vida buena» (plenitud o felicidad), objetivo vital de los griegos de la Antigüedad. «Vivir bien» no era alcanzar bienestar material, honores o placeres, sino vivir de acuerdo con virtudes tan funda-

mentales como la sabiduría, la devoción y, sobre todo, la justicia. Platón creía que el deber del Estado era promover esas virtudes de manera que sus ciudadanos pudieran llevar esa vida buena. Asuntos como la salvaguarda de la propiedad, la libertad y la estabilidad solo eran importantes si creaban condiciones que permitieran vivir bien a los ciudadanos. Sin embargo, opinaba que aún no existía el sistema político que cumpliese con ese objetivo, y los defectos que encontraba en los existentes eran lo que Platón veía como «males», es decir, lo opuesto a aquellas virtudes.

Platón sostenía que el motivo de esto era que los gobernantes, ya fueran de una monarquía, una oligarquía (gobierno por unos pocos) o una democracia, tienden a gobernar en su propio interés y no en beneficio del Estado y su pueblo. Explica que esto se debe al desconocimiento general de las virtudes que conforman la vida buena, lo cual a su vez lleva a la gente a desear cosas equivocadas, especialmente los transitorios placeres del honor y la riqueza. Estos bienes llegan

con el poder político y el problema se agudiza en el ruedo político. El deseo de gobernar guiándose por lo que Platón consideraba motivos erróneos, desemboca en conflictos entre los ciudadanos. Cuando todos procuran aumentar su poder, se socava la estabilidad y la unidad del Estado. El que surja victorioso de esta lucha por el poder privará a sus oponentes de la capacidad de lograr sus deseos, y eso es una injusticia, precisamente lo opuesto a la noción fundamental de vida buena de Platón.

Por otro lado, argumentaba, existen unas personas que comprenden el significado de la vida buena: los filósofos. Solo ellos reconocen el valor de las virtudes por sobre los placeres del honor y el dinero y se han dedicado a la búsqueda de la vida buena. Es por eso que no corren detrás de la fama y la fortuna y, por lo tanto, no desean el poder político: paradójicamente, esto los hace ser gobernantes ideales. A primera vista, parecería que Platón quiere decir que «los filósofos conocen lo que es mejor», y (viniendo de un filósofo) esto se opondría a su »

Sócrates prefirió ingerir cicuta a renunciar a sus opiniones. Su juicio y su posterior condena hicieron que Platón dudase de las bondades del sistema democrático de Atenas.

afirmación de que ellos no desean gobernar, pero el razonamiento subyacente es mucho más rico y sutil.

Las formas ideales

Platón había aprendido de Sócrates que la virtud no es innata, sino que depende de los conocimientos y la sabiduría, y que, para llevar una vida virtuosa, antes es necesario comprender la naturaleza esencial de la virtud. Platón abundó sobre las ideas de su mentor y demostró que el hecho de que pudiéramos reconocer ejemplos individuales de cualidades, como justicia, bondad o belleza, no nos permite comprender qué es lo que les confiere su carácter esencial. Podemos imitarlas –por ejemplo, actuando de manera que creemos justa– pero esto es mera imitación y no una conducta verdadera en consonancia con las virtudes.

En su teoría de las ideas, Platón sugería la existencia de arquetipos ideales de esas virtudes (y de todo lo que existe), que consisten en la esencia de su verdadera naturaleza: esto significa que lo que vemos como muestras de esas virtudes solo son ejemplos de estas «ideas» y es posible que solo exhiban una parte de su naturaleza. Son como

Si un hombre se niega a gobernar, su mayor condena es ser gobernado por otro peor.
Platón

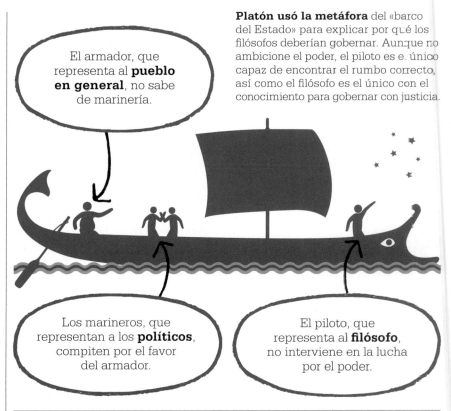

El armador, que representa al **pueblo en general**, no sabe de marinería.

Los marineros, que representan a los **políticos**, compiten por el favor del armador.

El piloto, que representa al **filósofo**, no interviene en la lucha por el poder.

Platón usó la metáfora del «barco del Estado» para explicar por qué los filósofos deberían gobernar. Aunque no ambicione el poder, el piloto es el único capaz de encontrar el rumbo correcto, así como el filósofo es el único con el conocimiento para gobernar con justicia.

reflejos insuficientes o sombras de las formas reales.

Estas formas ideales, o «ideas», como las llamaba Platón, existen en un reino fuera del mundo en que vivimos, solo accesible a través del razonamiento filosófico y la investigación. Es esto lo que hace que los filósofos sean los únicos cualificados para definir en qué consiste la vida buena y para llevar una vida genuinamente virtuosa en vez de imitar muestras individuales de virtud. Platón ya había demostrado que, para ser bueno, el Estado debe estar gobernado por personas virtuosas, y que mientras otros valoran el dinero o los honores por encima de todo, solo los filósofos valoran el conocimiento y la sabiduría, y, por ende, la virtud. Así pues, solo los intereses de los filósofos benefician al Estado, y, por lo tanto, «los filósofos deberían ser reyes». Platón va aún

más lejos, y dice que se les debería obligar a ocupar puestos de poder para evitar los conflictos y las injusticias propios de otras formas de gobierno.

Educar a los reyes

Platón reconoce que esto es una utopía, y añade que, en ese caso, «esos hoy llamados reyes deben filosofar genuina y suficientemente», sugiriendo que la educación de la clase potencialmente dirigente es una propuesta más práctica. En sus últimos diálogos *Político* y *Las leyes*, expone un modelo de Estado en el que se pueda lograr eso, mediante la enseñanza de aptitudes filosóficas que conduzcan a la comprensión de la vida buena, al igual que ocurre con otras aptitudes útiles para la sociedad. Sin embargo, señala que no todos los ciudadanos tienen la inclinación y la capacidad

> La democracia… está llena de variedad y desorden, y da una cierta igualdad tanto a iguales como a desiguales.
> **Platón**

intelectual para aprenderlas. Y sugiere que, para quienes tal educación sea la adecuada –una reducida elite intelectual–, no se debe ofrecer, sino imponer. Los elegidos para el poder por sus «talentos naturales» deben separarse de sus familias y educarse en comunas para que su lealtad se dedique al Estado.

Los escritos políticos de Platón influyeron al mundo antiguo, en especial al romano, y reflejaron las ideas de virtud y educación de la filosofía política de eruditos chinos como Confucio y Mo Di. Hasta es posible que hayan influido al indio Chanakia en su tratado sobre la formación de futuros líderes. En el medievo, las ideas de Platón llegaron hasta el imperio musulmán y la Europa cristiana, donde Agustín de Hipona (san Agustín) las incorporó a las enseñanzas de la Iglesia. Más adelante quedaron ensombrecidas por las de Aristóteles, cuya defensa de la democracia sonaba mejor a los filósofos políticos del Renacimiento.

Muchos pensadores posteriores consideraron que las ideas políticas de Platón eran inaceptablemente autoritarias y elitistas, y dejaron de apoyarlas en un mundo moderno que luchaba por establecer la democracia. Se le criticó por favorecer un sistema de gobierno totalitario o, en el mejor de los casos, paternalista, dirigido por una elite que presume de saber qué es lo mejor para todos los demás. Sin embargo, hace muy poco, su idea central de una elite política de «reyes filósofos» ha sido reevaluada por los teóricos políticos. ■

Se dice que el emperador Nerón se quedó mirando y no hizo nada mientras un incendio devastaba Roma. Algunos culparon del surgimiento de tiranos al ideal platónico de un rey filósofo.

Platón

Nació *c.* 427 a.C. Se llamó originalmente Arístocles, pero más tarde recibió el apodo de Platón («ancho») debido a su fuerte complexión. Hijo de una familia ateniense noble, se esperaba que hiciera carrera política. Sin embargo, Platón decidió convertirse en discípulo de Sócrates y fue testigo de cómo su mentor prefirió morir antes que renunciar a sus opiniones y principios.

Platón viajó extensamente por el Mediterráneo antes de regresar a Atenas, donde abrió una escuela de filosofía, la Academia, que contó con el joven Aristóteles entre sus alumnos. Mientras enseñaba escribió una serie de libros en forma de diálogos en los que se exploraban ideas tanto filosóficas como políticas y donde el personaje principal solía ser Sócrates.

Se cree que enseñó y escribió hasta una edad muy avanzada; murió cuando tenía unos ochenta años, en el año 348 o 347 a.C.

Obras principales

C. **399–387** A.C. *Critón.*
C. **380–360** A.C. *La república.*
C. **355–347** A.C. *Político, Las leyes.*

EL HOMBRE ES UN ANIMAL POLITICO POR NATURALEZA

ARISTÓTELES (384–322 A.C.)

La antigua Grecia no fue un estado-nación unificado como lo entenderíamos ahora, sino un puñado de estados regionales independientes cuyo centro eran ciudades. Cada ciudad-estado, o *polis*, tenía su propia organización constitucional; en algunas, como Macedonia, el gobernante era un monarca, en tanto que otras, entre las que la más notable era Atenas, tenían una forma de democracia según la cual al menos algunos de sus ciudadanos participaban en el gobierno.

Aristóteles, criado en Macedonia y educado en Atenas, conocía bien el concepto de *polis* y sus diversas interpretaciones, y gracias a

Véase también: Platón 34–39 ▪ Cicerón 49 ▪ Santo Tomás de Aquino 62–69 ▪
Egidio Romano 70 ▪ Thomas Hobbes 96–103 ▪ Jean-Jacques Rousseau 118–125

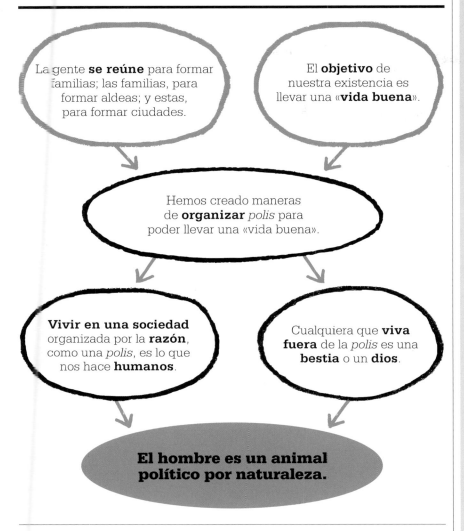

La gente **se reúne** para formar familias; las familias, para formar aldeas; y estas, para formar ciudades.

El **objetivo** de nuestra existencia es llevar una «**vida buena**».

Hemos creado maneras de **organizar** *polis* para poder llevar una «vida buena».

Vivir en una sociedad organizada por la **razón**, como una *polis*, es lo que nos hace **humanos**.

Cualquiera que **viva fuera** de la *polis* es una **bestia** o un **dios**.

El hombre es un animal político por naturaleza.

Aristóteles

Hijo de un médico de la familia real de Macedonia, Aristóteles nació en Estagira, península Calcídica, al noreste de la Grecia actual. Fue a Atenas a los 17 años para estudiar con Platón en la Academia, y allí se quedó hasta la muerte del maestro, veinte años más tarde. Sin embargo, no se le nombró sucesor de Platón, y entonces se trasladó a Jonia, donde se dedicó al estudio de la fauna y la flora hasta que Filipo II de Macedonia le invitó a ser tutor de su hijo, el futuro Alejandro Magno.

Regresó a Atenas en 335 a.C. para establecer una escuela rival de la Academia, el Liceo. Mientras enseñaba dio forma a sus ideas sobre la ciencia, la filosofía y la política, y compiló un gran volumen de escritos, de los cuales han sobrevivido pocos. A la muerte de Alejandro, en 323 a.C., los sentimientos antimacedónicos de Atenas le obligaron a exiliarse en Eubea, donde murió el año siguiente.

Obras principales

***C.*350 A.C.**
Ética a Nicómano.
Política.
Retórica.

su mentalidad analítica pudo estudiar las bondades de la ciudad-estado. También pasó algún tiempo en Jonia clasificando animales y plantas; más adelante iba a aplicar esta técnica de clasificación a la ética y la política, que él consideraba ciencias naturales y prácticas. A diferencia de su mentor, Platón, Aristóteles creía que los conocimientos se adquirían por observación, y no por razonamientos intelectuales, y que la ciencia política debía basarse en datos empíricos, organizados de la misma forma taxonómica que en el mundo natural.

Naturalmente social

Aristóteles observó que los seres humanos tienen tendencia natural a formar unidades sociales: se juntan para formar familias; las familias, para formar aldeas; y las aldeas, para formar ciudades. Así como hay animales –las abejas o el ganado– que se distinguen por formar colonias o rebaños, los humanos son sociables por naturaleza. »

Así como podría haber definido a un lobo como un animal de manada, Aristóteles dice que «el hombre es un animal político por naturaleza». Esto no quiere decir que tenga una tendencia natural hacia las actividades de la política en el sentido moderno de la palabra, sino que su naturaleza le impulsa a vivir socialmente en una *polis*.

Esta idea puede parecer algo confusa en la actualidad, pero es importante considerar que Aristóteles afirma explícitamente que la *polis* es tan creación de la naturaleza como un nido de hormigas. Le resulta inconcebible que los seres humanos puedan vivir de otra manera, lo cual contrasta notablemente con las ideas de que la sociedad civil es un invento artificial que nos ha quitado de un «estado de naturaleza» incivilizado, algo que Aristóteles no habría entendido. El estagirita creía que cualquiera que viviese fuera de una *polis* no era humano: debía de ser, o bien superior a los hombres (es decir, un dios), o bien inferior (es decir, una bestia).

La vida buena

La idea de la *polis* como fenómeno natural y no humano apoya los pensamientos de Aristóteles sobre la ética y la política de la ciudad-estado. Al estudiar el mundo natural, concibió la idea de que todo lo que existe tiene un propósito, y decidió que, en el caso de los humanos, este es llevar una «vida buena». Según Aristóteles, esto significa alcanzar virtudes como la justicia, la bondad y la belleza. Así, el propósito de las *polis* es permitirnos vivir de acuerdo con esas virtudes. Los antiguos griegos consideraban la estructura del Estado –que permite a la gente vivir junta y protege la propiedad y la libertad de los ciudadanos– como el medio para conseguir la virtud como fin.

Aristóteles identificó diversas «especies» y «subespecies» dentro de la *polis*. Dijo que lo que distingue al hombre de los demás animales es su capacidad innata de razonar y de hablar, lo cual le confiere la capacidad única de formar grupos sociales y establecer comunidades y asociaciones. Dentro de la comunidad de una *polis*, los ciudadanos crean una organización que garantiza la seguridad, la estabilidad económica y la justicia del Estado, no mediante un contrato social impuesto, sino porque está en su naturaleza hacerlo. Para él, las diferentes maneras de organizar la vida de la *polis* no existen para que la gente pueda vivir junta (ya que esto lo hacen por su propia naturaleza), sino para que pueda vivir bien. Su éxito en alcanzar este

> La ley es orden, y la ley buena es buen orden.
> **Aristóteles**

objetivo, observa, depende del tipo de gobierno que escojan.

Especies gobernantes

Incansable clasificador de datos, Aristóteles ideó una taxonomía completa del mundo natural, y en sus obras posteriores, especialmente en la *Política*, aplicó el mismo método a las formas de gobierno. Mientras que Platón razonó de forma teórica sobre el sistema ideal de gobierno, Aristóteles prefirió examinar los regímenes existentes para analizar sus puntos fuertes y débiles. Para ello planteó dos sencillas preguntas: ¿quién gobierna? y ¿en nombre de quién gobierna?

A la primera pregunta responde que hay básicamente tres tipos de gobierno: el unipersonal, el de una selecta minoría y el de muchos. Y, en respuesta a la segunda, dice que se podría gobernar en nombre de toda la población, lo cual consideraba legítimo, bueno y puro, o en nombre del interés del propio gobernante o de la clase dirigente, que es la forma errónea o impura. En total identificó seis «especies» de gobierno, que

En la antigua Atenas, los ciudadanos discutían los asuntos políticos en una colina llamada Pnyx. Para Aristóteles, una sociedad es sana si los ciudadanos participan activamente en el gobierno.

van apareados. La monarquía es el gobierno de un individuo en nombre de todos; el gobierno de un individuo en su propio interés, o tiranía, es una monarquía impura. La aristocracia (que según los griegos era el gobierno de los mejores y no el hereditario de familias nobles) es el gobierno de unos pocos para el bien de todos; su forma impura es el gobierno de unos cuantos por su propio interés, u oligarquía. Finalmente, el orden civil (asimilable a república o democracia constitucional) es el gobierno de muchos para beneficio de todos. En realidad, Aristóteles daba en ocasiones al término democracia *(politeia)* el sentido actual de demagogia, como forma impura del orden civil, ya que, en la práctica, implica gobernar en nombre de muchos y no de cada uno de los individuos (la *polis*).

Aristóteles argumenta que el propio interés, inherente a las formas defectuosas de gobierno, causa desigualdad e injusticia, lo cual acarrea inestabilidad, cosa que amenaza la misma misión del Estado y su capacidad de proporcionar una vida virtuosa. Pero, en la práctica, las ciudades-estado que él estudió no entraban claramente dentro de una sola categoría, sino que exhibían características de los diversos tipos.

Aun cuando Aristóteles consideraba la *polis* como un «organismo»

> La base del Estado democrático es la libertad.
> **Aristóteles**

Las seis especies de gobierno de Aristóteles

	Gobierno unipersonal	Gobierno por una minoría selecta	Gobierno de la mayoría
Gobierno puro	Monarquía	Aristocracia	Orden civil
Gobierno impuro	Tiranía	Oligarquía	Democracia

único del cual los ciudadanos son solo una parte, también estudió la participación del individuo dentro de la ciudad-estado. Aquí también acentúa la natural inclinación del ser humano hacia la interacción social, y define al ciudadano como alguien que no solo forma parte de la estructura de la comunidad civil al elegir a sus representantes, sino con su participación activa. Cuando esta participación se produce dentro de una forma de gobierno «buena» o «pura» (monarquía, aristocracia u orden civil), promueve la capacidad del ciudadano de llevar una vida virtuosa. Dentro de un régimen «defectuoso» o «impuro» (tiranía, oligarquía o democracia), el ciudadano se involucra en las luchas interesadas del gobernante o de la clase gobernante, es decir, el ansia de poder del tirano, la sed de riquezas del oligarca o la lucha por la libertad de los demócratas. De todos los regímenes posibles, concluye, el orden civil es el que da las mejores oportunidades de llevar una vida buena. Si bien pone la democracia entre las formas impuras de gobierno, también afirma que es la mejor después del orden civil y mejor que la aristocracia o la monarquía «buenas». Como sea que el individuo no tenga la sabiduría y la virtud de un buen gobernante, «los muchos» todos juntos quizá sean mejores gobernantes que «el único».

Aparentemente, la descripción y el análisis detallados de la *polis* de la Grecia clásica tiene poco que ver con los estados-nación que la sucedieron, pero las ideas de Aristóteles influyeron cada vez más en el pensamiento político europeo durante toda la Edad Media. Pese a que fue criticado por su punto de vista, muchas veces autoritario (como en su defensa de la esclavitud y de la inferioridad de las mujeres), sus argumentos a favor del gobierno constitucional anticiparon las ideas de la Ilustración. ∎

UNA SOLA RUEDA NO MUEVE NADA

CHANAKIA (*c.* 350–*c.* 275 A.C.)

EN CONTEXTO

IDEOLOGÍA
Realismo

ENFOQUE
Utilitario

ANTES
Siglo VI A.C. El general chino Sun Tzu escribe su tratado *El arte de la guerra*, que aporta un enfoque analítico al arte de gobernar.

424 A.C. Mahapadma Nanda llega al poder, funda la dinastía Nanda y se apoya en los consejos tácticos de sus generales para gobernar.

DESPUÉS
***C.* 65 A.C.** El Imperio mauria, que Chanakia ayudó a fundar, alcanza su cenit y gobierna en toda India, a excepción del extremo sur del país.

1904 Se redescubren varios textos escritos por Chanakia que serán traducidos al inglés en el año 1915.

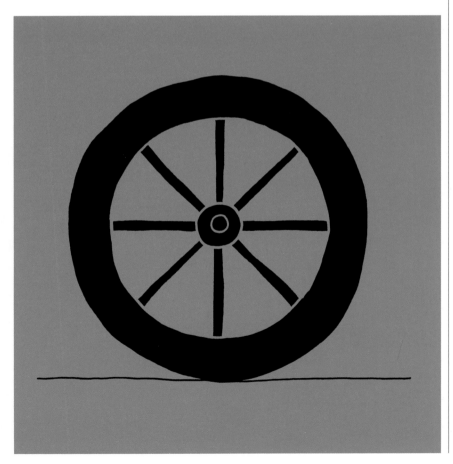

Durante los siglos V y IV a.C., la dinastía Nanda consiguió controlar gradualmente la mitad norte del subcontinente indio derrotó a sus rivales uno por uno y frenó la amenaza de invasión por parte de griegos y persas desde el oeste. Los gobernantes de este imperio en expansión acataron los consejos tácticos de sus generales en los combates, pero también reconocieron el valor de los ministros como asesores en asuntos de política y de gobierno. En muchas ocasiones, esos ministros eran eruditos, especialmente los de Takshashila, una universidad fundada *c.* 600 a.C. en Rawalpindi, en el actual Pakistán. Muchos pensadores concibieron sus

Véase también: Confucio 20–27 ▪ Sun Tzu 28–31 ▪ Mo Di 32–33 ▪ Platón 34–39 ▪ Aristóteles 40–43 ▪ Nicolás Maquiavelo 74–81

El gobernante es responsable del **bienestar, la seguridad y la disciplina** de su pueblo.

Debe tener amplios **conocimientos, habilidades y cualidades personales**.

Antes de asumir el cargo debe **formarse** en la autodisciplina y el arte de la guerra.

Durante su mandato debe recibir el **consejo** de ministros capaces y con experiencia.

Gobernar es posible solo con ayuda. Una sola rueda no mueve nada.

último del gobierno. Pensaba que esta es la responsabilidad de un soberano que quiere asegurar el bienestar y la seguridad de su pueblo al administrar orden y justicia y al llevarlo a la victoria sobre estados rivales. Esta capacidad de cumplir con sus deberes para con su país y su gente depende de diversos factores: las cualidades personales del gobernante, la capacidad de sus asesores, sus territorios y ciudades, su riqueza, su ejército y sus aliados.

En este sistema de gobierno, el protagonista es el soberano, como cabeza del Estado. Chanakia destaca la importancia de encontrar un gobernante que posea las cualidades apropiadas, pero luego afirma que esas cualidades no son suficientes si el soberano no está formado para su tarea. Debe aprender diversas disciplinas, como la táctica y la estrategia militares, las leyes, la administración y las artes de la diplomacia y la política, pero también autodisciplina y ética, con el fin de que perfeccione la autoridad moral necesaria para merecer la lealtad y la obediencia de su pueblo. Antes de asumir el cargo necesita la ayuda de profesores expertos y cultos. **»**

ideas en Takshashila, pero sin duda el más importante de todos ellos fue Chanakia (conocido también como Kautilia y Visnú Gupta), que escribió un tratado sobre el arte de gobernar titulado *Arthashastra*, que significa «ciencia de las ganancias materiales» o «el arte del gobierno». Chanakia supo combinar la sabiduría tradicional con sus propias ideas y destacó por su análisis desapasionado, y en ocasiones temerario, del negocio de la política.

práctica: se explicaba en términos directos cómo obtener y mantener el poder; por primera vez en India, se describía explícitamente una estructura civil en la que ministros y asesores desempeñaban una función clave en el gobierno del Estado.

En el centro del pensamiento político de Chanakia hay un compromiso con la prosperidad del Estado, así como continuas referencias al bienestar del pueblo como objetivo

Asesorar al soberano

Si bien parte del *Arthashastra* trataba de las cualidades morales que son deseables en el líder de un Estado, el acento se ponía sobre la

El capitel de los leones de Ashoka se erguía sobre un pilar en Sarnath, en el centro del Imperio mauria. Chanakia ayudó a fundar este poderoso imperio que gobernó casi toda India.

Todo empieza
con un consejo.
Chanakia

Ya en el cargo, el soberano sabio no se fía únicamente de su sabiduría, sino que solicita el consejo de asesores y ministros en los que confía. Según Chanakia, esas personas son tan importantes como el propio soberano para el gobierno del Estado. Escribe en el *Arthashastra*: «Gobernar solo es posible con ayuda: una sola rueda no mueve nada». Esta es una advertencia para que el soberano no sea autocrático, sino que tome decisiones de Estado después de consultar con todos sus ministros.

Por lo tanto, es tan importante nombrar ministros con la preparación necesaria como que el pueblo elija al líder. Los ministros aportan muchos conocimientos y talentos. Deben ser absolutamente de fiar, no solo para que el soberano acepte sus consejos, sino también para garantizar que las decisiones se tomen en el interés del Estado y el pueblo, y, si fuera necesario, para evitar que un mandatario corrupto actúe en su propio interés.

El fin justifica los medios

Fue este conocimiento de la naturaleza humana lo que distinguió a Chanakia de otros filósofos políticos indios de su tiempo. El *Arthashastra* no es un tratado de filosofía moral, sino una guía práctica de gobierno, y muchas veces defiende la utilización de los medios necesarios para garantizar el bienestar y la seguridad del Estado. Si bien propugna un régimen de aprendizaje y autodisciplina del gobernante ideal, y menciona determinadas cualidades morales, la obra no vacila en recomendar el empleo de métodos poco éticos para obtener y mantener el poder. Chanakia fue un sagaz observador de las debilidades y las fortalezas humanas, y no desdeñaba explotarlas para aumentar el poder del soberano y socavar el de sus enemigos.

Esto se nota especialmente en su afán por defender y adquirir territorios. Recomienda que el gobernante y sus ministros evalúen meticulosamente la fuerza de sus enemigos antes de decidirse por una estrategia para desmoralizarlos. Luego pueden elegir entre muchas tácticas diferentes, que van desde la conciliación, la instigación de disensiones entre las filas enemigas o el establecimiento de alianzas con otros gobernantes, hasta el uso directo de las fuerzas militares. Al desplegar estas tácticas, el gobernante debe ser implacable y emplear artimañas, sobornos y cualquier otro incentivo que considere oportuno. Con esto, Chanakia parece contradecir su idea de que el gobernante debe mostrar autoridad moral; sin embargo, también estipula que, una vez obtenida la victoria, el gobernante debe «reemplazar los vicios del enemigo derrotado con sus virtudes, y allí donde el enemigo ha sido bueno, él debe ser dos veces bueno».

Inteligencia y espionaje

El *Arthashastra* recuerda a los gobernantes que también se precisa de asesores militares y que, para tomar decisiones, es vital reunir información. Contar con una red de espías es crucial para saber si los estados vecinos son una amenaza o si es viable conquistar territorios; pero Chanakia va más lejos, e

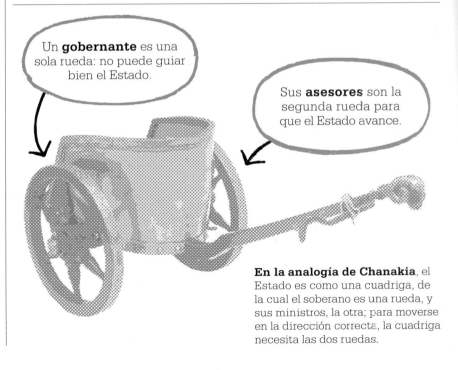

Un **gobernante** es una sola rueda: no puede guiar bien el Estado.

Sus **asesores** son la segunda rueda para que el Estado avance.

En la analogía de Chanakia, el Estado es como una cuadriga, de la cual el soberano es una rueda, y sus ministros, la otra; para moverse en la dirección correcta, la cuadriga necesita las dos ruedas.

> Las debilidades ajenas se ven con ojos ministeriales.
> **Chanakia**

Los elefantes fueron vitales en las guerras indias; aterrorizaban tanto a los enemigos que preferían retirarse a pelear. Chanakia ideó nuevas estrategias para la guerra con elefantes.

indica que el espionaje dentro del Estado también es un mal necesario para asegurar la estabilidad social. En casa y en las relaciones exteriores, la importancia de la moralidad es secundaria frente a la protección del Estado. El bienestar del Estado justifica las maniobras clandestinas, que incluyen los asesinatos políticos en caso necesario, a fin de reducir las amenazas de la oposición.

En este planteamiento amoral orientado a hacerse con el poder y mantenerlo, y en esta defensa de una aplicación estricta de la ley y el orden se pueden ver tanto una gran perspicacia política como una falta de misericordia, lo cual ha hecho que el *Arthashastra* sea comparado con *El príncipe* de Maquiavelo, escrito unos dos mil años más tarde. Pese a defender un gobierno por un soberano y sus ministros, tiene más en común con Confucio y Mo Di, o con Platón y Aristóteles, cuyas ideas es posible que Chanakia conociera como estudiante en Takshashila.

Filosofía demostrada

Los consejos del *Arthashastra* demostraron su eficacia al ser adoptados por Chandragupta Mauria (pupilo de Chanakia), que derrotó al rey Nanda y fundó el Imperio mauria alrededor de 321 a.C. Este fue el primer imperio que abarcó la mayor parte del subcontinente indio y también mantuvo a raya la amenaza de invasión griega liderada por Alejandro Magno. Las ideas de Chanakia iban a influir en el gobierno y la política durante varios siglos, hasta que India sucumbió en la Edad Media a la dominación islámica y mogol.

El texto del *Arthashastra* se redescubrió a principios del siglo XX, recobró parte de su importancia en el pensamiento político indio y alcanzó la categoría de icono después de que India se independizara de Gran Bretaña en 1948. Pese a su posición central en la historia política de India, apenas se lo conocía en Occidente y solo recientemente Chanakia comenzó a considerarse un pensador político importante fuera de India. ∎

Chanakia

No se conoce dónde nació el erudito indio Chanakia, pero sí que estudió y enseñó en Takshashila (la actual Taxila, en Pakistán). Dejó Takshashila para participar en el gobierno y viajó a Pataliputra (hoy Patna, en India) donde asesoró al rey Dhana Nanda. Los relatos difieren, pero todos coinciden en que dejó la corte de Nanda después de una discusión, y, como venganza, preparó al joven Chandragupta Mauria como rival de Nanda.

Chandragupta derrotó a Dhana Nanda y fundó el Imperio mauria que gobernó todo lo que es India moderna, salvo el extremo sur. Chanakia fue el principal consejero de Chandragupta, pero se dice que se dejó morir de hambre cuando el hijo de Chandragupta, Bindusara, lo acusó falsamente de envenenar a su madre.

Obras principales

Siglo IV A.C.
Arthashastra.
Neetishastra.

SI LOS MINISTROS MALVADOS DISFRUTAN DE SEGURIDAD Y BENEFICIOS, ESE ES EL COMIENZO DE LA DECADENCIA
HAN FEI TZU (280–233 A.C.)

EN CONTEXTO

IDEOLOGÍA
Legalismo

ENFOQUE
Leyes estatales

ANTES
Siglo v a.C. Confucio desarrolla y propone una nueva jerarquía que se basa en las relaciones familiares tradicionales y en la que, tanto el soberano como sus ministros, deben gobernar con el ejemplo.

Siglo iv a.C. El pensador Mo Di propone una clase puramente meritocrática de ministros y de asesores elegidos por su virtud y su capacidad.

DESPUÉS
Siglo ii a.C. Terminado el periodo de los Reinos Combatientes, la dinastía Han rechaza el legalismo y adopta el confucianismo.

589–618 d.C. El legalismo se reactiva durante la dinastía Sui en un intento de unificar el Imperio chino.

Durante el periodo de los Reinos Combatientes, entre los siglos v y iii a.C., los gobernantes compitieron por ostentar el poder en un imperio chino unido, y apareció una nueva filosofía política de adaptación a esos años turbulentos. Pensadores como Shang Yang (390–338 a.C.), Shen Dao (c. 350–275 a.C.) y Shen Buhai (m. 337 a.C.) defendieron un sistema de gobierno mucho más autoritario que se conoció como legalismo. Formalizado e implementado por Han Fei Tzu, el legalismo re-

Gobernar el Estado con la ley es alabar el bien y denostar el mal.
Han Fei Tzu

chazaba la idea confuciana de predicar con el ejemplo y también la creencia de Mo Di en la bondad innata de la naturaleza humana: en cambio, adoptó el punto de vista más cínico de que la gente actuaba para evitar castigos y lograr ganancias personales. Según los legalistas, la única manera en que podía controlarse esto era un sistema que pusiera el acento sobre el bienestar del Estado por encima de los derechos individuales, con leyes estrictas que castigasen las conductas indeseables.

De la administración de estas leyes se ocupaban los ministros del gobierno, quienes, a su vez, estaban bajo leyes que los responsabilizaban, recibiendo del gobernante castigos o favores. De este modo se mantenía la jerarquía con el gobernante a la cabeza, y se controlaban la corrupción y las intrigas. Para garantizar la seguridad del Estado en épocas de guerra, era de vital importancia que el gobernante pudiera fiarse de sus ministros y que todos actuasen en el interés del Estado y no en el propio. ■

Véase también: Confucio 20–27 ▪ Sun Tzu 28–31 ▪ Mo Di 32–33 ▪ Thomas Hobbes 96–103 ▪ Mao Zedong 260–265

EL GOBIERNO DA BANDAZOS DE AQUI PARA ALLA COMO UNA PELOTA
CICERÓN (106–43 A.C.)

EN CONTEXTO

IDEOLOGÍA
Republicanismo

ENFOQUE
Constitución mixta

ANTES
C. 380 A.C. Platón escribe *La república*, donde plantea su concepción de cómo debe ser la ciudad-estado ideal.

Siglo II A.C. El historiador griego Polibio describe, en su obra *Historias*, el surgimiento de la República romana y su constitución con separación de poderes.

48 A.C. Se otorgan a Julio César poderes sin precedentes, y su dictadura supone el final de la República romana.

DESPUÉS
27 A.C. Octaviano, proclamado Augusto, se convierte en el primer emperador de Roma.

1734 Montesquieu escribe *Consideraciones sobre las causas de la grandeza de los romanos y su decadencia.*

L a República romana se fundó alrededor del año 510 a.C. siguiendo el modelo de las ciudades-estado de Grecia, ciudades soberanas en lo jurídico y con sus propios recursos económicos. Con pocos cambios, duró casi quinientos años. Este sistema combinaba elementos de tres formas de gobierno diferentes: la monarquía (reemplazada por los Cónsules), la aristocracia (el Senado) y la democracia (la Asamblea Popular); cada una tenía parcelas de poder bien delimitadas que se equilibraban entre sí. La llamada Constitución mixta era considerada por la mayoría de los romanos como la forma ideal para proporcionar estabilidad y evitar la tiranía.

Controles y equilibrios
Cicerón fue un político romano acérrimo defensor del sistema, en especial cuando se vio amenazado por la concesión de poderes dictatoriales a Julio César. Advirtió que la desintegración de la República alentaría el retorno a un ciclo de gobiernos destructivos. Arguyó que el poder puede pasar de un monarca a un tirano; del tirano a la aristocracia o al pueblo; y que al pueblo se lo pueden arrebatar los oligarcas o los tiranos. Sin los controles y los equilibrios de una Constitución mixta, el gobierno, según él, daría «bandazos como una pelota». Tal como lo predijo Cicerón, a la muerte de César, Roma cayó en poder de un emperador, Augusto, y el poder pasó de él a una sucesión de gobernantes despóticos. ■

El estandarte romano incluía la leyenda SPQR (el Senado y el Pueblo de Roma), que honraba las instituciones centrales de la Constitución mixta.

Véase también: Platón 34–39 ■ Aristóteles 40–43 ■ Montesquieu 110–111 ■ Benjamin Franklin 112–113 ■ Thomas Jefferson 140–141 ■ James Madison 150–153

POLITICA

MEDIEVA

30–1515

Según la tradición católica, san Pedro es el primer **obispo de Roma** y sus sucesores se conocen como papas.

c. 30 d.C.

El emperador Teodosio I impone el cristianismo como **religión oficial** de Roma.

380

Mahoma escribe la **Constitución de Medina** y establece el primer gobierno islámico.

622

Al-Kindi lleva **textos griegos clásicos**, como los de Platón y Aristóteles, a la Casa de la Sabiduría de Bagdad.

900

306 d.C.

Constantino I es el primer **emperador cristiano** del Imperio romano.

c. 413

San Agustín defiende que un **gobierno sin justicia** no es mejor que una banda de ladrones.

800

Se corona a Carlomagno emperador de Roma, con lo que se funda el **Sacro Imperio Romano**.

c. 940–950

En *La ciudad virtuosa*, Al-Farabi aplica las ideas de **Platón y Aristóteles** para imaginar el Estado islámico ideal.

E l Imperio romano creció y se fortaleció desde su inicio en el siglo I a.C., extendiendo su poder por toda Europa, la África bañada por el Mediterráneo y Oriente Próximo. A finales del siglo II de la era cristiana se encontraba en la cima de su poder, y la cultura imperial romana, con su énfasis en la prosperidad y la estabilidad, amenazaba con reemplazar los valores humanistas y la filosofía asociados a las repúblicas de Atenas y Roma. A la vez, una nueva religión echaba raíces en el Imperio: el cristianismo.

Durante el milenio que siguió, la Iglesia dominó el pensamiento político en Europa y, durante la Edad Media, la teología cristiana modeló la teoría política. En el siglo VII apareció otra poderosa religión, el islam, que se diseminó desde Arabia hasta Asia y África y también influyó sobre el pensamiento político de la Europa cristiana.

El impacto del cristianismo

Algunos filósofos romanos, como Plotino, retomaron las ideas de Platón, y los movimientos «neoplatónicos» influyeron a los primeros pensadores cristianos. San Agustín de Hipona interpretó las ideas de Platón a la luz de la fe cristiana al tratar temas como la diferencia entre la ley divina y la humana, y si existe algo llamado guerra justa.

El Imperio romano, pagano, no tenía mucho tiempo para la filosofía y la teoría, pero en Europa, a comienzos del cristianismo, el pensamiento político quedó subordinado al dogma religioso y las ideas de la antigua Grecia y la antigua Roma se ignoraron casi por completo. Importante factor de esta subordinación

de las ideas fue el acceso de la Iglesia y el papado al poder político. En efecto, la Europa medieval estuvo gobernada por la Iglesia, lo que se concretó en el siglo IX con la creación del Sacro Imperio Romano, bajo Carlomagno.

La influencia islámica

Mientras tanto, en Arabia, Mohammed (o Mahoma) estableció el islam como religión con fines imperialistas, y rápidamente se convirtió en una poderosa herramienta política y religiosa. A diferencia del cristianismo, el islam estaba abierto al pensamiento político secular y alentó la cultura y el estudio de pensadores no musulmanes. En todas las ciudades del imperio musulmán se fundaron bibliotecas para conservar los textos clásicos, y los eruditos integraron las ideas de Platón y

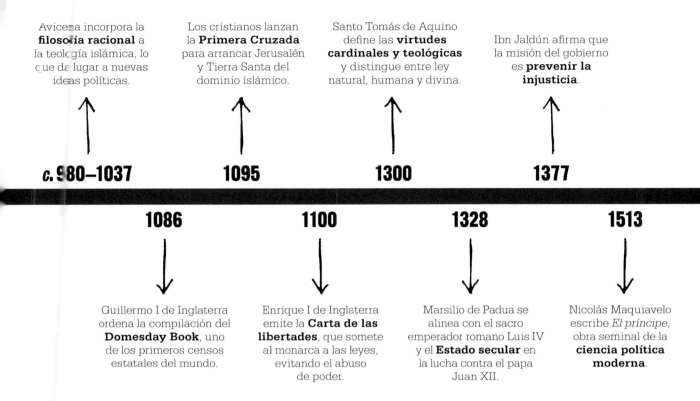

Avicena incorpora la **filosofía racional** a la teología islámica, lo que da lugar a nuevas ideas políticas.

Los cristianos lanzan la **Primera Cruzada** para arrancar Jerusalén y Tierra Santa del dominio islámico.

Santo Tomás de Aquino define las **virtudes cardinales y teológicas** y distingue entre ley natural, humana y divina.

Ibn Jaldún afirma que la misión del gobierno es **prevenir la injusticia**.

c. **980–1037** **1095** **1300** **1377**

1086 **1100** **1328** **1513**

Guillermo I de Inglaterra ordena la compilación del **Domesday Book**, uno de los primeros censos estatales del mundo.

Enrique I de Inglaterra emite la **Carta de las libertades**, que somete al monarca a las leyes, evitando el abuso de poder.

Marsilio de Padua se alinea con el sacro emperador romano Luis IV y el **Estado secular** en la lucha contra el papa Juan XII.

Nicolás Maquiavelo escribe *El príncipe*, obra seminal de la **ciencia política moderna**.

Aristóteles en la teología islámica. Ciudades como Bagdad fueron centros de enseñanza, y sabios como Al-Kindi, Al-Farabi, Avicena, Averroes e Ibn Jaldún surgieron como teóricos políticos.

Mientras tanto, en Europa la erudición ya era exclusiva del clero y la Iglesia prescribía la estructura de la sociedad, que dejaba poco sitio a la disensión. Sería la influencia islámica la que llevaría ideas nuevas a la Europa medieval, cuando los eruditos redescubrieron los textos clásicos. En el siglo XII, las obras conservadas y traducidas por los humanistas islámicos comenzaron a atraer la atención de los cristianos, especialmente en la península Ibérica (Al-Ándalus), donde coexistían ambas religiones. Las noticias del redescubrimiento se propagaron por toda la cristiandad y, pese a la reti-

cencia de las autoridades eclesiásticas, se produjo una fiebre por encontrar y traducir no solo los textos, sino también los comentarios aportados por los islamistas.

Preguntas difíciles

Una nueva generación de filósofos cristianos se familiarizó con el pensamiento clásico. Santo Tomás de Aquino trató de integrar las ideas de Aristóteles a la teología cristiana. Esto planteó preguntas antes soslayadas sobre temas como el derecho divino de los reyes, y revivió el debate sobre la ley secular frente a la divina. La introducción del pensamiento secular en la vida intelectual tuvo profundos efectos en el Sacro Imperio Romano. Algunos estados-nación reivindicaban su independencia, y los gobernantes se enfrentaban al papado. Se

comenzó a cuestionar la autoridad de la Iglesia en asuntos civiles, y filósofos como Egidio Romano y Marsilio de Padua tuvieron que elegir sus respectivos bandos.

Conforme la Edad Media llegaba a su fin, el número de países que desafiaron la autoridad de la Iglesia fue en aumento, pero el pueblo también comenzó a cuestionar el poder de sus monarcas. En Inglaterra, el rey Juan fue obligado por sus barones a renunciar a algunos de sus poderes. En la península Itálica, algunas tiranías dinásticas fueron reemplazadas por repúblicas, como la de Florencia, donde comenzó el Renacimiento. Fue en Florencia donde Nicolás Maquiavelo, poderoso símbolo del pensamiento renacentista, escandalizó al mundo al publicar una filosofía política de moralidad totalmente pragmática. ∎

SI SE ELIMINARA LA JUSTICIA, ¿QUE SERIAN LOS GOBIERNOS SINO GRANDES BANDAS DE LADRONES?

SAN AGUSTÍN DE HIPONA (354–430)

EN CONTEXTO

IDEOLOGÍA
Cristianismo

ENFOQUE
Gobierno justo

ANTES
Siglo IV A.C. En *La república* y *Las leyes*, Platón destaca la importancia de la justicia en un Estado ideal.

Siglo I A.C. Cicerón se opone al derrocamiento de la República romana y su reemplazo por un emperador.

306 D.C. Constantino I es el primer emperador cristiano del Imperio romano.

DESPUÉS
Siglo XIII Santo Tomás de Aquino emplea los argumentos de san Agustín para definir la guerra justa.

Siglo XIV Ibn Jaldún defiende que la misión del Gobierno es evitar la injusticia.

***C.* 1600** Francisco Suárez y la Escuela de Salamanca crean una filosofía de la ley natural.

El cristianismo se adoptó formalmente como religión oficial del Imperio romano en 380, y, a medida que fue aumentando la influencia de la Iglesia, su relación con el Estado se tornó conflictiva. Uno de los primeros filósofos políticos que trató este tema fue Agustín de Hipona (san Agustín), humanista y profesor convertido al cristianismo. En su intento de integrar la filosofía clásica en la religión, recibió la poderosa influencia de los escritos de Platón, que también fueron el fundamento de su pensamiento político.

Como ciudadano de Roma, san Agustín creía en la tradición de un Estado obligado por las leyes, pero como humanista coincidía con Aris-

---

Los estados tienen un jefe o un gobierno y leyes que regulan **la conducta y la economía**.

Los ladrones forman bandas con un líder y formulan reglas **de disciplina y de reparto de sus botines**.

Los estados encabezados por gobernantes injustos hacen la guerra a sus vecinos **para quitarles territorio y recursos**.

Cada banda tiene **su propio territorio** y **roba** a los territorios vecinos.

Si se eliminara la justicia, ¿qué serían los gobiernos sino grandes bandas de ladrones?

Vease también: Platón 34–39 ▪ Cicerón 49 ▪ Santo Tomás de Aquino 62–69 ▪ Francisco Suárez 90–91 ▪ Thomas Hobbes 96–103

> Sin justicia no puede prosperar una sociedad de hombres ligados a las leyes.
> **San Agustín**

...tóteles y Platón en que el objetivo del Estado es facilitar que su pueblo lleve una vida buena y virtuosa. Para un cristiano esto significaba vivir según las leyes divinas sancionadas por la Iglesia. San Agustín pensaba que, en la práctica, son pocas las personas que viven según esas leyes y que la mayoría vive en pecado. Distinguía entre dos reinos: la *civitas Dei* (ciudad de Dios) y la *civitas terrea* (ciudad terrenal): en este último predomina el pecado. Para san Agustín, la influencia de la Iglesia sobre el Estado es la única forma de asegurar que las leyes terrenales se dicten con referencia a las divinas, lo que permite que la gente viva en la *civitas Dei*. Disponer de esas leyes justas es lo que distingue un Estado de una banda de ladrones. Los ladrones y los piratas se unen bajo un líder para robar a sus vecinos. Puede que tengan muchas reglas, pero no leyes justas. Sin embargo, san Agustín señala además que, incluso en una *civitas terrea* pecadora, la autoridad del Estado es capaz de asegurar el orden por medio de las leyes y que todos tenemos motivos para desear el orden.

Guerra justa

La insistencia en la justicia, con sus raíces en la doctrina cristiana, también la aplicó san Agustín a la guerra. Consideraba que toda guerra es malvada, y que atacar y saquear otros estados es injusto, pero aceptaba que existe una «guerra justa», librada por una causa justa, como defender el Estado de una agresión o restaurar la paz, si bien hay que recurrir a ella con remordimientos y como último recurso.

Este conflicto entre leyes seculares y divinas, así como el intento de reconciliarlas, dio lugar a las luchas entre la Iglesia y los estados que persistieron durante toda la Edad Media. ▪

La visión de san Agustín de un Estado que vive según los principios cristianos figura en *Sobre la ciudad de Dios*, obra que describe la relación entre el Imperio romano y las leyes divinas.

San Agustín de Hipona

Aurelius Augustinus nació en Tagaste (ahora Souk-Ahras, en Argelia), en la África del norte romana, de padre pagano y madre cristiana. Estudió literatura latina, en Madaura, y retórica, en Cartago, donde conoció la religión maniquea de los persas y se interesó por la filosofía gracias a las obras de Cicerón. Enseñó en Tagaste y Cartago hasta el año 373, cuando viajó a Roma y Milán, donde el teólogo y obispo Ambrosio le incitó a explorar la filosofía de Platón y, más tarde, a abrazar el cristianismo. Fue bautizado en 387 y ordenado sacerdote en Tagaste en 391. Finalmente se radicó en Hipona (ahora Bone, en Argelia), donde fundó una comunidad religiosa de la que, en el año 396, llegó a ser obispo. Además de sus *Confesiones* autobiográficas, escribió muchas obras teológicas así como filosóficas. Murió durante el sitio de Hipona por los vándalos, en 430.

Obras principales

387–395 *Sobre el libre albedrío*.
397–401 *Confesiones*.
413–425 *Sobre la ciudad de Dios*.

OS ES OBLIGADO GUERREAR, AUNQUE OS RESULTE ODIOSO
MAHOMA (570–632)

El islam es una **religión pacífica**, y todos los musulmanes desean vivir en paz.

⬇

Pero incluso los creyentes del islam necesitan **defenderse** de las invasiones…

⬇

…y **atacar a los no creyentes** que amenazan su paz y su religión.

⬇

Os es obligado guerrear, aunque os resulte odioso.

Reverenciado por los musulmanes como el profeta de la fe islámica, Mahoma fue el que cimentó el imperio musulmán; a la vez que su líder espiritual, también lo fue político y militar. Exiliado de La Meca a causa de su fe, en 622 viajó hasta Yathrib (viaje que se conoce como la Hégira), donde captó gran cantidad de discípulos y terminó por crear una organización islámica unificada en forma de ciudad-estado. Cambió el nombre de la ciudad por el de Medina («ciudad del Profeta») e hizo de ella el primer Estado musulmán del mundo. Mahoma redactó una constitución –la Constitución de Medina– que sirvió de base para toda la tradición política islámica.

Esa constitución trataba de los derechos y deberes de cada grupo dentro de la comunidad, de las leyes y de la guerra. Reconocía como separada a la comunidad judía de Medina y estableció con ella obligaciones recíprocas. Entre sus edictos, se obligaba a toda la comunidad –los integrantes de todas las religiones de la ciudad– a luchar juntos en caso de amenaza. Los objetivos clave eran la paz dentro del Estado islámico de Medina y la formación de una estructura política que ayu-

Peregrinos musulmanes oran junto a la mezquita del profeta Mahoma en la ciudad santa de Medina (Arabia Saudí), donde Mahoma creó el primer Estado islámico.

dase a Mahoma a reclutar seguidores y soldados para conquistar la península de Arabia.

La autoridad de la Constitución era tanto espiritual como secular, y afirmaba: «Siempre que se difiere sobre algún asunto, se debe consultar a Dios y a Mahoma». Puesto que Dios hablaba a través de Mahoma, la autoridad de su palabra era incuestionable.

Pacífico, pero no pacifista

La Constitución de Medina confirma gran parte del libro sagrado de los musulmanes, el Corán, y es anterior a este. Sin embargo el Corán es más detallado en cuanto a los deberes religiosos que en cuanto a los temas prácticos de la política. En el libro se describe el islam como religión que ama la paz, pero que no es pacifista. Mahoma sostuvo muchas veces que es necesario defender el islam de los no creyentes, y deja entrever que, en

ciertos casos, esto conlleva acciones preventivas. Si bien un creyente del islam tendría que aborrecer la violencia, esta puede ser un mal necesario para proteger y propagar la religión, y Mahoma dice que es obligación moral de todos los musulmanes defender la fe.

Esta obligación es parte de la idea islámica de la *yihad* (literalmente «esfuerzo», por una causa noble) que al principio se enfocaba hacia las ciudades vecinas que atacaban el Estado islámico de Ma-

homa. Las conquistó una a una, de modo que la lucha pasó a ser la manera de propagar la fe y, en términos políticos, de ampliar el imperio musulmán.

El Corán considera la *yihad* un deber religioso, y guerrear, odioso, pero necesario; también afirma que existen reglas estrictas que rigen la guerra. Las condiciones de una «guerra justa» (causa justa, intención correcta, autoridad adecuada y último recurso) son similares a las de la Europa cristiana. ▪

Mahoma

Nació en La Meca en 570, poco después de la muerte de su padre. Cuando tenía seis años murió la madre y él quedó a cargo de sus abuelos y un tío, quien le encomendó la gestión de sus caravanas comerciales a Siria. A finales de la treintena acudía a rezar en una cueva del monte Hira, y en 610 dijo haber recibido la visita del arcángel Gabriel. Comenzó su prédica y, poco a poco, ganó seguidores,

pero acabó por tener que abandonar La Meca con ellos. Su huida a Medina, en 622, se celebra como el comienzo del calendario musulmán. Cuando murió, en 632, gobernaba casi toda Arabia.

Obras principales

C. 622 Constitución de Medina.
C. 632 Corán.
Siglos VIII y IX Los *hadiz* (dichos o proverbios de Mahoma compilados en la Sunna).

Luchad en nombre de Alá y a la manera de Alá. Luchad contra los que no creen en Alá.
Parábola o revelación (*hadiz*) de la Sunna

EL PUEBLO RECHAZA EL GOBIERNO DE LOS HOMBRES VIRTUOSOS

AL-FARABI (*c.* 870–950)

EN CONTEXTO

IDEOLOGÍA
Islamismo

ENFOQUE
Virtud política

ANTES
***C.* 380–360 a.C.** En *La república*, Platón propone que impere el gobierno de los «reyes filósofos».

Siglo III Algunos filósofos, como Plotino, reinterpretan las obras de Platón e introducen las ideas teológicas y místicas.

Siglo IX El filósofo árabe Al-Kindi lleva los clásicos griegos a la Casa de la Sabiduría de Bagdad.

DESPUÉS
***C.* 980–1037** El escritor y filósofo persa Avicena incorpora la filosofía racional a la teología islámica.

Siglo XIII Santo Tomás de Aquino define las virtudes cardinales y teológicas y distingue entre ley natural, humana y divina.

Un **Estado modelo**, que aún no existe, se aseguraría de que su pueblo viviese en la virtud.

Para lograr esto, necesitaría **gobernantes virtuosos**.

Pero el pueblo no comprende que la **verdadera felicidad** proviene de llevar una **vida virtuosa**.

En cambio, **prefiere** perseguir **la riqueza y el placer** y vivir en sociedades ignorantes, perversas o equivocadas.

El pueblo rechaza el gobierno de los hombres virtuosos.

Con la expansión del imperio musulmán en los siglos VII y VIII, se produjo un gran florecimiento de la cultura y el conocimiento, la llamada «edad de oro islámica». En las principales ciudades del mundo musulmán se fundaron bibliotecas donde se conservaban y traducían textos de los grandes pensadores griegos y romanos. Bagdad fue un renombrado centro universitario y fue allí donde Al-Farabi forjó su celebridad como filósofo y comentarista de las obras de Aristóteles. Como este, Al-Farabi creía que, por naturaleza, el hombre

Véase también: Platón 34–39 ▪ Aristóteles 40–43 ▪ San Agustín de Hipona 54–55 ▪ Santo Tomás de Aquino 62–69

El objetivo del Estado modelo no es dar a sus ciudadanos solo prosperidad material, sino también su destino futuro.
Al-Farabi

necesita vivir en una estructura social como la ciudad-estado a fin de llevar una vida buena y feliz. También creía que la ciudad es solo la medida mínima en la que esto es posible, y que se pueden aplicar los mismos principios a todos los estados-nación, imperios y hasta incluso a un Estado mundial. Pero fue Platón, maestro de Aristóteles quien más influyó en el pensamiento político de Al-Farabi, especialmente con su visión del Estado ideal y sobre cómo debe gobernarse. Así como Platón pregonaba el gobierno de los «reyes filósofos», los únicos que comprenden la verdadera naturaleza de virtudes como la justicia, en *La ciudad ideal*, Al Farabi describe una ciudad modelo gobernada por un líder que guía e instruye a su pueblo para que lleven vidas virtuosas que les proporcionarán la verdadera felicidad.

Sabiduría divina

Al Farabi difiere de Platón en su concepción de la naturaleza y del origen de la virtud del gobernante ideal, que para Al-Farabi es la sabiduría divina. Más que un rey filósofo, Al-Farabi era partidario de que gobernase un «profeta filósofo» o, según su descripción, un imán justo.

Sin embargo, deja claro que su «ciudad ideal» es una utopía política. También describe las diversas formas de gobierno que existen en el mundo real y señala sus defectos. Identifica tres motivos principales por los que no alcanzan su ideal: son ignorantes, son pervertidos o están equivocados. En un Estado ignorante, la gente no sabe que la verdadera felicidad se alcanza llevando una vida virtuosa; en uno equivocado, la gente no comprende la naturaleza de la virtud, y en uno perverso, saben en qué consiste la vida virtuosa, pero prefieren no llevarla. En estos tres tipos de estados imperfectos, la gente corre tras la riqueza y el placer, y no en busca de la vida buena. Al-Farabi creía que las almas de los ignorantes y los equivocados sencillamente desaparecían al morir, pero que las de los perversos sufrían penas eter-

Al-Farabi formuló sus ideas en Bagdad (Irak), que durante la edad de oro islámica fue centro de enseñanza y aún presume de tener las universidades más antiguas del mundo.

nas. Solo las almas de los hombres de una ciudad ideal disfrutaban de la felicidad eterna. Pero mientras los ciudadanos ignorantes, equivocados y pervertidos y sus líderes persigan los placeres terrenales en vez de una vida virtuosa, rechazarán el gobierno de un líder virtuoso, ya que este no les dará lo que quieren, de manera que la ciudad ideal modelo no se ha alcanzado aún. ▪

Al-Farabi

Pese a su importancia, no existe mucha certeza sobre la vida de Abú Nasr al Farabi, también llamado «Segundo Maestro» de los filósofos islámicos (el primero era Aristóteles).

Probablemente nació en Farab, lo que hoy en día son las ruinas de Otrar (Kazajistán), hacia 870, y estudió allí y en Bujara (en la actual Uzbekistán) antes de trasladarse a Bagdad para continuar con sus estudios en 901. Allí estudió alquimia y filosofía con profesores tanto cristianos como islámicos, y también fue un célebre músico y un notable lingüista. Si bien pasó la mayor parte de su vida en Bagdad como maestro y cadí (juez), también viajó mucho, y visitó Egipto, Damasco, Jarán y Alepo. Se cree que escribió la mayor parte de sus obras en Alepo mientras trabajaba en la corte de Saíf al Daulah, soberano de Siria.

Obras principales

C. **940–950**
La ciudad ideal.
Tratado sobre el entendimiento.
El libro de las letras.

NO SE ENCARCELARA A NINGUN HOMBRE LIBRE, SALVO POR LA LEY DE LA TIERRA

BARONES DEL REY JUAN DE INGLATERRA (COMIENZOS DEL SIGLO XIII)

EN CONTEXTO

IDEOLOGÍA
Parlamentarismo

ENFOQUE
Libertad

ANTES
C. 509 A.C. Roma derroca la monarquía e impone la República.

Siglo I A.C. Cicerón pide el regreso de la República romana cuando Julio César recibe poderes del Senado.

DESPUÉS
Década de 1640 La guerra civil inglesa y el derrocamiento de la monarquía señalan que un monarca no puede gobernar sin acuerdo del Parlamento.

1776 La Declaración de Independencia de EE UU proclama que «la vida, la libertad y la búsqueda de la felicidad» son derechos inalienables.

1948 La Asamblea General de las Naciones Unidas redacta en París la Declaración Universal de los Derechos Humanos.

Juan de Inglaterra se hizo impopular por su mala gestión de las guerras con Francia y su prepotencia para con los barones feudales de Inglaterra, que le aportaban tanto caballeros como impuestos. Hacia 1215 se produjo una rebelión, y el rey se vio obligado a negociar con los barones cuando llegaron a la capital, Londres. Le presentaron un documento con sus exigencias –inspirado en el Estatuto de Libertades emitido por el rey Enrique I cien años antes– el cual reducía el poder de Juan y protegía los privilegios de los barones. Los «Artículos de los barones» incluían cláusulas en relación con sus pro-

A nadie venderemos, ni negaremos, ni retrasaremos el derecho o la justicia.
Carta magna, cláusula 40

piedades, sus derechos y sus deberes, pero también sometían al rey a la ley de la tierra.

Libertad de la tiranía

La cláusula 39, en particular, era la que tenía implicaciones más profundas: «Ningún hombre libre será apresado, encarcelado, privado de sus derechos o bienes, declarado proscrito o desterrado o privado de su posición de ninguna manera, ni emplearemos la fuerza contra él ni enviaremos a otros a que lo hagan, salvo si es juzgado legalmente por sus pares o por la ley de la tierra». Esta demanda de los barones implicaba el hábeas corpus, que exige que un detenido sea llevado ante un tribunal, protegiéndolo así del abuso arbitrario del poder. Por primera vez se garantizaba explícitamente la libertad de una persona con respecto a un gobernante tiránico. Juan tuvo que aceptar los términos y poner su sello a lo que más tarde se conoció como Carta magna («Gran Estatuto»).

Por desgracia, el consentimiento del rey fue únicamente simbólico y una parte importante del documento fue después ignorada o se rechazó. Sin embargo, quedaron las cláusulas clave y el espíritu de

Véase también: Cicerón 49 ▪ John Locke 104–109 ▪ Montesquieu 110–111 ▪
Jean-Jacques Rousseau 118–125 ▪ Oliver Cromwell 333

Los hombres libres tienen **derecho a la libertad**, con la protección de las leyes.

Un **monarca despótico** puede **explotar** a sus súbditos y **castigarles** de manera arbitraria.

El **poder** de un monarca **debe estar limitado** por la ley de la tierra.

No se encarcelará a ningún hombre libre, salvo por la ley de la tierra.

Los barones feudales de Inglaterra

Creada por Guillermo el Conquistador (1028–1087), la baronía consistía en una posesión feudal de la tierra concedida por el rey junto con determinados deberes y privilegios. Los barones pagaban impuestos al rey por esas tierras, pero también tenían la obligación del *servitium debitum* («servicio debido»), que consistía en proporcionar una cuota de caballeros que luchasen por el rey en caso de ser necesario. A cambio tenían el privilegio de participar en el Consejo (o Parlamento), aunque únicamente cuando el rey los convocaba. No se reunían de forma regular y como la corte solía trasladarse de un sitio a otro, no tenía sede permanente.

Pese a que los barones de la época impusieron al rey la Carta magna, el poder de la baronía feudal se fue debilitando en el transcurso del siglo XIII y ya era obsoleta cuando sobrevino la guerra civil.

Obras principales

1100 *Estatuto de libertades.*
1215 *Carta magna.*

la Carta magna tuvo una enorme influencia en la posterior evolución política de Gran Bretaña. La restricción del poder del monarca en favor de los derechos de los «hombres libres» –que en esa época eran solo los terratenientes feudales y no sus servidores– sentó las bases de un Parlamento independiente. El primero fue el Parlamento rebelde de Montfort en 1265, el cual estaba compuesto por representantes elegidos, caballeros, funcionarios municipales y, por primera vez en la historia, barones.

Hacia un Parlamento

En el siglo XVII, la limitación del rey inglés por la ley de la tierra llegó a un punto crítico durante la guerra civil, y la Carta magna simbolizó la causa de los parlamentaristas encabezados por Oliver Cromwell. Si bien en ese momento tan solo se aplicaba a una minoría de ciudadanos privilegiados, la Carta asentó la idea de que las leyes debían proteger la libertad de las personas de la autoridad despótica, y además sirvió de inspiración para los derechos que se incluyeron en las constituciones modernas, especialmente las de las antiguas colonias británicas, así como muchas declaraciones de derechos humanos. ▪

El Parlamento de Londres tiene su origen en la insistencia de los barones, en 1215, en que el rey no podía imponer impuestos adicionales sin consentimiento del consejo real.

PARA UNA GUERRA JUSTA HACE FALTA UNA CAUSA JUSTA

SANTO TOMÁS DE AQUINO (1225–1274)

L a Iglesia católica monopolizó la enseñanza en la Europa medieval durante varios siglos. Desde que Constantino adoptó el cristianismo como religión oficial del Imperio romano a finales del siglo IV, el pensamiento político estuvo dominado por la doctrina cristiana. La relación entre Estado e Iglesia preocupó a los filósofos y a los teólogos, especialmente a san Agustín, quien sentó las bases de la polémica al integrar el análisis político de *La república* de Platón en la doctrina cristiana. No obstante, en el siglo XII, cuando en Europa se pudieron leer traducciones de los clásicos griegos por medio del contacto con eruditos musulmanes, algunos pensadores europeos se interesaron en otros filósofos, especialmente en Aristóteles y su traductor islámico, el polígrafo andalusí Averroes.

Un método razonado

El más importante pensador cristiano surgido durante el medievo tardío fue, indudablemente, el humanista italiano Tomás de Aquino, de la orden religiosa dominica acabada de crear. Esta orden valora-

> La paz es obra indirecta de la justicia, ya que la justicia elimina los obstáculos para conseguirla; pero es la obra de la caridad, por su propia idea, la que causa la paz.
> **Santo Tomás de Aquino**

ba la tradición del escolasticismo: los dominicos utilizaban el razonamiento y la deducción como método educativo, sin limitarse a enseñar el dogma cristiano. Dentro de este espíritu, Aquino se propuso conciliar la teología cristiana con la racionalidad propuesta por filósofos como Platón y Aristóteles. Como sacerdote, sus preocupaciones eran básicamente teológicas; sin embargo, dado que en esa época la Iglesia era el poder político do-

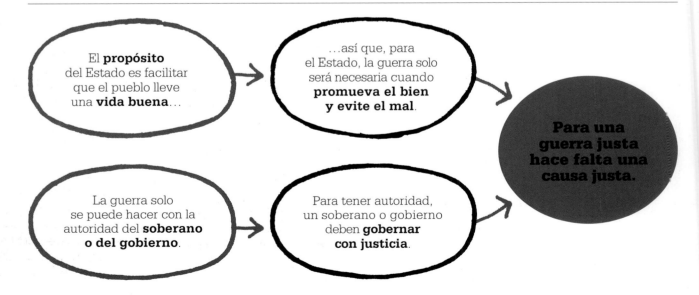

El **propósito** del Estado es facilitar que el pueblo lleve una **vida buena**…

…así que, para el Estado, la guerra solo será necesaria cuando **promueva el bien y evite el mal**.

La guerra solo se puede hacer con la autoridad del **soberano o del gobierno**.

Para tener autoridad, un soberano o gobierno deben **gobernar con justicia**.

Para una guerra justa hace falta una causa justa.

Véase también: Aristóteles 40–43 ▪ San Agustín de Hipona 54–55 ▪ Mahoma 56–57 ▪ Marsilio de Padua 71 ▪ Francisco Suárez 90–91 ▪ Michael Walzer 324–325

minante, la distinción entre lo teológico y lo político no estaba tan clara como hoy. Al desear que lo racional y lo dogmático (la filosofía y la teología) se integrasen, Aquino abordó el problema del poder secular frente a la autoridad divina y el conflicto entre Iglesia y Estado, que aumentaba en muchos países. También aplicó este método al examen de asuntos éticos, como cuándo sería justificable declarar una guerra.

La justicia como virtud primordial

En su filosofía moral, santo Tomás de Aquino examina con detalle temas políticos e insiste en que el razonamiento es tan importante en política como en la discusión teológica. Su punto de partida fueron las obras de san Agustín, quien había integrado con éxito en sus creencias cristianas la idea griega clásica de que el fin del Estado es promover una vida buena y virtuosa. San Agustín decía que esto coincide con la ley divina, la cual, si es aceptada por un hombre, evitará la injusticia. Para Aquino, en las obras de Platón y Aristóteles estaba enraizada la virtud política primordial que sostiene la totalidad de su filosofía política, y la idea de que la justicia es el elemento clave **»**

La idea de santo Tomás es que la guerra está justificada para proteger los valores cristianos, como la Primera Cruzada (1096–1099), con la que se tomó Jerusalén y miles fueron masacrados.

Santo Tomás de Aquino

Hijo del conde de Aquino, nació en el castillo de Roccasecca (en el Lacio, Italia), y se educó en la abadía de Montecassino y en la Universidad de Nápoles. En 1244 ingresó en la nueva orden de los dominicos y se trasladó a París un año más tarde. Hacia 1259 enseñó en Nápoles, Orvieto y la nueva escuela de Santa Sabina; también fue asesor papal en Roma.

Se le volvió a enviar a París en 1269, debido posiblemente a una discusión que trataba sobre la compatibilidad de las filosofías de Averroes y Aristóteles con la doctrina cristiana. En 1272 fundó una nueva universidad dominica en Nápoles. Allí tuvo una experiencia mística que le llevó a considerar que todo lo que había escrito «parecía paja». Se le nombró asesor del concilio de Lyon en 1274, pero enfermó y murió después de un accidente.

Obras principales

1254–1256 *Escrito sobre las sentencias.*
C. 1258–1260 *Suma contra gentiles.*
1267–1273 *Summa Theologica.*

> Por tanto, la única excusa para la guerra es que podamos vivir en paz, ilesos.
> **Cicerón**

del gobierno. Las leyes justas son lo que distinguen un buen gobierno de otro malo, y las que otorgan legitimidad para gobernar. También es justicia lo que determina la moralidad de las acciones del Estado, principio que se aprecia con total claridad en la teoría de la «guerra justa» que formuló santo Tomás de Aquino.

Definición de una guerra justa

Con los puntos de vista de san Agustín como punto de partida, Aquino admitió que aun cuando el cristianismo predicaba el pacifismo entre sus fieles, a veces era necesario guerrear para conservar o restaurar la paz ante la agresión. Pero esa sería una guerra defensiva y no preventiva que comenzaría solo cuando se pudieran satisfacer ciertas condiciones. Llamó a esas condiciones *ius ad bellum*, o «derecho a la guerra» –que es diferente de *ius in bello*, es decir las reglas de conducta justa en una guerra–, y creyó que garantizarían la legitimidad de la guerra.

Aquino identificó tres necesidades básicas bien diferenciadas para una guerra justa: intención legítima, autoridad del soberano y causa justa. Estos principios siguen siendo los criterios fundamentales en la teoría de la guerra justa hasta hoy. Para los cristianos, la «intención legítima» tiene un solo significado: la restitución de la paz, pero es en las otras dos condiciones donde se aprecia un criterio más secular. La «autoridad del soberano» significa que solo una autoridad como el Estado o su jefe puede iniciar la guerra, mientras que la «causa justa» limita su poder a emprender una guerra solo para el beneficio del pueblo y no para obtener gloria o ganancias personales. Para cumplir con estos tres criterios debe existir un

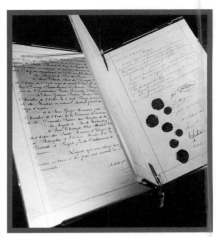

Las Convenciones de Ginebra son cuatro tratados, firmados entre 1864 y 1949 (y más o menos basados en el concepto de guerra justa), que regulan el trato que merecen soldados y civiles en un conflicto.

gobierno legalmente constituido o un soberano limitado por leyes que garanticen la justicia de sus actos, y esto, a su vez, tiene que basarse en una teoría de gobierno legítimo que tenga en cuenta las exigencias de la Iglesia y el Estado.

Leyes naturales y humanas

Este reconocimiento del papel del Estado y su autoridad distinguen

---

El derecho a la guerra

Para Aquino, la única **intención legítima** de una guerra justa es la restitución de la paz.

Una guerra justa solo se puede iniciar bajo la **autoridad del soberano**.

Una guerra con una **causa justa** tiene que beneficiar al pueblo.

Las leyes que creamos para nosotros mismos y nuestras sociedades deben basarse en la ley natural, que en sí misma es reflejo de las leyes eternas que gobiernan todo el universo.

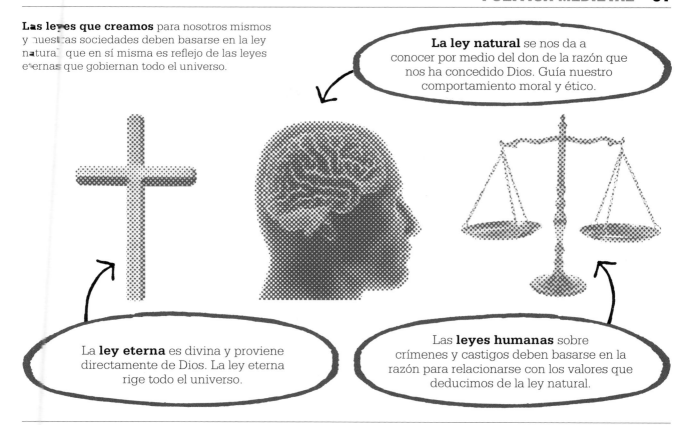

La ley natural se nos da a conocer por medio del don de la razón que nos ha concedido Dios. Guía nuestro comportamiento moral y ético.

La **ley eterna** es divina y proviene directamente de Dios. La ley eterna rige todo el universo.

Las **leyes humanas** sobre crímenes y castigos deben basarse en la razón para relacionarse con los valores que deducimos de la ley natural.

la filosofía política de Aquino de la de otros pensadores de la época. Su insistencia en la justicia como virtud fundamental, influida por Platón y Aristóteles, le llevó a observar el sitio que ocupan las leyes en la sociedad, y esto fue el sustrato de su pensamiento político. Dada la pluralidad social de la época, se imponía un examen de las diferencias entre leyes divinas y humanas, e, indirectamente, entre las de la Iglesia y las del Estado.

Como cristiano, Aquino creía que una ley divina y eterna gobierna el universo y que los seres humanos –como únicas criaturas racionales– tienen una relación especial con ella. Nuestra capacidad de razonar nos sujeta a lo que él llama una «ley natural», a la que llegamos examinando la naturaleza humana y deduciendo un código moral de comportamiento. Aquino explicó

que esto, lejos de contradecir la ley de Dios, es nuestra participación en la ley eterna.

La razón, dice, es una capacidad concedida por Dios que nos permite crear por nosotros mismos la ley natural que, en realidad, es la manera en que la ley eterna se aplica a los seres humanos según nuestra naturaleza de animal social. Pero

La razón en el hombre es como Dios en el mundo.
Santo Tomás de Aquino

no debe confundirse la ley natural, que se ocupa de la moralidad y la virtud, con las leyes humanas que rigen nuestros asuntos cotidianos y que creamos para que nuestras comunidades sociales funcionen bien. Como sus creadores, estas leyes humanas son falibles por su misma naturaleza, de modo que pueden llevarnos a la injusticia, y su autoridad solo se puede juzgar por comparación con la ley natural.

El deseo de comunidad
Mientras Aquino atribuye la ley natural a nuestra capacidad de pensamiento racional, las leyes humanas se explican por otro aspecto de nuestra naturaleza: el deseo de formar comunidades sociales. Esta idea es casi idéntica a la que propone Aristóteles en su *Política* –sobre la que Aquino había escrito un extenso comentario–, la de »

El pacto Briand-Kellog, firmado en 1928 por 15 países, prohibió a los firmantes emprender guerras, coincidiendo con la idea de Aquino de que la guerra solo debe servir para restaurar la paz

que el hombre es un «animal político» por naturaleza. El deseo de formar comunidades sociales es lo que nos define como humanos y nos diferencia de otros animales. Como Aristóteles, Aquino reconoce que es natural en nosotros formar unidades familiares, que al mismo tiempo se unen para formar aldeas y terminan en sociedades políticas, como la ciudad-estado o el estado-nación, con una estructura social ordenada. Aunque en principio estaba de acuerdo con Aristóteles en que ese Estado era la comunidad perfecta, su concepción de ella no era la misma que la de la antigua Grecia, que no era compatible con las opiniones de la Iglesia del siglo XIII.

Según los filósofos griegos, el objetivo de dicha sociedad era que sus ciudadanos llevasen una «vida buena» de acuerdo con la virtud y la razón. La interpretación de Aquino fue sutilmente distinta, adaptando dicho pensamiento a la teología cristiana y a su propio concepto de la ley natural. Para él, la misión de la sociedad política era que sus ciudadanos desarrollasen su capacidad de razonar y, a través de ella, comprendieran el sentido moral. En otras palabras: la ley natural; así podrían vivir bien según la ley natural y –como cristianos– según la ley divina.

Gobernar con justicia

La siguiente pregunta era esta: ¿qué forma de gobierno es la mejor para garantizar las aspiraciones de esta sociedad política? Nuevamente, Aquino recoge el testigo de Aristóteles y clasifica diversos tipos de regímenes según la can-

> A la larga, una guerra justa es mucho mejor para el alma humana que la paz más próspera.
> **Theodore Roosevelt**

tidad de gobernantes y, lo que es crucial, si esos gobiernos son justos o injustos. El gobierno de una sola persona se conoce como monarquía cuando es justo, y como tiranía cuando es injusto; igualmente, el gobierno justo de unos pocos hombres se llama aristocracia, pero si es injusto es oligarquía, y el gobierno justo del pueblo se llama república u orden civil, pero si es injusto es democracia (o demagogia).

Lo que determina si estas formas de gobierno son justas o injustas son las leyes que traen el orden al Estado. Aquino definió las leyes como «un ordenamiento de la razón para el bien común, promulgado por alguien que se ocupa de la comunidad». Esto resume su idea de gobierno justo. Las leyes se basarán en la razón y no en la ley divina impuesta al Estado por la Iglesia a fin de que satisfaga nuestra necesidad de deducir nosotros mismos la ley natural.

Mantenimiento del orden

Santo Tomás de Aquino explica que las leyes puramente humanas también son necesarias para mantener el orden social. La ley natural guía nuestras decisiones sobre lo que está bien o mal, y el código moral determina qué es delito o injusticia, pero es la ley humana la que decide el castigo apropiado y cómo aplicarlo. Estas leyes humanas son esenciales en una sociedad ordenada y civilizada, y disuaden a los posibles ofensores, incentivándolos a respetar el bien común, a «hacer por propia voluntad lo que hasta entonces hicieron por miedo, y a adquirir virtud». La justicia de las leyes humanas se valora según estas estén o no a la altura de la ley natural. Si no lo están, no se consideran leyes.

No obstante, el factor decisivo para juzgar la justicia de un sistema de gobierno es la segunda parte de la definición de Aquino. Se deben imponer leyes que respondan al interés del pueblo en su conjunto y no al de los gobernantes. Solo con esas leyes el Estado será capaz de crear una estructura en la que los ciudadanos sean libres para desarrollarse intelectual y moralmente. Pero aún queda la pregunta de quién debería gobernar. Aquino, como Aristóteles, pensaba que la mayoría no tiene la capacidad de razonamiento que le haga apreciar plenamente la moralidad necesaria para gobernar, lo que implica que el gobierno no ha de estar en manos del pueblo, sino de un individuo, un monarca o bien una aristocracia justos. También reconoció que existe la posibilidad que esas personas se corrompan, pero, en cambio, fue partidario de

La Organización de las Naciones Unidas se creó en 1945 con la idea de mantener la paz internacional y promover unos principios a los que Aquino hubiera llamado ley natural.

un tipo de Constitución mixta. Y según su idea de que el Estado existe para promover una vida de acuerdo con los principios cristianos, no descarta la posibilidad de un gobernante legítimo no cristiano. Aunque su gobierno pueda no ser perfecto, un pagano puede ser justo y ajustarse a las leyes humanas a fin de que sus ciudadanos aumenten sus capacidades de razonamiento para finalmente llegar a deducir un código moral. Si viven según la ley natural, con el tiempo se convertirán en una sociedad cristiana.

Un pensador radical

Visto desde nuestra perspectiva, casi novecientos años más tarde, parecería que Aquino no hizo más que redescubrir y repetir las teorías políticas de Aristóteles. Pero, cuando se piensa dentro del contexto del cristianismo medieval, sus ideas suponen un cambio radical en el pensamiento político que desafió el poder de la Iglesia católica. A pesar de ello y gracias a su erudición y su devoción, la Iglesia las aceptó de inmediato y han seguido siendo la base de gran parte de la filosofía política católica hasta hoy.

En los criterios sobre la guerra justa —intención correcta, autoridad del soberano y causa justa— podemos ver cómo esos principios caben en las ideas más generales de Aquino sobre la justicia política basada en la ley natural y la prevalencia de la razón sobre la autoridad divina. Además de influir en gran parte de la teoría de la guerra justa posterior, la idea de Aquino sobre la ley natural fue adoptada por los teólogos y los expertos en derecho. A lo largo de los siglos, la necesidad de leyes humanas llegó a ser fundamental en el conflicto creciente entre la Iglesia y los poderes seculares en Europa, a medida que los estados-nación que surgían reafirmaban su independencia del papado. ■

La idea de Aquino sobre la guerra justa (intención correcta, autoridad y causa justa) sigue vigente hoy en día y motiva a muchos de los que participan en movimientos pacifistas.

VIVIR POLITICAMENTE SIGNIFICA VIVIR DE ACUERDO CON BUENAS LEYES
EGIDIO ROMANO (c. 1243–1316)

EN CONTEXTO

IDEOLOGÍA
Constitucionalismo

ENFOQUE
El imperio de la ley

ANTES
C. 350 a.C. Aristóteles, en *La política*, afirma que el hombre es un animal político por naturaleza.

Siglo XIII Santo Tomás de Aquino incorpora ideas de Aristóteles a la filosofía y al pensamiento político cristianos.

DESPUÉS
1328 Marsilio de Padua se alinea con el rey Luis IV y el gobierno secular en su lucha contra el papa Juan XXII.

C. 1600 Francisco Suárez se opone al derecho divino de los reyes en su *Tractatus de legibus ac deo legislatore.*

1651 Thomas Hobbes describe en su célebre obra *Leviatán*, la vida en estado de naturaleza como «solitaria, pobre, tosca, embrutecida y breve», y pide un contrato social para vivir en sociedad.

En el siglo XIII, la Iglesia aceptó las enseñanzas de Aristóteles, ignoradas durante mucho tiempo en Europa, gracias sobre todo a las obras del sacerdote dominico Tomás de Aquino y su protegido Egidio Romano (o Colonna). Además de escribir importantes comentarios a las obras de Aristóteles, Egidio abundó en sus ideas, especialmente la noción del hombre como «animal político»: en el sentido aristotélico, «político» no se refiere a un régimen de gobierno, sino a vivir en una *polis*, o comunidad civil.

Para Egidio, formar parte de una sociedad civil es «vivir políticamente», y es esencial llevar una vida buena de acuerdo con la virtud. Esto es así porque las comunidades civiles están regidas por leyes que aseguran y protegen la moralidad de sus ciudadanos. Egidio propugna que las buenas leyes deben respetar virtudes tales como la justicia. Formar parte de la sociedad –vivir políticamente– exige respetar esas leyes; no hacerlo es vivir fuera de la sociedad. De ello se desprende que lo que diferencia la vida «política» de la tiranía

El rey Felipe IV de Francia mandó quemar la bula *Unam Sanctam*, documento que trataba de forzar su subordinación al papado, principio con el que Egidio estaba de acuerdo.

es el imperio de la ley, puesto que el tirano se excluye a sí mismo de la sociedad civil al no acatar las leyes.

Aunque Egidio creía que la forma de gobierno más conveniente para regir una sociedad política era la monarquía hereditaria, como arzobispo su lealtad se dividía entre la Iglesia y el poder secular. Acabó del lado del papa al declarar que los príncipes habían de subordinarse a la Iglesia. ∎

Véase también: Aristóteles 40–43 ▪ Santo Tomás de Aquino 62–69 ▪ Marsilio de Padua 71 ▪ Francisco Suárez 90–91 ▪ Thomas Hobbes 96–103

LA IGLESIA DEBE DEDICARSE A IMITAR A CRISTO Y RENUNCIAR A SU PODER SECULAR
MARSILIO DE PADUA (1275–1343)

EN CONTEXTO

IDEOLOGÍA
Secularismo

ENFOQUE
El papel de la Iglesia

ANTES
C. 350 A.C. Aristóteles, en *La política*, describe el papel del ciudadano en la jurisdicción de la ciudad-estado.

C. 30 Para los católicos, san Pedro fue el primer obispo de Roma. Todos los siguientes se llamaron papas.

800 Carlomagno es coronado emperador de Roma, con lo que se inicia el Sacro Imperio Romano.

DESPUÉS
1328 Luis de Baviera, recién coronado sacro emperador romano, depone al papa Juan XXII.

1517 El teólogo alemán Martín Lutero critica las doctrinas y las liturgias de la Iglesia católica, y de esta manera comienza la Reforma protestante.

Como académico, y no como integrante del clero, Marsilio de Padua estaba mejor situado que los teólogos para decir abiertamente lo que muchos pensaban: que la Iglesia y, especialmente, el papado no debían tener poder político.

En su tratado *Defensor Pacis* (Defensor de la paz), escrito a favor del emperador electo Luis de Baviera, enfrentado al poder del papa Juan XXII, afirma de manera contundente que la función de la Iglesia no es gobernar. Rechaza la reivindicación realizada por sucesivos papas de ostentar unos «plenos poderes» encomendados por Dios, ya que creía que era destructiva para el Estado.

Con argumentos de *La política* de Aristóteles, Marsilio afirma que un gobierno eficaz se origina en el pueblo, que tiene entre sus derechos el de escoger a un líder y participar en el proceso legislativo. La legislación, administrada por el pueblo y no impuesta por la ley divina, es la que mejor gestiona los asuntos humanos, lo que ni siquiera la Biblia consiente. El mismo Cristo, señala Marsilio, negó al clero el poder de coaccionar a los pueblos del mundo y enfatizó su rol de enseñantes. Por lo tanto, la Iglesia debería seguir el ejemplo de Jesús y sus discípulos y devolver el poder político al Estado. Un Estado secular podrá gestionar mejor las áreas especializadas del gobierno, como son la ley y el orden, y los asuntos económicos y militares, por medio de un gobernante elegido por la mayoría del pueblo. ∎

Ningún funcionario electo cuya autoridad provenga solo de su elección necesita más confirmaciones o aprobaciones.
Marsilio de Padua

Véase también: Aristóteles 40–43 ▪ San Agustín de Hipona 54–55 ▪ Egidio Romano 70 ▪ Nicolás Maquiavelo 74–81

EL GOBIERNO PREVIENE TODA INJUSTICIA, SALVO LA QUE COMETE EL MISMO
IBN JALDÚN (1332–1406)

EN CONTEXTO

IDEOLOGÍA
Islamismo

ENFOQUE
La corrupción del poder

ANTES
1027–256 a.C. Historiadores chinos de la dinastía Zhou hablan del «ciclo dinástico» de imperios en declive que son reemplazados.

C.950 En su obra *La ciudad virtuosa*, Al-Farabi toma de Platón y Aristóteles la idea de un Estado islámico ideal y las deficiencias de los gobiernos.

DESPUÉS
1776 En *La riqueza de las naciones*, el economista Adam Smith explica los principios que apoyan la división del trabajo.

1974 El economista estadounidense Arthur Laffer aplica las ideas de Ibn Jaldún sobre impuestos para trazar la curva de Laffer, que demostró la relación entre los índices impositivos y los ingresos fiscales estatales.

La unidad de una sociedad política proviene de la *asabiyyah*, o **espíritu comunitario**.

⬇

Esta es la **base del gobierno** y previene la injusticia.

⬇

A medida que una sociedad avanza, disminuye su cohesión social y su **gobierno se relaja**…

⬇

…**y explota a sus ciudadanos** en su propio provecho, lo que provoca injusticia.

⬇

Finalmente **surge otro gobierno** para ocupar el sitio del régimen en decadencia.

⬇

El gobierno previene toda injusticia, salvo la que comete él mismo.

Véase también: Aristóteles 40–43 ■ Mahoma 56–57 ■ Al-Farabi 58–59 ■ Nicolás Maquiavelo 74–81 ■ Karl Marx 188–193

Proclamada por el antropólogo británico Ernest Gellner como la mejor definición de gobierno en la historia de la teoría política, la afirmación de Ibn Jaldún de que «el gobierno previene la injusticia salvo la que comete él mismo» podría pasar por un comentario cínico sobre las instituciones políticas, o por un «maquiavelismo». Sin embargo esta definición es el detonante de un innovador análisis de las causas de la inestabilidad política realizado en el siglo XIV.

La comunidad como base

A diferencia de otros pensadores políticos de su época, para estudiar el ascenso y la caída de las instituciones políticas, Ibn Jaldún adoptó un punto de vista histórico, sociológico y económico. Como Aristóteles, reconoció que los seres humanos forman comunidades sociales de acuerdo con el concepto árabe de *asabiyyah*, que se traduce como «espíritu comunitario», «solidaridad del grupo» o «tribalismo». Esta cohesión social da lugar a la institución del Estado, cuyo propósito es proteger los intereses de los ciudadanos y defenderlos de ataques.

Cualquiera que sea la forma del gobierno, contiene las semillas de su propia destrucción. A medida que adquiere más poder, el bienestar de los ciudadanos le preocupa cada vez menos y comienza a actuar en su propio interés, explotando a la gente y creando injusticia y desunión. Aquello que comenzó como una institución para evitar la injusticia comete ahora esas mismas injusticias. La *asabiyyah* de la comunidad disminuye, de manera que maduran las condiciones para que surja otro gobierno y ocupe el lugar del decadente. Así ascienden y caen las civilizaciones, según Ibn Jaldún, en un ciclo de dinastías políticas.

La corrupción conduce a la caída

También señala las consecuencias económicas de la existencia de una elite poderosa. Al inicio de una sociedad, los impuestos se utilizan solo para atender a las necesidades de mantenimiento de la *asabiyyah*, pero, a medida que esta se civiliza, los gobernantes cobran impuestos más altos para mantener su propio género de vida, cada vez más opulento. Esto no es solo una injusticia que amenaza la unidad del Estado, sino que es contraproducente: la fiscalidad excesiva desalienta la producción y, a la larga, los ingresos del Estado son más bajos. En el siglo XX, el economista Arthur Laffer reactualizó esta idea. Las teorías de Ibn Jaldún sobre la división del trabajo y la teoría del valor-trabajo fueron «descubiertas» siglos más tarde por los economistas.

Aunque creía que el ciclo continuo de cambios políticos es inevitable, Ibn Jaldún percibió que hay formas de gobierno mejores que otras. La *asabiyyah* se preserva mejor cuando el gobernante es único, como el califa en un Estado islámico (cuenta con el beneficio añadido de la religión como cohesionadora), pero se mantiene menos satisfactoriamente bajo un tirano. El gobierno es un mal necesario, pero como implica la injusticia intrínseca del control de algunos hombres sobre los otros, su poder debe mantenerse bajo mínimos. ■

Cuando una nación es víctima de una derrota psicológica, eso marca su fin.
Ibn Jaldún

Ibn Jaldún

Nacido en Túnez en 1332, Ibn Jaldún estudió el Corán y la ley islámica. Desempeñó puestos oficiales en la región del Magreb, donde vivió en primera persona la inestabilidad política de muchos regímenes. Mientras trabajaba en Fez estuvo en la cárcel tras producirse un cambio de gobierno, y al ser liberado se trasladó a Granada, donde encabezó negociaciones de paz con el rey castellano Pedro el Cruel. Luego volvió a servir en diversas cortes norteafricanas, pero sus intentos de reforma fueron rechazados y tuvo que refugiarse en el seno de una tribu beréber. Se estableció en El Cairo en 1384, donde terminó de escribir su *Historia universal*. En 1401 hizo un viaje final a Damasco para negociar la paz entre el rey mogol Tamerlán y Egipto.

Obras principales

1377 *Prolegómenos* (o *Muqaddima*).
1377–1406 *Historia universal*.
1377–1406 *Autobiografía*.

UN GOBERNANTE PRUDENTE NO PUEDE NI DEBE CUMPLIR SU PALABRA

NICOLÁS MAQUIAVELO (1469–1527)

EN CONTEXTO

IDEOLOGÍA
Realismo

ENFOQUE
El arte de gobernar

ANTES
Siglo IV a.C. Chanakia recomienda a los gobernantes que hagan lo necesario para aportar bienestar al Estado.

Siglo III a.C. Han Fei Tzu comprende que es humano procurar beneficios personales y evitar el castigo, y su gobierno legalista dicta leyes estrictas.

51 d.C. En su obra *De republica*, Cicerón preconiza un gobierno republicano.

DESPUÉS
1651 En *Leviatán*, Thomas Hobbes describe la vida en estado de naturaleza como «tosca, embrutecida y breve».

1816–1830 El militar prusiano Carl von Clausewitz trata los aspectos políticos del conflicto armado en *De la guerra*.

Escrita por el más conocido (y peor comprendido) de todos los teóricos políticos, la obra de Nicolás Maquiavelo dio origen al adjetivo «maquiavélico», que designa al político manipulador, embustero y generalmente interesado que cree que «el fin justifica los medios». Pero el adjetivo no describe la filosofía política mucho más amplia e innovadora que propuso en su célebre obra *El príncipe*.

Maquiavelo vivió una época política turbulenta a comienzos de lo que iba a conocerse como Renacimiento. Este periodo fue un punto de inflexión en la historia de Europa, cuando se sustituyó el concepto medieval cristiano de una vida regida bajo la guía divina por la idea de que los hombres tenían la capacidad de manejar sus propios destinos. Mientras el humanismo del Renacimiento erosionaba el poder de la Iglesia, algunas prósperas ciudades-estado italianas, como Florencia, se convirtieron en repúblicas, pero muchas veces fueron amenazadas e incluso dominadas por familias ricas y poderosas (como los Medici) en busca de mayores cotas de influencia. Como diplomático al servicio de la República Florentina, e influido por sus estudios de la sociedad y la política romanas clásicas, Maquiavelo creó un sistema poco convencional para el estudio de la teoría política.

Un sistema realista

En lugar de concebir la sociedad como tendría que ser, Maquiavelo intentó «ir directamente a la verdad real y no a lo que imaginamos», lo que significaba que su intención era llegar al fondo del asunto y tratar la política en términos puramente prácticos y realistas, y no como una rama de la filosofía moral o la ética.

A diferencia de los pensadores políticos anteriores, Maquiavelo se oponía a que el objetivo del Estado fuera cuidar la moralidad de los ciudadanos, y lo que promulgaba era que garantizara su bienestar y su seguridad. De este modo, sustituye los conceptos de correcto e incorrecto por ideas como utilidad, necesidad, éxito, peligro y daño. Al situar la utilidad por encima de la moralidad, sus ideas sobre las cualidades que se han de preferir en un líder de éxito son la eficacia y la prudencia en vez de la ideología o la rectitud moral.

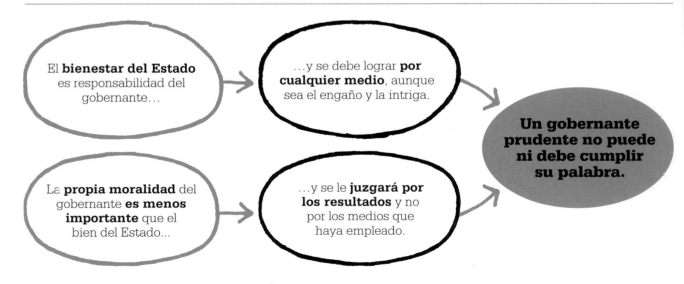

El **bienestar del Estado** es responsabilidad del gobernante…

…y se debe lograr **por cualquier medio**, aunque sea el engaño y la intriga.

La **propia moralidad** del gobernante **es menos importante** que el bien del Estado…

…y se le **juzgará por los resultados** y no por los medios que haya empleado.

Un gobernante prudente no puede ni debe cumplir su palabra.

Véase también: Chanakia 44–47 ▪ Han Fei Tzu 48 ▪ Ibn Jaldún 72–73 ▪ Thomas Hobbes 96–103 ▪
Carl von Clausewitz 160 ▪ Antonio Gramsci 259

Credulidad

Instinto de **autoconservación**

Falta de individualismo

Inconstancia

Un líder eficaz puede utilizar con mucho provecho los rasgos de humanidad más débiles de su pueblo, de la misma forma que un perro pastor manipula un rebaño de ovejas.

El núcleo de su filosofía política se encuentra en la idea renacentista de pensar en la sociedad en términos humanos, totalmente separada de los ideales religiosos impuestos por la Iglesia. Para conseguir esto, Maquiavelo lleva a cabo un análisis de la naturaleza humana a partir de la observación del comportamiento de las personas a lo largo de la historia, lo que le lleva a la conclusión de que, debido a esa misma naturaleza, la mayoría de la gente es egoísta, corta de miras, inconstante y fácil de engañar. Se trata de una visión realista, aunque cínica, y muy distinta de la de los pensadores anteriores. Si bien parecen un obstáculo para crear una sociedad eficiente y estable, Maquiavelo afirma que, con el liderazgo adecuado, algunos de estos fallos humanos pueden resultar útiles a la hora de crear una sociedad de éxito.

Utilizar la naturaleza humana

Por ejemplo: el egocentrismo innato del ser humano se demuestra en el instinto de conservación. Pero cuando se ve amenazado por agresiones o por un medio hostil, reacciona con valor, trabajo duro y cooperación. Maquiavelo distingue entre la naturaleza humana básica y original, que no posee virtudes, y la adquirida socialmente que actúa de forma virtuosa y es benéfica para la sociedad. Hay otros rasgos humanos negativos que se pueden utilizar para el bien común, como la tendencia a imitar y no pensar por sí mismos. Maquiavelo advierte que esto lleva a las personas a seguir el ejemplo de un líder y actuar de forma cooperativa. Otras características como la inconstancia y la credulidad las hace propensas a dejarse manipular por un

líder hábil para que actúen con benevolencia. Rasgos como la ambición y el egoísmo, que se manifiestan en el deseo humano de obtener ganancias, pueden ser una fuerza impulsora poderosa si se canalizan correctamente, además de ser cualidades personales especialmente útiles en un gobernante.

Los dos elementos clave para transformar la naturaleza humana original e indeseable en social y benevolente son la organización social y lo que Maquiavelo llama liderato «prudente», o sea, el que es útil para el éxito del Estado.

Consejo para los nuevos gobernantes

El célebre tratado de Maquiavelo *El príncipe* se escribió al estilo de las guías prácticas para líderes conocidas como «espejos de príncipes», muy comunes en la Edad »

Adoración de los Magos (1475), de Botticelli, retrata a miembros de la poderosa familia Medici, que volvía a gobernar Florencia cuando Maquiavelo escribió *El príncipe*, en 1513.

Media y el Renacimiento. Está dirigido a un nuevo gobernante —y dedicado a un miembro de la poderosa familia Medici— y alecciona sobre cómo se puede manipular y transformar la naturaleza humana básica para bien del Estado. Las interpretaciones posteriores opinan que Maquiavelo estaba utilizando el género con mucha inteligencia y revelando a un público más amplio los secretos ya conocidos de antiguo por las clases gobernantes. Una vez explicada la naturaleza humana fundamentalmente egocéntrica pero moldeable, vuelve su atención a las cualidades que necesita un líder para gobernar con prudencia.

A un príncipe nunca le faltan motivos legítimos para romper sus promesas.
Nicolás Maquiavelo

Las cualidades del liderato

Resulta confuso que Maquiavelo utilice el término *virtù* para describir las cualidades del liderato, pero es algo muy diferente de nuestra idea actual de la virtud moral según la entiende la Iglesia. Maquiavelo era cristiano y, como tal, partidario de las virtudes del cristianismo en la vida cotidiana, pero cuando se trata de las acciones de un gobernante cree que la moralidad debe ceder el primer puesto a la utilidad y la seguridad del Estado. Estas ideas recuerdan la «virtud» romana personificada por el líder militar a quien le motivan la ambición y la consecución de la gloria, que son prácticamente lo opuesto a la virtud cristiana de la modestia. No obstante, Maquiavelo advierte que también estas motivaciones son manifestación del egocentrismo de la naturaleza humana y que se pueden aplicar al bien común.

Maquiavelo lleva más allá la analogía entre líderes militares y políticos y señala otros aspectos de la *virtù*, como el arrojo, la disciplina y la organización. También destaca la importancia de analizar racionalmente una situación antes de actuar, y de basar dicha actuación no en aquello que se haría idealmente, sino en lo que se hará en realidad (es decir, en interés propio) En opinión de Maquiavelo, el conflicto social es resultado inevitable del egoísmo humano (a diferencia de la opinión cristiana medieval de que no es algo natural). Para gestionar este egoísmo el líder tiene que aplicar las tácticas de la guerra.

Aun cuando Maquiavelo cree que en gran medida el hombre es amo de su propio destino, reconoce que existe un elemento de suerte, al que llama *fortuna*. El líder debe esforzarse en luchar contra esta posibilidad así como contra la inconstancia de la naturaleza humana, que también es cosa de la *fortuna*. Afirma que, en especial la vida política se puede ver como una competición continua entre los elementos de la *virtù* y los de la *fortuna*, y en este sentido es igual a un estado de guerra.

La conspiración es útil

Al analizar la política desde la perspectiva de la teoría militar, Maquiavelo concluye que la esencia de casi toda la vida política es la conspiración. Si el éxito de la guerra depende del espionaje, la in-

> Al juzgar las tácticas hay que tener en cuenta los resultados que nos han dado y no los medios por los que se han logrado.
> **Nicolás Maquiavelo**

teligencia, la contrainteligencia y el engaño, el éxito político exige secretismo, intriga y falsedad. Los tácticos militares ya conocían la idea de la conspiración desde antiguo y muchos líderes políticos la practicaban, pero Maquiavelo fue el primero en Occidente que habló de una teoría de la conspiración política. El engaño se consideraba contrario a la idea de que un Estado debe proteger la moralidad de sus ciudadanos, y las sugerencias del autor fueron una ruptura traumática con el pensamiento convencional.

Según Maquiavelo, en tanto que la intriga y el engaño no son moralmente justificables en la vida privada, lo son para un gobierno de éxito y son perdonables cuando se utilizan para el bien común. Es más: Maquiavelo asegura que a fin de moldear los aspectos indeseables de la naturaleza humana, es imprescindible que el gobernante engañe y que –por pura prudencia– no cumpla con su palabra, ya que al hacerlo arriesgaría su gobierno y amenazaría la estabilidad del Estado. Por lo tanto, para el líder, obligado a resolver los inevitables con-flictos a los que se enfrenta, el fin sí justifica los medios.

Lo que importa es el fin

El éxito de un gobernante se juzga por las consecuencias de sus acciones y el beneficio aportado al Estado y no por su moralidad o su ideología. Como señala en *El príncipe*: «En los actos de todos los hombres, y especialmente de los príncipes, donde no se puede recurrir a la justicia, lo que importa es el fin. A un príncipe solo debe preocuparle conquistar o mantener el Estado, porque siempre se considerará que los medios son honorables y dignos de la alabanza de todos, dado que las masas solo ven las apariencias y los resultados de los asuntos, y el mundo no es otra cosa que las masas». Aclara, sin embargo, que esta es una cuestión de conveniencia y no un modelo de comportamiento social. Solo es aceptable cuando se hace por el bien públi-co. También es importante que los métodos de intriga y engaño sean el medio que lleva a un fin y que no se conviertan en un fin ellos mismos, de manera que es necesario que estos métodos solo los empleen los jefes políticos y militares, bajo estricto control para asegurar el bienestar público.

Otra táctica de los militares es el uso de la fuerza y la violencia, que según Maquiavelo también son moralmente indefendibles en la vida privada, pero excusables si se aplican al bien común. Ese tipo de política causa temor, lo cual es una manera de que el gobernante tenga seguridad. Maquiavelo se pregunta, con su característico pragmatismo, si es mejor que un líder sea amado o temido. En un mundo ideal tendría que ser amado y temido, pero, en la realidad, los dos sentimientos pocas veces van unidos. El miedo colocará al líder en una posición de más fuerza y, por lo **»**

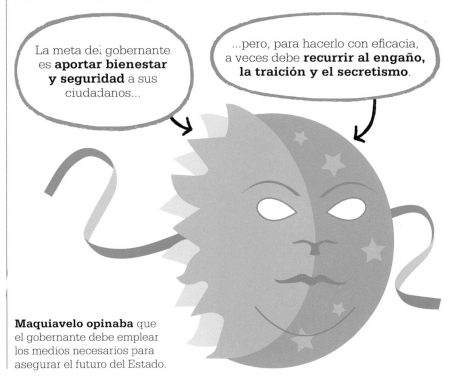

Maquiavelo opinaba que el gobernante debe emplear los medios necesarios para asegurar el futuro del Estado.

Como el amor y el temor son de difícil coexistencia, si debemos escoger es mucho más seguro ser temido que amado.
Nicolás Maquiavelo

El dictador Benito Mussolini fue un líder contundente y despiadado, más temido que amado. Afirmaba haberse inspirado en *El príncipe.*

tanto, eso favorecerá el bienestar del Estado. Los líderes que han obtenido el poder ejercitando su *virtù* son los que están más seguros: han derrotado toda oposición y se han ganado el respeto del pueblo, pero para mantener el apoyo y el poder deben reafirmar su autoridad continuamente.

Una república ideal

Aunque *El príncipe* habla del arquetipo de aspirante a líder exitoso, en otra obra menos conocida, *Discursos de la primera década de Tito Livio*, Maquiavelo, como estadista de la República Florentina, defendió con pasión el republicanismo frente a la monarquía y la oligarquía. Pese a mantener la fe católica durante toda su vida, se opuso a la interferencia de la Iglesia en la vida política. La forma de gobierno que él apoyó tenía por modelo la República romana, con una Constitución mixta y participación de los ciudadanos, protegida por un ejército adecuadamente constituido y no por milicias de

mercenarios. Así, argumentaba, se protegería la libertad de los ciudadanos y se minimizarían los conflictos entre el pueblo llano y la elite gobernante. Pero fundar una república así, o reformar un Estado existente, exige el liderato de una persona que posea la *virtù* y la prudencia apropiadas. Es posible que al principio se necesite un líder fuerte y un poco de insidia, pero, una vez establecida la sociedad política, el gobernante podrá dictar las leyes y llevar a cabo la organización social necesarias para constituir la «república ideal»: este sería un medio pragmático de alcanzar un fin deseable.

La filosofía de Maquiavelo, basada en su experiencia personal y en el estudio objetivo de la historia, desafió el dominio de la Iglesia y las ideas convencionales de moralidad política; sus obras fueron prohibidas por las autoridades religiosas. Al tratar la política como disciplina práctica y no filosófica o ética, reemplazó la moralidad por la utilidad como propósito del Estado

y, en vez de acentuar la intención moral de una acción política, acentuó sus consecuencias.

Un legado duradero

El príncipe tuvo gran influencia durante siglos después de la muerte de su autor, especialmente entre líderes como Enrique VIII de Inglaterra, el emperador Carlos V, Oliver Cromwell y Napoleón; asimismo, varias figuras capitales, como el teórico marxista Antonio Gramsci y el dictador fascista Benito Mussolini, dijeron haberse inspirado en él.

Maquiavelo también tuvo críticos provenientes de todos los extremos del abanico ideológico, y los católicos lo acusaron de apoyar la causa protestante, y viceversa. Su influencia sobre el pensamiento político de cada momento ha sido inmensa: estaba claro que Maquiavelo era producto del Renacimiento, puesto que ponía el humanismo por delante de la religión, y el empirismo por delante de la fe y el dogma; él fue el primero en enfocar la historia política de manera objetiva y científica.

Esta objetividad subyace también a su análisis quizá cínico de la naturaleza humana, y fue quizá precursor de la descripción brutal que hizo Thomas Hobbes de la vida en estado de naturaleza. Su concepto del utilitarismo fue el puntal del liberalismo del siglo XIX. En un sentido más general, al separar la moralidad y la ideología de la política, su obra fue la base de un movimiento que más tarde se llamó «realismo político», de especial relevancia en las relaciones internacionales.

El comportamiento «maquiavélico»

Actualmente el término «maquiavélico» se usa a diario y se aplica peyorativamente a los políticos que se cree (o se descubre) que manipulan

> Todos ven lo que aparentas; pocos saben realmente lo que eres.
> **Nicolás Maquiavelo**

engañan. El presidente de EE UU Richard Nixon, que intentó ocultar el allanamiento de la sede central del partido de la oposición y unas escuchas ilegales, escándalo por el que se vio obligado a dimitir, es un ejemplo contemporáneo de comportamiento turbio. También es posible que, en *El príncipe*, Maquiavelo hiciera una observación menos obvia: que muchos gobernantes de éxito tal vez usaron precisamente esos métodos «maquiavélicos»,

pero que sus actos no fueron tan concienzudamente analizados. Es decir, que quizá se pasó por alto la forma en que tuvieron éxito porque solo importaba lo que habían logrado. Al parecer, tendemos a juzgar a los líderes por sus resultados y no por los medios con que los alcanzaron.

Si ampliamos este argumento podríamos pensar en cuán a menudo se considera moralmente malos a los perdedores de una guerra, en tanto que los ganadores se ven como irreprochables: es la idea de que la historia la escriben los vencedores. Criticar a Maquiavelo nos lleva a examinarnos a nosotros mismos y a pensar en qué medida estamos preparados para pasar por alto las dudosas maquinaciones de nuestros gobiernos si sus resultados son satisfactorios. ∎

Richard Nixon tuvo que dimitir como presidente de EE UU en 1974. Autorizó el allanamiento y la escucha telefónica de la sede del Comité Nacional del Partido Demócrata, acciones consideradas «maquiavélicas».

Nicolás Maquiavelo

Nacido en Florencia (Italia), Maquiavelo fue hijo de un abogado, y se cree que estudió en la universidad de su ciudad, pero poco se sabe de su vida hasta cuando fue nombrado funcionario del gobierno de la República Florentina, en 1498. Pasó los siguientes 14 años viajando por Italia, Francia y España en misiones diplomáticas.

En 1512, Florencia fue atacada y nuevamente gobernada por la familia Medici. Maquiavelo fue encarcelado y torturado injustamente por conspiración contra los Medici, y cuando le liberaron se retiró a una granja fuera de Florencia, donde se dedicó a escribir *El príncipe* y otros libros políticos y filosóficos. Intentó volver a ganarse el favor de los Medici, pero sin éxito. Después de que fueran derrocados, en 1527, se le negó un puesto en el gobierno republicano debido a sus conexiones con los Medici. Murió ese mismo año.

Obras principales

C. 1513 (pub. 1532) *El príncipe.*
C. 1517 (pub. 1531) *Discursos de la primera década de Tito Livio.*
1519–1521 *El arte de la guerra.*

RACIONA
E ILUSTR
1515–1770

ISMO
ACION

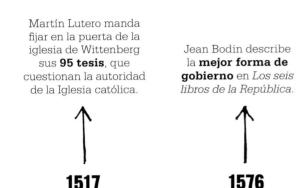

Martín Lutero manda fijar en la puerta de la iglesia de Wittenberg sus **95 tesis**, que cuestionan la autoridad de la Iglesia católica.

Jean Bodin describe la **mejor forma de gobierno** en *Los seis libros de la República*.

En sus *Disputationes metaphysicae*, Francisco Suárez retoma **las ideas políticas de santo Tomás de Aquino**.

Los padres Peregrinos fundan la **colonia de Plymouth**, en Massachusetts (EE UU).

1517   **1576**   **1597**   **1620**

1532   **1590**   **1602**   **1625**

El conquistador español Francisco Pizarro **vence a los incas** en América del Sur.

Después del sitio de Odawata, **Japón se unifica** bajo Toyotomi Hideyoshi, que impone un estricto sistema de clases.

Se funda la Compañía Holandesa de las Indias Orientales, **la primera empresa multinacional** de la historia.

Hugo Grocio sienta las **bases de las leyes internacionales** en la obra *De iure belli ac pacis*.

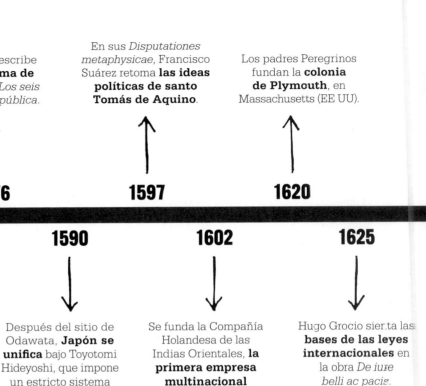

Las raíces del pensamiento político occidental más moderno deben buscarse en el humanismo de la «edad de la razón» que siguió a la Edad Media en Europa. Algunos factores que influyeron en la transición del medievo a la edad de la razón fueron la invención de la imprenta, la aparición de los estados-nación y el descubrimiento de América. El cuestionamiento de la ortodoxia religiosa –precipitado en 1517 por las «95 tesis» de Lutero– llevó a la Reforma protestante y, más tarde, a la Contrarreforma católica.

El solapamiento de los círculos de autoridad y gobierno en Europa encendió feroces combates entre grupos civiles y religiosos, y también dentro de ellos. En ausencia de una doctrina religiosa, la gente necesitaba un nuevo modo de organizar y legitimar el orden político. Dos conceptos pasaron a ser fundamentales: el «derecho divino de los reyes» a gobernar, otorgado por Dios, y la «ley natural», que analizaba la conducta humana para alcanzar conceptos morales válidos. Las dos nociones se utilizaron en favor de los estados absolutistas.

Soberanía absoluta

En Francia, Jean Boudin apoyó un poder central fuerte con soberanía absoluta para evitar los rifirrafes entre facciones que siguieron a la caída de la autoridad papal en Europa. Thomas Hobbes, que escribió durante una época de sangrienta guerra civil en Inglaterra, coincidía con Bodin en la necesidad de un soberano fuerte, pero no en que debía tener derecho divino, como este último defendía en sus obras. Para Hobbes, la capacidad de gobernar no la concedía Dios, sino un contrato social con los gobernados. La idea de que el pueblo cede el poder de gobernar a través de un contrato implícito o explícito –y que es legítimo revocar ese poder si el contrato se incumple– sigue siendo el núcleo de la idea moderna de los sistemas políticos.

Johannes Althusius aportó otra perspectiva al ver la política como el arte de unir a la gente en asociaciones que aseguren la paz y la prosperidad, lo mismo que Montesquieu, quien afirmó que el gobierno debe basarse en el principio de separación de los poderes legislativo y ejecutivo. Todos estos pensadores se opusieron a un Estado fuerte y centralizado.

Hacia la Ilustración

Algunos teólogos, como Francisco de Vitoria y Francisco Suárez, ambos de la Escuela de Salamanca,

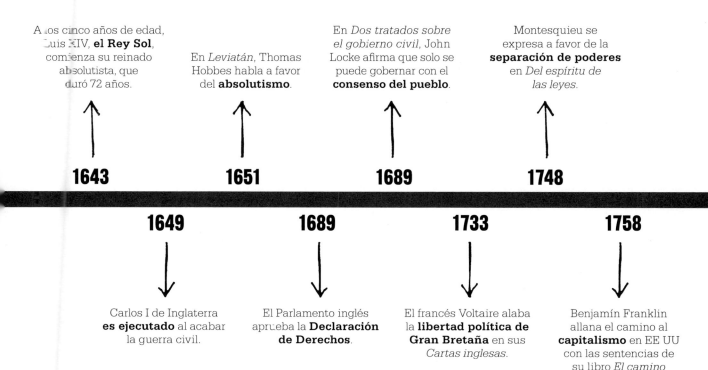

A los cinco años de edad, Luis XIV, **el Rey Sol**, comienza su reinado absolutista, que duró 72 años.

En *Leviatán*, Thomas Hobbes habla a favor del **absolutismo**.

En *Dos tratados sobre el gobierno civil*, John Locke afirma que solo se puede gobernar con el **consenso del pueblo**.

Montesquieu se expresa a favor de la **separación de poderes** en *Del espíritu de las leyes*.

1643　　　**1651**　　　**1689**　　　**1748**

1649　　　**1689**　　　**1733**　　　**1758**

Carlos I de Inglaterra **es ejecutado** al acabar la guerra civil.

El Parlamento inglés aprueba la **Declaración de Derechos**.

El francés Voltaire alaba la **libertad política de Gran Bretaña** en sus *Cartas inglesas*.

Benjamín Franklin allana el camino al **capitalismo** en EE UU con las sentencias de su libro *El camino a la riqueza*.

---

comenzaron a interpretar la Biblia desde el racionalismo: Vitoria criticó las conquistas colonialistas que se estaban realizando en nombre de la Iglesia, y Suárez distinguió entre leyes de los hombres, leyes naturales y guía divina, y se opuso al derecho divino de los reyes como torpe combinación de la génesis de esas tres leyes.

Los eruditos que les siguieron no basarían sus análisis en la teología, sino en la razón pura. Estos estudiosos están más cerca de los llamados «ideales de la Ilustración». Immanuel Kant acuñó el término Ilustración en 1784 para describir la capacidad y la libertad de utilización de nuestra propia inteligencia sin la orientación de los demás.

Así como Bodin y Hobbes se centraron en la estabilidad política y esgrimieron el concepto de ley natural para defender el absolutismo, para los eruditos de la Ilustración, la ley natural era la piedra angular de las teorías liberales y las leyes internacionales, y afirmaron que los seres humanos tienen derechos que son de más valor que las leyes sancionadas.

Derechos individuales

Hugo Grocio, padre del derecho internacional, pensaba que la libertad y los derechos son posesiones indiscutibles del ser humano y no dones divinos, como pensaban otros. Esta idea fue clave para el desarrollo del liberalismo y para la separación conceptual de derechos y deberes en cuestiones legales. También John Locke luchó a favor de los derechos y la libertad de las personas: argüía que el propósito del gobierno y de la ley es preservar y ampliar la libertad humana. Como Hobbes, creía en el contrato social pero su visión más optimista de la naturaleza humana le llevó a la conclusión de que el gobierno no debe ser absoluto, sino limitado y protector.

La Ilustración estadounidense no solamente dio forma a la Declaración de Independencia, sino que estuvo ligada a los ideales de la Revolución Francesa (1789), considerada la culminación de la Ilustración europea. La figura central de ese periodo fue Benjamin Franklin, cuya idea del emprendimiento como virtud cívica influyó mucho en el nacimiento del capitalismo.

Los derechos humanos, la libertad, el equilibrio de poderes, las leyes internacionales, la democracia representativa y la razón son conceptos modernos que los pensadores de este periodo exploraron seriamente por primera vez. ■

EN UN PRINCIPIO, TODAS LAS COSAS ERAN ERAN COMUNES A TODOS

FRANCISCO DE VITORIA (c. 1483–1546)

L a figura de fray Francisco de Vitoria fue capital entre los teólogos de la Universidad de Salamanca y en otros países. Como fundador de la llamada Escuela de Salamanca, a principios del siglo XVI, Vitoria revolucionó el concepto de ley natural al poner el acento sobre la libertad, los derechos individuales y la igualdad.

Con el descubrimiento del Nuevo Mundo y el declive de la autoridad papal, los estados europeos competían en colonizar la mayor cantidad de tierras y territorios posible. La Escuela de Salamanca fue la primera y más poderosa fuerza intelectual que

criticó estas acciones. Vitoria creía que el origen de la ley era la naturaleza misma. Puesto que todos los seres humanos nacen de la misma naturaleza, que comparten, todos tienen los mismos derechos a la vida y a la libertad.

Conquistas ilegítimas

El principio de la ley natural y la universalidad de los derechos humanos de Vitoria se oponían al ansia de dominación de la Iglesia y las potencias coloniales europeas. Emanada del dogma cristiano, la moralidad predominante sostenía que era legítimo conquistar a los indígenas

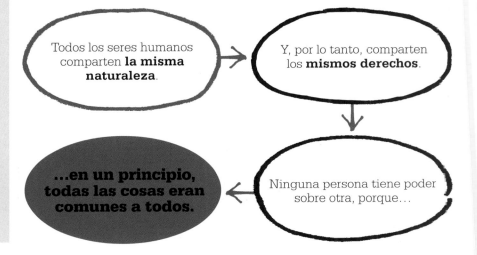

Todos los seres humanos comparten **la misma naturaleza**.

Y, por lo tanto, comparten los **mismos derechos**.

Ninguna persona tiene poder sobre otra, porque…

…en un principio, todas las cosas eran comunes a todos.

Véase también: Santo Tomás de Aquino 62–69 ▪ Francisco Suárez 90–91 ▪ Hugo Grocio 94–95

y gobernarlos. Vitoria consideraba ilegítima esa conquista, basándose en la lógica de que «en un principio, todo era común a todos». Si los no creyentes no eran necesariamente el mal y los cristianos cometían maldades, no era lógico que los cristianos tuvieran derechos sobre los paganos. Esta opinión también cuestionaba el derecho divino de los reyes a gobernar, por lo que originó muchos desacuerdos entre Vitoria y Carlos I, rey de España –y emperador del Sacro Imperio Romano Germánico (como Carlos V)–, pero aun con todo el rey siguió pidiendo consejo a Vitoria.

¿Puede ser justa la guerra?

Las ideas de ley natural y derechos de las personas de Vitoria estaban ligadas a su teoría de la guerra justa. Durante la conquista del Nuevo Mundo se discutían con pasión las justificaciones morales y religiosas de la guerra. El problema central era reconciliar las enseñanzas de Cristo con las realidades políticas. A partir de las obras de santo Tomás

La propiedad y el dominio se basan en la ley natural o en la humana y, por lo tanto, la falta de fe no los destruye.
Francisco de Vitoria

de Aquino, quien distinguió entre causa justa y guerra justa, la Escuela de Salamanca reflexionó sobre esa idea. Vitoria no aceptaba que la religión justificase la guerra por el simple hecho de que los oponentes fueran no creyentes o porque rechazasen la conversión. No se pueden forzar las creencias: son un acto de libre albedrío y este nos lo da Dios.

Vitoria no solo separó de la religión los problemas de justicia y moralidad, sino que plantó los cimientos de los futuros estudios sobre leyes internacionales y los derechos humanos. La doctrina de que los estados guerreros tienen responsabilidades y los no combatientes tienen derechos –consagrada por las convenciones de La Haya y de Ginebra– se origina en las enseñanzas de este erudito. Actualmente, esa doctrina se sigue citando cuando se debaten los derechos de los indígenas en el marco del derecho internacional. ▪

Vitoria deploró la conquista española de América y rechazó la supuesta superioridad de los conquistadores cristianos sobre la población indígena no creyente.

Francisco de Vitoria

Nació en Vitoria, en el País Vasco. Antes de enseñar en la Universidad de Salamanca pasó 18 años formándose en la Sorbona de París, ciudad en la que enseñó en una universidad dominica.

Vitoria era fraile dominico, profesor de teología en la Universidad de Salamanca, y, desde 1526, ocupó la cátedra de prima de teología, el cargo más alto del departamento. Fue miembro fundador de la Escuela de Salamanca, un influyente grupo de humanistas que incluía a Domingo de Soto, Martín de Azpilicueta, Tomás de Mercado y Francisco Suárez, los cuales se esforzaron por redefinir la relación del hombre con Dios dentro de la tradición católica. Vitoria estudió y comentó las enseñanzas de otro dominico, santo Tomás de Aquino, piedra angular de la Escuela de Salamanca.

Obras principales

1532 *Sobre los indios.*
1532 *Sobre el derecho a la guerra.*
(Estas y otras obras están recogidas en sus *Reacciones sobre teología.*)

LA SOBERANIA ES EL PODER ABSOLUTO Y PERPETUO DE UNA MANCOMUNIDAD

JEAN BODIN (1529–1596)

EN CONTEXTO

IDEOLOGÍA
Absolutismo

ENFOQUE
El poder soberano

ANTES
380 a.C. En *La república*, Platón afirma que el Estado ideal debería estar regido por un rey filósofo.

1532 Nicolás Maquiavelo publica *El príncipe*, que da consejos prácticos a los soberanos.

DESPUÉS
1648 La paz de Westfalia crea un moderno sistema de ciudades-estado europeas.

1651 En *Leviatán*, Thomas Hobbes afirma que el gobierno de un soberano absoluto comprende, no obstante, un contrato social con el pueblo.

1922 Carl Schmitt insiste en que un gobernante soberano tiene derecho a suspender las leyes en circunstancias excepcionales, como en caso de una guerra.

La competición entre estructuras de poder conduce a **la guerra civil y al caos**…

↓

…por lo que debe haber **un solo soberano con poder absoluto**, que solo responda ante Dios.

↓

Para que el poder del soberano sea absoluto tiene que ser **perpetuo** y no concedido por otros ni limitado en el tiempo.

↓

La soberanía es el poder absoluto y perpetuo de una mancomunidad.

La idea de la soberanía de los estados dentro de sus propios territorios debe mucho a las obras del jurista Jean Bodin. Contemporáneo de las guerras de religión francesas (1562–1598), conflicto civil cuyos principales actores eran los católicos y los protestantes hugonotes, Bodin percibió los peligros de las complejas estructuras superpuestas de su época. La Iglesia, la nobleza y el monarca competían por la lealtad de sus súbditos, y esta competencia provocaba guerras civiles y graves altercados. Para evitar estos conflictos, el teólogo alemán Martín Lutero y, más tarde, pensadores como el inglés John Locke y el estadounidense Thomas Jefferson propusieron la separación de Iglesia y Estado. Sin embargo, para Bodin, lo que garantiza la paz y la prosperidad es una soberanía central fuerte.

En su tratado *Los seis libros de la República* sostenía que, para ser eficaz, la soberanía debe ser absoluta y perpetua. La soberanía absoluta crea una autoridad central más fuerte sobre el territorio. Para no tener conflictos, el soberano no debe estar sujeto a leyes, obligaciones ni condiciones, ya sea de facciones externas o de sus propios súbditos. La insis-

El príncipe soberano solo rinde cuentas a Dios.
Jean Bodin

...encia de Bodin en la necesidad de una soberanía absoluta constituyó el pilar intelectual de la aparición de la monarquía absoluta en Europa. También afirmó que esa soberanía debe ser perpetua. El poder no puede venir dado por los demás ni tener un límite temporal, ya que esto contravendría el principio del absolutismo. Bodin utilizaba el término latino *res publica* (etimológicamente, «cosa pública», origen del término «república») para referirse a las leyes públicas, y creía que toda sociedad política debe contar con un soberano con libertad para hacer y deshacer leyes que hagan prosperar a la comunidad.

El derecho divino de los reyes

Para Bodin, la legitimidad del soberano estaba enraizada en la ley natural y en el derecho divino de los reyes: el código moral de la sociedad y el derecho del rey a gobernar provienen directamente de Dios. Se oponía al concepto de que la legiti-

En las guerras de religión de Francia, los católicos consideraban al papa como la autoridad suprema, pero los protestantes respaldaban al rey.

midad de un soberano es producto de un contrato social entre gobernante y gobernados, idea que más tarde desarrollaron pensadores de la Ilustración como el filósofo Jean-Jacques Rousseau. Si bien a Bodin le disgustaba la democracia como forma de gobierno por el pueblo, no estaba de acuerdo con la idea maquiavélica de que el soberano puede regir sin cortapisas. Los gobernantes tenían poder absoluto, pero, a su vez, eran responsables ante Dios y la ley natural.

La paz de Westfalia, un conjunto de tratados acordados entre los poderes europeos en 1648, se basó en los supuestos de Bodin sobre la soberanía de cada territorio, y trasladó a Europa de su sistema político medieval de jerarquías locales al moderno sistema de estados. Desde entonces, el sistema westfaliano ha sido la estructura organizadora de las relaciones internacionales sobre la base de la autodeterminación política de los territorios soberanos, el reconocimiento mutuo y la no interferencia en asuntos internos de los demás estados. ▪

Jean Bodin

Hijo de un sastre acaudalado, nació cerca de Angers, en el noroeste de Francia, en 1529. Ingresó muy joven en la orden carmelita y viajó a París en 1545 para estudiar junto al filósofo Guillaume Prévost. Luego estudió derecho en Toulouse y, en 1560, volvió a París, donde se le nombró asesor del rey y, más tarde, fiscal de la Corona.

Escribió sobre una amplia variedad de temas que incluyen historia, economía, historia natural, derecho, brujería y religión. Sus obras tuvieron influencia durante su vida y mucho después de su muerte, aunque sus opiniones religiosas no eran ortodoxas y fueron muy discutidas. Pese a ser católico, Bodin cuestionó la autoridad del papa y, en sus últimos años, trató de mantener un diálogo constructivo con otras religiones.

Obra principal

1576 *Los seis libros de la República.*

LA LEY NATURAL ES EL FUNDAMENTO DE LAS LEYES HUMANAS

FRANCISCO SUÁREZ (1548–1617)

EN CONTEXTO

IDEOLOGÍA
Filosofía del derecho

ENFOQUE
Ley natural y ley humana

ANTES
1274 Santo Tomás de Aquino, en su obra *Summa Theologica*, establece una clara distinción entre la ley natural y la ley humana.

1517 La reforma protestante cuestiona las doctrinas de la Iglesia católica y se utiliza para justificar el derecho divino de los reyes.

DESPUÉS
1613 El rey Jacobo I de Inglaterra prohíbe el tratado de Suárez contra el anglicanismo porque critica el derecho divino de los reyes.

1625 Hugo Grocio escribe el primer tratado sistemático sobre leyes internacionales.

1787 La Constitución de EE UU se refiere a la ley natural como base de la ley positiva.

En la Europa del siglo XVI, acontecimientos como la Reforma, el descubrimiento de América y el nacimiento del humanismo hicieron que la controversia sobre si las leyes provenían de la naturaleza, de Dios o de los seres humanos adquiriese actualidad. Santo Tomás de Aquino había relacionado la ley natural con la divina y defendió que las leyes humanas deben juzgarse según su conformidad a la ley natural, la que a su vez se comprenderá dentro del contexto de la ley divina. La ley natural está constituida por las reglas morales universales que se deducen al analizar la naturaleza –incluyendo a los seres humanos como parte de ella–, en tanto que la ley humana (también llamada ley positiva) se refiere a las hechas por los hombres de una sociedad en concreto.

El quebramiento de las leyes humanas

Francisco Suárez siguió la opinión de santo Tomás de que la ley natural es el fundamento de las leyes humanas. Afirmó que estas podían ser injustas, y puso mayor énfasis en la libertad y la independencia. En su opinión, en determinados casos,

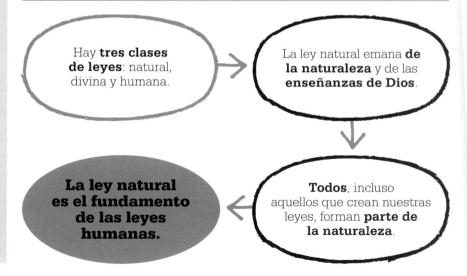

Hay **tres clases de leyes**: natural, divina y humana.

La ley natural emana **de la naturaleza** y de las **enseñanzas de Dios**.

Todos, incluso aquellos que crean nuestras leyes, forman **parte de la naturaleza**.

La ley natural es el fundamento de las leyes humanas.

Véase también: Santo Tomás de Aquino 62–69 ▪ Francisco de Vitoria 86–87 ▪
Hugo Grocio 94–95 ▪ John Locke 104–109

La Universidad de Salamanca albergó la Escuela de Salamanca, un grupo de teólogos que trataba de armonizar las ideas de santo Tomás de Aquino con un mundo cambiante.

las leyes promulgadas por los hombres son quebrantables. Por ejemplo: el pueblo puede conferir poder y autoridad a un gobernante, pero también puede quitárselos si dicta leyes injustas. Ninguna ley escrita por el hombre debe avasallar los derechos naturales a la vida y la libertad de las personas. Y como el origen de la autoridad y el poder del Estado es humano, debe ser secundario a la autoridad sagrada.

¿Derecho divino?

Las ideas de Suárez eran polémicas, ya que los monarcas del norte de Europa presumían de autoridad divina y absoluta: el llamado «derecho divino». Suárez se opuso a la noción de que el gobernante solo respondía ante Dios y no ante la Iglesia o sus propios súbditos. Al distinguir entre los diferentes orígenes de la ley –natural, divina y humana–, rechazó mezclar lo secular con lo sagrado y separó las esferas de poder. También introdujo el concepto de contrato social y propuso que el gobernante ejerciera sus funciones solamente con el consenso del pueblo, el cual tiene derecho a romper dicho consenso si el gobernante contraviene la ley natural.

La ley internacional

Suárez distingue entre ley internacional y ley natural, y cree que la primera se basa principalmente en la costumbre y en la ley positiva, y no en las reglas universales. Hoy, la distinción entre ley natural y positiva sigue vigente tanto en la jurisdicción nacional como en la internacional. Las teorías sobre la ley natural influyeron mucho en el derecho consuetudinario inglés, en tanto que la Declaración de Independencia de EE UU se refiere a la ley natural. ▪

No hay duda de que Dios es causa suficiente de la ley natural y el que la enseña. Pero de esto no se sigue que Él es el otorgador de la ley.
Francisco Suárez

Francisco Suárez

Nació en Granada (España) y estudió con los jesuitas en Salamanca desde los 16 años. Como teólogo y filósofo, Suárez escribió en la misma tradición escolástica que santo Tomás de Aquino y fue muy influyente en la creación del derecho internacional y la teoría de la guerra justa. Su obra más importante fue *Disputationes metaphysicae (Discusiones sobre metafísica)*, pero también es autor de muchos otros tratados sobre las relaciones entre la ley natural, el Estado y la Iglesia, así como sobre teología. Suárez fue un jesuita entregado, gran trabajador, disciplinado, humilde y piadoso. Sus contemporáneos lo consideraron uno de los más notables filósofos vivos. El papa Pablo V lo declaró *doctor eximius et pius* (título honorario), y se dice que Gregorio XIII asistió a su primera conferencia en Roma.

Obras principales

1597 *Discusiones sobre metafísica.*
1612 *Sobre las leyes con Dios como legislador.*
1613 *Defensa de la fe católica y apostólica contra los errores de la secta anglicana.*

LA POLITICA ES EL ARTE DE ASOCIAR A LOS HOMBRES

JOHANNES ALTHUSIUS (1557–1638)

EN CONTEXTO

IDEOLOGÍA
Federalismo

ENFOQUE
Consociacionismo

ANTES
C. 350 A.C. Aristóteles afirma que las personas somos seres naturalmente sociables.

1576 Jean Bodin propugna la soberanía de los estados de toda Europa, centralizando el poder y la autoridad en la figura del rey.

DESPUÉS
1762 Según Jean-Jacques Rousseau, la idea central del contrato social debe ser que la soberanía pertenece al pueblo.

1787 Los cuatro últimos artículos de la Constitución de EE UU exponen los principios de su sistema de gobierno federal.

1789 La Revolución Francesa derroca al rey y reclama la soberanía para el pueblo.

Las personas **se reúnen en grupos** a diferentes niveles: familias, gremios, ciudades, provincias y estados.

El propósito del **Estado** es **proteger a los miembros** de sus asociaciones y su diálogo mutuo.

Los representantes electos del Estado deben **reflejar las diversas** opiniones de esas diversas asociaciones.

La política es el arte de asociar a los hombres.

Durante mucho tiempo, los pensadores políticos cavilaron sobre el equilibrio de poder entre el gobierno, las comunidades y los individuos. En los siglos XVI y XVII prevalecía la idea de un Estado centralizado que investía de poder a un soberano. Pero las opiniones radicales del filósofo político calvinista Johannes Althusius sobre el papel del Estado, la soberanía y la política allanaron el camino al concepto moderno de federalismo. Althusius redefinió la política: de actividad que solo le concernía al Estado pasó a introducirse en muchos aspectos de la vida social y desplegarse en asociaciones políticas que están por debajo del Estado. En el primer capítulo de su obra más importante, *Política*, introduce la idea del «consociacionismo», que desde entonces ha formado la base del pensamiento federalista.

Althusius defendía que las comunidades humanas –desde las privadas como las familias o los gre-

Véase también: Aristóteles 40–43 ▪ Jean Bodin 88–89 ▪ Thomas Hobbes 96–103 ▪ Jean-Jacques Rousseau 118–125 ▪ Thomas Jefferson 140–141 ▪ Michel Foucault 310–311

Los aspectos comunitarios de la vida en las aldeas, como los bailes, son ejemplo del consociacionismo de Althusius: la gente se agrupa al compartir necesidades, servicios o valores.

mios hasta las públicas como las ciudades– son entidades autónomas que cobran vida gracias a una forma de contrato social. Como Aristóteles, Althusius creía que las personas son sociables y que viven en paz y son felices al compartir bienes y servicios y respetar mutuamente sus derechos. Cada «consociación» (o consorcio) de personas comienza cuando se comparten necesidades, servicios o un conjunto de valores y se contribuye al bienestar del grupo.

De abajo arriba y no de arriba abajo

Althusius consideraba ilógica y represiva la soberanía absoluta defendida por Bodin y Hobbes: el poder y la autoridad deben moverse hacia arriba por vía de consociaciones, y no hacia abajo, a partir de un soberano. Mientras que las consociaciones están subordinadas al Estado una por una, colectivamente son superiores a él. El gobierno está en la cima de la jerarquía de consociaciones y su tarea es administrar la mancomunidad formada por los diversos grupos interactuantes. También es parte de un contrato social, y reconoce y comparte los objetivos, los valores, los bienes y servicios de su gente, además de coordinar su diálogo mutuo y sus vínculos.

Según Althusius, la soberanía pertenece al pueblo y no al monarca. Los gobiernos elegidos no representan a individuos ni a una voluntad común única, sino a una pluralidad de voluntades de todas las comunidades que existen dentro de la comunidad mayor que es la nación.

Este enfoque sobre las asociaciones simbióticas es lo que diferencia su idea del federalismo de la de los gobiernos federales que conocemos hoy. El federalismo moderno se basa en el individualismo, y no en grupos sociales. No obstante, los dos conceptos conciben el Estado como una asociación política y no como una entidad única independiente de las unidades que la constituyen. ■

Este vínculo mutuo, o empresa común, comprende objetos, servicios y derechos comunes.
Johannes Althusius

Johannes Althusius

Nació en 1557 en Diedenshausen, Westfalia, una región calvinista de Alemania. Con el patrocinio de un conde, estudió leyes, filosofía y teología en Colonia a partir de 1581. Después de varios puestos académicos, en 1602 llegó a presidente de la Universidad de Herborn. En 1604, un año después de publicar *Política*, su obra más importante, fue elegido síndico municipal de la ciudad de Emden.

Más tarde fue miembro del Consejo y representante de la ciudad, y actuó como abogado y diplomático de Emden hasta su muerte, en 1638. Si bien su *Política*

gozó de una gran popularidad en su época, durante los dos siglos siguientes fue completamente ignorada porque contradecía el principio prevalente de soberanía absoluta. En el siglo XIX, Otto von Gierke reavivó el interés por las ideas de Althusius y hoy se le considera el precursor del federalismo.

Obras principales

1603 *Política: metódicamente concebida e ilustrada con ejemplos sacros y profanos.*
1617 *Dicaeologicae.*

LA LIBERTAD ES EL PODER QUE TENEMOS SOBRE NOSOTROS MISMOS
HUGO GROCIO (1583–1645)

La libertad y la propiedad son **derechos naturales** de todas las personas.

↓

Las personas tienen **el poder de reclamar** esos derechos.

↓

El Estado **no tiene poderes legítimos** para conculcar esas libertades.

↓

La libertad es el poder que tenemos sobre nosotros mismos.

os conceptos de libertad y derechos individuales aparecieron relativamente tarde en la historia. Durante el medievo, los derechos eran colectivos y se juzgaban según su relación con la ley natural o la divina. Las personas no tenían derechos: estos emanaban de la naturaleza o de Dios. Rara vez se hablaba de libertad de las personas; más bien estas tenían la obligación de seguir el plan divino. Durante el siglo XVI, en la Universidad de Salamanca, primero Francisco de Vitoria y después Francisco Suárez teorizaron sobre los derechos naturales de las personas. Pero fue Hugo Grocio quien cambió drásticamente el pensamiento medieval al afirmar que las personas tienen libertad y derechos. Grocio redefinió la ley natural y expuso una idea nueva de los derechos

Véase también: Francisco de Vitoria 86–87 ▪ Francisco Suárez 90–91 ▪
John Locke 104–109 ▪ John Stuart Mill 174–181

y la libertad. Se descartó la noción de la influencia divina sobre la ley natural; en cambio, se consideró suficiente el estudio de la naturaleza humana para informar a los legisladores y los políticos. En suma, el comportamiento humano es el que produce la ley natural. Las personas tienen ciertos derechos naturales intrínsecos y no concedidos por Dios ri por el soberano. Es decir, la libertad es un derecho natural.

Poder sobre nosotros mismos

Al creer que la libertad es el poder que tienen las personas sobre sí mismas, Grocio distinguió entre la capacidad de hacer algo y el estar libre de restricciones. Ya que el hombre tiene derecho a la vida y la propiedad, también tiene el poder de hacer lo necesario para implementar esos derechos. Así, al unir los derechos con la persona, el concepto de independencia individual, o libertad, se convierte en algo más que una simple cuestión de libre albedrío: también incluye la libertad de actuar sin ninguna restricción. Este novedoso enfoque sobre la acción humana marcó una ruptura con el pensamiento de otros tiempos.

Grocio consideraba los derechos como capacidades o poderes de los individuos, y en su filosofía también había lugar para la mercantilización de dichos derechos. Estos se podían «negociar», por ejemplo, con un soberano. En tal caso, el poder del Estado provendría de la transferencia voluntaria de derechos entre las personas. Grocio distinguió entre dos clases de relaciones: aquellas que se dan entre desiguales, como entre «padres e hijos, amos y sirvientes o rey y súbditos»; y las que tienen lugar entre iguales, como las que se dan entre «hermanos, ciudadanos, amigos o aliados».

El supuesto de Grocio de que las personas son propietarias naturales de derechos fue una de las piedras angulares de la teoría del liberalismo No obstante, afortunadamente, su convicción de que algunas personas tenían el derecho de superioridad no se alinea con el pensamiento liberal moderno. ▪

Para Grocio, la libertad de los mares era un derecho natural, con lo cual justificó que la flota de la Compañía Holandesa de las Indias Orientales rompiera los monopolios de otros países.

Hugo Grocio

Nació en 1583 en Delft, al sur de Holanda, durante la revuelta contra España. Considerado por muchos un niño prodigio, accedió a la Universidad de Leiden a los 11 años, recibió su doctorado a los 16 y con 24 años ya era asesor general de Holanda. Durante un tumultuoso periodo de la historia de su país, Grocio fue sentenciado a cárcel de por vida en el castillo de Loevenstein por su apoyo a la restricción de poderes de la Iglesia sobre asuntos civiles.

Escapó a París —según se cuenta, en un baúl—, donde escribió su obra más famosa, *De iure belli ac pacis* (Del derecho de la guerra y de la paz). Se le considera el padre del derecho internacional y marítimo. Tiempo después, filósofos liberales como John Locke retomaron sus ideas sobre la ley natural y la libertad individual.

Obras principales

1605 *De iure praedae commentarius.*
1609 *Mare liberum* (formaba parte originalmente de *De iure praedae commentarius*).
1625 *De iure belli ac pacis.*

EL ESTADO DEL HOMBRE ES UN ESTADO DE GUERRA

THOMAS HOBBES (1588–1679)

EN CONTEXTO

IDEOLOGÍA
Realismo

ENFOQUE
Contrato social

ANTES
1578 Surgen el concepto de soberanía y el de derecho divino de los reyes, ambos influidos por *Los seis libros de la República* de Jean Bodin.

1642–1651 La guerra civil inglesa sienta el precedente transitorio de que el rey no puede gobernar sin consenso del Parlamento.

DESPUÉS
1688 La Revolución Gloriosa de Inglaterra fuerza la Declaración de Derechos de 1689, por la cual quedará limitada la capacidad legisladora del rey.

1689 John Locke se opone al absolutismo y defiende que el gobierno debe representar al pueblo y proteger su derecho a la vida, la salud, la libertad y la propiedad.

La Ilustración que siguió a la Edad Media en Europa trajo nuevas ideas sobre la naturaleza humana que no se basaban en doctrinas religiosas, sino en razonamientos. Algunos pensadores de esa época discrepaban sobre la verdadera naturaleza de la condición y la conducta humanas. Para limar esas diferencias abstractas, pero importantes, los humanistas expresaron sus opiniones sobre el llamado «estado de naturaleza», que era, en teoría, el estado de la humanidad antes de las estructuras y normas sociales.

Muchos creían que, si se analizaban los «instintos» y la conducta humanos en el estado de naturaleza, se podía diseñar un sistema de gobierno que satisficiera las necesidades de los ciudadanos y promoviera su buena conducta (y que contrarrestara la mala). Por ejemplo, si los seres humanos vieran más allá de sus estrechos intereses propios y trabajasen en pro del bien público, disfrutarían de derechos democráticos. Pero, si solo se preocuparan por su propio interés y por aumentar su poder, haría falta una fuerte autoridad de control para evitar el caos. El inglés Thomas Hobbes fue uno de los primeros filósofos de la Ilustración que basó su doctrina en una idea coherente del estado de naturaleza. Opinaba que el ser humano necesita que lo gobiernen, ya que el estado de naturaleza es el mundo terrible del «sálvese quien pueda».

El cruel estado de naturaleza

En su obra más famosa, *Leviatán*, Hobbes describe a los seres humanos como entes racionales que procuran alcanzar el máximo poder y se mueven por egoísmo, ya que actuar de otro modo amenazaría su pervivencia. El título ya anuncia

> Sin un poder común que los vuelva respetuosos, [los hombres] viven en el llamado estado de guerra.
> **Thomas Hobbes**

Thomas Hobbes

Nació en 1588, se educó en la Universidad de Oxford y, más tarde, fue tutor de William Cavendish, duque de Devonshire. Debido a la guerra civil inglesa pasó una década en París, donde escribió *Leviatán*, que influyó en la forma en que percibimos el papel del gobierno y el contrato social como base de la legitimidad del poder. En su filosofía política influyeron su enorme interés por la ciencia y su correspondencia con otros filósofos, como René Descartes (1596–1650). A partir de su lectura de textos científicos, Hobbes creyó que todo, incluso la naturaleza humana, podía reducirse a sus componentes primarios. Le sedujeron la sencillez de la geometría y la física, y revolucionó la teoría política al aplicar el método científico a sus razonamientos. Volvió a Inglaterra en 1651, donde murió en 1679.

Obras principales

1628 *Historia de las guerras del Peloponeso.*
1650 *Tratado sobre la naturaleza humana.*
1651 *Leviatán.*

Véase también: Platón 34–39 ▪ Jean Bodin 88–89 ▪ John Locke 104–109 ▪ Jean-Jacques Rousseau 118–125 ▪ John Rawls 298–303

La portada de *Leviatán* representa un gobernante, hecho con caras diminutas, que se alza sobre el país con una espada y un cetro, símbolos del poder terrenal y eclesiástico, respectivamente.

Sin gobierno, en un **estado de naturaleza**, los hombres se aterrorizarán entre ellos…

…y las personas no se detendrán ante nada en pro de su **preservación o su promoción**.

En el estado de naturaleza, el estado del hombre es un estado de guerra de todos contra todos.

Para evitar caer en el estado de naturaleza, los hombres deben **sancionar un contrato social** y someterse a la autoridad y protección de un soberano.

El soberano será un gobernante absoluto con **poder indivisible e ilimitado** para evitar las luchas entre facciones y el caos.

Si el soberano fracasa en su deber, **el contrato social se rompe** y las personas pueden actuar, lo que vuelve a llevarles al estado de naturaleza.

la opinión de Hobbes sobre el estado de naturaleza y el hombre. En el *Libro de Job*, del Antiguo Testamento, Leviatán es el nombre de un monstruo, y para Hobbes el Estado es ese «gran Leviatán […] que no es sino un hombre artificial, aunque de mayor estatura y robustez que el natural, para cuya protección y defensa fue creado, y en el cual la soberanía es un alma artificial que da vida y movimiento al cuerpo entero». Así pues, el Estado es un artefacto cruel pero necesario para la protección de sus ciudadanos. El libro se escribió durante la guerra civil inglesa (1642–1651) y se opone al desafío de la autoridad real. Para Hobbes, el estado de naturaleza —la guerra de todos contra todos—

era comparable a una guerra civil, y solo se evitaría si los hombres entregaran sus armas a un tercero —el soberano— por medio de un contrato social que asegurase que todos los demás harían lo mismo. El motivo por el cual los entes ra-

cionales entregarían su libertad a un gobernante absoluto es que la vida en estado de naturaleza es tan «solitaria, pobre, tosca, embrutecida y breve» que la libertad pasa a ser una preocupación secundaria, un lujo inalcanzable. Hobbes » afirmó que mientras la gente tuviera derechos naturales en tal estado de naturaleza, la inquietud principal sería sobrevivir. Todas las acciones se justificarían: no habría derechos que nos protegieran individualmente.

Gobierno por contrato social

A falta de una autoridad común que resuelva las disputas y proteja a los débiles, cada persona decide lo que necesita —o lo que tiene que hacer— para sobrevivir. En el estado de naturaleza, los hombres son libres e independientes de forma natural y no están obligados hacia los demás. Hobbes supone que siempre habrá escasez de bienes y que todos serán igual de vulnerables. Algunos pelearán por alimentos y cobijo y otros por poder y gloria. Habrá un estado de miedo constante que causará ataques preventivos.

Hobbes ve este estado de guerra y caos como el fin natural de la libertad incontrolada. Para prevenirlo, el Estado debe gozar de poder indivisible y autoridad sobre sus súbditos. Esto se asemeja a la descripción de la soberanía de Jean Bodin, quien también nació durante una guerra civil. Sin embargo, Hobbes no basa la autoridad en el derecho divino de los reyes, sino en la idea de un contrato social con el que todas las personas racionales estarán de acuerdo.

Así como el concepto de estado de naturaleza influyó mucho sobre los contemporáneos de Hobbes y sobre los futuros teóricos de la política, en muchas ocasiones se interpretó de maneras diferentes. Con el estado de naturaleza, Hobbes describía una situación hipotética, una especie de reconstrucción racional de la vida sin orden ni gobierno. Tiempo después, algunos pensadores, como John Locke y Jean-Jacques Rousseau, retomaron el concepto en sus propias obras sobre el contrato social y las formas de gobierno ideales. Locke y Rousseau no consideraron que el estado de naturaleza fuera una ficción racional, sino un estado de cosas real.

Un mal necesario

Los pensadores de la Ilustración apelaban al concepto de un contrato social establecido entre los gobernados y el gobernante para responder a preguntas sobre la legitimidad política de diversas formas de gobierno. Para gobernar con legitimidad debe existir un acuerdo explícito o tácito de que el soberano protegerá a los ciudadanos y sus derechos naturales si ellos renuncian a su libertad personal y se subordinan a él.

Según Hobbes, las personas pueden elegir entre dos alternativas: vivir sin gobierno (estado de naturaleza) o con él. Un contrato social que concediera autoridad indivisible a un soberano era un mal necesario para evitar el destino cruel que acechaba al hombre sin una autoridad poderosa capaz de someter los impulsos destructores humanos. Creía que «durante el tiempo en que los hombres viven sin un poder común que los contenga, están en un estado llamado guerra, y esa guerra es de todos contra todos». No obstante, a diferencia de otros eruditos anteriores que defendían el derecho divino de los reyes a gobernar, para Hobbes, la relación entre los gobernados y el gobernante es meramente contractual. El contrato se realiza principalmente entre las personas de una sociedad determinada, y el soberano es ajeno a todo ello, es un tercero.

Hobbes escribió *Leviatán* al comenzar la guerra civil inglesa. Su idea del «estado de naturaleza» del hombre parece haberse inspirado en la brutalidad de la guerra.

Hobbes veía el estado de naturaleza como indeseable, y afirmó que las personas debían someterse voluntariamente a un gobernante o rey para proteger la sociedad.

En un estado de naturaleza, todos **los hombres están en guerra** entre sí y viven con el **constante temor** a sus congéneres.

Con el contrato social, el pueblo da todo el poder a un tercero, el rey, a cambio de **seguridad y leyes**.

Acción colectiva

Como las personas son racionales, saben que el estado de naturaleza no es deseable y que la paz es buena. Sin embargo, en un estado de naturaleza, al tener cada uno que proteger sus propios intereses, surge un «problema de acción colectiva». Este término no es de Hobbes, pero su dilema de que los individuos que no se fían unos de otros tengan que dejar las armas es muy similar a este concepto moderno, donde existe un problema superable solo si las personas –que se beneficiarán si el resultado es bueno– actúan de forma colectiva. La solución de Hobbes era radical: entréguese todo el poder a un tercero, el soberano. Los humanistas contemporáneos conocen muchas maneras en las que la gente supera problemas de acción colectiva sin necesidad de un gobierno fuerte. La filósofa británica Margaret Gilbert indicó que la acción colectiva es el compromiso conjunto con una acción en la que los individuos actúan como partes de una sola persona con un mismo objetivo. Pese a esto, los gobiernos siguen siendo los principales reguladores de conflictos y proveedores de bienes públicos.

> Se entiende que la obligación de los súbditos hacia el soberano durará lo que dure la posibilidad que este tiene de protegerlos, y no más.
> **Thomas Hobbes**

La visión contractual de Hobbes de la autoridad gubernamental también afectaba a los deberes del soberano. Solo mientras este protegiera a sus súbditos, ambas partes estaban obligadas por el contrato social. Sin embargo, no estuvo a favor de la revolución popular, ni de la intervención de la religión en asuntos del Estado, ni del gobierno democrático. Los objetivos principales del gobierno son la estabilidad y la paz, y no la libertad individual.

Política pragmática

Sus opiniones sobre el contrato social legitimaron algunos cambios en el gobierno. Cuando Oliver Cromwell destronó a Carlos I de Inglaterra, en 1649, el contrato social, según Hobbes, quedó intacto, ya que solo se reemplazó un gobernante por otro. Y es que Hobbes era antidemocrático y pro absolutista, pero también pragmático. Si bien no se »

la vida civilizada daba por sentada solo duraría mientras existiese un gobierno fuerte y centralizado. Para mantener la paz se necesita obediencia política. Los ciudadanos tienen derecho a defenderse si ven sus vidas amenazadas, pero en todo lo demás hay que obedecer al gobierno para evitar luchas facciosas o la parálisis política.

Contra un estado de naturaleza

Los argumentos de Hobbes a favor del absolutismo fueron sólidos y se basaron en sus ideas sobre la naturaleza del hombre. Sus oponentes —los antiabsolutistas— cuestionaron su visión de los seres humanos ansiosos de poder y de guerra. Jean-Jacques Rousseau describió la vida en estado de naturaleza de forma romántica, llena de inocencia y sencillez, en contraste con la de la sociedad de la época, que pintó como deshonesta. Por eso, la gente no debía tratar de escapar del estado natural, sino que más bien había que recrearlo lo mejor posible en la forma de gobierno. Rousseau propugnó una democracia directa en comunidades pequeñas. Mientras que Hobbes vivió su vida con la guerra civil inglesa como telón de fondo, Rousseau pasó la suya en la tranquila ciudad de Ginebra (Suiza). Es notable cómo estos ambientes distintos conformaron sus teorías políticas. A diferencia de Hobbes, Rousseau consideraba el estado de naturaleza como la descripción histórica del hombre presocial. Desde

posicionó exactamente acerca de qué modalidad de gobierno es la mejor, estaba claro que prefería la monarquía de Carlos I como forma de gobierno buena y estable. Al mismo tiempo, también contemplaba la soberanía parlamentaria como un gobierno adecuado, siempre y cuando el número de integrantes de la asamblea legislativa fuese impar, para evitar empates políticos.

La lógica de la versión de Hobbes sobre el contrato social fue cuestionada por muchos humanistas. John Locke preguntó con sarcasmo por qué creería alguien que «los hombres son tan tontos que se molestan en evitar las travesuras que les puedan hacer las mofetas o los zorros, pero les gusta, sin preocuparles la seguridad, que los devoren los leones». Para Locke, el gobierno autoritario es igual de peligroso que los disturbios civiles: prefería el estado de naturaleza a la subordinación. Hobbes, empero, creía que solo los gobiernos con poderes indivisibles e ilimitados podían prevenir la, por otra parte, inevitable desintegración de la sociedad derivada de una guerra civil. Para él, cualquiera que apoyara las libertades y los derechos personales no había comprendido que esa seguridad básica que

El contrato social

Nosotros, el pueblo, accedemos a obedecer la ley y respetar la autoridad del soberano, cuyo poder es indivisible e ilimitado.

> Nada es tan amable como el hombre en estado primitivo, cuando la naturaleza lo pone equidistante entre la estupidez de los brutos y la fatal ilustración de los civiles.
>
> **Jean-Jacques Rousseau**

entonces, los teóricos de la política han dudado entre ambos extremos, Hobbes y Rousseau, es decir la humanidad en estado de guerra o viviendo en armonía con la naturaleza.

También lo criticaron otros dos influyentes filósofos, John Locke y David Hume. Locke habla del estado de naturaleza en *Dos tratados sobre el gobierno civil* (1689) y de las leyes naturales que rigen este estado. Contrariamente a Hobbes, afirma que, incluso en tal estado, nin-

gún hombre tiene derecho a dañar a otro. Hume contribuye a esta discusión al sostener que los seres humanos son sociables por naturaleza y que, por consiguiente, el estado de barbarie que describe Hobbes es improbable.

El método de Hobbes

Actualmente se sigue aplicando el método de Hobbes y el concepto del estado de naturaleza para argumentar a favor o en contra de diferentes sistemas políticos. Al enunciar aquello en que las personas racionales estarían de acuerdo, John Rawls utilizó la idea de Hobbes de lo que hace que una sociedad sea estable. En su *Teoría de la justicia* (1971), Rawls dice que si se vieran obligados a elegir bajo «un velo de ignorancia», sin saber si tendrían una posición privilegiada en esta sociedad imaginaria, la gente elegiría un estado en el que todos tuvieran algunos derechos básicos y ciertas garantías económicas. Sin embargo, Hobbes no teorizó sobre la sociedad ideal, sino sobre la necesidad de un gobierno fuerte.

La mayoría de los eruditos actuales considerarían pesimistas las

> A esta guerra de todos contra todos […] nada le resulta injusto […], donde no hay poder común, no hay ley; y donde no hay ley, no hay justicia.
>
> **Thomas Hobbes**

ideas de Hobbes sobre la condición humana, pero su influencia sobre el pensamiento político sigue siendo enorme. La tradición de pragmatismo en las relaciones internacionales, que enfatiza el estudio del poder, se origina en la premisa hobbesiana de que el estado del hombre es un estado de guerra. Empero, la anarquía que Hobbes ve en el estado de naturaleza también se ve como cierta en el sistema internacional, cuyos principales actores son las naciones. Hoy en día, ese sistema sigue siendo pragmático o realista, pese a haber acabado la guerra fría. La diferencia más importante respecto a la teoría hobbesiana es que, internacionalmente, no es posible fiarse del Leviatán del Estado para acabar con el poder y el egoísmo destructivos. Los estados no pueden fiarse unos de otros, y por esa razón están condenados a la carrera armamentística y a la guerra. ∎

Triunfo de la Muerte (1562), de Pieter Brueghel el Viejo, ilustra la anarquía desatada al golpear la muerte tanto a ricos como a pobres. Hobbes concebía el estado de naturaleza igualmente anárquico y brutal.

EL OBJETIVO DE LA LEY ES PRESERVAR Y PROLONGAR LA LIBERTAD

JOHN LOCKE (1632–1704)

EN CONTEXTO

IDEOLOGÍA
Liberalismo

ENFOQUE
El imperio de la ley

ANTES
1642 Se desata la guerra civil inglesa ante el temor de que Carlos I intente introducir el absolutismo en Inglaterra.

1661 Comienza en Francia el reinado personalista de Luis XIV, quien sintetiza el absolutismo con la frase *«L'état, c'est moi»* (El Estado soy yo).

DESPUÉS
1689 La Declaración de Derechos inglesa asegura los derechos del Parlamento y la celebración de elecciones sin la interferencia del rey.

Siglo XVIII Las revoluciones populares en Norteamérica y Francia y desembocan en el surgimiento de repúblicas basadas en principios liberales.

En teoría política existe una pregunta importante en relación con cuál es el papel del gobierno y qué funciones debe desempeñar. De igual importancia son otras cuestiones como: qué otorga a un gobierno el derecho a gobernar y dónde hay que fijar los límites de su autoridad. Algunos humanistas de la Edad Media sostenían que los reyes tienen el derecho a gobernar que les ha concedido Dios, en tanto que otros proclamaban que la nobleza tenía el derecho de gobernar por su nacimiento. Los pensadores de la Ilustración comenzaron a cuestionar esas doctrinas; pero, si el poder de gobernar no era cosa de la voluntad divina ni del nacimiento, entonces era necesario encontrar otras fuentes de legitimidad.

El filósofo inglés John Locke fue el primero en expresar los principios liberales del gobierno, en especial el referido al deber de este de preservar el derecho de sus ciudadanos a la libertad, la vida y la propiedad, así como el de procurar el bien público y castigar a los que violan los derechos ajenos. Por tanto, la principal función del gobierno es legislar. Para Locke, uno de los motivos fundamentales por los que las personas desean establecer un contrato social y someterse a la regla de un gobierno es que esperan que este medie con neutralidad en desacuerdos y conflictos. Según esta lógica, Locke describió también las características de un gobierno ilegítimo: aquel que no respeta ni protege los derechos naturales de las personas o que limita innecesariamente sus libertades. Es decir, que se oponía a los gobiernos absolutistas. A diferencia de su contemporáneo Thomas Hobbes, que creía necesario un gobierno absoluto para salvar al pueblo del «estado de naturaleza», Locke mantuvo que los poderes y las funciones del gobierno deben ser limitados.

El centralismo de las leyes

Gran parte de los escritos de Locke sobre filosofía política se centraron en los derechos y las leyes. Definió el poder político como «el derecho de hacer leyes con penas de muerte». Sostuvo que uno de los motivos principales por los que la gente abandonaría de forma voluntaria el estado de naturaleza sin ley sería que, en tal situación, no existirían jueces inde-

---

John Locke

Locke vivió en uno de los siglos más transformadores de la historia inglesa, al que él dio forma. Fue un siglo de guerras civiles entre protestantes, anglicanos y católicos, y el poder osciló entre el rey y el Parlamento. Locke nació en 1632, cerca de Bristol, y vivió largos periodos exiliado en Francia y Holanda porque se sospechó que había participado en una conjura para asesinar a Carlos II. Su libro *Dos tratados sobre el gobierno civil* aportó el fundamento intelectual de la Revolución de 1688 (también conocida como Gloriosa), que transfirió permanentemente el equilibrio de poderes del rey al Parlamento. Promovió la idea de que la gente no nace con ideas ya establecidas, sino con la mente como una página en blanco, una forma muy moderna de considerar el yo.

Obras principales

1689 *Dos tratados sobre el gobierno civil.*
1689 *Primera carta sobre la tolerancia.*
1690 *Ensayo sobre el entendimiento humano.*

Véase también: Thomas Hobbes 96–103 ▪ Montesquieu 110–111 ▪ Jean-Jacques Rousseau 118–125 ▪ Thomas Jefferson 140–141 ▪ Robert Nozick 326–327

Los humanos son **seres racionales e independientes** con derechos naturales.	→	Se unen a la sociedad política **para que les proteja** la ley.	→	**El objetivo de la ley es preservar y prolongar la libertad.**

pendientes. Es preferible conceder al gobierno el monopolio de la violencia y de la capacidad de sentenciar para garantizar el justo imperio de la ley. Es más, para Locke, un gobierno legítimo favorece la separación de los poderes legislativo y ejecutivo. El primero es superior al segundo y tiene la potestad suprema de fijar las reglas generales en los asuntos del gobierno, mientras que el poder ejecutivo solamente es responsable de hacer cumplir la ley en casos concretos.

Una de las razones por las que las leyes son tan importantes en los textos de Locke es porque protegen la libertad. El propósito de la ley no es abolir o restringir esa libertad, sino preservarla y prolongarla. Locke cree que, en una sociedad política, «donde no hay ley no hay libertad». En consecuencia, las leyes limitan la libertad y, al mismo tiempo, la hacen posible. Vivir en libertad no es vivir sin leyes, en el estado de naturaleza. Locke señala que «la libertad no es, como se nos dice, el visto bueno para que cada persona haga lo que quiera (porque ¿quién sería libre si todos los demás le impusieran sus reglas?), sino la libertad de disponer como le plazca de su persona, sus actos, sus posesiones y todas sus pertenencias, dentro de lo que esas leyes permiten». En otras palabras, las leyes no solo pueden preservar la libertad, sino también hacer posible que se ejerza. Sin leyes, nuestra libertad estaría limitada por un estado de naturaleza anárquico e incierto, y, en la práctica, no existiría.

son iguales, libres e independientes. Según Locke, en el estado de naturaleza, la gente coexiste, por lo general en armonía, pero sin poder político ni juez legítimos que resuelvan las disputas con neutralidad. «Hombres que viven juntos conforme a la razón, sin un superior común en la Tierra con autoridad para juzgar, eso es el estado de naturaleza», escribió.

A diferencia de Hobbes, Locke no equipara el estado de naturaleza con la guerra. En un estado de guerra la gente no respeta la ley natural o ley de la razón como la llama Locke. Donde Hobbes veía seres humanos actuando como «acaparadores de poder», preocupados básicamente por su supervivencia, Locke observa que en el estado »

El estado inicial del hombre

Afirma Locke que las leyes deben diseñarse –y aplicarse– teniendo en cuenta el estado y la naturaleza iniciales del hombre. Como la mayoría de teóricos del contrato social, considera que todos los individuos

Opuesto al gobierno absolutista, cuando niño, Locke presenció la ejecución del rey Carlos I (1649) por «tirano, traidor, asesino y enemigo público del bien de esta nación».

Allí donde hay seres creados capaces de regirse por la ley, si no hay ley no hay libertad.
John Locke

El rol del gobierno

Los gobiernos deben
elaborar buenas leyes...

...que **protejan los
derechos** de las personas...

...y **hacerlas cumplir**
pensando en el bien público.

de naturaleza la gente es capaz de actuar de acuerdo con la razón, así como ser tolerante. Como resultado, los conflictos no necesariamente son comunes en tal estado. Sin embargo, cuando aumenta la densidad de población, escasean los recursos y la introducción del dinero acarrea desigualdades económicas, entonces aumentan los conflictos y la sociedad comienza a precisar tanto leyes, como reguladores y jueces con objeto de resolver las disputas objetivamente.

El objetivo del gobierno

En el corazón del pensamiento político de Locke reside la cuestión de la legitimidad. Siguiendo el ejemplo de Hobbes, trató de deducir el papel legítimo del gobierno a partir de la comprensión del estado de naturaleza.

Locke y Hobbes coinciden en que un gobierno legítimo se fundamenta en un contrato social entre los integrantes de una sociedad. El problema con el estado de naturaleza es que no hay jueces ni policía que hagan cumplir la ley. La gente desea entrar en una sociedad civil para que ese papel lo desempeñe el gobierno. Esta es, por lo tanto, una misión legítima del gobierno. Otro aspecto importante de dicha legitimidad es el mandato por consenso del pueblo, que para Locke no es necesariamente la democracia: una mayoría del pueblo podía muy bien decidir que gobernase un monarca, la aristocracia o una asamblea ple-

La Declaración de Derechos inglesa, ratificada por el rey Guillermo III en 1689, fijó límites al poder real de acuerdo con la afirmación de John Locke de que un monarca únicamente gobierna con el acuerdo del pueblo.

biscitaria. Lo importante era que el pueblo pudiera otorgar el derecho a gobernar, y que, una vez concedido, también tuviera la facultad de retirarlo.

Locke se oponía a la idea de un soberano fuerte y absolutista –al contrario que Hobbes– porque una figura tan poderosa limitaría innecesariamente las libertades individuales. Y esa total subordinación le parecía peligrosa. Escribió: «Tengo motivos para concluir que el que me tuviera en su poder sin mi consentimiento me utilizaría como le pluguiera y me destruiría cuando le diese la gana; porque nadie puede desear tenerme bajo su poder absoluto a menos que quiera obligarme por la fuerza a lo opuesto a mi derecho a la libertad, es decir, hacer de mi persona un esclavo».

En lugar de eso, Locke está a favor de que el gobierno tenga un papel limitado: debe proteger las propiedades privadas de la gente, mantener la paz, garantizar los servicios públicos a toda la población y, en la medida de lo posible, protegerla de invasiones extranjeras. «Este es el objetivo original, esta es la utilidad y estos son los límites del poder legislativo (que es el supremo) en cada mancomunidad.» La misión del gobierno es desarrollar lo que falta en el estado de naturaleza para garantizar la libertad y la prosperidad del pueblo. No hay necesidad de esclavizarlo bajo el absolutismo. La función más importante es la de elaborar buenas leyes para proteger los derechos de la gente y hacerlas cumplir en vista del bien público.

El derecho del pueblo a rebelarse

La distinción que establece Locke entre gobiernos legítimos e ilegítimos conlleva la idea de que es aceptable oponerse a un régimen ilegítimo. Describe una serie de situaciones en las que el pueblo tendría derecho a rebelarse para recuperar el poder que había otorgado al gobierno. Por ejemplo: si se les prohíbe reunirse a los representantes elegidos por el pueblo; si se otorga autoridad sobre la población a poderes extranjeros; si se modifica sin consentimiento público el sistema o los procedimientos electorales; si no se respetan las leyes, o si el gobierno intenta despojar al pueblo de sus derechos. Locke equiparó el gobierno ilegítimo a la esclavitud. Incluso llegó a aceptar el regicidio —la ejecución del monarca— si se diera la circunstancia de que este quebrantara el contrato social con su pueblo. Como hijo de puritanos que habían apoyado la causa parlamentaria durante la guerra civil inglesa, esto no se trataba de una mera teoría: sus escritos justifican claramente la ejecución de Carlos I.

Para que un gobierno pueda ser considerado legítimo, en opinión de Locke, es imprescindible permitir la celebración de reuniones y discusiones entre los representantes elegidos por el pueblo, como es el caso de la Cámara de los Comunes.

El legado de Locke

La filosofía política de John Locke se conoce como «liberalismo»: la creencia en los principios de libertad e igualdad. Las revoluciones en Francia y Norteamérica a fines del siglo XVIII se fundamentaban en ideas liberales. En realidad, Thomas Jefferson, uno de los arquitectos de la Constitución de EE UU, reverenciaba a Locke y utilizó muchas de sus frases en los documentos de fundación. El acento sobre la protección de «la vida, la libertad o la propiedad» que se comprueba en la Declaración de Derechos estadounidense nos remite a la filosofía de John Locke, de un siglo antes. ■

Una declaración de derechos es lo que capacita al pueblo frente a cualquier gobierno, y ningún gobierno justo puede negárselo ni obviarlo.
Thomas Jefferson

CUANDO LOS PODERES LEGISLATIVO Y EJECUTIVO ESTAN UNIDOS EN UN MISMO CUERPO, NO PUEDE HABER LIBERTAD
MONTESQUIEU (1689–1755)

Durante la Edad de la Ilustración del siglo XVIII, la autoridad tradicional de la Iglesia se vio cuestionada por los descubrimientos científicos, y lo mismo pasó con la idea de que los monarcas gobernaban por mandato divino. En Europa, y especialmente en Francia, muchos filósofos políticos comenzaron a indagar sobre el poder de la monarquía, el clero y la aristocracia. Los más destacados fueron Voltaire, Jean-Jacques Rousseau y Montesquieu.

Rousseau estaba a favor de que el poder pasara de la monarquía al

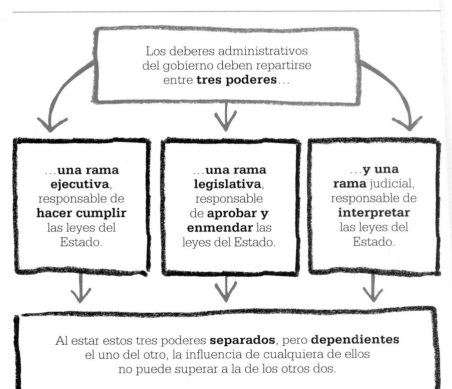

Los deberes administrativos del gobierno deben repartirse entre **tres poderes**…

…**una rama ejecutiva**, responsable de **hacer cumplir** las leyes del Estado.

…**una rama legislativa**, responsable de **aprobar y enmendar** las leyes del Estado.

…**y una rama** judicial, responsable de **interpretar** las leyes del Estado.

Al estar estos tres poderes **separados**, pero **dependientes** el uno del otro, la influencia de cualquiera de ellos no puede superar a la de los otros dos.

Véase también: Cicerón 49 ▪ Jean-Jacques Rousseau 118–125 ▪ Thomas Jefferson 140–141 ▪ James Madison 150–153 ▪ Alexis de Tocqueville 170–171 ▪ Henry David Thoreau 186–187 ▪ Noam Chomsky 314–315

El deterioro de un gobierno casi siempre comienza con la decadencia de sus principios.
Montesquieu

pueblo, y Voltaire, de la separación de Iglesia y Estado. A Montesquieu le importaba menos quién llevase las riendas: para él lo crucial era la existencia de una Constitución que protegiera contra el despotismo. Afirmaba que esto podía conseguirse con la separación de los poderes gubernamentales.

Montesquieu postuló que el despotismo era la mayor amenaza a la libertad de los ciudadanos y que tanto las monarquías como las repúblicas corrían el riesgo de caer en él a menos que una Constitución lo evitase. En el centro de esta afirmación estaba la división del poder administrativo del Estado en tres categorías bien diferenciadas: el ejecutivo (responsable de la administración y cumplimiento de las leyes), el legislativo (responsable de aprobar, rechazar y enmendar las leyes) y el judicial (responsable de interpretar y aplicar las leyes).

Separación de poderes

Esta distinción entre las diferentes ramas del poder, conocida como *trias politica*, no era nueva: los griegos y romanos de la Antigüedad ya habían reconocido una división similar. La innovación de Montesquieu consistió en su propuesta de tener cuerpos separados para ejercitar esos poderes. Eso originaría un equilibrio y garantizaría un gobierno estable, con un mínimo riesgo de caída en el despotismo. La separación de poderes aseguraba que ningún cuerpo administrativo llegase a ser todopoderoso, ya que cada uno de ellos podría frenar cualquier abuso de poder por parte de los otros. Aunque fue inevitable que las ideas de Montesquieu despertaran la hostilidad de las autoridades francesas, su teoría tuvo mucha influencia, especialmente en EE UU, donde fue una de las piedras angulares de su Constitución. Después de la Revolución Francesa, también fue el modelo de la nueva República, y, en el siglo siguiente, las democracias que se establecieron por todo el mundo adoptaron, por lo general, alguna forma de sistema tripartito en sus constituciones. ▪

El Congreso de EE UU es la rama legislativa del gobierno federal del país; sus poderes están separados y bien diferenciados de los del presidente (rama ejecutiva) y del judicial.

Montesquieu

Nacido cerca de la ciudad de Burdeos, Charles-Louis de Secondat heredó el título de barón de Montesquieu a la muerte de su tío, en 1716. Estudió derecho en Burdeos, pero, tras contraer matrimonio en 1715, accedió a una cuantiosa dote que, junto con su herencia, le permitió concentrarse en su carrera literaria, que comenzó con las satíricas *Cartas persas*.

Fue nombrado miembro de la Academia francesa en 1728 e inició una serie de viajes a Italia, Hungría, Turquía e Inglaterra. A su regreso a Burdeos, en 1731, trabajó en su historia del Imperio romano, así como en su obra maestra, *Del espíritu de las leyes*, que se publicó en 1748 de forma anónima. Elogiado en toda Europa, el libro no fue bien recibido en Francia. Montesquieu murió de fiebres en París, en 1755.

Obras principales

1721 *Cartas persas*.
1734 *Consideraciones sobre las causas de la grandeza de los romanos y su decadencia*.
1748 *Del espíritu de las leyes*.

LOS EMPRENDEDORES INDEPENDIENTES HACEN BUENOS CIUDADANOS

BENJAMIN FRANKLIN (1706–1790)

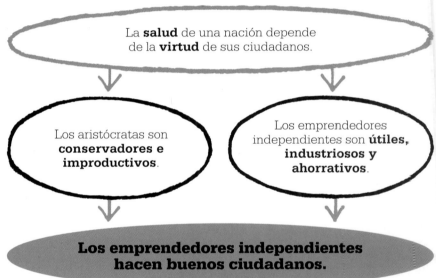

La **salud** de una nación depende de la **virtud** de sus ciudadanos.

Los aristócratas son **conservadores e improductivos**.

Los emprendedores independientes son **útiles, industriosos y ahorrativos**.

Los emprendedores independientes hacen buenos ciudadanos.

Los periodos anterior y posterior a que EE UU se independizara de Gran Bretaña fueron revolucionarios tanto intelectual como políticamente. Los pensadores de la llamada «Ilustración norteamericana» recibieron la influencia de escritores de la Ilustración europea como John Locke, Edmund Burke, Jean-Jacques Rousseau, Voltaire y Montesquieu. Al diseñar el nuevo sistema de gobierno, los padres fundadores de EE UU favorecieron los principios liberales y republicanos: se opusieron a la autoridad centralizada y absolutista y a los privilegios de los aristócratas, y sus ideales fueron el pluralismo, la protección de los derechos personales y la ciudadanía universal. Para este nuevo sistema de gobierno, el concepto de naturaleza humana se originaba en el republicanismo clásico, que consideraba la virtud cívica como la base de una buena sociedad. En opinión de uno de esos fundadores, Benjamin Franklin, los emprendedores son ciudadanos buenos y virtuosos. En esta frase, Franklin expresó el futuro espíritu capitalista de EE UU.

La virtud emprendedora

Mientras los liberales se centraron en los derechos de las personas –por ejemplo, a la vida y a la propiedad–, los republicanos acentuaron las obligaciones de cada uno como ciudadano para con el bien común, así como las virtudes necesarias para cumplir con este deber. El concepto de virtud fue importante para los primeros republicanos clásicos en Europa, como el diplomático italiano Maquiavelo, que describieron las características de los gobernantes, pero rara vez aludieron a las virtudes de los ciudadanos.

En cambio, Franklin habla de la virtud en términos individuales: una nación próspera se construye sobre las virtudes de los ciudadanos trabajadores y productivos y no sobre las

El espíritu emprendedor y filantrópico de Bill Gates, fundador de Microsoft –fabricante pionero de ordenadores personales– representa la idea de Franklin del buen ciudadano.

No pierdas tiempo: ocúpate siempre en algo útil, descarta todo acto innecesario.
Benjamin Franklin

características de un gobernante o una clase social, como la aristocracia. Como muchos pensadores de la Ilustración europea, para Franklin las fuerzas impulsoras de la sociedad eran los comerciantes y los científicos, pero también destacó la importancia de las características personales y las responsabilidades de cada uno. Pensaba que ser emprendedor es una característica personal que conlleva una gran virtud.

Promover el bien público

Hoy se relaciona estrechamente la empresa con el sistema capitalista. Por ejemplo: para el economista austriaco Joseph Schumpeter, la empresa fue clave en el proceso de «destrucción creadora» que conforma el sistema capitalista. Sin embargo, la idea que tenía Franklin de los emprendedores difería mucho de la imagen actual de un capitalista. Por un lado, veía la cualidad como virtud solo cuando promovía el bien común, por ejemplo, por vía de la filantropía. En segundo lugar, pensaba que el papel de las organizaciones voluntarias era importante para moderar el individualismo. ▪

Benjamin Franklin

Hijo de un fabricante de jabones y velas, Franklin fue estadista, científico e inventor. Nació en 1706, en Boston, e intervino de forma decisiva en el largo proceso que llevó al nacimiento de EE UU. Como estadista se opuso a la Ley del Sello británica, fue embajador de su país en Londres y París, y es considerado uno de los padres fundadores de la nación.

Como científico, a Franklin se le reconoce mayormente por sus experimentos con la electricidad. Entre sus muchas invenciones figuran el pararrayos, la estufa con circulación de aire, las lentes bifocales y el catéter urinario flexible. Como emprendedor fue un exitoso editor de diarios, impresor y autor de literatura popular. Si bien nunca llegó a ser presidente de EE UU, muy pocos de sus compatriotas han tenido una influencia tan duradera en el paisaje político de su país.

Obras principales

1733 *Almanaque del pobre Richard.*
1787 *Constitución de EE UU.*
1790 *Autobiografía.*

IDEAS
REVOLUC
1770–1848

En *El sentido común*, Thomas Paine exige que las colonias norteamericanas sean **liberadas por Gran Bretaña**.

En *Crítica de la razón práctica*, Immanuel Kant propone que los juicios morales y políticos **se encuadren en la razón**.

Edmund Burke denuncia la **violencia de la revolución** en *Reflexiones sobre la revolución en Francia*.

Una rebelión irlandesa, inspirada por las revoluciones francesa y estadounidense, **no consigue derrocar** al gobierno británico.

1776   **1788**   **1790**   **1798**

1783   **1789**   **1792**   **1804**

Las colonias de Norteamérica triunfan en la **guerra de la Independencia** contra el Imperio británico.

Una multitud toma por la fuerza la Bastilla, una cárcel de París, y desata la Revolución Francesa.

La Asamblea Nacional **proclama la República** en Francia.

Haití se independiza de Francia, y se convierte en la **primera república negra** de América.

El siglo XVIII fue testigo de grandes avances en el conocimiento del mundo natural, con descubrimientos que aportaron nuevos y diferentes enfoques de los problemas sociales. Thomas Hobbes había introducido la noción de «contrato social» según sus ideas de cómo actuarían personas racionales (pero egoístas) en un estado de naturaleza, mientras que otro inglés, John Locke, elaboró un argumento racionalista a favor de la propiedad privada. Sin embargo estos primeros esfuerzos ilustrados por racionalizar la estructura social iban a ser trastocados por otros pensadores que se declaraban inmersos en la tradición conocida como Ilustración, el gran movimiento intelectual que quería borrar del conocimiento humano el escolasticismo secular y reformar la sociedad por medio de la razón, y no de la fe.

La soberanía del pueblo

El filósofo suizo de lengua francesa Jean-Jacques Rousseau se sirvió del contrato social para ofrecer una nueva y radical visión de cómo funcionaría la política en la edad moderna. Mientras muchos pensadores ilustrados −entre ellos, Voltaire− alentaban a los déspotas a que gobernasen con prudencia y se mostraban en contra del gobierno de la plebe, Rousseau afirmaba que la verdadera soberanía residía únicamente en el pueblo. No fue el primero en criticar la autoridad existente, pero sí en hacerlo dentro del marco filosófico de la Ilustración. Según Rousseau, el énfasis que ponía la Ilustración sobre el racionalismo y el progreso hacía de él un movimiento claramente popular y no de elites.

Las décadas posteriores a la muerte de Rousseau (en 1778) estuvieron marcadas por conflictos sobre estas nuevas ideas sobre la sociedad. Los ideales de la Ilustración dieron forma a los acontecimientos de la última parte del siglo XVIII, entre los que destacan, principalmente, las revoluciones norteamericana y francesa, en las décadas de 1770 y 1780. Por ejemplo, en su obra *El sentido común*, el posicionamiento de Thomas Paine a favor de la independencia, la república y la democracia popularizó las exigencias de los revolucionarios norteamericanos, y el panfleto se convirtió en un superventas instantáneo. En Francia, la facción más radical de la revolución, los jacobinos, idolatró a Rousseau y dispuso que se lo enterrase

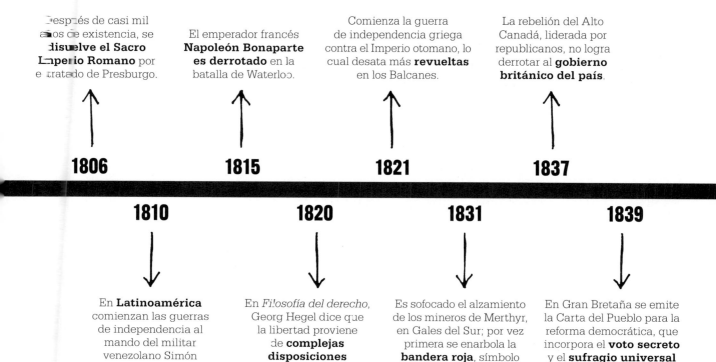

Después de casi mil años de existencia, se **disuelve el Sacro Imperio Romano** por el tratado de Presburgo.

El emperador francés **Napoleón Bonaparte es derrotado** en la batalla de Waterloo.

Comienza la guerra de independencia griega contra el Imperio otomano, lo cual desata más **revueltas** en los Balcanes.

La rebelión del Alto Canadá, liderada por republicanos, no logra derrotar al **gobierno británico del país**.

1806 **1815** **1821** **1837**

1810 **1820** **1831** **1839**

En **Latinoamérica** comienzan las guerras de independencia al mando del militar venezolano Simón Bolívar.

En *Filosofía del derecho*, Georg Hegel dice que la libertad proviene de **complejas disposiciones sociales**.

Es sofocado el alzamiento de los mineros de Merthyr, en Gales del Sur; por vez primera se enarbola la **bandera roja**, símbolo de la revolución.

En Gran Bretaña se emite la Carta del Pueblo para la reforma democrática, que incorpora el **voto secreto** y el **sufragio universal por hombres adultos**.

en el Panteón de París como héroe nacional, frente al igualmente icónico Voltaire.

A principios del siglo XIX comenzó a crecer la convicción de que era posible reconstruir la sociedad de forma racional, incluso por medio de una ruptura radical con el pasado. Hacia la mitad de ese siglo, varias revoluciones habían sacudido Europa, y en Latinoamérica habían triunfado los movimientos de independencia. La escritora británica Mary Wollstonecraft ayudó a propagar la idea de que los ideales de libertad de la Ilustración no debían excluir a la mitad de la humanidad y que los derechos de las mujeres eran parte ineludible de una sociedad justa.

Nuevo conservadurismo

Como reacción a estos y otros pensadores radicales, apareció una corriente de pensamiento conservadora nueva y más compleja, cuyo principal exponente es el irlandés Edmund Burke.

Empleando los conceptos de libertad y derechos, Burke justificó el gobierno de los más sabios y dijo que era más importante mantener la estabilidad social que intentar reformas radicales. Consideraba que las sociedades sanas solo se forman después de muchas generaciones. Para él, el sangriento reinado del terror que sucedió a la Revolución Francesa demostraba los fallos del radicalismo.

Paralelamente comenzó a surgir una propuesta bien diferenciada de argumentos liberales en favor de los derechos. Partiendo del deseo de felicidad por parte de la humanidad, el inglés Jeremy Bentham justificó las libertades democráticas limi-

tadas que respetaban la propiedad e identificaban los límites del gobierno. Si bien en el pasado se habían adquirido algunos derechos, Bentham opinaba que, dado que los gobiernos debían atender exigencias contradictorias, en el futuro se terminaría por restringir la ampliación de esos derechos.

La variante de las mismas conclusiones expresada por el alemán Georg Hegel resultó algo más ambigua: como declarado admirador de la Revolución Francesa, mantuvo que la libertad solamente es posible en una sociedad civil plenamente desarrollada, y hacia el final de su vida acabó apoyando el autocrático Estado de Prusia. Sus complejos argumentos sirvieron a la siguiente generación de pensadores para tratar de comprender los fallos del mundo posrevolucionario. ∎

RENUNCIAR A LA LIBERTAD ES RENUNCIAR A SER HOMBRE

JEAN-JACQUES ROUSSEAU (1712–1778)

EN CONTEXTO

IDEOLOGÍA
Republicanismo

ENFOQUE
La voluntad general

ANTES
1513 Nicolás Maquiavelo propone, en *El príncipe*, una forma de política que separa estrictamente la moralidad del gobernante de los problemas del Estado.

1651 En *Leviatán*, el filósofo Thomas Hobbes defiende fundamentar el Estado en un contrato social.

DESPUÉS
1789 Comienza a reunirse en París el Club de los Jacobinos, cuyos miembros extremistas tratan de aplicar los supuestos de Rousseau a la nueva política revolucionaria.

1791 En Gran Bretaña, Edmund Burke culpa a Jean-Jacques Rousseau de los «excesos» cometidos en la Revolución Francesa.

Antes de la sociedad, los seres humanos existían en un **estado de naturaleza**.

Eran **libres y felices**, se parecían a los animales…

…pero **cambiaron esa libertad** por un contrato social y leyes.

No podemos **regresar** a un estado de naturaleza…

Renunciar a la libertad es renunciar a ser hombre.

…pero podemos redactar un **contrato social nuevo** que promueva la libertad por medio de leyes.

Durante siglos, Europa occidental mantuvo una determinada forma de pensamiento acerca de los asuntos humanos. Bajo la influencia de la Iglesia católica se estudiaron y rehabilitaron los antiguos escritos griegos y romanos, e intelectuales tan notables como san Agustín y santo Tomás de Aquino redescubrieron a los pensadores antiguos. La idea de la sociedad estaba dominada por el punto de vista escolástico, que consideraba que la historia y la sociedad eran inmutables y que Dios había establecido el altísimo ideal de la moralidad. Para que esa mentalidad cambiase fueron necesarias las convulsiones que propiciaron la aparición del capitalismo y la vida urbana.

Replanteamiento del statu quo

En el siglo XVI, rompiendo lazos con el pasado, Maquiavelo reflexionó sobre la tradición escolástica y escribió *El príncipe*, obra cuyos ejemplos basados en la Antigüedad no eran guías para la vida moral, sino intentos de demostrar la viabilidad de gobernar eficazmente con cinismo. Thomas Hobbes, que escribió *Leviatán* durante la guerra civil inglesa de mediados del siglo XVII, empleó el método deductivo, y no la lectura de textos antiguos, para reivindicar un Estado fuerte que preservara la seguridad del pueblo.

Sin embargo fue Rousseau, un suizo exiliado de Ginebra (porque su vida personal escandalizaba a la «buena» sociedad), quien propuso la ruptura más radical con el pasado. Sus autobiográficas *Confesiones*, publicadas después de su muerte, revelan que, durante el tiempo que pasó en Venecia tra-

Si olvidas que los frutos de la Tierra nos pertenecen a todos, pero que la Tierra misma no es de nadie, no tienes remedio.
Jean-Jacques Rousseau

bajando sin paga como secretario de un embajador, decidió que «todo depende absolutamente de la política». Las personas no son congénitamente malas, pero pueden llegar a serlo con gobiernos malos. Las virtudes que vio en Ginebra y los vicios que vio en Venecia —especialmente el triste declive de esta ciudad-estado, de glorioso pasado— no los atribuyó al carácter de los hombres, sino a las instituciones humanas.

La sociedad conformada por los políticos

En su *Discurso sobre el origen de la desigualdad entre los hombres* (1754), Rousseau rompe con su pensamiento político anterior. Los antiguos pensadores que escribieron sobre la sociedad —incluso Ibn Jaldún, en el siglo XIV— veían los procesos políticos como sujetos a sus propias leyes, y trabajaban con una

La corrupción que Rousseau vio en Venecia era para él el paradigma de la forma en que un mal gobierno envilece al pueblo, y a esto opuso la rectitud de su ciudad natal, Ginebra.

naturaleza humana inmutable. Los griegos tenían una visión cíclica de los cambios políticos en la que las formas de gobierno buenas o virtuosas —monarquía, democracia o aristocracia— irían degenerando y convirtiéndose en diversos modos de tiranía antes de renovar el ciclo. La sociedad como tal no cambiaba: solo cambiaba su forma de gobierno.

Rousseau no lo creía así. Si, como él decía, las instituciones políticas conforman la sociedad, en teoría la capacidad de la acción política de mejorarla no tiene límites

Esta aseveración definió a Rousseau como pensador claramente moderno. Antes de él, nadie había pensado sistemáticamente en la sociedad como algo diferenciado de sus instituciones políticas, como entidad susceptible de estudio y transformación. Él fue el primero, incluso entre los filósofos de la Ilustración, que pensó en términos de las relaciones sociales entre la gente.

Esta nueva teoría planteaba una pregunta clara: si la sociedad humana estaba abierta al cambio político, ¿por qué era tan evidentemente imperfecta?

Sobre la propiedad y la desigualdad

Una vez más, Rousseau dio una gran respuesta que escandalizó a sus coetáneos. Para comenzar, les pidió que imaginasen a los seres humanos sin sociedad. Thomas Hobbes arguyó que seres así serían salvajes y vivirían existencias «solitarias, pobres, toscas, embrutecidas y breves», pero Rousseau aseguró justo lo contrario. Sin sociedad, los seres humanos serían criaturas tranquilas y felices, satisfechas con su estado de naturaleza. Solo los guiarían dos principios: primero, un normal afecto por sí mismos, con el consiguiente deseo de autoconservación; y, segundo, la misericordia hacia sus congéneres. Ambos principios juntos aseguraban la reproducción de la »

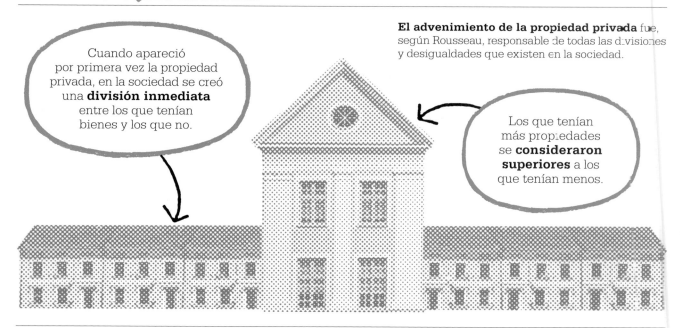

Cuando apareció por primera vez la propiedad privada, en la sociedad se creó una **división inmediata** entre los que tenían bienes y los que no.

El advenimiento de la propiedad privada fue, según Rousseau, responsable de todas las divisiones y desigualdades que existen en la sociedad.

Los que tenían más propiedades se **consideraron superiores** a los que tenían menos.

humanidad, generación tras generación, en forma muy similar a la de otros animales. Pero este estado de felicidad quedó brutalmente anulado por la creación de una sociedad civil y, en especial, por la aparición de la propiedad privada. Esto último conllevó una desigualdad instantánea que no había existido antes: los que poseían propiedad y los que no. Al aparecer esta desigualdad, la propiedad privada fijó los cimientos de posteriores divisiones sociales: las

Dejarnos llevar por los apetitos es esclavitud; obedecer la ley que nosotros mismos nos damos es libertad.
Jean-Jacques Rousseau

de amo y esclavo y, luego, la de las familias. Después, con estas nuevas divisiones, la propiedad privada proporcionó el mecanismo por el cual el natural afecto por uno mismo se convirtió en amor propio destructor, impulsado por la envidia y el orgullo y capaz de volver a los seres humanos los unos contra los otros. Fue posible poseer y adquirir, y así juzgarse uno mismo en comparación con otros según la riqueza material. La sociedad civil fue resultado de divisiones y conflictos que atentaron contra la armonía natural.

La pérdida de la libertad
Rousseau trató este tema en *El contrato social* (1762): «El hombre nace libre, pero siempre está encadenado», escribió. Mientras que sus escritos anteriores habían sido muy pesimistas con respecto a la sociedad convencional, *El contrato social* ofrece una visión más positiva de la política. Como Hobbes y Grocio antes que él, Rousseau fue testigo del nacimiento del poder soberano de la sociedad como resultado del contrato social. La gente podía en-

tregar sus derechos a un gobierno, renunciando a su libertad plena a cambio de que el rey —en el caso de Hobbes— le asegurara seguridad y protección. Hobbes afirmaba que la vida sin un soberano obligaba a la humanidad a retroceder al vil estado de naturaleza. Al renunciar a cierto grado de libertad —especialmente la libertad de emplear la fuerza— y al jurar obediencia, al individuo se le podía garantizar la paz, ya que el soberano era capaz de terminar con las disputas y aplicar castigos.

Rousseau rechazó esta concepción. Para él era imposible que alguien renunciase a su libertad sin renunciar también a su humanidad, lo cual destruía la moralidad. Un soberano no puede tener autoridad absoluta porque es imposible que un hombre libre se esclavice él mismo. Considerar que un gobernante es superior al resto de la sociedad es lo que transforma la igualdad natural de la humanidad en una desigualdad política permanente. Para Rousseau, el contrato social según Hobbes era una forma de coacción de los ricos hacia los pobres: no había ninguna posibilidad de que los pobres estuvieran de acuerdo con un contrato social que perpetuara la desigualdad.

Por lo tanto, las sociedades no se formaron en un estado de naturaleza, legitimadas por los progresos de la época, sino que más bien, argumentaba Rousseau, se formaron después de que dejáramos el estado de naturaleza y se establecieran los derechos de propiedad, con sus desigualdades resultantes. Una vez establecidos los derechos de propiedad, iban a producirse conflictos por la distribución de esos mismos derechos. La sociedad civil y la propiedad llevaban a la guerra, y el Estado era el instrumento que permitía librar esa guerra.

Revisión del contrato social

En *El contrato social*, Rousseau ofreció la posibilidad de que esta situación nefasta se convirtiese en buena. El Estado y la sociedad civil eran cargas soportadas por las personas que las privaban de su libertad natural. Pero, si las instituciones políticas y la sociedad estuvieran organizadas de manera eficiente, sería posible que fueran prolongaciones positivas de nuestra libertad. En vez de ser un pacto escrito con temor a nuestras naturalezas malvadas, el contrato social podía ser un acuerdo suscrito con la esperanza de mejorarnos. El estado de naturaleza había sido libre, pero significó que la gente no tenía otros ideales que sus apetitos animales. Los deseos más sofisticados solo podían aparecer fuera del estado de naturaleza, en la sociedad civil. Para lograrlo, habría que redactar un nuevo contrato social.

Donde Hobbes veía la ley como una mera limitación, y la libertad como algo que solo existía fuera de la ley, para Rousseau, las leyes podían ser una prolongación de nuestra libertad, siempre y cuando los que están sujetos a ellas sean también los que las otorgan. Es posible ganar la libertad dentro del Estado, y no en su contra. Para conseguir esto, el pueblo entero debe ser soberano. Un Estado legítimo es aquel que concede la mayor libertad que se pueda obtener en el estado de naturaleza. Para asegurar esa libertad positiva, el pueblo debe gozar de igualdad. En el nuevo mundo de Rousseau, la libertad y la igualdad van de la mano en lugar de enfrentarse.

La soberanía popular

En *El contrato social*, Rousseau bosqueja muchas de las demandas que en siglos posteriores iban a ser las exigencias de la izquierda política: la convicción de que la libertad y la igualdad eran aliadas, y no enemigas; la fe en la capacidad de la ley y el Estado de mejorar la sociedad; y la creencia en el pueblo como entidad soberana, de la que el Estado obtiene legitimidad. A pesar de la »

Comparación entre Hobbes y Rousseau

	En estado de naturaleza...	El contrato social...	La libertad...
Hobbes	...la vida es desagradable, salvaje y corta.	...es necesario para garantizar la paz y evitar el estado de naturaleza.	...solo puede existir en ausencia de leyes.
Rousseau	...la gente está satisfecha y es feliz.	...mantiene las desigualdades y destruye la humanidad de las personas.	...se puede ganar dentro de los límites de la ley.

Rousseau no se oponía a la propiedad siempre que se distribuyera con justicia. Pensó que una república agrarista en la que todos fueran pequeños propietarios sería la forma de Estado ideal.

vehemencia de sus ataques contra la propiedad privada, Rousseau no era socialista. Pensaba que la abolición total de la propiedad privada atentaría contra la libertad y la igualdad, y que su atribución moderada era capaz de aumentar la libertad. Más adelante hablaría a favor de una república agrarista de pequeños cul-

tivadores. De todas maneras, para su época, estas fueron ideas drásticamente radicales. Al otorgar soberanía a toda la gente, y al identificar soberanía con igualdad, desafió toda una tradición del pensamiento político occidental.

Un contrato nuevo

Rousseau nunca equiparó esta idea de soberanía popular a la democracia como tal, ya que temía que un gobierno abiertamente democrático, en el que participasen todos los ciudadanos, fuera caldo de cultivo para la corrupción y la guerra civil. Su idea era otorgar la soberanía a asambleas populares capaces de delegar las tareas del gobierno –por medio de un contrato social nuevo o una Constitución– en un ejecutivo. El pueblo soberano representaría la «voluntad general», expresión del consenso popular. Pero el día a día del gobierno dependería de decisiones concretas, que exigirían una «voluntad particular».

Era en esta distinción donde comenzaba el conflicto entre la «voluntad general» y la «voluntad particular», que abría el camino a la corrupción del pueblo soberano. Esta era la corrupción que, según Rous-

seau, tanto caracterizó su época. En vez de actuar como un cuerpo soberano colectivo, a la gente le apetecía satisfacer sus intereses privados. En vez de la libertad de la soberanía popular, la sociedad había empujado al pueblo hacia esferas de desempeño separadas y privadas, ya sea en las artes, la ciencia o la literatura o en la división del trabajo. Esto atontaba a la gente, la hacía caer en la sumisión habitual y le inspiraba pasividad.

Para garantizar que el gobierno era expresión auténtica de la voluntad general y popular, Rousseau creía que la participación en asambleas y procedimientos debía ser obligatoria, eliminando así –en lo posible– las tentaciones de la voluntad privada. Sin embargo esta creencia en la necesidad de luchar contra los deseos privados es precisamente el punto en que los posteriores críticos liberales de Rousseau encontraron el mayor defecto.

Voluntad privada frente a voluntad general

No importa cuán deseable pareciera, la «voluntad general» podría ocultarse dentro de acuerdos muy opresores. Tampoco era fácil determinar qué era realmente esa «voluntad ge-

---

Jean-Jacques Rousseau

Nació en Ginebra (Suiza), hijo de un ciudadano libre con derecho a voto en el municipio. Nunca dejó de venerar las instituciones liberales de su ciudad. Heredó una gran biblioteca y su afición a leer fue inmensa, aunque no recibió educación formal. A los 15 años, al conocer a la noble Françoise-Louise de Warens, se convirtió al catolicismo, tuvo que exiliarse de Ginebra y su padre le desheredó.

Comenzó a estudiar seriamente pasados los 20 años de edad, y fue secretario del embajador en Venecia en 1743. Poco después

viajó a París, donde consiguió celebridad como ensayista controvertido. Cuando sus libros fueron prohibidos en Francia y Ginebra, visitó brevemente Londres, pero pronto regresó a Francia, donde pasó el resto de su vida.

Obras principales

1755 *Discurso sobre el origen y los fundamentos de la desigualdad entre los hombres.*
1762 *Emilio.*
1762 *El contrato social.*
1770 *Confesiones.*

Nos acercamos a un
estado de crisis y a la era
de las revoluciones.
Jean-Jacques Rousseau

La Revolución Francesa comenzó
con el asalto de la Bastilla por una
multitud indignada, el 14 de julio
de 1789. Aquella fortaleza y cárcel
medieval simbolizaba el poder real.

neral». Estaba claro que quedaba despejado el camino para que una persona o un grupo que afirmasen estar expresando tal voluntad, en realidad, solo estuvieran poniendo en práctica sus propias voluntades privadas. El deseo de Rousseau de que el pueblo fuese soberano hace posible presentarlo como el precursor de cierto totalitarismo. ¿Qué régimen represivo a partir de entonces no ha intentado convencernos de que apoyaba «al pueblo»?

Desde luego, las advertencias de Rousseau contra las facciones y divisiones populares –que, al igual que Maquiavelo, consideraba que socavaban el Estado– podían convertirse en una tiranía de la mayoría, en la cual las minorías impopulares podrían verse sometidas a los que ejercitaban la «voluntad general». Para resolver este dilema, Rousseau recomendaba reconocer la inevitabilidad de las facciones y multiplicarlas infinitamente, con lo que se crearían tantas voluntades particulares que ninguna de ellas tendría la posibilidad de representar la voluntad general y tampoco ninguna sería lo bastante fuerte como para oponerse a la voluntad general.

Los estados con contratos sociales ilegítimos y basados en el fraude de los poderosos no eran capaces de expresar esta voluntad, precisamente porque sus súbditos estaban ligados a ellos solo por temor a la autoridad, y no por consentimiento mutuo. Pero si los contratos aparentes entre gobernantes y gobernados fueran ilegítimos y se basaran en una negación de la soberanía popular (y no en la expresión de ella), el pueblo tendría derecho a deponer a sus gobernantes. Al menos esto es lo que interpretaron los seguidores más radicales de Rousseau. Él mismo, en el mejor de los casos, fue ambiguo sobre el tema de la revuelta abierta, y con frecuencia denunció la violencia y la inestabilidad civil y reclamó respeto por las leyes existentes.

Icono revolucionario

La creencia de Rousseau en la soberanía del pueblo y en la perfectibilidad tanto de este como de la sociedad causó un enorme impacto. Durante la Revolución Francesa, los jacobinos lo adoptaron como icono porque también creían en la necesidad de una transformación absoluta e igualitaria de la sociedad francesa. En 1794, sus restos fueron llevados al Panteón de París junto con los héroes nacionales. Durante los dos siglos siguientes, la obra de Rousseau fue la piedra de toque de los que deseaban una reforma drástica de la sociedad para el bien común, desde Karl Marx en adelante.

Pero los argumentos opuestos ayudaron, tanto en vida de Rousseau como después, a conformar el pensamiento conservador y el liberal. En 1791, Edmund Burke, uno de los fundadores del conservadurismo moderno, hizo personalmente responsable a Rousseau de la Revolución Francesa y de lo que consideró sus excesos. Casi doscientos años más tarde, la filósofa radical liberal Hannah Arendt concluyó que los errores del pensamiento rousseauniano causaron un alejamiento de la Revolución de sus raíces liberales. ∎

126

NINGUN PRINCIPIO LEGISLATIVO UNIVERSALMENTE VALIDO PUEDE BASARSE EN LA FELICIDAD
IMMANUEL KANT (1724–1804)

EN CONTEXTO

IDEOLOGÍA
Libertad

ENFOQUE
Responsabilidad social

ANTES
380 a.C. En *La república*,
Platón asegura que la meta
última del Estado es asegurar
la felicidad del pueblo.

1689 En el segundo de sus *Dos
tratados sobre el gobierno civil*,
John Locke afirma que, mediante
un «contrato social», el pueblo
delega en el gobierno su derecho
a protegerse.

DESPUÉS
1851 Pierre-Joseph Proudhon
cree que el contrato social debe
firmarse entre personas, y no
entre el pueblo y el gobierno.

1971 En su libro *Teoría de la
justicia*, John Rawls combina
la idea de autonomía de Kant
con la «teoría de la elección
social».

En 1793, el filósofo alemán Immanuel Kant escribió un ensayo titulado *Sobre el dicho: esto puede ser correcto en la teoría, pero no vale para la práctica*, que actualmente se menciona más brevemente como *Teoría y práctica*. Lo escribió en un año de cambios políticos fundamentales: George Washington juraba como primer presidente de EE UU; la ciudad alemana de Mainz se declaraba república independiente; y la Revolución Francesa culminaba con la ejecución de Luis XVI y María Antonieta. Este ensayo de Kant no examinaba solo la teoría y la práctica de la política, sino la legitimidad del gobierno mismo, un tema que había

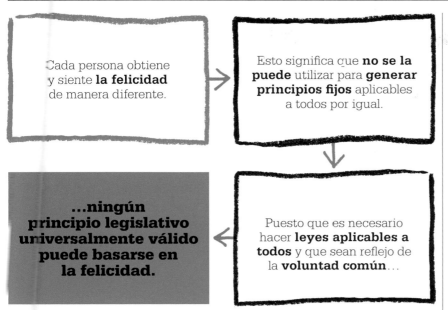

Cada persona obtiene y siente **la felicidad** de manera diferente.

Esto significa que **no se la puede** utilizar para **generar principios fijos** aplicables a todos por igual.

Puesto que es necesario hacer **leyes aplicables a todos** y que sean reflejo de la **voluntad común**…

…ningún principio legislativo universalmente válido puede basarse en la felicidad.

gente viviera en «estado de naturaleza», libre de tener que seguir sus impulsos; y ve que el problema principal es un conflicto de intereses. ¿Qué harías tú, por ejemplo, si tu vecino se traslada a tu casa, te echa de ella y no hay leyes que se lo impidan o que te den a ti una compensación? Kant afirma que el estado de naturaleza es la receta de la anarquía, en la que no es posible arreglar los conflictos pacíficamente. Por eso la gente «abandona voluntariamente el estado de naturaleza… para someterse a la coacción externa pública y legal». La posición de Kant se deriva de la idea de John Locke sobre el contrato social, que dice que el pueblo firma un contrato con el Estado en el cual cada uno de ellos acepta libremente renunciar a parte de su libertad a cambio de la protección estatal.

El consentimiento de todos

Kant afirma que los gobiernos deben recordar que gobiernan únicamente por el consentimiento del pueblo »

llegado a ser literalmente de vida o muerte.

Al afirmar que «ningún principio legislativo universalmente válido puede basarse en la felicidad», Kant cuestiona la posición tomada por Platón unos dos mil años antes. El ensayo de Kant afirma que la felicidad no es la base de las leyes. Nadie puede –ni debe– tratar de explicar a otro qué es la felicidad, de modo que no es posible aplicar una regla constante sobre ella. «Porque […] las ideas enormemente conflictivas y variables sobre lo que es la felicidad», escribió, «hacen imposible todo principio fijo, de manera que la sola felicidad nunca podrá ser el principio adecuado de una legislación». Lo que es crucial, en cambio, es que el Estado asegure la libertad

del pueblo dentro de la ley, «de manera que cada uno sea libre de buscar su felicidad como mejor le parezca, en tanto no quebrante la libertad y los derechos legales de sus conciudadanos en general».

Kant reflexiona sobre lo que sucedería en una sociedad en que la

Luis XVI de Francia fue ejecutado en 1793. En opinión de Kant, la Revolución Francesa fue una advertencia a todos los gobiernos de que deben gobernar para el bien de todos.

entero, y no de una parte de él. Lo importante es que ninguno de los ciudadanos se pueda oponer potencialmente a una propuesta de ley. «Porque si la ley es tal que todo un pueblo no está de acuerdo con ella, entonces es injusta; pero si fuera al menos posible que un pueblo la aceptara, debemos considerar que es una ley justa».

La idea de Kant hace las veces de guía de comportamiento del ciudadano y también del gobierno ya que añade que si un gobierno aprueba una ley que tú consideras mala, sigue siendo tu deber moral obedecerla. Es posible que creas que no está bien pagar impuestos para financiar una guerra, pero no debes dejar de pagarlos porque creas que la guerra es injusta o innecesaria, porque «al menos es posible que la guerra fuera inevitable y el impuesto indispensable».

Sin embargo, aunque los súbditos tienen el deber de obedecer la ley, también tienen que asumir toda la responsabilidad de sus decisiones y elecciones morales. Dice Kant que la moral tiene un «imperativo categórico», lo que significa que una persona únicamente debe seguir reglamentaciones o máximas que crea aplicables a todos, es decir, de forma universal. Cada per-

> Nadie puede obligarme a ser feliz según su propia idea del bienestar de los demás.
> **Immanuel Kant**

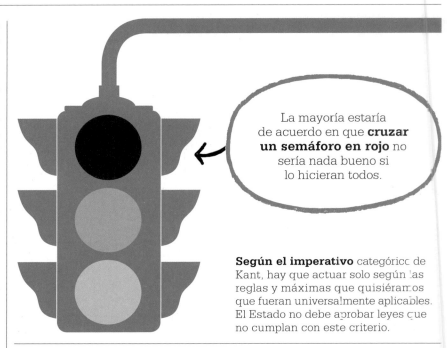

La mayoría estaría de acuerdo en que **cruzar un semáforo en rojo** no sería nada bueno si lo hicieran todos.

Según el imperativo categórico de Kant, hay que actuar solo según las reglas y máximas que quisiéramos que fueran universalmente aplicables. El Estado no debe aprobar leyes que no cumplan con este criterio.

sona, dice , debe actuar como un legislador por medio de cada elección moral que haga.

La voluntad del pueblo

El meollo de la filosofía kantiana –aplicable tanto a la moral como a la política– es la idea de la autonomía, es decir, que la voluntad humana es y debe ser absolutamente independiente. La libertad consiste en no estar atados por ninguna ley, sino por las que uno mismo pueda crear. La conexión entre moral y leyes estatales es directa: la legitimidad de la una y de las otras reside en que se basan en los deseos racionales del pueblo; el contrato social se «fundamenta en una coalición de las voluntades individuales de toda la nación». Las leyes estatales deben ser ni más ni menos que «la voluntad del pueblo». Así, pues, si aceptamos que se nos gobierne, debemos aceptar racionalmente obedecer todas las leyes que ese gobierno apruebe. De la misma manera, las leyes que imponga un gobierno exterior,

como una fuerza de ocupación o un poder colonialista, carecen de legitimidad. Kant se pregunta si un gobierno influye en el incremento de la felicidad del pueblo. Tiene claro que, como solo cada persona decide lo que la hace feliz, cualquier legislación que intente mejorar la suerte del pueblo debe estar basada en sus deseos reales y no en lo que el gobierno crea que les beneficiará. Tampoco debe el gobierno obligarnos a hacer felices a los demás: por ejemplo, no puede obligarte a visitar periódicamente a tu abuela, aunque, para la felicidad general del pueblo, sería positivo que se amase a todas las abuelitas como es debido.

¿Un Estado sin felicidad?

Algunos analistas argumentan que Kant no considera que la felicidad ocupe el pensamiento de los gobiernos. No obstante, si este fuera el caso, lo único que haría el Estado sería aportar protección física a los ciudadanos. No proporcionaría educación ni construiría hospita-

Todo derecho consiste solo en la restricción de la libertad de los demás.
Immanuel Kant

les, galerías de arte y museos, carreteras y ferrocarriles, ni atendería el bienestar general del pueblo de ningún modo. Esto puede ser coherente con la lógica, pero no es lo que a la mayoría nos gustaría para vivir.

Aun así, durante los últimos cincuenta años, algunos pensadores han utilizado esta interpretación de Kant como pretexto para justificar la privatización de industrias públicas y para desmantelar el estado del bienestar, argumentando que el hecho de que unas personas paguen impuestos para dotar de felicidad a otras personas es infringir la libertad individual. Pero otros creen que esta es una interpretación errónea de la idea kantiana. Según estos últimos, Kant no dice necesariamente que la promoción de la felicidad no deba ser parte de las preocupaciones del Estado, sino que no tiene que ser el único criterio. Kant señala que la felicidad solo se encuentra cuando existe una Constitución sólida, lo cual corresponde al Estado. En su *Teoría y práctica*, afirma también que «la doctrina de que "el bienestar público es la ley suprema del Estado" conserva intactos su valor y su autoridad, pero el bienestar público que exige la prioridad reside precisamente en esa Constitución legal que garantiza a cada persona su libertad dentro de la ley».

Derechos y felicidad

Dos años después de *Teoría y práctica*, en un ensayo titulado *Por la paz perpetua*, Kant escribió que los gobiernos tienen dos series de deberes: proteger los derechos y las libertades del pueblo, por justicia, y promover su felicidad, en tanto pueda hacerse sin menoscabo de los derechos y las libertades. Recientemente, los estudiosos se han preguntado si los gobiernos, quizá aún muy influidos por las mezquinas interpretaciones de los consejos de Kant, se han centrado demasiado sobre la economía y la justicia y han dejado la felicidad de lado. Como respuesta a esas preguntas, en 2008, el entonces presidente de Francia Nicolas Sarkozy encargó a un equipo encabezado por el economista estadounidense Joseph Stiglitz que midiese el «bienestar» de su país. ■

La intervención en Afganistán puede que sea impopular en EE UU y en Europa, pero, según Kant, dicho descontento no da derecho a no pagar impuestos.

Immanuel Kant

Nació en la ciudad prusiana de Konigsberg (actual Kaliningrado, en Rusia), localidad en la que residió durante toda su vida. Fue el cuarto de nueve hijos, y se educó en una escuela luterana donde adquirió gran afición por el latín y llegó a aborrecer la introspección religiosa. A los 16 años de edad, comenzó a estudiar teología, pero quedó fascinado por la filosofía, las matemáticas y la física.

Trabajó en la Universidad de Konigsberg como profesor y ayudante de bibliotecario, sin paga, durante 15 años antes de llegar a catedrático de lógica y metafísica, a los 46 años de edad. Kant alcanzó finalmente fama internacional gracias a la publicación de sus *Críticas*, y continuó enseñando durante el resto de su vida. Actualmente está considerado entre los más grandes pensadores de todo el siglo XVIII.

Obras principales

1781 *Crítica de la razón pura* (revisada en 1787).
1788 *Crítica de la razón práctica*.
1793 *Teoría y práctica*.

LAS PASIONES INDIVIDUALES SE DEBEN SUBORDINAR

EDMUND BURKE (1729–1797)

E n 1790, el estadista y teórico británico Edmund Burke escribió una de las primeras y más contundentes críticas a la revolución que había comenzado el año anterior en Francia. El panfleto, titulado *Reflexiones sobre la revolución en Francia*, argumentaba que no debía permitirse que las pasiones dictasen los juicios políticos.

Cuando comenzó la revolución, Burke quedó sorprendido, pero no fue abiertamente crítico. Le escandalizó la ferocidad de los insurgentes, pero admiró su espíritu revolucionario, del mismo modo que había admirado a los norteamericanos en su conflicto con la Corona británica. Al escribir su panfleto, la revolución ya había cobrado impulso: escaseaban los alimentos y corrían rumores de que el rey y los aristócratas iban a acabar con el Tercer Estado (los rebeldes). Los campesinos se alzaron contra sus señores, quienes, temiendo por sus vidas, les otorgaron la libertad a través de la Declaración de los Derechos del Hombre y del Ciudadano, que afirmaba que todo el pueblo tenía el «derecho natural» a la libertad, la propiedad y la seguridad y a resistirse a la opresión.

El rey, empero, se negó a sancionar dicha declaración, y el 5 de octubre de 1789 una multitud marchó hacia Versalles para unirse a los campesinos y forzar al rey y a su familia a regresar a París. Para Burke, esto fue ir demasiado lejos, por lo que escribió su libelo, que desde entonces se consideró la refutación clásica a los aspirantes a revolucionarios.

El gobierno como organismo

Burke era *whig*, es decir, del partido que favorecía un avance gradual de la sociedad (en oposición a los *tories*, que se esforzaban por mantener el statu quo). Apoyó activamente la emancipación de los católicos en Irlanda y la de India respecto a la corrupta Compañía Británica de las Indias Orientales. Sin embargo, a diferencia de otros *whigs*, consideraba sacrosanta la continuidad del gobierno. En sus *Reflexiones* compara al gobierno con un ser vivo, con pasado y futuro. No podemos matarlo y comenzar de cero, como querían los revolucionarios franceses.

Burke piensa que el gobierno es un organismo complejo que crece con el tiempo hasta convertirse en la sutil forma viva que es hoy. Los matices de su existencia política —desde el comportamiento de los

monarcas hasta los códigos de conducta heredados de los aristócratas— han ido formándose durante generaciones de manera tan elaborada que nadie comprende cómo funcionan. El hábito de gobernar está tan profundamente enraizado en estas clases, que ni siquiera piensan en ello y, por este motivo, cualquiera que crea que puede emplear sus poderes de razonamiento para destruir la sociedad y construir otra mejor desde cero —como hizo Jean-Jacques Rousseau— es un necio y un arrogante.

Derechos abstractos

Burke es especialmente refractario al concepto ilustrado de los derechos naturales. En teoría pueden estar bien, dice, pero es aquí donde **»**

«John Bull» (una personificación humorística de Inglaterra) es tentado por el diablo, en el Árbol de la Libertad; la ilustración alude al temor a que la Revolución Francesa se extendiera.

El gobierno es una **invención humana** para supervisar las necesidades de las personas en la sociedad.

↓

Pero las necesidades y los deseos de algunas personas **se oponen** a los de otras personas.

↓

El gobierno **decidirá** entre necesidades opuestas para obtener **el resultado más justo**.

↓

Las pasiones individuales se deben subordinar a las leyes del gobierno.

radica el problema: «Su defecto práctico es su perfección abstracta». También cree que el derecho teórico a un bien o un servicio no tiene ninguna utilidad si no hay medios para otorgarlo. Tampoco hay límites a lo que la gente puede reclamar, hasta con motivos, como sus derechos. Los derechos son, sencillamente, lo que la gente quiere, y es tarea del gobierno intervenir en los deseos de la gente. Algunos deseos incluso pueden limitar los deseos de los demás.

Según Burke, es regla fundamental de cualquier sociedad «que ningún hombre sea juez de su propia causa». En una sociedad libre y justa, el hombre debe renunciar a su derecho a decidir sobre muchas cosas que considera imprescindibles. Al afirmar que «las pasiones individuales deben subordinarse», Burke quiere decir que la sociedad debe atajar el deseo incontrolable de poseer los bienes de los demás.

Si se deja que cada uno se comporte como le apetezca y exprese sus pasiones y sus caprichos, el resultado será el caos. No solo las personas, sino las masas en su conjunto, deben limitarse «por un poder que está fuera de ellos mismos».

Este papel de árbitros pide «un profundo conocimiento de la naturaleza y las necesidades humanas» y es tan complejo que los derechos teóricos son una distracción.

Costumbres y prejuicios

Burke era escéptico sobre los derechos humanos, y estaba a favor de las tradiciones y las costumbres. Creía que el gobierno era una herencia que había que asegurar con miras al futuro, y distinguía entre la Revolución Gloriosa, de 1688, y la «revuelta» que estaba aconteciendo en Francia. El objetivo de la revolución inglesa, que sustituyó al rey católico Jacobo II por la corregencia de

> El contrato social [...] se hace entre los vivos, los muertos y los que van a nacer.
> **Edmund Burke**

los protestantes Guillermo y María, era oponer el statu quo a un monarca díscolo, y no fabricar un gobierno nuevo, lo cual llenaba a Burke «de repugnancia y horror».

Él defendía una respuesta emocional inconsciente de respeto al rey y al Parlamento como «el banco general y el capital de las naciones». Consideraba esto muy superior a los caprichos de la razón individual, pero también creía que los prejuicios son una antigua sabiduría capaz de originar una respuesta rápida y automática en esos casos de urgencia que hacen dudar al hombre racional.

Las consecuencias de pasar por alto estas tradiciones pueden ser amargas, advirtió Burke. Los novatos en refriegas políticas no serían capaces de administrar un gobierno ya existente, por no hablar de uno nuevo. Las luchas entre facciones que trataban de llenar el vacío de poder causaban inevitablemente derramamiento de sangre y terror, así como un caos tan agotador que hacía aconsejable que los militares tomaran el poder.

La revolución de Burke

Burke predijo el régimen del Terror que seguiría a la Revolución Francesa, lo que sucedió entre 1793 y 1794

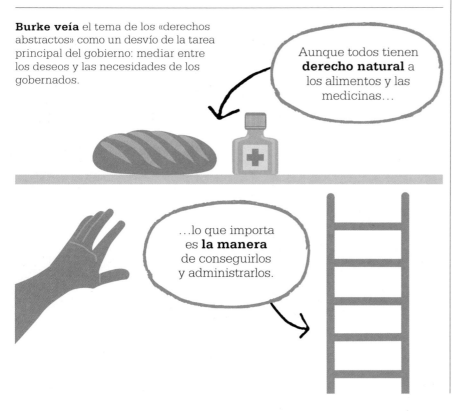

Burke veía el tema de los «derechos abstractos» como un desvío de la tarea principal del gobierno: mediar entre los deseos y las necesidades de los gobernados.

Aunque todos tienen **derecho natural** a los alimentos y las medicinas…

…lo que importa es **la manera** de conseguirlos y administrarlos.

Napoleón Bonaparte subió al poder en 1799, cumpliéndose el vaticinio que hizo Burke en 1790 de que al destronamiento revolucionario de la monarquía seguiría una dictadura militar.

y el advenimiento de Napoleón Bonaparte en 1799; esto le acarreó fama de vidente. Sus razonamientos atraían a la derecha, pero también sorprendían a la izquierda. Thomas Jefferson, que entonces vivía en Francia como diplomático de EE UU, escribió: «No me asombra tanto la revolución de Francia como la del señor Burke». En Inglaterra, Thomas Paine escribió *Los derechos del hombre* para desbaratar los argumentos de Burke en contra de los derechos naturales.

El poder de la propiedad

Burke creía que la estabilidad de la sociedad estaba apuntalada por la propiedad heredada, la inmensa cantidad de propiedades heredadas por la aristocracia terrateniente. Según él, solo esos ricos terratenientes tenían el poder, el interés y la habilidad política heredada para evitar que la monarquía fuese demasiado ambiciosa. El desmedido tamaño de sus propiedades también actuaba como una protección natural de las pro-

piedades más pequeñas que las rodeaban. En cualquier caso, decía, la redistribución de los pocos a favor de los muchos solo podría dar ganancias «inconcebiblemente pequeñas»

Aunque Napoleón terminó derrotado, las revoluciones que barrieron Europa después de la muerte de Burke situaron sus ideas en un lugar especial en el corazón de quienes temían los alzamientos. Muchos consideraron que la súplica de Burke por el continuismo del gobierno y de la sociedad era una luz de cordura en un mundo enloquecido. Pero, para Karl Marx, que fue particularmente crítico con las ideas de Burke sobre la propiedad, y para muchos otros, su defensa de la desigualdad era inaceptable. Burke razonó a favor de las tradiciones, pero, según sus críticos, esto lleva a defender sociedades en las que la mayoría vive relegada a la servidumbre, sin perspectivas de mejora y sin opinión sobre su propio futuro. Su defensa de los prejuicios, que pretendía ser una llamada a comprender las inclinaciones naturales de la gente, puede terminar justificando una intolerancia ciega, y su consejo de refrenar las pasiones personales es una excusa potencial para la censura, la persecución de la disidencia y el estado policial. ∎

Los grandes señores feudales crearon un proletariado increíblemente numeroso cuando echaron a los campesinos de la tierra.
Karl Marx

Edmund Burke

Nació en Dublín (Irlanda) en 1729, y se le educó en la fe protestante, mientras su hermana Juliana era educada en la católica. Estudió derecho, pero abandonó para dedicarse a escribir. En 1756 publicó *Vindicación de la sociedad natural*, que satirizaba los conceptos religiosos del líder *tory* lord Bolingbroke. Poco después se desempeñó como secretario del primer ministro *whig* lord Rockingham.

En 1774 pasó a formar parte del Parlamento, aunque luego perdió su escaño por la impopularidad de algunas de sus opiniones. Su lucha por la abolición de la pena de muerte le dio fama de progresista, y su crítica de la Revolución Francesa causó su ruptura con el ala más radical de su partido. Actualmente, Edmund Burke es más recordado por su filosofía conservadora que por sus opiniones liberales.

Obras principales

1756 *Vindicación de la sociedad natural.*
1770 *Pensamientos sobre las causas del actual descontento.*
1790 *Reflexiones sobre la revolución en Francia.*

LOS DERECHOS QUE DEPENDEN DE LA PROPIEDAD SON LOS MAS PRECARIOS

THOMAS PAINE (1737–1809)

EN CONTEXTO

IDEOLOGÍA
Republicanismo

ENFOQUE
Sufragio universal masculino

ANTES
508 a.C. En la ciudad de Atenas, la democracia otorga el voto a los ciudadanos varones.

1647 Un sector del «nuevo ejército modelo», de Oliver Cromwell, pide el voto masculino universal y el fin de la monarquía.

1762 En *El contrato social*, Jean-Jacques Rousseau defiende que la soberanía es del pueblo.

DESPUÉS
1839–1848 El cartismo pide el voto masculino universal.

1871 El nuevo Imperio alemán unificado otorga el voto masculino universal.

1917–1919 Las repúblicas democráticas sustituyen a las monarquías en parte de Europa.

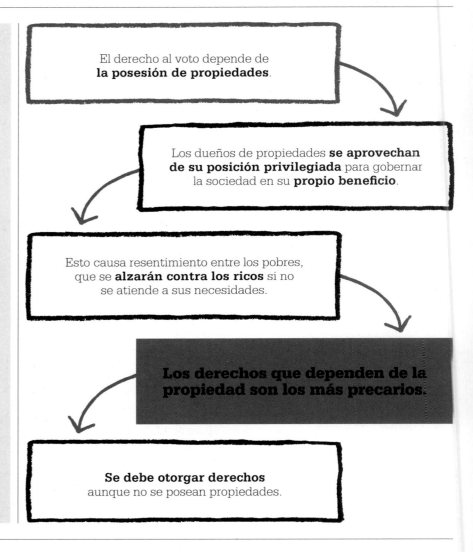

El derecho al voto depende de **la posesión de propiedades**.

Los dueños de propiedades **se aprovechan de su posición privilegiada** para gobernar la sociedad en su **propio beneficio**.

Esto causa resentimiento entre los pobres, que se **alzarán contra los ricos** si no se atiende a sus necesidades.

Los derechos que dependen de la propiedad son los más precarios.

Se debe otorgar derechos aunque no se posean propiedades.

La Revolución inglesa, cuyo radicalismo culminó con el juicio y la ejecución del rey Carlos I en 1649, había perdido su fuerza a finales del siglo XVII. La Revolución Gloriosa, de 1688, restauró la monarquía, ahora subordinada al Parlamento, y estabilizó el Estado. No se redactó una Constitución formal y acabó el breve experimento republicano de Oliver Cromwell. El nuevo gobierno fue un híbrido formado por una Cámara de los Comunes corrupta y no representativa, una Cámara de los Lores corrupta y no elegida, y un monarca que continuaba siendo el jefe nominal del Estado.

La Declaración de Derechos de 1689, que fijó los parámetros del nuevo gobierno, fue un compromiso que satisfizo a pocos, y menos aún a los más evidentemente excluidos de él: los irlandeses, los católicos y los no conformistas, los pobres y los artesanos, e incluso a las clases medias más prósperas y los funcionarios del Estado. De este ambiente emergió Thomas Paine después de emigrar a Norteamérica en 1774. En una serie de libelos incendiarios y tremendamente populares, intentó reivindicar la democracia y el republicanismo de los tiempos de Cromwell.

La democracia
En *El sentido común*, publicado en 1776, Paine defendió la total ruptura de los colonos de Norteamérica tanto con el Imperio británico como con la monarquía constitucional. Como Hobbes y Rousseau, afirmó que las personas forman lazos naturales entre ellas, lo que crea una sociedad de individuos. A medida que estos lazos familiares, amistosos o comerciales ganan en complejidad,

> Cuando planificamos para la posteridad, debemos recordar que la virtud no es hereditaria.
> **Thomas Paine**

ellos mismos crean la necesidad de reglamentaciones. Estas se sistematizan en leyes, y después se erige un gobierno para aplicarlas, cuyo propósito es beneficiar a la gente; pero hay demasiadas personas para poder tomar decisiones colectivas: es necesaria una democracia que elija a sus representantes.

Paine afirmaba que la democracia era la forma más natural de equilibrar las necesidades de la sociedad con las del gobierno. El voto sería el instrumento regulador entre ambas partes y permitiría a la sociedad formar el gobierno que atienda mejor a las necesidades sociales. Las instituciones como la monarquía no son naturales, ya que el principio hereditario la aparta de la sociedad en su conjunto y los monarcas pueden actuar en su propio interés. Incluso un Estado mixto con una monarquía constitucional, como la que defendía John Locke,

sería peligroso, porque a un monarca le resultaba fácil conseguir más poder y burlar las leyes. Paine pensaba que lo mejor era prescindir totalmente del rey.

Por tanto, lo mejor que podían hacer las colonias en su guerra contra el Imperio británico era negarse a todo compromiso con la monarquía. Una sociedad únicamente puede construirse con independencia total. El llamamiento claro y firme de Paine a una república democrática fue un éxito inmediato en medio de la guerra revolucionaria. Paine regresó a Inglaterra en 1787 y, dos años más tarde, visitó Francia, donde apoyó con entusiasmo la Revolución.

Reflexiones sobre la Revolución

De regreso de Francia, Paine sufrió un duro golpe: Edmund Burke, miembro del Parlamento por Bristol y uno de los fundadores del conservadurismo moderno, había apoyado firmemente el derecho de las

colonias norteamericanas a su independencia. Burke y Paine estaban en buenas relaciones desde la vuelta del último a Inglaterra, pero Burke había criticado ferozmente la Revolución Francesa, pues en sus *Reflexiones sobre la revolución en Francia* (1790), sostenía que era una amenaza para el orden social por su radicalismo. Burke concebía la sociedad como un todo orgánico, incapaz de asimilar cambios súbitos. La Revolución Norteamericana y la Revolución Gloriosa, en Gran Bretaña, no amenazaban directamente los derechos que existían desde hacía mucho tiempo, sino que solo corregían algunas deformidades evidentes del sistema. En especial, no amenazaban los derechos de propiedad. Pero en Francia, con el derrocamiento violento del *ancien régime*, las cosas eran muy distintas.

La oposición de Burke obligó a Paine a defender su postura; le respondió con *Los derechos del hombre*, impreso a comienzos de 1791. Pese a »

Los jueces distraídos del cuadro satírico de William Hogarth *The Bench* (1758) ilustran una judicatura ociosa, incompetente y venal a la que poco le importan los derechos sociales.

La Asamblea Nacional de Francia nace de la Asamblea Nacional creada en la Revolución Francesa, primer organismo de gobierno del país elegido por sufragio universal masculino.

la censura oficial, se convirtió en la más conocida y propagada defensa británica de la Revolución Francesa. Paine reclamaba los derechos de cada generación de rehacer sus instituciones políticas y sociales como mejor le pareciera, sin ataduras a la autoridad existente. Un monarca hereditario no está por encima de este derecho. Los derechos, no las propiedades, son el único principio que se hereda. La segunda parte de este libelo, publicada en 1792, pedía un extenso programa de bienestar social. A finales de ese año, los dos volúmenes ya habían vendido 200.000 ejemplares.

El fin de la monarquía

Perseguido y con su efigie quemada por furiosos partidarios de «la Iglesia y el rey», Paine dio un paso más radical aún. Escribió su carta titulada *Letter Addressed to the Addressers on the Late Proclamation* contra «los numerosos discursos infames de municipios y corporaciones» que habían publicado la proclama real de sus escritos como «libelo sedicioso», es decir, contra el Estado. Paine denunció este y otros maltratos como una nueva forma de tiranía, y pidió la creación de una Asamblea Nacio-

nal elegida para que redactase una Constitución nueva y republicana para Inglaterra. Menos en el nombre, esta era una llamada directa a la revolución. Paine había regresado de Francia poco antes de la publicación del *Address*; fue en su ausencia cuando fue declarado culpable de publicar un libelo sedicioso.

El razonamiento del *Address* es breve pero ataca a Burke sin disimulos. Si bien la Declaración de Derechos inglesa de 1689 garantiza

todos los derechos que los súbditos pueden tener en una monarquía constitucional, abría una puerta al maltrato de los disidentes. Paine citó algunos de los ejemplos más repugnantes de corrupción, pero quería ir más lejos y golpear al sistema mismo. Al defender la propiedad hereditaria como ley suprema, este sistema impulsaba la corrupción y el maltrato. La tiranía del gobierno de William Pitt era resultado directo de su defensa de la propiedad. A la cabeza del régimen había un monarca hereditario, y el Parlamento actuaba en defensa de la Corona y las propiedades. No bastaba con reformar un Parlamento corrompido: había que transformar todo el sistema, de arriba abajo.

El sufragio universal masculino

Paine argumentó que la soberanía no debía residir en el monarca, sino

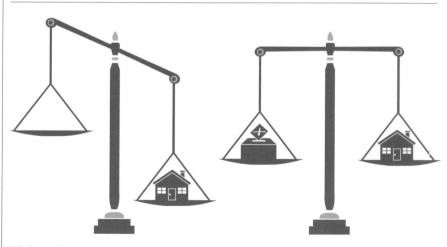

El derecho a votar que otorga la propiedad crea desigualdades entre ricos y pobres, lo que desemboca en corrupción y en el monopolio del poder.

El sufragio universal masculino equilibra la balanza: al definir las normas hay que tener en cuenta los derechos de ricos y pobres.

Es sabido que, cuando los ricos protegen los derechos de los pobres, los pobres protegen los derechos de los ricos.
Thomas Paine

en el pueblo, que tiene el derecho absoluto de hacer o deshacer las leyes y los gobiernos según convenga. El sistema existente no tenía mecanismos que permitieran al pueblo cambiar el gobierno. Por lo tanto, según Paine, había que eludir el sistema y elegir una nueva asamblea de carácter nacional, como la de Francia.

Paine intentó popularizar una afirmación de Rousseau según la cual en una nación la «voluntad general» del pueblo debe ser soberana y que, con elecciones justas y

transparentes a esa Asamblea, se eliminarían los intereses y las prácticas corruptas. Por sufragio universal masculino se elegirían los delegados de la Asamblea, y estos deberían redactar una nueva Constitución para Gran Bretaña. Paine culpaba de la corrupción y la venalidad del sistema electoral a un sistema de votación que tenía en cuenta las propiedades poseídas. Solo en un sistema en el que ricos y pobres valiesen igual, cada uno de ellos respetaría al otro y no tratarían de robarse entre ellos.

El legado de la reforma

El breve panfleto de Paine nunca alcanzó el éxito de *El sentido común* ni de *Los derechos del hombre*, pero el argumento radical que presentaba el *Address* –a favor de una república, una nueva Constitución y una Asamblea Nacional elegida por sufragio universal masculino– constituyó el núcleo de las exigencias reformistas en Gran Bretaña durante los cincuenta años siguientes. A partir de la década de 1790, la London Corresponding Society reclamó una Asamblea Nacional; los cartistas de la década de 1840 llegaron a reunirse en asamblea, lo que alarmó enormemente a las autoridades, y

Una convención cartista convocó una reunión en los jardines de Kennington el 10 de abril de 1848 para exigir una serie de reformas electorales como las propuestas por Thomas Paine.

la odiosa condición de tener propiedades para poder votar se eliminó finalmente en la segunda Ley de Reforma *(Reform Act)* de 1867.

Fue en los países de adopción de Paine, EE UU y Francia, donde sus ideas tuvieron mayor impacto, quizá especialmente en EE UU, donde se le considera uno de los fundadores de la independencia y la Constitución y donde sus escritos empujaron a miles hacia la causa democrática y republicana. ∎

Thomas Paine

Nació en Thetford (Inglaterra), en 1737. En 1774 emigró a Norteamérica tras ser despedido de su trabajo de recaudador de impuestos por reclamar mejores condiciones. Recomendado por Benjamin Franklin, se hizo editor de una revista local en Pensilvania.

Publicó *El sentido común* en 1776, y vendió 100.000 ejemplares en tres meses a una población colonial de dos millones de personas. En 1781 ayudó a negociar una gran aportación con el rey de Francia como ayuda para la Revolución Norteamericana. De vuelta en Londres en 1790,

escribió *Los derechos del hombre*, que fue tachado de subversivo. Tras huir a Francia, fue elegido para la Asamblea Nacional y pudo evitar la ejecución durante el Terror. Volvió a EE UU en 1802, invitado por el presidente Jefferson, y murió diez años después en Nueva York.

Obras principales

1776 *El sentido común.*
1791 *Los derechos del hombre.*
1792 *Letter Addressed to the Addresses on the Late Proclamation.*

TODOS LOS HOMBRES SON CREADOS IGUALES

THOMAS JEFFERSON (1742–1826)

EN CONTEXTO

IDEOLOGÍA
Nacionalismo

ENFOQUE
Derechos universales

ANTES
1649 El rey inglés Carlos I es juzgado y ejecutado por actuar «contra el interés público, el derecho común, la libertad, la justicia y la paz del pueblo».

1689 John Locke niega el derecho divino de los reyes y defiende que la soberanía reside en el pueblo.

DESPUÉS
1789 La *Declaración de los Derechos del Hombre y del Ciudadano*, afirma que todos «nacen y viven libres y con iguales derechos».

1948 La ONU adopta la *Declaración Universal de los Derechos Humanos*.

1998 Pruebas de ADN indican que Thomas Jefferson quizá fue el padre de los hijos de su esclava Sarah Hemings.

La Declaración de Independencia de EE UU es uno de los textos más célebres en lengua inglesa. Su aseveración de que todo el mundo tiene derecho a «la vida, la libertad y la búsqueda de la felicidad» aún nos ayuda a definir lo que esperamos de una vida buena y las condiciones que la hacen posible.

La Declaración se redactó durante la Revolución Norteamericana, una revuelta de trece colonias británicas en Norteamérica contra la Corona inglesa. En 1763, Gran Bretaña había ganado varias guerras contra Francia por la posesión de esas colonias y ahora las gravaba

El Dios que nos dio la vida nos dio al mismo tiempo la libertad; la fuerza puede destruirlas, pero jamás podrá separarlas.
Thomas Jefferson

para compensar el alto coste de esas guerras. El Parlamento británico no tenía representante de las colonias norteamericanas, pero, aun así, decidía por ellas. En Boston, las protestas contra los impuestos causaron una intervención de los británicos que desembocó en una guerra. En el Primer Congreso Continental de 1774, los colonos exigieron su propio Parlamento. Un año más tarde, mientras el rey Jorge III rechazaba sus demandas, el Segundo Congreso exigió la independencia total.

Del Viejo Mundo al Nuevo
El Segundo Congreso Continental encargó al delegado Jefferson la redacción de una declaración de independencia por ser una figura clave de la Ilustración norteamericana el movimiento intelectual precursor de la Revolución.

Los colonos echaban la vista atrás, hacia el Viejo Mundo, y veían monarquías absolutas y oligarquías corrompidas gobernando sobre la miseria y la desigualdad, muchas veces en guerra, y sin respeto por la tolerancia religiosa ni las libertades mínimas. Jefferson y otros intelectuales del Nuevo Mundo se inspiraron en pensadores como John Locke, que hablaba de los «derechos naturales»

Véase también: Hugo Grocio 94–95 ▪ John Locke 104–109 ▪ Jean-Jacques Rousseau 118–125 ▪ Thomas Paine 134–139 ▪ George Washington 334

Todos los hombres son creados iguales. Tienen derechos intrínsecos e inalienables.

El gobierno hereditario transgrede los derechos inalienables de los hombres.

Solo **una república es compatible** con los derechos inalienables de los hombres.

Las **colonias deben romper** con el gobierno hereditario europeo y **ser repúblicas independientes**.

Thomas Jefferson

Nació en Shadwell (Virginia). Dueño de una plantación, más tarde fue abogado y llegó a ser el tercer presidente de EE UU, en 1801. Figura clave de la Ilustración, es considerado el principal autor de la Declaración de Independencia, mientras actuaba como delegado de Virginia ante el Segundo Congreso Continental.

Como terrateniente, Jefferson tuvo más de cien esclavos y problemas para conciliar esta postura con su creencia en la igualdad. La parte original de la declaración en que denuncia la esclavitud fue omitida por el Congreso. Después de derrotar a Gran Bretaña en 1783, una nueva moción de Jefferson para prohibir la esclavitud fue derrotada por solo un voto.

Después de perder la presidencia en 1808, continuó en la vida pública y fundó la Universidad de Virginia en 1819. Murió el 4 de julio de 1826.

Obras principales

1776 *Declaración de Independencia.*
1785 *Notas sobre el Estado de Virginia.*

de la humanidad y de la necesidad de firmar un «contrato social» con los gobernados.

Si Locke había defendido la monarquía constitucional de Gran Bretaña, Jefferson y otros extrajeron de sus escritos un mensaje mucho más radical. Al apoyo de Locke de la propiedad privada y la libertad de pensamiento, Jefferson añadió el republicanismo. En esto se ve la influencia de Thomas Paine, cuyo libelo *El sentido común* popularizó en 1776 los argumentos a favor de la república. La Declaración de Independencia no solo rompió con el colonialismo, sino con todo gobierno hereditario, que era incompatible con la idea de que «todos los hombres son creados iguales» y que transgredía sus «derechos inalienables».

Firmado el 4 de julio de 1776 por los representantes de trece estados, el texto completo conserva la fuerza original de su denuncia del arbitrario régimen monárquico. Ayudó a la Revolución Francesa e inspiró a los líderes de futuros movimientos por la independencia. ∎

Jefferson presentó al Congreso el primer borrador de la Declaración de Independencia. La versión definitiva se leyó en las calles con la esperanza de que los hombres se presentasen a la leva.

CADA NACIONALIDAD CONTIENE EN SI MISMA EL CENTRO DE SU FELICIDAD

JOHANN GOTTFRIED HERDER (1744–1803)

EN CONTEXTO

IDEOLOGÍA
Nacionalismo

ENFOQUE
Identidad cultural

ANTES
98 D.C. El historiador y senador romano Tácito alaba las virtudes germánicas en *Germania*.

1748 Montesquieu sostiene que el carácter de una nación y la naturaleza de su gobierno dependen del clima.

DESPUÉS
1808 El filósofo alemán Johann Fichte crea el concepto de *Volk* (pueblo) en el movimiento en pro del nacionalismo romántico.

1867 Karl Marx critica el nacionalismo como «falsa conciencia» que evita que el pueblo se dé cuenta de que merece algo mejor.

1925 En su obra *Mein Kampf (Mi lucha)* Adolf Hitler defiende la supremacía racial de la nación alemana.

Las personas **se forman** por los sitios en los que crecen…

↓

…porque un idioma y un paisaje comunes ayudan a crear un **espíritu del pueblo**, o *Volksgeist*.

↓

Este espíritu nacional del pueblo forja una comunidad con su **carácter nacional propio**.

↓

Para ser feliz, la gente depende de esta **comunidad nacional**.

↓

Cada nacionalidad contiene en sí misma el centro de su felicidad.

En la Europa del siglo XVIII, los filósofos de la Ilustración intentaron demostrar que la luz de la razón aparta de la superstición a los seres humanos. Pero Johann Herder creía que la búsqueda de verdades universales basada solo en la razón estaba viciada porque no incluía el hecho de que la naturaleza humana varía según el medio ambiente cultural y físico. Las personas necesitan sentir que pertenecen a un sitio, y su perspectiva se forma según los lugares en los que crecen.

El espíritu nacional

Para Herder, el idioma es crucial en la formación del sentido de uno mismo, y, así, el agrupamiento natural de la humanidad es la nación, que no necesariamente es el Estado, sino la nación cultural con una lengua, unas costumbres y unos recuerdos ancestrales comunes. Dijo que una comunidad se forja por medio del espíritu del pueblo (el *Volksgeist*), o espíritu nacional, que surge del idioma y refleja el carácter físico de la tierra natal. Creía que la naturaleza y el paisaje crían y alimentan a las personas, vinculándolos con su carácter nacional.

Para ser felices, las personas dependen de esta comunidad nacional. «Cada nación contiene en sí misma

Véase también: Montesquieu 110–111 ■ Giussepe Mazzini 172–173 ■ Karl Marx 188–193 ■ Friedrich Nietzsche 196–199 ■ Theodor Herzl 208–209 ■ Marcus Garvey 252 ■ Adolf Hitler 337

> Es la naturaleza la que educa a la gente: por eso el Estado más natural es el de nación, una extensa familia con un solo carácter nacional.
> **Johann Gottfried Herder**

el centro de su felicidad» proclama Herder, «así como cada esfera tiene su propio centro de gravedad». Si dejan su ambiente nacional, pierden contacto con su centro de gravedad y con la felicidad natural. No era solo la emigración lo que preocupaba a Herder, sino también la inmigración, ya que creía que trastornaba la unidad orgánica de la cultura nacional, única base genuina del gobierno. «Nada es más manifiestamente

opuesto al propósito del gobierno político que la expansión no natural de los estados, la mezcla de diversas razas y nacionalidades bajo un solo cetro.» Herder se refería a los peligros del colonialismo y del imperialismo, pero sus ideas se pueden ligar a la realidad multicultural actual.

El auge del nacionalismo

Las ideas de Herder inspiraron el nacionalismo romántico que barrió Europa durante el siglo XIX, cuando diversos países –desde los griegos hasta los belgas– afirmaban su nacionalidad y su autodeterminación. Pero en muchos casos, esto implicaba la idea de superioridad nacional o racial, que culminó con la persecución de los judíos por los alemanes y las «limpiezas étnicas». No se puede culpar directamente a Herder del holocausto, pero sí afirmó que los judíos son «extranjeros en esta parte del mundo [Alemania]». Su idea de un centro de gravedad nacional también omite la diversidad de opiniones y culturas que hay dentro de cada nación y favorece la creación de un estereotipo nacional. Su énfasis sobre

la cultura nacional ignora otras influencias –como la economía, la política y los contactos sociales con otras personas–, lo que hace sus opiniones menos creíbles en el mundo globalizado de hoy. Es posible que sobrevalorase la nacionalidad entre las prioridades de las personas, que en la realidad pueden oscilar desde los lazos familiares hasta las ideas religiosas. ■

El nacionalismo que propugnaba Herder cobró importancia dentro de la ideología del partido nazi. Este folleto de viajes de 1938 muestra una pareja aria bailando una danza tradicional.

Johann Gottfried Herder

Nació en Mohrungen (Prusia (en la actual Morag, Polonia). A los 17 años estudió con Kant y fue discípulo de Johan Hamann en la Universidad de Konigsberg. Una vez graduado, enseñó en Riga antes de ir a París y, luego, a Estrasburgo, donde conoció a Goethe, sobre el que ejerció gran influencia. El movimiento romántico alemán que lideró Goethe se inspiró, en parte, en la afirmación de Herder de que los poetas son creadores de naciones. Por influencia de Goethe, Herder consiguió un empleo en la corte de Weimar, donde desarrolló sus idea

sobre el idioma, la nacionalidad y la reacción del pueblo ante el mundo. Recopiló canciones folclóricas para capturar el *Volksgeist* germano, o «espíritu del pueblo alemán». El príncipe elector de Baviera le concedió un título nobiliario según el cual agregó «von» a su apellido. Murió en Weimar en 1803.

Obras principales

1772 *Ensayo sobre el origen de la lengua.*
1773 *Las voces del Pueblo en canciones.*

LOS GOBIERNOS SOLO PUEDEN ELEGIR ENTRE DIVERSOS MALES

JEREMY BENTHAM (1748–1832)

EN CONTEXTO

IDEOLOGÍA
Utilitarismo

ENFOQUE
Políticas públicas

ANTES
1748 En *Del espíritu de las leyes*, Montesquieu afirma que en Inglaterra la libertad se mantiene gracias al equilibrio de poderes entre los diferentes sectores de la sociedad.

1748 David Hume propone ver el bien y el mal en términos de utilidad.

1762 En *El contrato social*, Rousseau afirma que toda ley que el pueblo no haya ratificado en persona no es ley.

DESPUÉS
1861 John Stuart Mill advierte sobre la «tiranía de la mayoría», y dice que el gobierno solo debe intervenir en las libertades individuales si son perjudiciales para los demás.

La idea de que el gobierno solo puede elegir entre diversos males recorre toda la obra del filósofo inglés Jeremy Bentham ya desde 1769, cuando era un joven abogado en prácticas, y hasta el fin de su vida, cincuenta años más tarde, siendo ya una figura de enorme influencia en el pensamiento político británico y europeo.

Medio siglo después, Bentham escribió que 1769 fue «un año muy interesante». Fue cuando leía las obras de filósofos como Montesquieu, Beccaria y Voltaire, precursores de la Ilustración europea. Pero fue la obra de dos escritores británicos, David Hume y Joseph Priestley, la que encendió la primera chispa en la mente del joven Bentham.

Moralidad y felicidad

En *Investigación sobre el conocimiento humano* (1748), Hume afirma que una manera de distinguir el bien del mal es por su utilidad. Una cualidad solo es buena si se le da buen uso. Pero, para el sensato Bentham, esto era demasiado ambiguo. ¿Qué pasa si se considera que la utilidad es la única cualidad moral? ¿Y qué si se decide si una acción es buena no solo, o al menos no totalmente, por su utilidad, sino si es bueno su efecto, es decir, si hace más feliz a la gente o no?

Vista así, toda la moral es la raíz sobre la que se crea felicidad y se evita la desdicha. Cualquier otra descripción es innecesaria o, peor aún, un ocultamiento intencionado de la verdad. Sostiene Bentham que con frecuencia las religiones son culpables de este tipo de confusión, pero también lo son los rimbombantes idealistas políticos que reivindican los derechos del pueblo pero no dicen que en realidad todo se reduce a hacerlo feliz.

Esto es así, dice Bentham, no solo en el ámbito personal y moral, sino también en el público y político. Y si tanto la moral privada como la política pública se reducen a este sencillo objetivo, todos estarán de acuerdo, y hombres y mujeres de buena voluntad conseguirán trabajar juntos para lograr el mismo fin.

Entonces, ¿en qué consiste un resultado feliz y útil? Bentham es realista y admite que hasta la mejor acción causa algo de mal junto con el bien. Si un niño tiene dos caramelos, otro tiene uno, y un tercero, ninguno, lo más justo es que los padres

Toda ley es una **restricción** de la libertad y la felicidad de las personas.

Por eso toda ley es un **mal**.

Los gobiernos solo pueden elegir entre diversos males.

Pero una ley puede causar **más bien** que mal.

Esto significa que una **ley buena** es un **mal necesario**.

Véase también: Jean-Jacques Rousseau 118–125 ▪ Immanuel Kant 126–129 ▪ John Stuart Mill 174–181 ▪ Friedrich Hayek 270–275 ▪ John Rawls 298–303

quiten un caramelo al que tiene dos y se lo den al que no tiene ninguno. Sin embargo, esto redunda en que un niño pierda un caramelo. De modo similar, cualquier acción del gobierno será en beneficio de algunos, pero en perjuicio de otros. Esas acciones deben juzgarse por el criterio siguiente: una acción es buena si causa más placer que dolor.

El bien mayor

La segunda chispa de 1769 se encendió al leer el *Ensayo sobre los primeros principios gubernamentales* (1768), de Priestley, del cual toma la idea de que una acción buena es la que produce la mayor felicidad a la mayor cantidad de personas. En otras palabras: aritmética. La política puede reducirse a una sola pregunta: ¿son más las personas a las que hace felices que a las que causa tristeza? Bentham creó un método matemático que llamó «felicific calculus» (cálculo de la felicidad) para averiguar si una acción concreta de un gobierno causa más o menos felicidad.

Y es aquí donde nace la idea de que «los gobiernos solo pueden elegir entre diversos males». Toda ley es una restricción a la libertad, argumentaba Bentham, un obstáculo a la libertad individual de hacer lo que uno quiera. Por lo tanto, toda ley es necesariamente un mal. Pero no hacer nada también puede ser un mal. La decisión es cosa de la aritmética. Una ley nueva se justifica únicamente si hace más bien que mal. Compara el gobierno con un médico que solo debe intervenir si está seguro de que el tratamiento será más beneficioso que perjudicial, analogía propia de los tiempos de Bentham en que con frecuencia los médicos enfermaban más aún

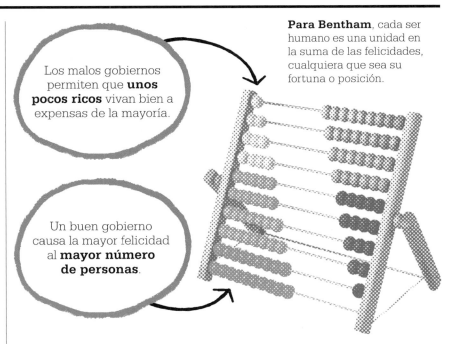

Los malos gobiernos permiten que **unos pocos ricos** vivan bien a expensas de la mayoría.

Un buen gobierno causa la mayor felicidad al **mayor número de personas**.

Para Bentham, cada ser humano es una unidad en la suma de las felicidades, cualquiera que sea su fortuna o posición.

a los pacientes al sangrarlos para desalojar la enfermedad. Al decidir el castigo de un delincuente, por ejemplo, el legislador no debe tener solo en cuenta los efectos directos del delito, sino también los secundarios: un robo no solo daña a la víctima, sino que crea alarma en la comunidad. El castigo también debe dañar económicamente al ladrón, es decir, quitarle más de lo que ha ganado con el robo.

El gobierno de no intervención

Bentham aplicó su idea al campo de la economía al apoyar la opinión del escocés Adam Smith de que los mercados funcionan mejor sin restricciones gubernamentales. Desde ese momento, muchos han empleado esta advertencia a los legisladores para justificar su reclamación de un gobierno «no intervencionista», con menos burocracia y más desregulación. In-

cluso se ha utilizado como argumento a favor de que un gobierno conservador no introduzca nuevas leyes, en especial aquellas que intentan cambiar la conducta de la gente. Pero las ideas de Bentham tienen implicaciones mucho más radicales. Según él, los gobiernos no pueden dejar de actuar »

Lo bueno y lo malo se miden según causen el mayor bien al mayor número de personas.
Jeremy Bentham

hasta que todos sean infinitamente felices, lo cual no sucederá nunca. Esto significa que hay trabajo para siempre. De este modo, como la mayoría buscamos la felicidad durante toda nuestra vida, los gobiernos deben esforzarse constantemente en hacer más feliz a más gente.

La aritmética moral de Bentham no solamente destaca los beneficios de la felicidad, sino también su coste. Está claro que, para que alguien sea feliz, otra persona deberá pagar un precio. Por ejemplo: para que unos pocos ricos vivan holgadamente, muchos otros deben sufrir penurias. Para Bentham, en la suma de la felicidad humana, cada per-

Las desigualdades sociales suponen que hay una minoría de ricos coexistiendo con los pobres. Para Bentham, esto es moralmente inaceptable, y el deber del gobierno es lograr un equilibrio.

sona solo cuenta como una unidad. Esto significa que el equilibrio es inmoral, y que el gobierno debe trabajar sin pausa para solucionar esta situación.

Democracia pragmática

¿Cómo se puede convencer a los gobernantes de que distribuyan la riqueza, cuando parece que este hecho los haría menos felices? La respuesta de Bentham es: con más democracia. Si los gobernantes no logran que aumente la felicidad para la mayoría de la población, no se les vota en las elecciones siguientes. En una democracia, a los políticos les interesa aumentar la felicidad de la ciudadanía a fin de asegurarse la reelección. Mientras otros pensadores, de Rousseau a Paine, defendían la democracia como derecho natural —sin el cual se está negando al hombre su humanidad—, Bentham lo hacía de forma absolutamente pragmática: como el medio hacia un fin. Para él, la idea de las leyes y los derechos naturales es simplemente «un disparate andante».

Con sus costes y beneficios, ganancias y pérdidas, los razonamientos de Bentham a favor de ampliar los derechos al voto atrajeron a los cerriles industriales y empresarios británicos —el nuevo estrato de poder de la revolución industrial— como no lo habían logrado ni el idealismo ni la palabrería sobre los derechos naturales del hombre. Las ideas realistas y «utilitarias» de Bentham aceleraron la reforma y el giro del Parlamento hacia el liberalismo en la década de 1830. Actualmente, su método es una

Charles Dickens se burló de las ideas de Bentham; el caballero Tom Gradgrind, de su novela *Tiempos difíciles*, dirige una escuela basada en la enseñanza de hechos fríos y concretos y sin dejar espacio para la diversión.

importante referencia habitual en la toma de decisiones públicas, y hace sopesar a los gobiernos si una ley o una norma a pendiente de aprobación es buena para la mayoría.

Hechos concretos

Sin embargo, la receta del utilitarismo sin ideales de Jeremy Bentham presenta verdaderos problemas. El escritor Charles Dickens odiaba la nueva generación de utilitaristas seguidores de Bentham, y se burló de ellos cruelmente en la novela *Tiempos difíciles* (1854), describiéndolos como aguafiestas que pisoteaban la imaginación y secaban el espíritu con su constante insistencia en reducir la vida a hechos concretos. Tal descripción no habría sido necesariamente reconocida por Bentham, hombre profundamente empático, pero sí había en ella una clara referencia a su reducción de todas las cosas a un mero cálculo matemático. Una frecuente crítica a su obra es que alienta la aparición de «chivos expiatorios». El principio de la mayor felicidad puede promover grandes injusticias si el efecto global es la felicidad de la mayoría. Por ejemplo: después de una terrible explosión terrorista se presiona a la policía para dar con los culpables; a continuación, en general, la población estará mucho más contenta (y la alarma descenderá) si se arresta a cualquiera que se parezca a la descripción, aunque no sea culpable (siempre y cuando no haya más ataques).

Hay críticos que arguyen que, según el razonamiento de Bentham, es moralmente aceptable castigar a inocentes si el aumento de la felicidad de la población general es mayor que su sufrimiento. Los que apoyan a Bentham solventan este problema al decir que la población general sería desdichada si viviera en una sociedad en que se toma a inocentes como chivos expiatorios. Pero eso se sabe únicamente si la población descubre la verdad: si la elección de chivos expiatorios queda en secreto, estaría justificado, según la lógica de Bentham. ■

Con argumentos utilitarios, y con el pretexto de hacer feliz a la mayoría, se puede llegar a condenar a inocentes –como Gerry Conlon, condenado con pruebas falsas por poner supuestamente bombas para el IRA.

Jeremy Bentham

Nació en 1748 en la calle Houndsditch, en Londres, en una familia económicamente desahogada. Se esperaba que fuera abogado y comenzó en la Universidad de Oxford apenas cumplidos los 12 años, graduándose a los 15. Pero las argucias de la profesión legal le deprimieron y se interesó más por la ciencia jurídica y la filosofía.

Se retiró a Westminster para escribir y, durante los cuarenta años siguientes, escribió comentarios e ideas acerca de asuntos legales y morales. Comenzó por criticar a la autoridad legal del momento, William Blackstone, quien decía que no había nada malo en las leyes inglesas, y luego se dedicó a elaborar una teoría completa sobre moral y política. Esta fue la base de la ética utilitaria que ya había llegado a dominar la vida política británica en la época de su muerte, acaecida en 1832.

Obras principales

1776 *Un fragmento sobre el gobierno.*
1780 *Introducción a los principios de la moral y la legislación.*
1787 *El panóptico.*

LA GENTE TIENE DERECHO A POSEER Y PORTAR ARMAS

JAMES MADISON (1751–1836)

EN CONTEXTO

IDEOLOGÍA
Federalismo

ENFOQUE
Ciudadanía armada

ANTES
44–43 a.C. En sus *Filípicas*, Cicerón sostiene que la gente debe poder defenderse, del mismo modo que lo hacen los animales en la naturaleza.

1651 Thomas Hobbes afirma en *Leviatán* que los hombres tienen derecho a defenderse con la fuerza.

DESPUÉS
1968 Tras los asesinatos de Robert Kennedy y Martin Luther King en EE UU se disponen restricciones a la posesión de armas.

2008 El Tribunal Supremo de EE UU sentencia que la Segunda Enmienda protege el derecho de una persona a tener un arma defensiva en su casa.

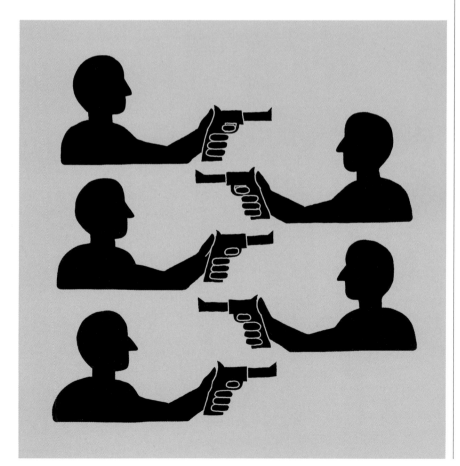

Mientras los padres fundadores daban los toques finales a la Constitución de EE UU en 1788, se les pidió una declaración de derechos. El concepto de que las personas tienen derecho a poseer y portar armas aparece en la Segunda Enmienda de esa Declaración: «No se infringirá el derecho del pueblo a poseer y portar armas». Las palabras exactas son cruciales por ser el núcleo de la polémica actual sobre la posesión de armas y el derecho de los estadounidenses, según la ley, a tenerlas y portarlas.

El arquitecto de la Declaración de Derechos fue James Madison, también uno de los principales redactores de la Constitución misma.

El **poder de la mayoría** puede hacer tambalearse al gobierno federal central.

El pueblo de cada estado debe poder formar milicias para **defenderse** de un ejército federal opresor.

Impulsado por la mayoría, el gobierno federal puede crear un ejército fijo para **imponer su voluntad** a los estados.

No se infringirá el derecho del pueblo a poseer y portar armas.

Este hecho lo hace destacar entre los pensadores políticos, ya que tuvo la oportunidad única de poner en práctica sus ideas, las cuales, dos siglos más tarde, siguen siendo el fundamento de la forma de vida política del país más poderoso del mundo. Al ser más tarde presidente del país, Madison consiguió llegar a la cumbre del edificio político que él mismo había construido.

Hay quienes ven en la Declaración de Derechos la concreción del pensamiento ilustrado sobre los derechos naturales, que comenzó con John Locke y culminó en el inspirado llamamiento de Thomas Paine por los derechos del hombre. Si bien Paine subrayó la importancia de la democracia (el derecho universal a votar) como uno de sus principios, las intenciones de Madison fueron mucho más pragmáticas. Enraizaban en la tradición de la política de Inglaterra, donde el Parlamento in-

tentaba evitar que el soberano se extralimitase en sus atribuciones en lugar de esforzarse por proteger las libertades básicas.

Defenderse de la mayoría

Tal y como reconoció en una carta enviada a Thomas Jefferson, el único motivo por el que Madison presentó la Declaración de Derechos fue el de satisfacer las exigencias de otros. Él pensaba que el solo hecho de tener una Constitución y, por ende, un gobierno apropiado debían bastar para garantizar la protección de los derechos fundamentales. Es más, dijo que el añadido de una declaración de derechos daba a entender que la

En la rebelión de Shay (1786–1787), los tribunales de Massachusetts fueron tomados por una tropa rebelde; tras ser derrotada por el Ejército, dicha revuelta alentó el principio constitucional de los gobiernos fuertes.

constitución era defectuosa y que no protegía esos derechos por sí sola. También existía el riesgo de que al definir unos derechos concretos podían quedar desprotegidos otros no especificados. Además, Madison admitió que la historia de las declaraciones de derechos en EE UU no había sido óptima.

Sin embargo, existían otras causas por las que esa declaración resultaba conveniente. Al igual que a la mayoría de los padres fundadores de EE UU, a Madison también le inquietaba el poder de la mayoría. Jefferson escribió: «La democracia no es más que el gobierno de una multitud, donde el cincuenta y uno por ciento de la gente puede quitarle sus derechos al cuarenta y nueve por ciento». Una declaración de derechos ayudaría a proteger a la minoría frente a la masa del pueblo.

«En nuestros gobiernos», escribió Madison, «el poder real reside en la mayoría de la comunidad y no hay que temer la invasión de los derechos privados por actos del gobierno contrarios a la sensatez de »

Aunque Madison creía que la existencia de la Constitución aseguraba la protección de los derechos básicos bajo un gobierno federal, elaboró la Declaración de Derechos como medida adicional para contrarrestar el poder de la mayoría dentro de una democracia.

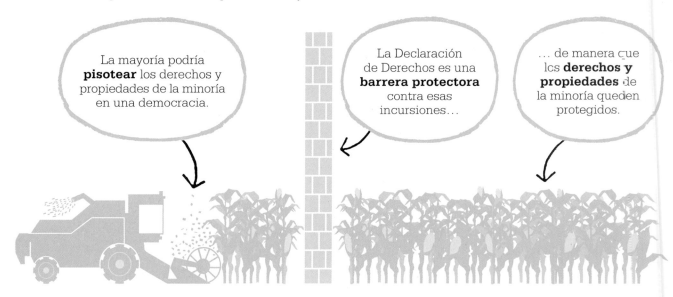

La mayoría podría **pisotear** los derechos y propiedades de la minoría en una democracia.

La Declaración de Derechos es una **barrera protectora** contra esas incursiones…

… de manera que los **derechos y propiedades** de la minoría queden protegidos.

sus constituyentes, sino por actos en los que el gobierno no es más que el instrumento de la mayoría de los constituyentes». En resumen, el verdadero motivo de la Declaración de Derechos fue proteger a los propietarios de los instintos democráticos de la mayoría.

Legitimación de las milicias

Madison tenía otro motivo para escribir la Declaración de Derechos. Sabía que los delegados de algunos estados no le apoyarían. Después de todo, la guerra de la Independencia se había librado para acabar con la tiranía de un poder centralizado, de modo que estos delegados no se fiaban de un nuevo gobierno central y únicamente ratificarían la Constitución si se les ofrecía alguna garantía de protección contra él. Así que los derechos no eran leyes naturales, sino la protección de los estados (y de los terratenientes) respecto al gobierno federal.

Y es aquí donde aparece la Segunda Enmienda. Madison aseguró que no se privaría a los estados ni a los ciudadanos de la capacidad de defenderse formando una milicia opuesta a un gobierno nacional abusivo, tal como se habían creado contra la Corona británica. Una situación así preveía una comunidad unida para resistir un ejército opresor. Lo que dice la Segunda Enmienda en su versión definitiva es: «Al ser necesaria una milicia bien regulada para la seguridad de un estado libre, no se infringirá el derecho de las personas a poseer y portar armas». Así pues, la enmienda habla de una milicia y de «las personas» (la comunidad) que protegen a un estado, pero no de las personas como individuos.

Defensa propia individual

Madison no hablaba de personas que llevasen armas para defenderse de delitos comunes. Sin embargo, así es como se ha interpretado la Segunda Enmienda, y actualmente muchos estadounidenses afirman que el derecho a llevar armas figura en la Constitución, y tildan de inconstitucional cualquier iniciativa para controlarlas.

Los intentos de invertir esta interpretación en los tribunales han fracasado inevitablemente ante la insistencia de que la Constitución apoya el derecho a llevar armas en defensa tanto propia como del Estado. Muchos van todavía más allá y, al margen de las intenciones de Madison, argumentan que la posesión de un arma es una de las libertades fundamentales.

La autoridad primordial reside únicamente en el pueblo.
James Madison

Un siglo antes de la declaración de Madison, para proclamar la autodefensa como derecho natural, John Locke se refirió a una imaginaria época «natural» anterior a la civilización. Como un animal acorralado que se defiende con violencia, dice Locke, pueden defenderse las personas. Esto insinuaría que el gobierno es una imposición poco natural de la que la gente necesita protegerse. En retrospectiva, algunos comentaristas han dado a la Declaración de Derechos un matiz lockeano, y suponen que confirma la defensa propia por medios violentos como derecho natural e inalienable.

Sin embargo, quizá Madison y sus colegas fundadores estuvieran más de acuerdo con la visión del gobierno que tenía David Hume que con la de Locke. Hume era demasiado pragmático para creer en una época de libertad natural antes de que la civilización restringiera los derechos. Según él, la gente quiere un gobierno porque es lo sensato, y los derechos son algo que se negocia y se acuerda, como cualquier otro aspecto de las leyes. Es decir, que no hay nada de fundamental en el derecho a portar armas: solo es un asunto en el que la gente suele estar de acuerdo o no. Según Hume, las libertades y los derechos son ejemplos de principios acordados por la gente, la cual quizá decide considerarlos como leyes para asegurarse de que se cumplen. Teniendo en cuenta esta opinión, en el derecho a portar armas no hay ningún principio fundamental en juego: más bien se trata de un consenso. Y los consensos no necesariamente necesitan una mayoría democrática.

La eterna controversia

El control de las armas sigue siendo un tema candente en EE UU, donde poderosos grupos de presión (lobbies) como la Asociación Nacional del Rifle llevan a cabo incontables campañas contra toda restricción de su tenencia. Los opuestos al control parecen llevar la delantera, porque la mayor parte de los estados permiten poseerlas. Aun así, son muy pocos los estados en los que la posesión de armas está completamente desregulada, y pervive la controversia, por ejemplo, sobre si se debe permitir que se lleven armas ocultas. La alta tasa de criminalidad y la mayor frecuencia de matanzas en masa en EE UU —como la acontecida en un cine en Aurora (Colorado), en julio

La defensa propia instintiva que ejercen los animales ante un ataque es lo que citan quienes esgrimen la ley natural como justificación del derecho de una persona a defenderse.

de 2012– hacen que muchos se pregunten si la libre posesión de armas de fuego resulta adecuada en un país que ya no es el «Salvaje Oeste».

Es notable que la Declaración de Derechos de Madison siga siendo, con muy pocos cambios, el corazón del sistema político de EE UU. Algunos, incluso el mismo Madison, asegurarían que un buen gobierno habría protegido estos derechos sin necesidad de una declaración. Pero la Declaración de Derechos sigue siendo posiblemente la más poderosa fusión de teoría y prácticas políticas jamás creada. ∎

James Madison

Nació en Port Conway (Virginia), hijo del principal cultivador de tabaco del condado de Orange, para quien trabajaba un centenar de esclavos. En 1769, Madison ingresó en la Universidad de Nueva Jersey. Durante la guerra de la Independencia de EE UU sirvió en la legislatura de Virginia y fue el protegido de Thomas Jefferson. Con tan solo 29 años de edad, se convirtió en el delegado más joven al Congreso Continental de 1780. El borrador de Madison –el Plan de Virginia– constituyó la base de la Constitución de EE UU. También corredactó los 85 «Documentos federalistas» que explicaban la teoría de la Constitución y que permitieron asegurar su posterior ratificación. Madison fue uno de los líderes del emergente partido Demócrata-Republicano, y, en 1809, resultó elegido como cuarto presidente (después de Jefferson) de su país, cargo que ejerció durante dos legislaturas.

Obras principales

1787 *Constitución de Estados Unidos.*
1788 *Documentos federalistas.*
1789 *Declaración de Derechos.*

LAS MUJERES MAS RESPETABLES SON LAS MAS OPRIMIDAS
MARY WOLLSTONECRAFT (1759–1797)

EN CONTEXTO

IDEOLOGÍA
Feminismo

ENFOQUE
**La emancipación
de las mujeres**

ANTES
1589 En su panfleto *Protection
for Women*, la inglesa Jane Anger
arremete contra los hombres por
considerar a las mujeres objetos
sexuales.

1791 En su *Declaración de
los Derechos de la Mujer*, la
dramaturga francesa Olympe
de Gouges escribe: «La mujer
nace libre y es igual al hombre».

DESPUÉS
Década de 1840 En EE UU
y en Reino Unido se protege
legalmente las propiedades
de las mujeres de sus maridos.

1869 En *El sometimiento de las
mujeres*, John Stuart Mill pide el
derecho al voto para las mujeres.

1893 Nueva Zelanda es uno de
los primeros países en aprobar
el voto de las mujeres.

Las mujeres se apoyan en los hombres **por necesidad económica**.

Las mujeres son **educadas** solo para complacer a los hombres.

Las mujeres aprenden a utilizar su **atractivo sexual** para obtener el sostén de un hombre.

Las mujeres respetables que **no explotan** su atractivo sexual **no obtienen el sostén de un hombre**, pero no están educadas para mantenerse solas.

**Las mujeres más respetables
son las más oprimidas.**

La obra de la británica Mary Wollstonecraft *Vindicación de los derechos de las mujeres*, publicada en 1792, es una de las primeras grandes obras feministas. La escribió en una época de efervescencia política y social: la Ilustración había puesto los derechos de los hombres en el centro de su discusión política, que culminó en Francia con la Revolución, el mismo año en que Wollstonecraft escribía su *Vindicación*. Pocos hablaban, sin embargo, de la situación de la mujer en la sociedad. De hecho, Jean Jacques Rousseau, ardiente defensor de la libertad política, afirmaba en su *Emilio* que las mujeres debían edu-

Véase también: John Stuart Mill 174–181 ▪ Emmeline Pankhurst 207 ▪ Simone de Beauvoir 284–289

> Cuánto más respetable es la mujer que gana su pan realizando cualquier trabajo, que la más perfecta de las bellezas.
> **Mary Wollstonecraft**

carse solo para ser buenas esposas y complacer al hombre.

Libertad de trabajar

Wollstonecraft escribió *Vindicación* a fin de demostrar que Rousseau se equivocaba respecto a las mujeres. El mundo rejuvenecería, dijo, si las mujeres fueran felices, igual que los hombres. Pero ellas estaban atrapadas en una red de expectativas a causa de su dependencia: se veían obligadas a comerciar con su belleza y a maniobrar para ganar el afecto de un hombre. Las respetables –es decir, aquellas que no se prestaban a este juego de seducción– llevaban una enorme desventaja.

Decía la escritora que las mujeres necesitan tener la libertad de ganarse la vida para independizarse de los hombres. Para esto han de educarse. A los que afirmaban que las mujeres son intelectualmente inferiores, les decía que este error de concepción se debía sencillamente a que no se les daba educación. Había muchas tareas que podrían desarrollar si tuvieran acceso a la educación y oportunidades: «¿Cuántas mujeres

desperdician su vida en el descontento cuando podrían ser médicas, administradoras agrícolas, dueñas de una tienda… y sentirse orgullosas de vivir de su propio trabajo?». Que las mujeres tuvieran independencia y educación también sería bueno para los hombres, porque los matrimonios se basarían en el afecto y el respeto mutuos. Wollstonecraft propuso reformar la educación, por ejemplo, combinando la pública y la privada, y defendió una actitud más democrática y participativa hacia la escolarización.

Todas las propuestas de Wollstonecraft sobre educación y emancipación de las mujeres se ignoraron por completo en vida de ella, y durante algún tiempo después de su muerte fue más recordada por su vida poco convencional que por sus ideas. Sin embargo, sus planteamientos sirvieron para inspirar a algunas activistas posteriores como Emily Davies, que, en 1869, fundó el Girton College para mujeres en la Universidad de Cambridge. Aun así, este cambio se produjo muy lentamente: pasaron más de 150 años desde la publicación de *Vindicación* hasta que la Universidad de Cambridge concediera licenciaturas a las mujeres. ▪

Utilizar sus encantos era crucial para las mujeres del siglo XVIII. A Wollstonecraft le escandalizaba que una mujer tuviera que cautivar a un hombre para que la mantuviera.

Mary Wollstonecraft

Nació en 1759 en una familia cuya fortuna declinaba. Con poco más de 20 años de edad fundó una escuela progresista en Londres, y luego trabajó en Irlanda, donde fue institutriz de los hijos de lady Kingsborough, cuya enorme vanidad y desdén contribuyeron al desarrollo de las teorías de Wollstonecraft sobre las mujeres.

En 1787 regresó a Londres y escribió para la publicación radical *Analytical Review*. En 1792 viajó a Francia a celebrar la Revolución y se enamoró del escritor estadounidense Gilbert Imlay. Juntos tuvieron una hija, pese a que nunca se casaron y la relación acabó rompiéndose. Después de un viaje a Suecia y un fallido intento de suicidio, regresó a Londres y se casó con William Godwin. Murió en 1797 mientras daba a luz a la única hija de ambos, Mary, autora de la novela *Frankenstein* con su apellido de casada, Shelley.

Obras principales

1787 *Reflexiones sobre la educación de las hijas.*
1790 *Vindicación de los derechos de los hombres.*
1792 *Vindicación de los derechos de las mujeres.*
1796 *María.*

EL ESCLAVO SIENTE QUE LA PROPIA EXISTENCIA ES ALGO EXTERIOR

GEORG HEGEL (1770–1831)

EN CONTEXTO

IDEOLOGÍA
Idealismo

ENFOQUE
La conciencia humana

ANTES
350 A.C. Aristóteles arguye que la esclavitud es natural dado que algunas personas son líderes natos y otras son subordinadas.

1649 El filósofo francés René Descartes argumenta que la conciencia es algo manifiesto porque no se puede negar la existencia de la mente mientras está siendo utilizada para dicha negación.

DESPUÉS
Década de 1840 En su análisis de la lucha de clases, Karl Marx aplica el método dialéctico de Hegel.

1883 El filósofo alemán Friedrich Nietzsche crea su *Übermensch* (superhombre), que se fía de su propia intuición de lo que es bueno y lo que es malo.

Pudiera parecer que *Fenomenología del espíritu*, obra del filósofo alemán Georg Hegel, tiene poco que ver con la política, ya que trata, con argumentos complejos y abstractos, sobre la naturaleza de la conciencia humana. Pero sus conclusiones acerca de la forma en que llegamos a un estado de conciencia de nosotros mismos tienen profundas consecuencias en la manera en que está organizada la sociedad y plantea preguntas difíciles acerca de la naturaleza de las relaciones humanas.

La filosofía de Hegel se centra en cómo ve el mundo la mente pensan-

Véase también: Aristóteles 40–43 ▪ Hugo Grocio 94–95 ▪ Jean-Jacques Rousseau 118–125 ▪ Karl Marx 188–193 ▪ Friedrich Nietzsche 196–199

Cuando se encuentran dos espíritus o conciencias, estas **luchan por el reconocimiento**.

⬇

El espíritu que **prefiere la libertad a la vida** es el **Amo**; el que **prefiere la vida a la libertad** es el **Esclavo**.

⬇

La existencia de la **conciencia del Amo se reafirma** a través de la del Esclavo.

⬇

El Esclavo **descubre su conciencia** por medio de su trabajo para el Amo en el mundo exterior tangible.

⬇

El Esclavo siente que la propia existencia es algo exterior.

Georg Hegel

Hegel nació en Stuttgart, en el ducado de Württenberg, y vivió gran parte de su vida en la calma del sur protestante de Alemania, aunque con la Revolución Francesa como telón de fondo, que alcanzó su punto álgido mientras él estudiaba en la Universidad de Tubinga. De hecho, incluso llegó a conocer a Napoleón en Jena, donde finalizó su obra *Fenomenología del espíritu*.

Después de ocho años como rector del Gymnasium (escuela secundaria) de Nuremberg se casó con Marie von Tucher y comenzó a trabajar en su gran obra sobre lógica. En 1816, tras la trágica muerte de su joven esposa, decidió trasladarse a Heidelberg y plasmó muchas de sus ideas en notas que dio a sus alumnos. Murió en Berlín, en 1831, a consecuencia de una epidemia de cólera. Se dice que sus últimas palabras fueron «…y no me comprendió», lo cual es coherente en un pensador tan complejo.

Obras principales

1807 *Fenomenología del espíritu.*
1812–1816 *Ciencia de la lógica.*
1821 *Principios de la filosofía del derecho.*

...e. Quiere comprender cómo cada conciencia humana crea su propia visión global. En este sentido es crucial su énfasis sobre la conciencia de nosotros mismos. Para Hegel, la mente humana (o espíritu humano) desea reconocimiento, y desde luego lo necesita para alcanzar la conciencia de sí misma. Por ello la conciencia humana es un proceso social interactivo. Es posible vivir en aislamiento sin ser del todo conscientes. Pero, para que la mente exista plenamente –para ser libres–, debe ser consciente de sí misma y solo puede serlo cuando ve a otra conciencia reaccionar ante ella.

Amo-Esclavo

Según Hegel, cuando dos mentes se encuentran, lo que les importa a ambas es ser reconocidas: recibir de la otra la confirmación de su propia existencia. Sin embargo, en la mente de cada uno solo hay sitio para una visión del mundo, de manera que hay una lucha sobre quién reconocerá a quién y cuál visión del mundo prevalecerá. Hegel describe cómo cada una de las mentes trata de matar a la otra. Pero el problema es que si una destruye a la otra, el perdedor ya no podrá dar la confirmación que necesita el ganador. La solución a dicho dilema es una » relación Amo-Esclavo, en la que una persona «se rinde» a la otra: la que valora más la libertad que la vida pasa a ser el Amo; la que valora la vida más que la libertad es el Esclavo. Esta relación evoluciona no solo en situaciones literales de posesión y esclavitud, sino en cualquiera en la que se encuentren dos mentes.

Hegel parece querer decir que los esclavos son esclavos solo porque prefieren someterse a morir, y entran así en connivencia con sus amos. Escribió: «Es únicamente arriesgando la vida como se obtiene la libertad». Asegura que el terror

La idea de Napoleón Bonaparte de un nuevo orden y su enorme valentía en el combate hicieron de él un hombre «al que era imposible no admirar», según Georg Hegel, quien lo identificó con una mentalidad de Amo.

a la muerte es la causa de la opresión en toda la historia y la raíz de la esclavitud y de la diferencia de clases. Por este motivo admiraba a Napoleón y alababa su disposición a arriesgar la vida para conseguir sus objetivos. Hegel, además, apunta que la esclavitud es principalmente un estado de ánimo, reflejado en el reciente caso del esclavo norteamericano fugado Frederick Douglass (1818–1890): llevado de vuelta ante su amo, Douglass decidió enfrentarse y luchar aunque eso le causara la muerte, y, más tarde, escribió: «No importa durante cuánto tiempo siga teniendo la forma de un esclavo, ha terminado para siempre el tiempo en que era un esclavo de verdad».

Relación dialéctica

En la actualidad nos parece inaceptable la posibilidad de escoger entre muerte y esclavitud. Pero quizá los postulados de Hegel sobre la relación Amo-Esclavo sean mucho menos literales y mucho más sutiles y complejos. Insinúa formas en las que el Esclavo podría beneficiarse más que el Amo de la relación. Describe la evolución de la relación como una dialéctica. Con esto explica un tipo especial de discusión que comienza con una tesis (las mentes) y con su antítesis (el resultado del encuentro entre mentes), que juntas causan una síntesis (la distinción entre Amo y Esclavo). Esta dialéctica no es necesariamente la descripción de una lucha real entre el propietario y el esclavo: Hegel habla de una lucha entre las mentes por la dominación, y en su planteamiento no hay lugar para la colaboración, sino que tiene que producirse forzosamente una separación de Amo y Esclavo. Luego

Hegel afirmó que, mientras lleva a cabo una labor tangible, el Esclavo llegará a experimentar la conciencia de su propia existencia (y por lo tanto sería «libre») de una forma que el Amo no alcanzará.

| Esclavitud | Trabajo | Conciencia de sí mismo |

demuestra que la relación sigue evolucionando. La síntesis parece confirmar la existencia de la mente del Amo. Al principio, todo gira en torno a él, y su capacidad de conseguir que el Esclavo satisfaga sus necesidades confirma su propia libertad y su conciencia de sí mismo. Mientras tanto, la conciencia de sí mismo del Esclavo se va disolviendo por completo. Sin embargo, en este punto aparece otra relación dialéctica.

Puesto que el Amo no hace nada, depende del Esclavo para poder reafirmar su existencia y su libertad. En realidad, también mantiene una relación de dependencia con el Esclavo, lo que significa que no es libre en absoluto. Además, el Esclavo trabaja con cosas reales –con la naturaleza–, aunque trabaje solo para su Amo. Esto reafirma su existencia de una forma tangible y exterior que el Amo ocioso no puede emular: «En [su trabajo para] el Amo, el Esclavo siente que su propia existencia es algo exterior, un hecho objetivo». Al hacer cosas, y hacer que sucedan cosas, «la propia existencia llega a sentirse explícitamente, como su propio ser, y [el Esclavo] alcanza la conciencia de que él mismo existe por derecho propio». Así que ahora la situación se invierte: el Amo desaparece como mente independiente

mientras el Esclavo surge como esa mente. Para Hegel, en última instancia, la dialéctica Amo-Esclavo puede ser más perjudicial para el primero que para el segundo.

Ideologías esclavas

¿Qué pasa entonces cuando el Esclavo alcanza este nuevo tipo de conciencia de sí mismo y, sin embargo, no está preparado para una lucha a muerte? En este punto, dice Hegel, el Esclavo encuentra «ideologías de esclavo» que justifican su situación, entre ellas el estoicismo (rechaza la libertad exterior por la libertad mental), el escepticismo (duda del valor

Si un hombre es esclavo, lo es por su propia voluntad [...] El error de la esclavitud no es cosa de los esclavistas o conquistadores, sino de los esclavos y conquistados mismos.
Georg Hegel

de la libertad exterior) y la conciencia infeliz (encuentra la religión y escapa, pero solo en otro mundo).

Hegel encuentra estas relaciones Amo-Esclavo en muchos sitios: en las guerras entre estados fuertes y débiles, en conflictos entre clases sociales y en otras oposiciones. Para él, la existencia humana es una lucha a muerte en pro del reconocimiento, lucha que nunca puede resolverse de manera apropiada.

La influencia de Hegel

Las ideas de Hegel influyeron poderosamente en Karl Marx, quien adoptó el enfoque de la dialéctica, aunque consideró a Hegel demasiado abstracto y místico en su obsesión con la conciencia. Marx, en cambio, escogió un enfoque materialista. Algunos encuentran inspirador el argumento de Hegel de que únicamente el miedo mantiene esclavizadas a las personas; otros consideran que su insistencia en que la sumisión es una elección supone culpar a la víctima y no se corresponde con la realidad, con sus complejas relaciones de poder. Hegel sigue siendo uno de los filósofos políticos más difíciles de comprender, y también uno de los más controvertidos. ∎

Un esclavo a punto de ser azotado por su amo podría ser culpable de su propia situación, en opinión de Hegel. Sus críticos arguyen que esta posición es evidentemente injusta.

LA GUERRA ES LA CONTINUACIÓN DE LA *POLITIK* POR OTROS MEDIOS
CARL VON CLAUSEWITZ (1780–1831)

EN CONTEXTO

IDEOLOGÍA
Realismo

ENFOQUE
La diplomacia y la guerra

ANTES
Siglo v a.C. El gran estratega militar y filósofo chino Sun Tzu declara que el arte de la guerra es vital para el Estado.

1513 Maquiavelo sostiene que, incluso en épocas de paz, un príncipe tiene que armarse y prepararse para la guerra.

1807 Georg Hegel afirma que la historia es una lucha por el reconocimiento que desemboca en una relación Amo-Esclavo.

DESPUÉS
1935 El general alemán Friedrich Wilhelm Ludendorff lanza su idea de la «guerra total» que moviliza todas las fuerzas físicas y morales de una nación.

1945 Poco antes de morir, Hitler cita al «gran Clausewitz» en su último testamento redactado en el búnker.

Pocas frases de la teoría militar han sido tan influyentes como la enunciada por el soldado prusiano Carl von Clausewitz: «La guerra es la continuación de la *Politik* por otros medios». Esta cita, de su libro *De la guerra*, que fue publicado póstumamente en 1832, es uno de los clichés empleados por el autor en su intento de poner en contexto la guerra examinando su base filosófica, al modo en que los filósofos exploran el papel del Estado. La palabra alemana *Politik* se traduce tanto por «política» como por «normas» y abarca los principios del gobierno y sus hechos prácticos.

La guerra lleva a la política

En opinión de Clausewitz se trata de un choque de voluntades: «La guerra no es más que un duelo a gran escala, un acto de violencia para obligar a nuestro oponente a hacer nuestra voluntad». El objetivo es desarmar al enemigo y convertirse en su amo. Sin embargo, en la guerra no existe un único golpe decisivo: un Estado derrotado intenta reparar la derrota por medio de la política. Clausewitz

Otto von Bismarck nombró emperador de Alemania a Guillermo I de Prusia en 1871. Para conseguirlo, Bismarck había provocado una guerra con Francia.

se apresura a subrayar que el propósito de la guerra es serio, y no una simple aventura. Afirma que siempre es un acto político, porque un Estado quiere imponer su voluntad a otro, o de lo contrario se arriesga a ser sometido.

La guerra no es más que el medio hacia un fin político al que también se podría llegar de otro modo. Clausewitz no busca destacar el cinismo de los políticos que promueven una guerra, sino afirmar que los que la comienzan siempre tienen conciencia de su principal fin político. ∎

Véase también: Sun Tzu 28–31 ▪ Nicolás Maquiavelo 74–81 ▪ Thomas Hobbes 96–103 ▪ Georg Hegel 156–159 ▪ Smedley D. Butler 247

UN PUEBLO EDUCADO Y UN GOBIERNO SABIO RECONOCEN LAS NECESIDADES DE DESARROLLO DE SU SOCIEDAD
JOSÉ MARÍA LUIS MORA (1780–1850)

EN CONTEXTO

IDEOLOGÍA
Liberalismo

ENFOQUE
Modernización

ANTES
1776 Los líderes de la Revolución Norteamericana declaran que están reorganizando el sistema político en beneficio de la condición humana.

1738 Immanuel Kant sostiene la tesis de que el progreso no es algo automático, sino que debe ser promovido mediante la educación.

DESPUÉS
1848 Según el pensador francés Auguste Comte, la sociedad progresa en tres etapas hacia una edad ilustrada y racional de la ciencia.

1971 En la obra *Teología de la liberación*, el sacerdote peruano Gustavo Gutiérrez propone a los cristianos encabezar la liberación de la injusticia social, económica y política.

E n la década de 1830, México era un país en desorden: la larga guerra de la independencia lo dejó amargado y dividido. A pesar de haberse independizado de España en 1821, en los siguientes 55 años México tuvo 75 presidentes, y el poder de los terratenientes ricos, del Ejército y de la Iglesia continuó siendo igual de sólido. Fuertemente influidos por los filósofos ilustrados

del siglo XVIII, y también por los acontecimientos políticos de Francia y EE UU, los liberales latinoamericanos creían que ese poder tan afianzado frenaba el progreso de la sociedad. El joven liberal José María Luis Mora desafió el tozudo conservadurismo de su país y afirmó que la sociedad ha de avanzar o morir. Como unos padres que educan y nutren a sus niños mientras crecen, así «el gobierno sabio reconoce las necesidades de desarrollo de su sociedad».

El llamamiento de Mora a la modernización topó con oídos sordos. Fue encarcelado por oponerse a la entronización de Maximiliano como emperador de México y Mora se exilió en París después de contravenir al presidente Santa Anna. Cincuenta años después de su independencia, México era más pobre que nunca. ■

El emperador Maximiliano fue nombrado emperador de México en 1864 con una gran oposición por parte de los liberales como Mora. Tres años más tarde, Maximiliano fue destronado y ejecutado.

Véase también: Platón 34–39 ■ Immanuel Kant 126–129 ■ Auguste Comte 165 ■ Karl Marx 188–193 ■ Antonio Gramsci 259

UN ESTADO DEMASIADO EXTENSO EN SI MISMO O POR SUS DEPENDENCIAS, AL CABO VIENE EN DECADENCIA
SIMÓN BOLÍVAR (1783–1830)

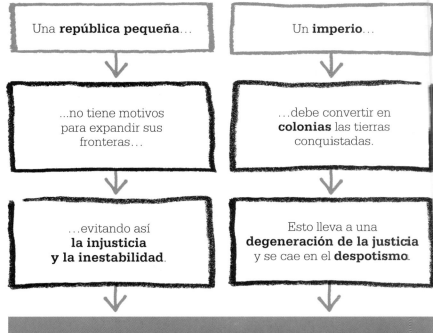

Una **república pequeña**…

Un **imperio**…

…no tiene motivos para expandir sus fronteras…

…debe convertir en **colonias** las tierras conquistadas.

…evitando así **la injusticia y la inestabilidad**.

Esto lleva a una **degeneración de la justicia** y se cae en el **despotismo**.

Un Estado demasiado extenso en sí mismo o por sus dependencias, al cabo viene en decadencia.

Cristóbal Colón había reclamado América para España en el año 1492, abriendo de esa manera el camino a un imperio que acabaría extendiéndose por cinco continentes. Los españoles contaron con la colaboración de las elites locales para poder adminis-trar y gestionar todos sus territorios. El revolucionario venezolano Simón Bolívar (también conocido como el Libertador) consideró que este aspecto del poder imperial español era el origen de su dinamismo, aunque al mismo tiempo, también podía ser parte de su debilidad.

Véase también: Nicolás Maquiavelo 74–81 ■ Jean-Jacques Rousseau 118–125 ■ Jeremy Bentham 144–149 ■ Che Guevara 312–313

> El rasgo distintivo de las repúblicas pequeñas es su permanencia.
> **Simón Bolívar**

Repúblicas pequeñas pero fuertes

España comenzó a perder su poder en 1808, cuando Napoleón la invadió y puso en el trono a su hermano. Bolívar supo reconocer que esa era la oportunidad para que los países hispanoamericanos se deshicieran del colonialismo. Durante una lucha por la libertad que duró 18 años, Bolívar estuvo exiliado un año en Jamaica. Mientras planificaba el futuro, pensó en cómo garantizar un Estado lo suficientemente grande para gobernar, pero lo bastante pequeño para dar al pueblo la mayor felicidad.

Bolívar trató este asunto en su *Carta de Jamaica*, en la que explicaba su rechazo de las monarquías: las impulsa «el constante deseo [del rey] de aumentar sus posesiones». Una república, en cambio, «se limita a su propia conservación, su prosperidad y su gloria».

La idea de Bolívar era una América hispana con 17 repúblicas independientes cuyo objetivo sería proteger los derechos de sus ciudadanos, educar al pueblo y apoyar sus justas ambiciones. Ninguna de ellas tendría motivos para querer ampliar sus fronteras, pues eso consumiría valiosos recursos y no aportaría ninguna ventaja. Además, «un Estado demasiado extenso en sí mismo… al cabo viene en decadencia». Peor aún, «su gobierno libre se convierte en tiranía», sus principios fundacionales se ignoran y «degenera en despotismo». Las repúblicas pequeñas son permanentes; las grandes se inclinan hacia el imperio y la inestabilidad.

Las repúblicas americanas

Las repúblicas independientes creadas en la América hispana después de las guerras de liberación reflejaron la visión bolivariana en su tamaño, aunque no en su independencia, ya que el poder político se convirtió en monopolio de las elites. Esto quizá sea reflejo de los propios instintos elitistas de Bolívar y su ambivalencia sobre la democracia total.

Las ideas del Libertador siguen venerándose en Latinoamérica, si bien algunos políticos se han apropiado de su nombre para legitimar acciones que él habría deplorado. ■

El retrato de Bolívar durante una manifestación en Venezuela a favor de Hugo Chávez. Chávez afirmaba que su movimiento era una revolución bolivariana y antiimperialista.

Simón Bolívar

Nació en Caracas en 1783. Hijo de padres venezolanos aristocráticos, Simón Bolívar tuvo como maestro al célebre erudito Simón Rodríguez, quien le introdujo en las teorías de la Ilustración europea. Terminada su instrucción militar, con solo 16 años, Bolívar viajó a México, Francia y España, donde se casó, aunque enviudó ocho meses más tarde.

En 1804 fue testigo de la coronación de Napoleón como emperador de Francia. Durante su estancia en Europa, imbuido de las ideas nacionalistas que allí encontró, juró no descansar hasta que Sudamérica lograra independizarse de España, y así fue como lideró la liberación de los actuales Ecuador, Colombia, Venezuela, Panamá, el noreste de Perú y el noroeste de Brasil. Bolívar tuvo que renunciar a su antiguo liberalismo cuando se sintió obligado a proclamarse dictador del nuevo Estado de la Gran Colombia en 1828. Murió solo dos años más tarde, muy desilusionado por el resultado de las revoluciones que él mismo había inspirado.

Obras principales

1812 *Manifiesto de Cartagena.*
1815 *Carta de Jamaica.*

LA ABOLICION Y LA UNION NO PUEDEN COEXISTIR

JOHN C. CALHOUN (1794–1850)

EN CONTEXTO

IDEOLOGÍA
Derechos del Estado

ENFOQUE
Esclavitud

ANTES
Siglo V A.C. Según Aristóteles, algunas personas son esclavas naturales, y la esclavitud ayuda a desarrollar capacidades y virtudes.

426 D.C. San Agustín de Hipona asegura que la primera causa de esclavitud es el pecado, que nos somete a otras personas como castigo divino.

1690 El pensador John Locke condena que se esclavice a los prisioneros de guerra y ataca la noción de la esclavitud natural.

DESPUÉS
1854 Durante su discurso en Peoria (Illinois), Abraham Lincoln expone sus argumentos morales, económicos, políticos y legales contra la esclavitud.

1865 Los esclavos consiguen la emancipación en EE UU.

En 1837, el senador estadounidense John C. Calhoun pronunció un discurso apasionado sobre la esclavitud. Las crecientes presiones a favor de la abolición de la esclavitud habían ido en aumento en la década de 1830, y los dueños de esclavos del sur del país se sentían amenazados. Para oponerse a la posible reforma, argumentaban que se trataba de desigualdades naturales dispuestas por Dios, según las cuales algunas personas estaban capacitadas para mandar y otras, por el contrario, para trabajar. Es más, aseguraban que la esclavitud evita conflictos entre empleados y empleadores, y también la tiranía de la esclavitud remunerada que amenazaba el bienestar de la nación tanto como la causa abolicionista.

Positiva para las dos razas

Fue la presentación del asunto ante el Senado lo que urgió a Calhoun a afirmar que el Congreso no tenía por qué interferir con el derecho fundamental a poseer esclavos que garantizaba la Constitución. Rebajarse a aceptar la abolición significaría que los estados esclavistas y los que no lo eran iban a vivir bajo sistemas políticos diferentes. «Los conflictos separarían violentamente la Unión, por poderosos que sean los lazos que la unen. La abolición y la Unión no pueden coexistir.» En lugar de defender la esclavitud de los negros como un mal necesario, sostenía que, en realidad esta resultaba positiva para ambas razas. «La raza negra de África Central», señalaba, «nunca había gozado como ahora de un estado tan civilizado y avanzado, no solo física, sino moral e intelectualmente». ■

La relación ahora existente en los estados esclavistas […] es un bien positivo.
John C. Calhoun

Véase también: Aristóteles 40–43 ■ Thomas Jefferson 140–141 ■ Abraham Lincoln 182 ■ Henry David Thoreau 186–187 ■ Nelson Mandela 294–295

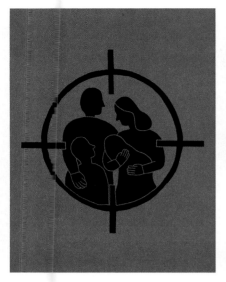

LA TENDENCIA A ATACAR A «LA FAMILIA» ES SÍNTOMA DE CAOS SOCIAL
AUGUSTE COMTE (1798–1857)

EN CONTEXTO

IDEOLOGÍA
Positivismo

ENFOQUE
La familia

ANTES

Siglo XIV En *Muqaddima* (o *Prolegómenos*), Ibn Jaldún usa el razonamiento científico para estudiar la cohesión social y los conflictos.

1821 En Francia, el socialista Henri de Saint-Simon sostiene que la nueva sociedad industrial traerá consigo una nueva Utopía, con un nuevo tipo de políticos encabezados por científicos.

1835 El filósofo belga Adolphe Quetelet adelanta la idea de una ciencia social para el estudio del hombre medio.

DESPUÉS

1848 Karl Marx, en el *Manifiesto comunista*, defiende la necesidad de abolir la familia.

1962 Michael Oakeshott afirma que no es posible comprender racionalmente la sociedad.

En su *Curso de filosofía positiva* (1830–1842), el filósofo francés Auguste Comte llevó a cabo una defensa de la familia que no estaba basada tan solo en los sentimientos. La filosofía «positivista» de Comte sostiene la idea de que, para llegar a comprender realmente la sociedad, los únicos datos válidos provienen de los sentidos y del análisis lógico de esos datos. La sociedad, asegura, actúa según las leyes, al igual que el mundo físico de las ciencias naturales. Es tarea del sociólogo estudiarla y obtener algo de dichas leyes.

La familia como unidad social

Resulta crucial tener en cuenta las leyes en general y no obsesionarse con opiniones individuales idiosincráticas. «El espíritu científico no nos deja contemplar la sociedad como formada por individuos: la verdadera unidad social es la familia.» La sociedad se construye sobre los cimientos de la familia: una ciencia social que atienda las exigencias de los individuos está condenada al fra-

Las familias se hacen tribus y las tribus se hacen naciones.
Auguste Comte

caso. También es dentro de la familia donde se pone freno a los caprichos personales para el bien de la sociedad. El impulso de los seres humanos son los instintos personales y los sociales. «En una familia, ambos tipos de instintos se combinan y se concilian; la familia también ejemplifica el principio de subordinación y de cooperación mutua.» Comte enfatiza los lazos sociales, pero no comulga con el socialismo: los marxistas que están a favor de la abolición de la familia están, según él, a favor de la destrucción de la sociedad. ■

Véase también: Ibn Jaldún 72–73 ▪ Karl Marx 188–193 ▪ Max Weber 214–215 ▪ Michael Oakeshott 276–277 ▪ Ayn Rand 280–281

LA REBEL
DE LAS M
1848–1910

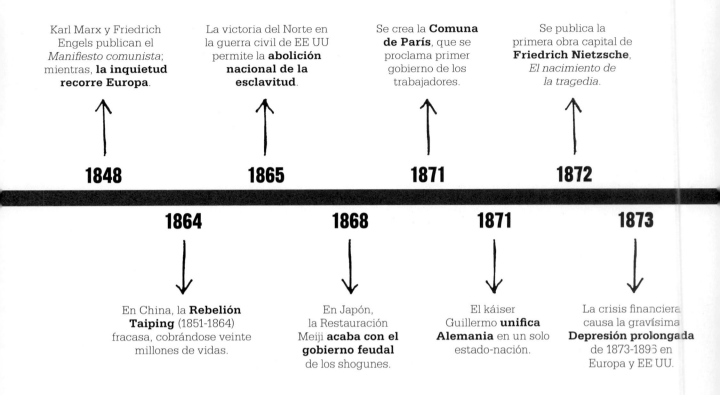

Karl Marx y Friedrich Engels publican el *Manifiesto comunista*; mientras, **la inquietud recorre Europa**.

1848

La victoria del Norte en la guerra civil de EE UU permite la **abolición nacional de la esclavitud**.

1865

Se crea la **Comuna de París**, que se proclama primer gobierno de los trabajadores.

1871

Se publica la primera obra capital de **Friedrich Nietzsche**, *El nacimiento de la tragedia*.

1872

1864

En China, la **Rebelión Taiping** (1851-1864) fracasa, cobrándose veinte millones de vidas.

1868

En Japón, la Restauración Meiji **acaba con el gobierno feudal** de los shogunes.

1871

El káiser Guillermo **unifica Alemania** en un solo estado-nación.

1873

La crisis financiera causa la gravísima **Depresión prolongada** de 1873-1896 en Europa y EE UU.

Las revoluciones y las guerras que tuvieron lugar a finales del siglo XVIII y a comienzos del XIX dejaron en Europa un legado incierto. El tratado de París (1815) supuso el fin de las guerras napoleónicas, y durante casi un siglo se dieron pocos conflictos entre los poderes del continente. La economía mundial creció, impulsada por la industrialización y por la rápida expansión de los ferrocarriles y las comunicaciones. Era *casi* posible creer que los acuerdos políticos firmados durante la primera parte del siglo XIX ofrecerían un marco institucional estable a la humanidad. Georg Hegel aseguraba que la forma más perfecta del Estado era la lograda en Prusia en la década de 1830, mientras muchos otros presentaban el colonialismo europeo como una misión civilizadora. Una vez asegurados los derechos políticos y sociales, la «sociedad justa» estaba servida.

Ideas comunistas

Dos jóvenes discípulos de Hegel, Friedrich Engels y Karl Marx, disentían vehementemente de su maestro. Señalaron que la industrialización estaba creando una nueva clase de trabajadores sin propiedades que, si bien tenían cada vez más libertad política, continuaban en la esclavitud económica. Sostuvieron que con el análisis hegeliano podían demostrar que esta nueva clase era capaz de trasladar los derechos civiles y políticos a la economía.

Marx y Engels escribieron su célebre *Manifiesto comunista* cuando en Europa cobraban fuerza algunos movimientos revolucionarios para que hicieron del manifiesto un instrumento radical del que surgiría un nuevo tipo de política de masas. Algunos partidos proletarios, como el Partido Socialdemócrata de Alemania (SPD), adoptaron el manifiesto como guía y confiaron en un futuro en el que todo el pueblo ejercería el poder político y económico. La política dejó de ser asunto de las elites para convertirse en una actividad de masas; millones de personas se unieron a organizaciones políticas y, a medida que se ampliaba el derecho a votar, millones más participaron en los sufragios.

El antiguo orden en retroceso

El debate sobre la esclavitud desató una guerra civil en EE UU. La victoria de la Unión la abolió en todo el país y dio nuevas fuerzas a la nación, que comenzó a ganar poder económico y político. Más al sur, las

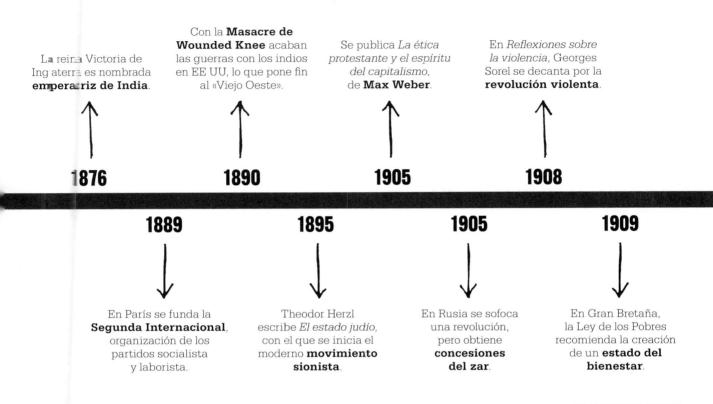

La reina Victoria de Inglaterra es nombrada **emperatriz de India**.

Con la **Masacre de Wounded Knee** acaban las guerras con los indios en EE UU, lo que pone fin al «Viejo Oeste».

Se publica *La ética protestante y el espíritu del capitalismo*, de **Max Weber**.

En *Reflexiones sobre la violencia*, Georges Sorel se decanta por la **revolución violenta**.

1876   **1890**   **1905**   **1908**

1889   **1895**   **1905**   **1909**

En París se funda la **Segunda Internacional**, organización de los partidos socialista y laborista.

Theodor Herzl escribe *El estado judío*, con el que se inicia el moderno **movimiento sionista**.

En Rusia se sofoca una revolución, pero obtiene **concesiones del zar**.

En Gran Bretaña, la Ley de los Pobres recomienda la creación de un **estado del bienestar**.

nuevas repúblicas de Latinoamérica luchaban por alcanzar la estabilidad prometida por sus constituciones, pero el poder seguía repartiéndose entre sectores de una pequeña elite. Gran parte de la región se estancó, si bien las exigencias de reforma llevaron al estallido de una revolución en México en 1910.

En Asia aparecieron las primeras organizaciones anticolonialistas para luchar por sus derechos políticos, y una parte de los gobernantes tradicionales de Japón instituyó una modernización generalizada que terminó con el antiguo orden feudal. Los viejos regímenes parecían estar retrocediendo en todo el mundo.

Sin embargo, y a pesar de la idea de algunos marxistas, nadie garantizaba el avance de las masas hacia el poder político. Entre los que expresaban un profundo escepticismo sobre la capacidad de las masas de reformar la sociedad destacó Friedrich Nietzsche. Más adelante, Max Weber adoptó sus ideas e intentó volver a imaginar la sociedad como una pugna por el poder entre creencias en conflicto, y no como el espacio de lucha de clases preconizado por el pensamiento marxista.

Movimientos reformistas

Tanto liberales como conservadores se adaptaron a la nueva situación con partidos de participación masiva, e intentaron gestionar las crecientes exigencias de bienestar y justicia por parte de la izquierda. La filosofía liberal tenía la firme base teórica de pensadores como el británico John Stuart Mill, quien sostenía que los cimientos de una sociedad justa eran los derechos individuales y no la lucha de clases marxista.

Cada vez más, los socialistas que luchaban por la propiedad social de la producción también observaban que las posibilidades de reforma se hallaban dentro del sistema capitalista. Eduard Bernstein defendió la reforma por medio de las urnas, aprovechando el sufragio universal masculino establecido en la nueva Alemania unificada. En Gran Bretaña, algunos reformistas socialistas, como Sidney y Beatrice Webb, pidieron un sistema integral de asistencia para los pobres.

Entretanto, Lenin y otros agitadores continuaban exigiendo la revolución socialista en Rusia, al tiempo que comenzaban a producirse fuertes tensiones entre las antiguas elites europeas: el escenario para el convulso periodo de cambios que se encontraban a punto de sacudir el mundo estaba listo. ■

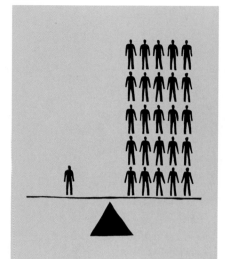

EL SOCIALISMO ES UN NUEVO SISTEMA DE SERVIDUMBRE

ALEXIS DE TOCQUEVILLE (1805–1859)

El socialismo **ignora** las virtudes humanas más altas.	El socialismo **socava** la propiedad privada.	El socialismo **reprime** al individuo.

El socialismo es un nuevo sistema de servidumbre.

EN CONTEXTO

IDEOLOGÍA
Liberalismo

ENFOQUE
Sociedad sin clases

ANTES
380 a.C. Platón señala que la democracia es inferior a otros sistemas de gobierno.

1789 Comienza la Revolución Francesa. Con su victoria, el rey Luis XVI muere decapitado y se establece la República.

1817 Henri de Saint-Simon, teórico socialista, defiende un nuevo tipo de sociedad fundada sobre principios socialistas.

DESPUÉS
1922 Proclamación de la Unión Soviética, que sitúa a una gran parte de Europa oriental bajo el comunismo.

1989 Cae el muro de Berlín, y junto a él, el comunismo en toda la Europa oriental; se produce una expansión de los sistemas de gobierno democráticos y capitalistas.

En septiembre de 1848, Alexis de Tocqueville pronunció un apasionado discurso en la Asamblea Constituyente de Francia, creada después del destronamiento del rey Luis Felipe en febrero. Afirmó que los ideales de la Revolución Francesa de 1789 preveían un futuro democrático para Francia y el rechazo del socialismo.

Tocqueville atacaba el socialismo por tres motivos fundamentales. Primero: explota las «pasiones materiales de los hombres», es decir, que su objetivo es la generación de riqueza y, por consiguiente, ignora los nobles ideales de generosidad y virtud, que fueron las semillas de la revolución. Segundo: socava el principio de la propiedad privada, según él, esencial para la libertad; si bien

los estados socialistas no expropian la propiedad, sí la debilitan. Y por último, su crítica más acerba era que el socialismo desprecia al individuo.

En opinión de Tocqueville, bajo el socialismo, el Estado dominante ahoga las iniciativas individuales, dirige la sociedad como conjunto pero, paulatinamente, se va convirtiendo cada vez más en «el amo de cada hombre». Mientras la democracia acentúa la autonomía personal, el socialismo la anula. Socialismo y democracia nunca podrán ir juntos: son totalmente opuestos.

Una sociedad sin clases

Tocqueville creía que se habían traicionado los ideales revolucionarios de libertad para todos, es decir, la abolición de las divisiones en cla-

> La democracia es
> igualdad con libertad.
> El socialismo desea
> igualdad con ligaduras
> y servidumbre.
> **Alexis de Tocqueville**

ses. Pero, a partir de allí, las clases más altas lograron más privilegios y fueron más corruptas, mientras que las más bajas ardían de rabia y desafección, y, por lo tanto, eran proclives a ser seducidas por las ideas socialistas.

La solución, según Tocqueville, no era el socialismo, sino la reafirmación del ideal revolucionario original de una sociedad libre y sin clases. Al enfrentar a los propietarios con el proletariado, el socialismo volvería a instaurar las divisiones sociales.

Tener un sistema socialista sería como volver a la monarquía prerrevolucionaria. Para él, un Estado socialista dominador era incompatible con la libertad y la competencia.

Tocqueville defendía la idea de una sociedad democrática en la que floreciera la empresa privada y los pobres y los vulnerables estuvieran protegidos por el ideal cristiano de caridad. Su modelo era EE UU, que, según él, había alcanzado la forma más avanzada de la democracia.

La comparación que estableció entre «democracia como libertad» y «socialismo como confinamiento» se convirtió en un lugar común en los debates durante los siglos XIX y XX. Pronunció su discurso en un año en el que tuvieron lugar numerosos alzamientos y revoluciones por toda Europa, en gran parte fomentados por los ideales socialistas. Pero, después de 1848, estos alzamientos se desinflaron y, durante algún tiempo, el socialismo dejó de expandirse, tal como Tocqueville había temido. ▪

Bajo el socialismo, decía Tocqueville, los trabajadores serían solo piezas de la autoritaria máquina del Estado.

Alexis de Tocqueville

Tocqueville nació en 1805, en París y en el seno de una familia aristocrática. Cuando Luis Felipe de Orleans llegó al trono en 1830, logró un puesto en el nuevo gobierno, pero los cambios políticos pusieron en peligro su estabilidad y decidió trasladarse a EE UU. Resultado de este viaje fue su célebre obra *La democracia en América*, en la que aseguraba que la democracia y la igualdad habían avanzado mucho en este país, aunque también advirtió sobre los diversos peligros de la democracia: un materialismo y un individualismo excesivos.

Después de la revolución de 1848, Tocqueville fue miembro de la Asamblea Constituyente francesa, que debía redactar la Constitución de la Segunda República. Cuando su oposición al golpe de Luis Napoleón, en 1851, le costó una noche en un calabozo, abandonó la política. Afectado por una pésima salud durante gran parte de su vida, murió de tuberculosis en 1859, a los 53 años de edad.

Obras principales

1835, 1840 *La democracia en América.*
1856 *El Antiguo Régimen y la Revolución.*

NO DIGAIS «YO», DECID «NOSOTROS»

GIUSEPPE MAZZINI (1805–1872)

La **búsqueda de los derechos individuales** no es suficiente para el bien social…

… porque **no todo el mundo** puede ejercer sus derechos.

… porque la búsqueda de los intereses individuales conduce a **la avaricia y los conflictos**.

Los derechos individuales deben **formar parte del deber hacia nuestro país**.

No digáis «yo», decid «nosotros».

El pensador y activista político italiano Giuseppe Mazzini llamó al pueblo a aglutinarse alrededor de la idea de estado-nación. En su obra *Los deberes del hombre: fe y porvenir* pidió al pueblo que pusiera el deber hacia el propio país por encima de los intereses individuales. El nacionalismo de Mazzini surgió a raíz de una crítica a los cambios políticos surgidos en la Europa del siglo anterior. La idea que respaldó dichos levantamientos era la de libertad, la cual se debía ob-

Al trabajar por nuestro país sobre principios justos, trabajamos por la humanidad.
Giuseppe Mazzini

tener por medio de los derechos individuales. Las masas trabajadoras esperaban que los derechos trajeran bienestar material.

Mazzini creía que una mayor libertad no había supuesto una mejora del estado de los trabajadores; pese a la expansión de la riqueza y del comercio, el desarrollo económico solo había beneficiado a algunos privilegiados. Para él, la mera aspiración a los derechos individuales planteaba dos problemas: primero, la libertad era una «ilusión y una amarga ironía» para la mayoría, que no estaban en condiciones de ejercerla —por ejemplo, el derecho a la educación era mera entelequia para quienes no tenían recursos ni tiempo para estudiar—; y segundo, la lucha en pro de intereses materiales provocaba que la gente se pisoteara mutuamente, debilitando así los lazos comunes del género humano.

Deberes antes que derechos

Aseguraba Mazzini que los derechos venían después del deber más alto que tenemos hacia la humanidad. Este deber exige que las personas colaboren en metas comunes. Pero sería difícil para una persona actuar sola para servir a la humanidad en toda su amplitud. En cambio, según Mazzini, Dios ha creado distintos países y ha separado a la humanidad en ramas. Un país es el «taller» a través del cual la persona puede servir al género humano. Es el deber hacia el país y, por lo tanto, el pensar ya no en términos de «yo», sino de «nosotros», lo que conectará a las personas en ese colectivo

Un desfile por las calles de Turín celebró la unificación de Italia en 1861. Hoy día, Mazzini es considerado uno de los fundadores de la Italia moderna.

mayor que es la humanidad. Para él, un país es mucho más que un grupo de personas en una zona geográfica: es una asociación fraternal de personas. Sus ideas inspiraron los alzamientos revolucionarios de 1848 en Europa, coincidiendo con el proceso de unificación de Italia como Estado (el *Risorgimento*), y, más tarde, ya en el siglo xx, llevaron a los nacionalistas a su lucha anticolonialista. El sueño de Mazzini de colaboración entre las naciones europeas se hizo realidad con la creación de la Comunidad Económica Europea en 1957. ■

Giuseppe Mazzini

Mazzini nació en Génova, hijo de un médico. A los 20 años de edad entró en la política clandestina, y hacia 1831 ya había conocido tanto la cárcel como el exilio por sus múltiples actividades clandestinas. Fundó una organización política que, bajo el nombre de Joven Italia, luchó mediante agitaciones y alzamientos por la unificación del país. Numerosos activistas de toda Europa siguieron su ejemplo y crearon organizaciones similares.

Al inicio de los levantamientos europeos de 1848, Mazzini regresó a Italia con el objetivo de encabezar una República en Roma; a la caída de esta, se vio obligado de nuevo al exilio. Volvió a comienzos de la década de 1860, en un momento en que se estaba conformando el reino de Italia del Norte. Esto no agradó al republicano Mazzini, que renunció a ocupar su escaño en el nuevo Parlamento. Murió en Pisa en 1872, dos años después de que finalmente se produjera la unificación de Italia.

Obras principales

1852 *Sobre la nacionalidad.*
1860 *Los deberes del hombre y otros ensayos.*

QUE TAN POCOS SE ATREVAN Á SER EXCENTRICOS MARCA EL PRINCIPAL PELIGRO DE LA EPOCA

JOHN STUART MILL (1806–1873)

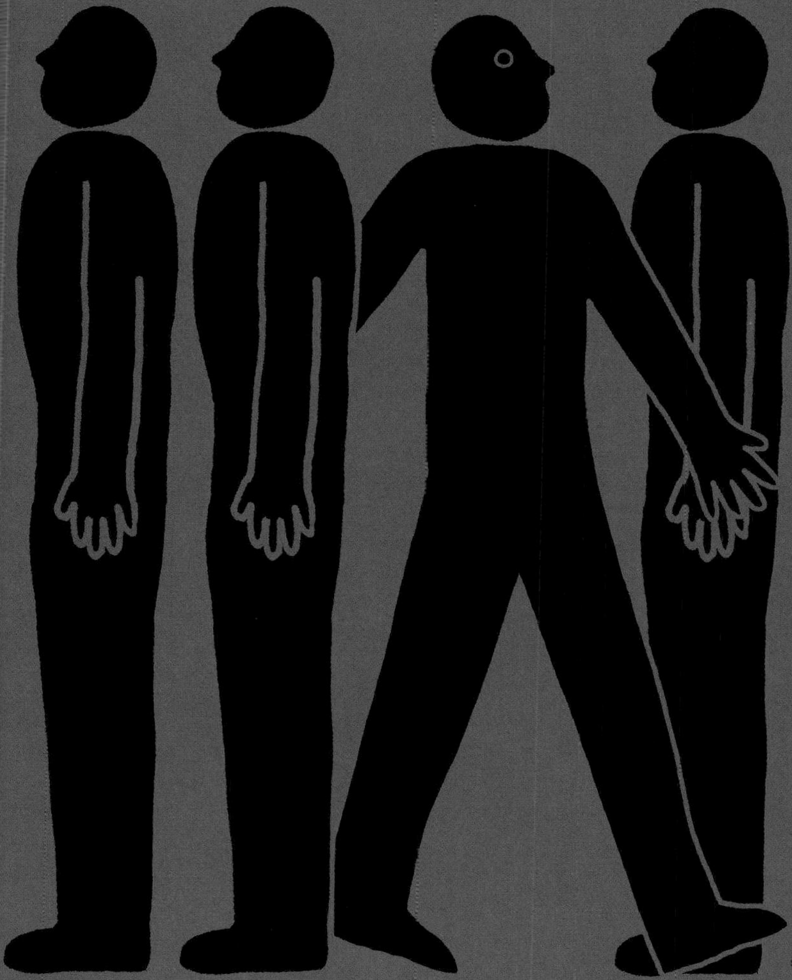

EN CONTEXTO

IDEOLOGÍA
Liberalismo

ENFOQUE
La libertad individual

ANTES
1690 Opuesto a los gobiernos autoritarios, John Locke lidera el pensamiento liberal.

1776 En EE UU, la Declaración de Independencia afirma que todos los hombres son creados iguales y con derecho a la vida, la libertad y la felicidad.

DESPUÉS
Década de 1940 Después de la Gran Depresión, los liberales defienden el estado del bienestar.

1958 El humanista británico Isaiah Berlin establece una distinción entre la libertad «negativa» y la «positiva».

1974 Robert Nozick, filósofo estadounidense, defiende que las libertades personales son sacrosantas.

En su obra *Sobre la libertad*, John Stuart Mill defiende un importante principio del liberalismo: la individualidad es el fundamento de una sociedad sana. El sujeto de sus investigaciones es, sin duda, un punto fundamental de la teoría política: el correcto equilibrio entre la libertad individual y el control social.

Mill argumentaba que las transformaciones de las condiciones políticas de mediados del siglo XIX exigían adoptar un nuevo enfoque sobre este asunto. Anteriormente, cuando las monarquías absolutistas detentaban el poder, no había urnas electorales que controlasen la voracidad de los gobernantes. Es por eso por lo que los intereses del Estado se consideraban opuestos a los del individuo, y que las interferencias del gobierno se veían sospechosas.

Se suponía que la proliferación de sistemas de gobierno democráticos a lo largo del siglo XIX había resuelto esta tensión, ya que, gracias a las elecciones periódicas, quien gobernaba en última instancia eran las masas, lo que hacía converger los intereses del Estado con los del pueblo. En este nuevo contexto, no se creía que la intervención del gobierno actuara en detrimento de quienes lo habían elegido.

La tiranía de la mayoría

Mill alertó de la complacencia inherente a esta opinión. Arguyó que un gobierno elegido aglutina y destila las ideas de la mayoría, la cual podría terminar queriendo oprimir a la minoría. Esta «tiranía de la mayoría» entrañaba el riesgo de que la interferencia de los gobiernos, aun siendo elegidos, resultara perjudicial. Tan grave como la tiranía de la mayoría política lo era el riesgo de tiranía social por parte de la opinión pública mayoritaria, que tiende a uniformar creencias y comportamientos. Estas formas de tiranía eran más peligrosas, según Mills, porque a menudo las opiniones de la gente son irreflexivas y se sustentan en poco más que el propio interés y las preferencias personales. De ese modo, en esencia, el saber heredado no refleja otra cosa que el interés de los grupos sociales dominantes.

En aquella época, Gran Bretaña estaba todavía transitando el camino hacia una democracia moderna, y Mill señaló que la gente todavía no

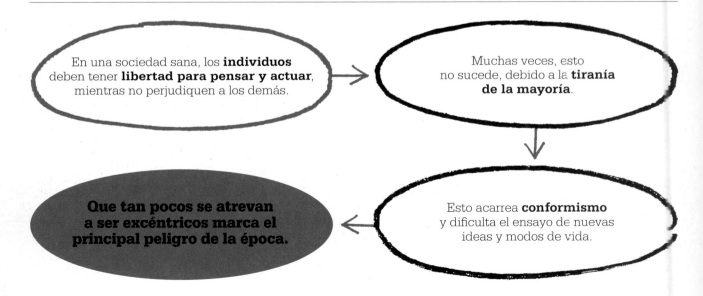

En una sociedad sana, los **individuos** deben tener **libertad para pensar y actuar**, mientras no perjudiquen a los demás.

Muchas veces, esto no sucede, debido a la **tiranía de la mayoría**.

Esto acarrea **conformismo** y dificulta el ensayo de nuevas ideas y modos de vida.

Que tan pocos se atrevan a ser excéntricos marca el principal peligro de la época.

La libertad de acción –como el derecho de reunión en este desfile del orgullo gay, en París– era el núcleo de la idea de Mill acerca de la libertad individual, junto con la libertad de pensamiento y de opinión.

se daba cuenta de sus peligros. La desconfianza respecto al gobierno era ya una reliquia de la época en que se veía el Estado como opresor de los individuos, y no todos comprendían aún que una mayoría democrática puede operar también de manera tiránica. En esta confusión, las intervenciones gubernamentales eran a la vez innecesariamente exigidas e injustificablemente repudiadas. También iba en aumento la tiranía de la opinión pública, y Mill alertó sobre la tendencia general a que la sociedad aumentase su control sobre el individuo.

Intervención justificable

Para detener esta tendencia hacía falta un dique moral, por lo que Mill intentó dar con un principio claro para definir el equilibrio correcto entre autonomía individual e inter-

vención del gobierno. Sostuvo que la sociedad solo podía intervenir justificadamente en las libertades del individuo a fin de evitar un daño a los demás. La preocupación por el bien del individuo podría justificar el intento de convencerle de emprender una acción distinta, pero no obligarle a ello: «Sobre su propio cuerpo y mente, el individuo es soberano», sentenció Mill. Este principio de libertad individual lo aplica también al pensamiento, a la expresión de opiniones y a las acciones.

Mill argumentó que si se socava dicho principio, toda la sociedad se resiente. Por ejemplo, sin libertad de pensamiento se restringirían tanto el conocimiento como la innovación. Para demostrarlo, Mill explicó cómo llegan a la verdad los seres humanos. Puesto que la mente es falible, únicamente se conoce la verdad o la falsedad de una idea al comprobarla en el «caldero hirviente de las ideas contrarias». Al reprimir sus ideas, la sociedad podría perder alguna verdadera. También podría desechar

algunas ideas falsas que podrían haber resultado útiles para comprobar y, posiblemente, revelar la verdad de otra idea. Mill rechazó el argumento de que algunas ideas son socialmente más útiles que otras, independientemente de su verdad, porque este argumento supone la infalibilidad de decidir qué creencias son útiles. Aunque ya no se quemara a los herejes en la pira, Mill creía que la intolerancia social de las opiniones poco ortodoxas amenazaba con obstruir las mentes y frenar el avance de la sociedad.

Una profusión de ideas

Aun cuando el saber heredado de la sociedad sea verdad, Mill afirmó que era muy importante conservar una profusión de ideas: para que una idea verdadera pueda mantener su vitalidad y su energía, esta necesita ser desafiada y examinada constantemente. Esto sucedía en especial con las ideas acerca de la política y de la sociedad, que nunca alcanzarán la certeza de las verdades »

La lucha entre libertad y autoridad es el aspecto más visible de las partes de la historia con que antes nos familiarizamos.
John Stuart Mill

Las ideas y las políticas **deben confrontarse** entre sí.

Las que no pasan esta prueba se **descartan**.

En el caldero hirviente de ideas de Mill, cada idea se valida constantemente por confrontación con otras ideas. El caldero funciona como un alambique: las ideas falsas o incompletas se evaporan al ser rechazadas, mientras que las verdaderas permanecen en la mezcla y se refuerzan.

«La tiranía de la mayoría» se incluye hoy entre los males contra los que la sociedad debe estar vigilante.
John Stuart Mill

convencional– promueve la innovación social: «El valor de los diferentes estilos de vida debe ser probado de manera práctica». Aunque la gente considere útil guiar sus vidas por las tradiciones, tendrían que hacerlo de forma creativa y apropiada a sus circunstancias y preferencias personales. Mill creía que, cuando se siguen las costumbres miméticamente –o se sostienen opiniones irreflexivas–, los estilos de vida son estériles y las facultades morales de las personas se debilitan.

Experimentación para todos

Como sucede con la libre expresión de ideas, aquellos que actúan de formas nuevas benefician a la sociedad en su conjunto, incluso a la gente más convencional. Los inconformistas descubren nuevas maneras de hacer las cosas, y los demás pueden adoptar algunas de ellas. Pero los innovadores sociales necesitan libertad para poder experimentar a fin de lograr esos beneficios.

Contra el poder que tiene la opinión mayoritaria, los espíritus libres y los excéntricos contribuyen a que la gente busque nuevos modos de hacer las cosas. Cuando Mill escribió *Sobre la libertad*, la revolución

matemáticas. Se validan mejor las ideas si se escuchan las opiniones de los que piensan diferente. De no haber disidentes, sería necesario incluso imaginar sus opiniones. Sin la discusión y la disensión, las personas no podrían ni siquiera apreciar los fundamentos de las ideas verdaderas, que se convertirían así en dogmas muertos que repetiríamos como loros y sin llegar a comprenderlos realmente. Al convertirse en lemas estériles, los principios co-

rrectos tanto morales como de conducta dejan de movernos hacia las acciones auténticas.

Mill aplicó su principio de libertad para defender la libertad de acción individual. No obstante, reconoció que esta sería necesariamente más limitada que la de pensamiento, porque es más probable que se cause daño con una acción que con un pensamiento. Al igual que la libertad de las ideas, la individualidad –la libertad de vivir una vida poco

industrial había transformado Gran Bretaña en el país económicamente más avanzado del mundo. Mill creía que este logro provenía de la relativa pluralidad del pensamiento y de la libertad de acción que existían en Europa. Comparó el dinamismo europeo con el estancamiento de China, país que, según él, había declinado debido al anquilosamiento de sus costumbres y tradiciones, que habían dejado de lado la individualidad. En Gran Bretaña, el desarrollo económico promovió la educación de las masas, unas comunicaciones más rápidas y más oportunidades para aquellas clases sociales que hasta entonces habían sido excluidas. Sin embargo, este progreso también comportó una mayor homogeneidad en los gustos y, con ello, una disminución de la individualidad. Mill pensaba que, de continuar esta tendencia, Inglaterra acabaría como China. Creía que la sociedad inglesa se había vuelto demasiado conformista y no apreciaba el valor de la originalidad: la mayoría de las personas actuaba según su posición social y no según su conciencia. Por todo ello, la falta de excentricidad suponía un peligro.

El principio del perjuicio

La idea de Mill sobre el perjuicio (o daño) le llevó a formular un principio útil y simple sobre cuáles son los límites adecuados entre el Estado y el individuo, y lo expresó en un momento en que la relación entre el gobierno y el pueblo estaba cambiando aceleradamente.

La política sobre el tabaco durante el siglo xx ilustra perfectamente cómo es posible aplicar este principio para reflexionar acerca de las restricciones impuestas por el gobierno a la conducta individual. Aun cuando se conocía desde mucho tiempo atrás que fumar resulta perjudicial para la salud, la sociedad nunca prohibió que la gente fumara. En lugar de eso, se emitían mensajes sanitarios para convencer a la gente de que lo dejase; de este modo, hacia finales del siglo, el tabaquismo disminuyó en muchos países.

Esto era coherente con el principio de libertad de Mill: las personas pueden fumar libremente, incluso si hacerlo les provoca un perjuicio, dado que no lo causa a los demás. Posteriormente, la medicina consiguió demostrar que fumar de manera pasiva también provocaba

> Donde hay una clase en ascenso, gran parte de la moral del país emana de los intereses de esa clase y de sus sentimientos de superioridad social.
> **John Stuart Mill**

daños. El descubrimiento significó que fumar en sitios públicos contravenía el principio del perjuicio, el cual volvió a aplicarse, prohibiéndose fumar en lugares públicos. Dado que disminuyó rápidamente la afición al tabaco, ahora, en cierto sentido, fumar es cosa de excéntricos, pero, a pesar de las pruebas cada vez más abrumadoras sobre sus peligros para la salud, a pocos se les ocurriría prohibirlo por completo.

Perjuicio frente a felicidad

Pero puede que el principio del perjuicio no siempre resulte como imaginan los liberales. Por ejemplo, si las personas considerasen que la homosexualidad es inmoral y repugnante, podrían argumentar que el solo hecho de saber que es practicada puede llegar a causarles un daño; y podrían opinar que el Estado debería intervenir para preservar la moral sexual. Esto plantea el problema »

Protesta de manifestantes contra una marcha neonazi. Mill defendió la posibilidad de oponerse a la libertad individual —como el derecho de reunión de los neonazis— si esta provocaba más desdicha que felicidad.

de la base ética subyacente en la defensa del individuo de Mill. *Sobre la libertad* se enmarca en la corriente filosófica del utilitarismo, que Mill apoyaba como seguidor de Jeremy Bentham, quien afirmó que la moral de las acciones debía ser juzgada según cómo contribuye a la suma total de la felicidad humana. En vez de juzgar, por ejemplo, que mentir es malo en sí mismo, tendría que ser condenado solo si sus consecuencias –cuando se consideran juntas– causan más desdicha que felicidad. Mill refinó y amplió la teoría de Bentham al distinguir entre placeres «más elevados» y «más bajos», lo que significa que sería mejor ser un Sócrates desdichado que un cerdo feliz, pues solo un Sócrates tendría la posibilidad de experimentar placeres más elevados.

Se percibe cierto conflicto entre el utilitarismo y el punto de vista de *Sobre la libertad*, porque la defensa de la libertad individual parece un principio aparte que podría chocar contra el principio de la felicidad, que debe ser más importante, según los utilitaristas. Por ejemplo: si la homosexualidad causara desdicha a la mayoría, el utilitarismo recomen-

Un orador religioso habla a los paseantes en el Speaker's Corner de Hyde Park (Londres). Mill se opuso a la censura y apoyó la libertad de expresión, sin importar la opinión expresada.

daría que fuera prohibida, lo cual sería una clara violación de la libertad individual. Pese a este aparente conflicto, Mill mantiene que, en su sistema, la utilidad es el principio fundamental y general.

La defensa de la libertad individual en Mill no es un razonamiento monolítico. Más bien la relaciona con la aplicación concreta del principio de la felicidad en el contexto de la acción del Estado frente a la acción individual; así, afirma que la libertad lleva a la innovación social y al aumento del conocimiento, que, a su vez, contribuyen a la felicidad. Esto nos indica que quizá Mill fue demasiado optimista al pensar que el principio de felicidad apunta siempre hacia la libertad. Tal vez incluso fue demasiado optimista respecto a la libertad de expresión de opiniones, y no solo respecto a la libertad de conducta ya que, por ejemplo, algunos podrían pensar que prohibir la expresión de determinadas opiniones –como declarar admiración por Hitler en la Alemania actual– reduce la infelicidad y, por lo tanto, es utilitariamente justificable.

Libertad negativa

Otra crítica que podría hacerse a los planteamientos de Mill es la de creer que la verdad surge burbujeando del caldero de las ideas opuestas. Piensa que el caldero hierve con más intensidad cuando la sociedad evita totalmente interferir en el pensamiento o la acción individuales. Esta es una noción de libertad que el filósofo británico Isaiah Berlin calificaría como «libertad negativa», la cual definió como la ausencia de restricciones sobre las acciones.

Los críticos de izquierdas creen que la libertad negativa resulta insuficiente por sí sola. Señalan que quizá los grupos oprimidos –como los indigentes o las mujeres sin derechos– no tengan manera de expresar

> La libertad del individuo debe tener límites: no debe llegar a ser una molestia para los demás.
> **John Stuart Mill**

sus opiniones poco convencionales: se les margina, es decir, tienen poco acceso a los medios y las instituciones en las que se expresan y difunden opiniones. Por eso, suelen argumentar que las libertades negativas son inútiles si no hay «libertades positivas» que ayuden activamente a dar a los marginados la capacidad de expresar sus opiniones e influir sobre las normas. De haber presenciado los logros del feminismo durante el siglo XX, Mill habría afirmado que las mujeres consiguieron la igualdad política gracias a la vigorosa expresión de sus ideas. No obstante, los pensadores de izquierdas se opondrían argumentando que los derechos políticos significan poco sin otras libertades positivas, como la igualdad de salarios y los derechos laborales garantizados.

Liberalismo pragmático

La filosofía política de Mill –utilitarismo y defensa de la libertad– influyó profundamente en el nacimiento de democracias liberales en todo el mundo. Suyo es quizá el argumento más célebre y más citado a favor de una pragmática del liberalismo ligada al principio del bienestar colectivo, en vez de a principios inalienables abstractos.

En las democracias liberales modernas, especialmente en Reino Unido y EE UU, han tenido lugar numerosos debates –como el de la moral sexual, el tabaquismo e incluso el papel del libre mercado en la economía– alrededor de las opiniones que ya fueron avanzadas por Mill casi dos siglos atrás. Sin embargo, incluso en dichos países, muchas de las restricciones a la libertad individual impuestas por la sociedad no están solo justificadas por el criterio mínimo de la libertad negativa. La prohibición de las drogas recreativas, por ejemplo, sigue un principio paternalista; asimismo, incluso en los países de libre mercado, el gobierno regula el comercio e intenta que los resultados económicos sean más equitativos. Todas estas medidas parecerían ir más allá de lo que Mill consideraba condiciones para el intervencionismo, pero, mientras siga viva la polémica sobre hasta dónde debe llegar el control social, quienes reivindican posturas más liberales seguirán a menudo invocando los argumentos de John Stuart Mill. ∎

John Stuart Mill

Nació en Londres, en 1806, y hoy en día se le considera uno de los filósofos más influyentes del siglo XIX. Su padre, James Mill, formó parte del círculo de pensadores vinculados al líder del utilitarismo, Jeremy Bentham. James se aseguró de que su precoz hijo también se convirtiera en un importante pensador, y, desde niño, John estudió latín, griego, historia, matemáticas y economía. Pero, a los 20 años de edad, se dio cuenta de que estos esfuerzos intelectuales habían atrofiado su vida emocional y sufrió una profunda depresión.

Desde 1830 mantuvo una estrecha amistad con Harriet Taylor, con quien finalmente contrajo matrimonio en 1851, al enviudar ella. Harriet resultó muy influyente en la creatividad de Mill y le ayudó a ampliar su concepto de la vida humana, al otorgar valor a las emociones y a la individualidad, y alejarse de una visión ascética, hecho que se ve reflejado en el amor por la libertad de Mill.

Obras principales

1859 *Sobre la libertad.*
1865 *El utilitarismo.*
1869 *El sometimiento de las mujeres.*

Las tres libertades básicas de Mill

Libertad de **pensamiento y de ideas**: libertad absoluta de opinión y sentimientos, y libertad para expresarlos oralmente o por escrito.

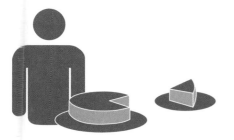

Libertad de seguir los propios **gustos e inclinaciones**: libertad para vivir nuestra vida exactamente como nos apetezca, mientras esto no perjudique al resto de la sociedad.

Libertad de **asociación entre personas**: derecho a unirse a otros con propósitos no perjudiciales y mientras no se obligue a los participantes.

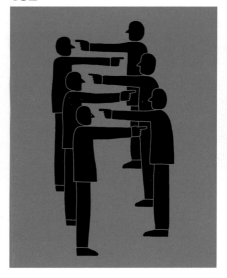

NO HAY HOMBRE LO BASTANTE BUENO PARA GOBERNAR A OTRO SIN SU CONSENTIMIENTO
ABRAHAM LINCOLN (1809–1865)

EN CONTEXTO

IDEOLOGÍA
Abolicionismo

ENFOQUE
Igualdad de derechos

ANTES
1776 La Constitución de EE UU establece la nueva república.

1789 La Declaración de Derechos de la Revolución Francesa afirma que «los hombres nacen y permanecen libres e iguales en derechos».

DESPUÉS
1860 La elección de Abraham Lincoln como 16.º presidente de EE UU provoca la secesión de los estados del sur que defienden su derecho a mantener la esclavitud.

1865 La rendición del general confederado Robert E. Lee pone fin a la Guerra de Secesión con la victoria de la Unión.

1964 La Ley de Derechos Civiles de EE UU prohíbe la discriminación laboral por «raza, color, religión o procedencia».

La fundación de EE UU después de la guerra contra Gran Bretaña había dejado sin resolver la naturaleza de la nueva república. Aunque ya con la Declaración de Independencia de 1776 el país se comprometió formalmente a considerar iguales a «todos los hombres», millones de africanos que cruzaron el Atlántico con destino a las plantaciones de los estados del sur eran esclavos. El Compromiso de Misuri abolió la esclavitud, pero solo en los estados del norte.

Lincoln afirmó que «ningún hombre es lo bastante bueno para gobernar a otro hombre sin su consentimiento» en un discurso de 1854. Se opuso al derecho de los estados a conservar sus leyes, pues el derecho a la libertad individual sobre el que se había fundado el país tenía prioridad sobre el derecho al «autogobierno». La república se había construido sobre los cimientos de la libertad y la igualdad, y no sobre los de la conveniencia política o como compromiso entre estados que conservaban su propia autoridad. Lincoln, considerado un moderado opositor a la esclavitud, no era partidario de que se extendiera, aunque tampoco de su abolición. Sin embargo, aquel discurso de 1854 anunció ya una defensa de las virtudes republicanas que se convertiría en el lema del alzamiento de los estados del norte para iniciar la guerra de Secesión en 1861. Después, el mensaje de Lincoln se hizo más radical y condujo a la Proclamación de la Emancipación, en 1863, y a la abolición de la esclavitud en todo el país, en 1865. ∎

Una parte de nuestro país cree que la esclavitud está bien y debería generalizarse, mientras la otra parte cree que está mal y no debe extenderse.
Abraham Lincoln

Véase también: Hugo Grocio 94–95 ∎ Jean-Jacques Rousseau 118–125 ∎ Thomas Jefferson 140–141 ∎ John C. Calhoun 164

LA PROPIEDAD ES UN ROBO
PIERRE-JOSEPH PROUDHON (1809–1865)

EN CONTEXTO

IDEOLOGÍA
Socialismo, mutualismo

ENFOQUE
Propiedad privada

ANTES
462 a.C. Platón defiende la propiedad colectiva puesto que promueve la búsqueda de metas comunes.

1685 John Locke, pensador inglés, sostiene que los seres humanos tienen derecho natural a la propiedad.

DESPUÉS
1843 Karl Marx y Friedrich Engels exponen, en el *Manifiesto comunista*, su visión de una sociedad sin propiedades.

1974 Robert Nozick, filósofo estadounidense, defiende la primacía moral de la propiedad privada.

2000 El economista peruano Hernando de Soto argumenta que el derecho a la propiedad es básico para sacar de la pobreza a los países en desarrollo.

P ierre-Joseph Proudhon pronunció su célebre frase de que la propiedad es un robo en un tiempo en que muchos franceses se sentían frustrados por los resultados de las revoluciones de las décadas anteriores. Cuando publicó *¿Qué es la propiedad?* habían pasado diez años desde la revolución de 1830 que acabó con los Borbones. Se esperaba que la nueva monarquía de Julio haría realidad el ideal de libertad e igualdad de la revolución de 1789. Sin embargo, hacia 1840, el conflicto de clases se había extendido, con una elite enriquecida junto a un pueblo que seguía en la pobreza. Muchos vieron que el resultado de tanta lucha no había sido la libertad y la igualdad, sino una corrupción y desigualdad crecientes.

Proudhon sostuvo que los derechos a la libertad, la igualdad y la seguridad eran naturales, absolutos e inviolables y formaban el sustrato mismo de la sociedad. Pero también añadió que no pasaba lo mismo con el aparente derecho a la propiedad. De hecho, en opinión de Proudhon, la propiedad socavaba los derechos

La caída y muerte de las sociedades se debe al poder de acumulación que posee la propiedad.
Pierre-Joseph Proudhon

fundamentales anteriormente mencionados: así como la libertad de los ricos y la de los pobres pueden coexistir, los ricos tienen propiedades a costa de la carencia de muchos. Así pues, la propiedad es intrínsecamente antisocial. Y ese era el principal problema de la clase trabajadora y de los movimientos socialistas que surgían en la Europa del siglo XIX, por lo que la contundente declaración de Proudhon encierra el fermento revolucionario de la época. ■

Véase también: Hugo Grocio 94–95 ▪ Thomas Paine 134–139 ▪ Mijaíl Bakunin 184–185 ▪ Karl Marx 188–193 ▪ Trotski 242–245

EL HOMBRE CON PRIVILEGIOS ES UN HOMBRE MORAL E INTELECTUALMENTE DEPRAVADO

MIJAÍL BAKUNIN (1814–1876)

EN CONTEXTO

IDEOLOGÍA
Anarquismo

ENFOQUE
La corrupción del poder

ANTES
1793 El filósofo británico William Goodwin plantea una filosofía anarquista y sostiene que el gobierno corrompe a la sociedad.

1840 Pierre-Joseph Proudhon, filósofo y revolucionario francés, imagina una sociedad justa sin autoridad política.

DESPUÉS
1892 Piotr Kropotkin propone el «comunismo anarquista», una forma de producción y distribución por cooperativas.

1936 El sindicato anarquista español CNT dice tener más de un millón de afiliados.

1999 Se produce un resurgir de las ideas anarquistas alrededor de las protestas anticapitalistas que tienen lugar en la ciudad de Seattle (EE UU).

El hombre con privilegios es un hombre moral e intelectualmente depravado.

Los privilegiados tienden a dirigir las instituciones del Estado…

…y las instituciones del Estado se **corrompen**…

…y **esclavizan** a las masas.

Para ser **libres y sentirnos realizados** hay que rechazar toda autoridad.

En la Europa del siglo XIX aparecieron los estados-nación, se difundió la democracia y se reestructuraron las relaciones entre las personas y la autoridad. En *Dios y el Estado*, el filósofo anarquista ruso Mijaíl Bakunin investiga los requisitos para la realización moral y política de la sociedad humana. En aquella época se veía la sociedad como una asociación de personas bajo la autoridad de un gobierno o de la Iglesia. Según Bakunin, los seres humanos se realizan plenamente al ejercer su capacidad de pensar y al rebelarse contra la autoridad, ya sea divina o humana. Atacó con ardor la «alucinación religiosa» afirmando que es una herramienta de opresión para que el pueblo sea

Véase también: Georg Hegel 156–159 ▪ Pierre-Joseph Proudhon 183 ▪ Karl Marx 188–193 ▪ Piotr Kropotkin 206

servil y para ayudar a los poderosos a mantener su estatus. La vida de las masas resulta miserable, y es posible que la creencia en Dios les dé alivio, pero vivir según la religión embota el intelecto, impidiendo la liberación de las personas. Bakunin afirmaba que los opresores del pueblo –sacerdotes, monarcas, policía, banqueros y políticos– estarían de acuerdo con la frase enunciada por Voltaire de que si no hubiera Dios, habría que inventarlo. Bakunin, en cambio, insistía en que la libertad necesitaba la abolición de Dios.

La conformidad con la institución del Estado, creada por el hombre, también esclaviza al pueblo. Es inevitable que las leyes de la naturaleza limiten lo que podemos hacer, pero Bakunin sostenía que una vez descubiertas esas leyes y conocidas por todos, no se necesitarían instituciones políticas para controlar la sociedad. Todos podrían obedecer conscientemente las leyes naturales porque todos sabrían que son la verdad. Pero, en cuanto una autori-

dad externa, como el Estado, impone leyes –incluso si son válidas–, las personas dejan de ser libres.

El poder corrompe

Bakunin aseguraba que incluso las personas más cultas y bien informadas se corrompen inevitablemente al actuar como guardianes de la sociedad. Dejan de buscar la verdad y se protegen con su propio poder. Las masas, mantenidas en la ignorancia, necesitan su protección. Por eso, Bakunin creía que el privilegio mata el corazón y la mente.

De esto se desprende que debe rechazarse toda autoridad, incluso la que se basa en el sufragio universal. Este fue el fundamento de su filosofía del anarquismo, que, según él, iluminaría el camino hacia la libertad humana. Sus obras y su activismo inspiraron la aparición de los movimientos anarquistas del siglo XIX. Sus ideas impulsaron el surgimiento de una rama bien diferenciada del pensamiento revolucionario, coherente con las ideas de Marx. ▪

La catedral de san Basilio, en Moscú representa la autoridad contra la que el pueblo debe rebelarse, según Bakunin, para ejercer sus libertades.

La idea de Dios implica la abdicación de la razón y la justicia humanas.
Mijaíl Bakunin

Mijaíl Bakunin

La rebeldía de este pensador se puso de relieve cuando, de joven, desertó del Ejército ruso. Pasó mucho tiempo en Moscú y Berlín, empapándose de la filosofía alemana y de las ideas de Hegel. Comenzó a escribir textos revolucionarios, lo que alertó a las autoridades rusas, y fue detenido en 1849, cuando, inspirado por el levantamiento de 1848 en París, trataba de promover una insurrección.

Después de pasar ocho años en una prisión rusa, viajó a Londres y, posteriormente, a Italia, país en el que reanudó sus actividades revolucionarias. En 1868 se unió a la Primera Internacional, una asociación de grupos revolucionarios de izquierdas, pero le expulsaron por sus desacuerdos con Karl Marx. Aunque ambos creían en la revolución, Bakunin siempre rechazó lo que él consideraba el autoritarismo del Estado socialista. Falleció en Suiza, y fomentó la revolución hasta el final de su vida.

Obras principales

1865–1866 *Catecismo revolucionario.*
1871 (publicado en 1882) *Dios y el Estado.*
1873 *El Estado y la anarquía.*

EL MEJOR GOBIERNO ES EL QUE NO GOBIERNA EN ABSOLUTO

HENRY DAVID THOREAU (1817–1862)

EN CONTEXTO

IDEOLOGÍA
Individualismo

ENFOQUE
La acción directa

ANTES
380 a.C. En el diálogo platónico *Critón*, Sócrates se niega a evitar su ejecución ya que, como ciudadano de Atenas, se cree obligado a obedecer las leyes de la ciudad.

1819 El británico Percy Bysshe Shelley compone *La máscara de la anarquía*, poema en el que imagina una resistencia no violenta a la injusticia.

DESPUÉS
Comienzos del siglo xx Las sufragistas quebrantan la ley en Reino Unido al protestar por la negación del voto a las mujeres.

Década de 1920 Mohandas Gandhi aplica su versión no violenta de la desobediencia civil, el *satyagraha*, a la causa de la independencia india.

El progreso surge del **ingenio de la gente**, y no del gobierno.

↓

Los gobiernos pueden ser útiles, pero suelen causar **perjuicios e injusticias**.

↓

Lo mejor que pueden hacer los gobiernos es **dejar prosperar a la gente**.

↓

El mejor gobierno es el que no gobierna en absoluto.

En su ensayo *La desobediencia civil* (1849), el escritor estadounidense Henry David Thoreau aseguró que una persona debe obrar según lo que su conciencia, y no la ley, le dicte. Si no es así, los gobiernos pasan a ser los agentes de la injusticia. Thoreau ya vio pruebas que sustentaron su opinión sobre el gobierno de su país antes de la guerra de Secesión, especialmente con la vigencia de la esclavitud. Escribió el ensayo poco después de la guerra entre EE UU y México (1846–1848), tras la que el primero adquirió territorios mexicanos. Thoreau se opuso radicalmente a la guerra, que creó un intento de introducir la esclavitud en nuevas tierras.

Para él, la esclavitud ilegitimaba al gobierno estadounidense. Afirmó que no podía reconocer a ningún gobierno que lo fuera también de esclavos. Sostuvo que al Estado le resulta fácil convertirse en vehículo de este tipo de injusticias cuando sus ciudadanos están en connivencia pasiva con él. Comparó a esos hombres de moralidad embotada con los trozos de madera o las piedras usados para construir la maquinaria del poder. Según él, no solo los propietarios de esclavos eran moralmente culpables de la escla-

Véase también: Piotr Kropotkin 206 ▪ Emmeline Pankhurst 207 ▪ Mohandas Gandhi 220–225 ▪ Martin Luther King 316–321 ▪ Robert Nozick 326–327

El sometimiento de los esclavos no es un delito que cometen solo sus propietarios, según Thoreau, sino que implica moralmente a todos aquellos ciudadanos que lo permiten.

vitud. Parecería que los ciudadanos de Massachusetts tenían poco que ver con la esclavitud del sur, pero, al estar conformes con un gobierno que la legitimaba, permitían que se siguiera practicando.

La conclusión lógica de su pensamiento se resume en su declaración de que el mejor gobierno es el que no gobierna. En su opinión, los avances en EE UU no provenían del gobierno, sino del ingenio del pueblo, de modo que lo mejor que podía hacer un gobierno era apartarse y dejar que el pueblo prosperara.

Thoreau defendió que aquellos individuos que se sientan descontentos deben hacer algo más que mostrar su desaprobación en época de elecciones: las urnas forman parte del Estado, pero la conciencia moral de las personas se halla por encima y fuera de las instituciones. «Emite tu voto completo: no solo un trozo de papel, sino toda tu influencia.» Es posible que el sentido de la justicia natural de una persona exija acciones directas sobre la maquinaria del gobierno o las opiniones de la mayoría. Para él, estas acciones son: negar nuestro reconocimiento al Estado; dejar de colaborar con sus funcionarios; no pagar los impuestos. Él mismo pasó una breve temporada en la cárcel en 1846 por negarse a pagar el impuesto inmobiliario de Massachusetts como protesta contra la esclavitud.

Thoreau influyó sobre pensadores y activistas posteriores: Martin Luther King lo mencionó como su inspirador. En la década de 1960, cuando se agudizaba la lucha por los derechos civiles en EE UU, las ideas desarrolladas por Thoreau cobraron un nuevo significado para los activistas que practicaban la desobediencia civil. ∎

Henry David Thoreau

Henry David Thoreau nació en 1817 en Concord (Massachusetts), hijo de un fabricante de lápices. Se formó en la Universidad de Harvard. Allí tuvo la oportunidad de estudiar a los clásicos, además de retórica, filosofía y ciencias. Junto con su hermano John, dirigió un colegio hasta la muerte de este, en 1842.

A los 28 años de edad, Thoreau construyó una cabaña en Walden Pond, sobre una antigua propiedad del escritor Ralph Waldo Emerson, y vivió allí dos años. En su obra *Walden*, investigación sobre la vida sencilla y la autosuficiencia, ensalzó los beneficios tanto de la soledad como del contacto directo del hombre con la naturaleza. Más tarde, Thoreau se unió a Emerson y a los «trascendentalistas», que creían en la bondad básica de las personas. Murió de tuberculosis en 1862. Se dice que sus últimas palabras fueron «arce, indio», que quizá ejemplifican su amor por la vida natural.

Obras principales

1849 *La desobediencia civil.*
1854 *Walden* o *La vida en los bosques.*
1863 *Una vida sin principios.*

EL COMUNISMO RESUELVE EL ACERTIJO DE LA HISTORIA

KARL MARX (1818–1883)

A mediados del siglo XIX, Karl Marx, filósofo, historiador e icono revolucionario, llevó a cabo uno de los análisis del capitalismo más ambiciosos que se hubiese abordado nunca. Trató de demostrar por qué las sociedades pasan de un sistema económico a otro diferente; esto fue parte de sus investigaciones sobre la naturaleza cambiante del trabajo y cómo afecta a la realización de las personas. La obra de Marx se centró en las principales preocupaciones de la época: cómo afectaba el crecimiento del capitalismo industrial a las condiciones de vida y la salud moral de la sociedad, y si era posible poner en práctica mejores condiciones económicas y políticas.

Marx escribió en la época en que en Europa aparecieron las nuevas ideas revolucionarias que provocaron los levantamientos de 1848. Sus *Manuscritos económicos y filosóficos* de 1844 contienen gran parte de su pensamiento sobre economía, al estudiar la forma en que la organización capitalista deteriora la vida de los trabajadores. Afirmó que el comunismo resuelve un problema que azota al capitalismo: la organización del trabajo. En los *Manuscritos* desa-

La propiedad privada es, pues, el producto... del trabajo alienado.
Karl Marx

rrolló también el concepto de «alienación del trabajo», es decir, la separación de los seres humanos de su verdadera naturaleza y su potencial de realización. Marx sostuvo que en los mercados de trabajo capitalistas hay varios tipos de alienación que son inevitables.

La realización a través del trabajo

Marx creía firmemente que el trabajo puede ser una de las actividades más satisfactorias para el ser humano. El trabajador dedica su fuerza e ingenio a transformar en productos los objetos de la naturaleza: los bie-

El **capitalismo y la propiedad privada** convierten el trabajo en una mercancía.

Esto **aliena a los trabajadores** de lo que producen, de su trabajo, de su identidad humana y de sus congéneres.

El comunismo **elimina la propiedad** privada y trae el **fin de la alienación**.

El comunismo resuelve el acertijo de la historia.

En un sistema capitalista, según Marx, el trabajador se desvincula de los productos que crea en el instante en que los entrega a su empleador. Esto hace que el trabajador pierda su identidad.

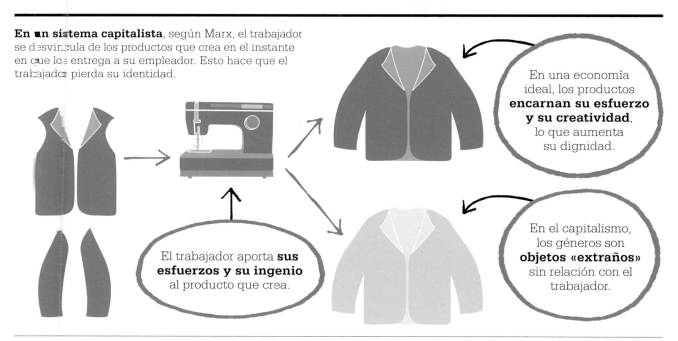

En una economía ideal, los productos **encarnan su esfuerzo y su creatividad**, lo que aumenta su dignidad.

El trabajador aporta **sus esfuerzos y su ingenio** al producto que crea.

En el capitalismo, los géneros son **objetos «extraños»** sin relación con el trabajador.

nes creados representan, por tanto, su esfuerzo y su creatividad. En el capitalismo, la existencia de la propiedad privada provoca que se establezca una separación social entre capitalistas –dueños de los medios de producción, como las fábricas y las máquinas– y trabajadores, que únicamente poseen sus manos para trabajar. Así, el trabajo es una mercancía que se compra y se vende, y los capitalistas contratan a los trabajadores para producir los géneros que luego venden para obtener ganancias. Marx afirmaba que este proceso niega al trabajo su calidad de satisfactorio y lo convierte en alienación e insatisfacción.

Otra forma de alienación consiste en que los productos elaborados por un trabajador empleado por un capitalista nunca pertenezcan al trabajador, que no los retiene. Un traje cortado por un sastre en una fábrica de ropa es propiedad del capitalista dueño de la fábrica: el trabajador confecciona el traje y luego se lo entrega a su empleador. Los bienes que fabrica el trabajador se convierten en objetos ajenos («alienados») con los que él tiene poca conexión real. A medida que elabora más bienes para un mundo del que él mismo está fuera, su vida interior se encoge y su realización personal queda abortada. El trabajador fabrica objetos que usarán y disfrutarán otras personas, pero para sí mismo solo crea grisura y limitaciones.

Trabajadores desvinculados

En opinión de Marx, los trabajadores también sufren alienación por el hecho mismo de trabajar. En el sistema capitalista, su actividad no surge de su creatividad intrínseca, sino de la necesidad práctica de trabajar para otros. No les gusta hacerlo porque les destroza el cuerpo y la mente y los hace desgraciados: es como un trabajo forzado que, si ellos pudiesen, no elegirían. Al igual que los géneros que produce, la actividad laboral se convierte en algo externo y con lo que no tiene una conexión real: «Por lo tanto, el trabajador solo se siente en sí mismo fuera de su trabajo, y en el trabajo se siente fuera de sí». Pasa a ser súbdito de otros. Su labor ya no le pertenece y su actividad no es espontánea ni creativa, sino dirigida por otros que le tratan como una herramienta de producción. La alienación del trabajador »

El comunismo es la abolición positiva de la propiedad privada, de la autoenajenación humana.
Karl Marx

Marx predijo una revolución mundial si los trabajadores pudieran tener el control de los medios de producción. A la Revolución Rusa le siguió la china, donde la propaganda acentuaba los valores del comunismo.

respecto a los frutos de su trabajo y a la misma actividad de trabajar lo separa de su identidad humana, de lo que Marx llama «ser-especie». Esto sucede porque la identidad humana está enraizada en la capacidad de transformar en objetos las materias primas de la naturaleza. Los trabajadores de los sistemas capitalistas pierden la conexión con esta identidad básica: la necesidad económica hace de la actividad productiva un medio para un fin, y no la forma en que se resuelve la identidad esencial de una persona. La actividad es lo que constituye la vida, pero cuando se aliena con respecto al trabajador, este pierde por completo el sentido de su yo humano.

Ataque a la propiedad privada

Estas formas de alienación –de los bienes producidos, de la actividad laboral y de la identidad humana– provocan que, inevitablemente, las personas se separen cada vez más

No hay más definición del comunismo válida para nosotros que la abolición de la explotación del hombre por el hombre.
Che Guevara

unas de otras. Como el mercado laboral las aleja de su propia identidad esencial, también se van apartando de la identidad de las demás. Se pone al trabajador en una situación de confrontación con el capitalista, que es el propietario de los frutos de su trabajo y que controla la actividad laboral del trabajador para su propio enriquecimiento.

Marx defendía la idea de que la causa de la alienación del trabajador era la propiedad privada. La división de la sociedad en capitalistas con propiedades y trabajadores sin ellas es lo que termina provocando la alienación de estos últimos. A su vez, la alienación misma refuerza esta división y perpetúa la propiedad privada. Uno de los aspectos de este sistema es el intercambio y la «división del trabajo». El trabajador se especializa: uno hace la cabeza del alfiler y otro la une al alfiler mismo. Y, a su vez, los capitalistas también se especializan en diferentes géneros con objeto de comerciar entre sí con ellos. En todo esto, el trabajador solo es un engranaje, una parte de la máquina económica.

Marx consideraba el proceso de alienación del trabajador y el refuerzo de la propiedad privada la ley bá-

sica del capitalismo, que establece una tensión en la sociedad humana a medida que la gente se va separando de su naturaleza esencial. Aumentar los salarios no es la solución, ya que los trabajadores seguirían esclavizados incluso si se les pagase más. El trabajo alienado va unido a la propiedad privada, así que «la caída de uno causa necesariamente la caída del otro».

La solución es el comunismo

Según Marx, con la eliminación de la propiedad privada, el comunismo logra aliviar la tensión causada por la alienación del trabajador y termina por resolver el acertijo propuesto por el capitalismo. Soluciona el conflicto entre el hombre y la naturaleza y entre personas, y, al hacerlo, vuelve a conectar al hombre a su humanidad básica. La alienación hizo que el trabajo y las interacciones personales fueran medios de ganar dinero y no fines en sí mismos. En el comunismo, estas actividades vuelven a ser fines y manifestación de valores humanos auténticos. Por ejemplo, la asociación entre trabajadores surge ahora de un sentimiento fraternal, y no como algo necesario. El comunismo hace que «el hombre regrese a sí mismo como ser social».

Detrás de la afirmación de que el comunismo resuelve el acertijo de la historia hay una visión de la historia que Marx siguió elaborando con más detalle en sus obras posteriores. Consideraba que los acontecimientos históricos vienen determinados por factores «materiales» (económicos). Los seres humanos tienen necesidades y poseen la capacidad de producir bienes para poder satisfacerlas. Es posible organizar la producción de dichos bienes de diferentes formas, cada una de las cuales da lugar a una forma social y política distinta, lo que, a su vez, desemboca en creencias e ideologías particulares. Marx creía que el determinante eran los factores económicos, y por eso son el motor de la historia.

El capitalismo boca abajo

El capitalismo –una de las formas de organizar la producción– es una respuesta a las necesidades materiales de ser humano. Surgió en el momento en que morían las viejas formas feudales de producción. A medida que las fuerzas productivas crecen

Friedrich Engels, hijo de un industrial alemán, conoció a Karl Marx en 1842; si bien en un principio le desagradó, ambos acabaron creando uno de los manifiestos más trascendentales de la historia.

bajo el capitalismo, se evidencia el sufrimiento de los trabajadores y la historia se mueve inevitablemente hacia la revolución y hacia el comunismo como sustituto.

El legado de Marx

La influencia de la obra de Marx ha sido vastísima. Su trabajo inspiró y abrió nuevas escuelas de pensamiento en economía, teoría política, historia, estudios culturales, antropología y filosofía, entre otros. El gran atractivo de sus ideas proviene de su amplia interpretación del mundo y del mensaje transformador y liberador que anuncia. La predicción que hizo junto con Engels en el *Manifiesto comunista* de 1848 –que el fin del capitalismo sería consecuencia de la revolución comunista– influyó profundamente en varios políticos del siglo XX. En Europa y Asia surgieron sistemas comunistas, y sus teorías calaron en muchos gobiernos y movimientos revolucionarios del siglo.

Una de las principales dificultades a la hora de estudiar el legado de Karl Marx es lograr discernir lo que él quiso decir de lo que se hizo en su nombre, especialmente porque en muchos lugares y en diferentes épocas se ha hecho uso de la ideología comunista a fin de justificar tanto el totalitarismo como la opresión. A finales del siglo XX, el comunismo había caído en Europa del Este, y los países más ricos eran decididamente capitalistas. Por ello, aunque algunos aspectos del análisis de Marx sobre la sociedad capitalista siguen siendo ciertos, muchos críticos piensan que la historia ha refutado muchas de sus teorías, en especial su predicción del fin del capitalismo. Recientemente, las tesis planteadas por Marx han vuelto al proscenio al achacarse la crisis económica global de principios del siglo XXI a las profundas contradicciones que presenta el sistema capitalista. ∎

Karl Marx

Karl Marx nació en Prusia en 1818, en una familia judía convertida al protestantismo por las leyes antisemitas. En su carrera como periodista se inclinó cada vez más hacia la política y la economía radicales. En 1843 decidió trasladarse a París, donde conoció a Friedrich Engels, con quien escribiría el *Manifiesto comunista* en 1848.

Después de las revoluciones que tuvieron lugar aquel año, Marx fue expulsado de Prusia, de Bélgica y también de París. Finalmente recaló en Londres, donde pudo estudiar economía e historia, hecho que le llevaría a escribir su obra más célebre, *El capital*. Su difícil situación económica le obligó a vivir en la pobreza, en el barrio bajo del Soho, y con el apoyo económico de Engels. Con pocos recursos, y mala salud, él y su esposa vieron morir a varios de sus hijos. El mismo Marx falleció antes de la publicación de los dos tomos finales de *El capital*.

Obras principales

1844 *Manuscritos económicos y filosóficos.*
1848 *Manifiesto comunista.*
1867 *El capital, Tomo I* (los tomos II y III se publicaron póstumamente en 1885 y 1894).

LOS HOMBRES QUE PROCLAMARON LA REPUBLICA SE CONVIRTIERON EN LOS ASESINOS DE LA LIBERTAD
ALEXANDR HERZEN (1812–1870)

EN CONTEXTO

IDEOLOGÍA
Socialismo

ENFOQUE
Crítica revolucionaria

ANTES
1748 Montesquieu, pensador francés, analiza varias formas de gobierno y distingue a las repúblicas de las monarquías y los despotismos.

1789 Comienza la Revolución Francesa, que abre un periodo de actividades revolucionarias tanto en Francia como en otros países.

DESPUÉS
1861 El zar Alejandro II deroga la servidumbre en Rusia por el aumento de la presión de los liberales y los radicales.

1890 Se legaliza el Partido Socialdemócrata de Alemania (SPD), abriendo el camino a un partido socialista reformador.

1917 La Revolución Rusa tumba el régimen zarista y lleva al poder a los bolcheviques.

Alexandr Herzen, líder revolucionario ruso, comenzó a escribir sus ensayos *Desde la otra orilla* en 1848, el año de las fallidas revoluciones europeas. En ellos invocó la imagen de un barco que se dirige hacia nuevas tierras y se topa con vientos y tormentas, símbolos de las esperanzas e incertidumbres de la época. Sin embargo, en 1850, en los últimos ensayos de la colección, sostenía que el fervor revolucionario había perdido su fuerza, traicionado por una idea mucho más conservadora de la reforma.

En un ensayo satirizó las celebraciones republicanas de 1848 en Francia, y criticó que bajo la pompa y las consignas seguía intacto «el viejo orden católico-feudal». Según él, esto había impedido llevar a cabo el ideal auténtico de la revolución: libertad genuina para todos. Muchos de los liberales que decían apoyar la revolución, en realidad temían su conclusión lógica: el fin definitivo del viejo orden. En cambio, afirmaba Herzen, trataban de asegurar la libertad para su propio círculo y no para el obrero del «hacha y las

Las colonias penales de la Guayana Francesa se ampliaron en el siglo XIX A pesar de los ideales de la Revolución Francesa, continuaron los escarmientos de la época feudal.

manos tiznadas». Los arquitectos de la república habían roto las cadenas, aunque sin echar abajo las paredes de la cárcel, y esto los convertía en «asesinos de la libertad». Herzen opinaba que la sociedad sufría contradicciones que embotaban su creatividad y su vitalidad. Muchos fueron los decepcionados con las revoluciones de 1848, y los escritos de Herzen influyeron en los movimientos populistas que les siguieron. ■

Véase también: Jean-Jacques Rousseau 118–125 ▪ Georg Hegel 156–159 ▪ Lenin 226–233 ▪ Mao Zedong 260–265 ▪ Che Guevara 312–313

DEBEMOS BUSCAR EL EJE CENTRAL DE NUESTRA NACION
ITO HIROBUMI (1841–1909)

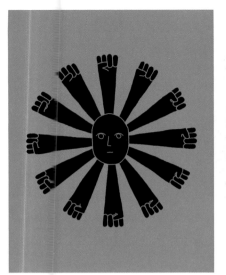

Entre los siglos XVII y XIX, el absoluto aislamiento y un comercio controlado mantuvieron a Japón apartado del mundo exterior. La situación cambió cuando el comodoro Matthew Perry obligó a los japoneses a firmar un tratado de comercio con EE UU, en 1853; se produjo una crisis nacional y parte de los señores feudales –los shogunes–, entre los que estaba el príncipe Ito Hirobumi, pidieron reformas radicales para proteger la independencia del país dentro del modelo occidental. Pero no fue fácil que una sociedad tan particular cambiara su forma de gobierno. Por eso, con el pretexto de restituir al emperador en el poder, una alianza de reformadores poderosos, entre ellos Hirobumi, derrocó el shogunato en 1867, proclamando así el nuevo imperio. Se desarmó a los samuráis, se devolvieron al Estado los territorios feudales y se eliminó la separación en castas.

La Constitución Meiji
Los líderes de la revuelta deseaban combinar los avances occidentales con las virtudes tradicionales japonesas. En 1890, Hirobumi redactó la Constitución Meiji, por la que el emperador era jefe del Estado y referente de la nación, pero el gobierno quedaba en manos de un gabinete de ministros. Como en otras monarquías constitucionales, se esperaba que esta constituyese el «eje central» de la sociedad japonesa y la aglutinara. De hecho, esa Constitución configuró el marco para el desarrollo militar y económico de Japón en los sesenta años siguientes. ∎

Como el gobierno está ocupado en administrar el país, no siempre sus acciones son favorables a todas las personas.
Ito Hirobumi

Véase también: Barones del rey Juan de Inglaterra 60–61 ▪ John Locke 104–109 ▪ Tokugawa Ieyasu 333

LA VOLUNTAD DE PODER

FRIEDRICH NIETZSCHE (1844–1900)

EN CONTEXTO

IDEOLOGÍA
Nihilismo

ENFOQUE
La moral

ANTES
1781 En *Crítica de la razón pura*, Kant describe la brecha entre nuestro pensamiento y el mundo que intenta aprehender.

1818 *El mundo como voluntad y representación*, obra de Arthur Schopenhauer, toma la idea de Kant y añade que esa brecha no podrá cerrarse jamás.

DESPUÉS
1937 El pensador francés Georges Bataille descarta toda interpretación política de la obra de Nietzsche por inadecuada.

1990 Francis Fukuyama, en su libro *El fin de la historia y el último hombre*, retoma la metáfora nietzscheana del último hombre y describe el triunfo del capitalismo de libre mercado.

odavía hoy, el nombre del pensador alemán Friedrich Nietzsche consigue suscitar cierta animadversión. Sus intrincados textos, de amplias perspectivas, y sus viscerales críticas a la moral provocarían controversia incluso si no se los hubiera relacionado tan injustificadamente con el fascismo. Para el filósofo francés Paul Ricoeur, Nietzsche fue, al igual que Marx y Freud, un líder de lo que él llama la «escuela de la sospecha», por su empeño en desenmascarar la «verdad», tanto de las ideas recibidas como de las creencias consoladoras. Su filosofía fue el nihilismo, es decir, creía que era imposible encontrar el sentido de la existencia.

Véase también: Immanuel Kant 126–129 ▪ Jeremy Bentham 144–149 ▪ Georg Hegel 156–159 ▪ Karl Marx 188–193

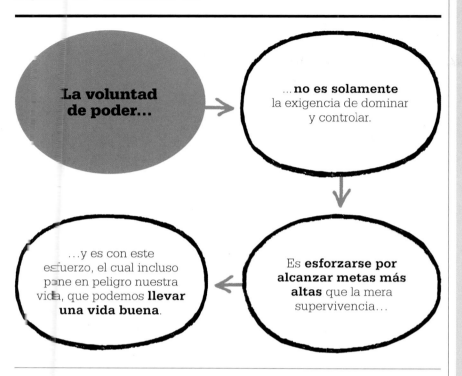

La voluntad de poder...

...**no es solamente** la exigencia de dominar y controlar.

Es **esforzarse por alcanzar metas más altas** que la mera supervivencia...

...y es con este esfuerzo, el cual incluso pone en peligro nuestra vida, que podemos **llevar una vida buena**.

Friedrich Nietzsche

Nació en Prusia en 1844, en el seno de una familia sumamente religiosa, si bien al terminar sus estudios de teología y filología Nietzsche rechazó la religión. Con solo 24 años de edad ya era profesor de filología clásica en Basilea, donde entabló una profunda amistad con Richard Wagner, quien influyó mucho en sus primeros escritos. Sus vastas inquietudes académicas lo apartaron de la filología y lo acercaron a temas filosóficos. Fue acercándose a una posición más nihilista que subrayaba la imposibilidad de encontrar un sentido a la existencia humana, tema recurrente en sus obras.

La frágil salud de Nietzsche le obligó a dimitir como profesor en 1879 y, después de sufrir una difteria, retomó sus viajes por Europa y continuó escribiendo, si bien su trabajo no gozaba de una gran popularidad. En 1889, Nietzsche fue víctima de una grave alteración mental y murió a causa de una neumonía poco después, a los 56 años de edad.

Obras principales

1872 *El nacimiento de la tragedia en el espíritu de la música.*
1883–1885 *Así habló Zaratustra.*
1886 *Más allá del bien y del mal.*

Nietzsche se opuso con vehemencia al pensamiento sistemático de la filosofía tradicional. Sin embargo, en sus disertaciones, aportó varias pistas sobre su pensamiento político que, en contra de la creencia popular, poco tiene que ver con el ideario nazi. No era antisemita, y creía que el antisemitismo –con el nacionalismo que siempre le acompañó– es la manera en que los fracasados culpan a otros de sus reveses. Rompió con su gran amigo Richard Wagner debido, en parte, a las tendencias racistas y nacionalistas del músico. Esto no evitó que, hacia el final de la vida de Nietzsche, cuando quedó incapacitado por la enfermedad, sus obras fueran maliciosamente modificadas por su hermana Elisabeth, quien se hizo cargo de su publicación, y que quiso presentar los escritos bajo una luz más favorable ante los círculos nacionalistas y antisemitas en los que ella se movía.

La voluntad de poder

La célebre expresión acuñada por Nietzsche «voluntad de poder» (*der Wille zu Macht*) aparece por primera vez en un pequeño libro que él consideraba su obra maestra: *Así habló Zaratustra*. En este denso texto literario, el protagonista, Zaratustra –germanización de Zoroastro, fundador de la antigua religión persa– contempla un mundo caído e intenta enseñar a la gente una nueva forma de pensar y de vivir. No es el clásico libro de filosofía o política: su estilo es más bien el de un poema épico, y sus consideraciones centrales rara vez se enuncian directamente, sino de forma figurada. Pero los temas principales están claros.

Para Nietzsche, la voluntad de poder no es el mero deseo de dominar y controlar. No describe un ansia de ejercer el poder sobre otros: más bien su intención es la de señalar el interminable esfuerzo por alcanzar » las metas y los más altos logros de la vida —sean cuales fueren esas metas en la práctica– que, en su opinión, motivan el comportamiento humano. Cuando desarrolló este concepto, estaba muy influido por la obra del filósofo alemán Arthur Schopenhauer. La cruda descripción que este hacía de la realidad, completamente desprovista de valores importantes, recuperaba en el planteamiento de Nietzsche algo de luz gracias a esa «voluntad de vivir», ese desesperado esfuerzo de toda forma de vida en el universo por superar la inevitabilidad de la muerte. Nietzsche había introducido una nota positiva: no es una lucha *contra*, sino una lucha *por*.

Dice que la voluntad de poder es aun más fuerte que la misma voluntad de vivir. Hasta los seres humanos más privilegiados se embarcan en acciones que pueden costarles la vida. Existen valores más altos que la mera supervivencia, y lo que puede hacer que una vida sea buena es la voluntad de alcanzarlos.

Crítica de la conformidad

La voluntad de poder fue la respuesta al pensamiento utilitarista que comenzaba a dominar la filosofía so-

> Los sacerdotes son los enemigos más viles [...], en ellos el odio alcanza alturas monstruosas, increíbles; es el odio más espiritual y ponzoñoso.
> **Friedrich Nietzsche**

cial, para el que la mayor ambición de la gente es ser feliz y conformarse. Nietzsche se opuso a dicha idea y defendió que tanto el utilitarismo como la filosofía social que engendraba eran la expresión degradada del pensamiento de la burguesía inglesa: feliz y totalmente ignorante.

Así habló Zaratustra ataca ese estilo de pensamiento social. En él, Nietzsche describe al Último Hombre, una criatura lastimosa que está conforme, que contempla el mundo

pasivamente «y parpadea». El «Último Hombre» es un vaticinio del fin de la historia misma, cuando todos los esfuerzos hayan cesado. Pero si no estamos llamados solo a estar conformes con el mundo, si debemos esforzarnos en llegar a metas más altas, sigue vigente la pregunta de cuáles son esas metas. Nietzsche tenía claro cuáles no debían ser. Zaratustra, el primero en encontrar un sistema moral, ahora debe ser el que lo destruya. La moral que tenemos está degradada y el dios que adoramos es poco más que la expresión de nuestra propia insuficiencia. «Dios ha muerto», escribió Nietzsche. Así, nosotros, como personas atrapadas por esta moral, tenemos que superarla. «El hombre es algo a ser superado. ¿Cómo lo habéis superado vosotros?», pregunta Zaratustra.

El rechazo de la antigua moral

En sus obras posteriores *Más allá del bien y del mal* y *La genealogía de la moral*, Nietzsche abunda en su afirmación de que es necesario romper con la moral convencional. Cada uno de estos libros explica una historia y emite una crítica de la moral occidental, en la que «el bien» se empareja necesariamente con su opuesto, «el mal». En su opinión, el origen de nuestro actual sistema moral era esta forma de pensamiento, basado en poco más que las preferencias de pasados órdenes aristocráticos. Comenzando en la Antigua Grecia, la moral «del amo» fue el primer sistema de pensamiento moral que dividió el mundo entre el «bien» y el «mal», entre lo que «afirma la vida» y lo que «niega la vida». Las virtu-

Nietzsche vilipendió la filosofía social de los utilitaristas, a los que veía como cerdos en la pocilga: pasivos, ignorantes y, en definitiva, preocupados solamente por su propia felicidad.

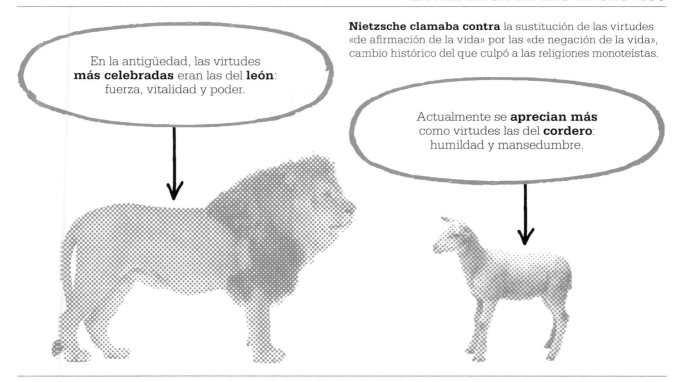

En la antigüedad, las virtudes **más celebradas** eran las del **león**: fuerza, vitalidad y poder.

Nietzsche clamaba contra la sustitución de las virtudes «de afirmación de la vida» por las «de negación de la vida», cambio histórico del que culpó a las religiones monoteístas.

Actualmente se **aprecian más** como virtudes las del **cordero**: humildad y mansedumbre.

des aristocráticas de salud, fuerza y riqueza entraban en la categoría del bien; en contraste, las virtudes «esclavas» de enfermedad, debilidad y pobreza eran el mal. Sin embargo, como respuesta a la moral de los amos, los esclavos crearon su propio sistema moral. Este tomó la antítesis de la moral de los amos y la presentó como buena en sí misma: los valores se invirtieron; por ejemplo, si la moral del amo enaltecía la fuerza, el esclavo alababa la debilidad. Esto hizo que los esclavos conocieran su verdadera posición en la vida sin sentirse abrumados por el propio desprecio y el resentimiento. Negando la desigualdad natural de la gente en favor de una igualdad ideal y espuria entre esclavos y amos, la moral de los esclavos daba a estos la posibilidad de creer que eran iguales a sus amos, cuando, en la cruda realidad, no lo eran. Nietzsche relacionó esta moral de los esclavos con el cristianismo y el judaísmo, de los que dijo que ofrecían

soluciones ilusorias a los problemas de la vida. En lugar de las deidades muertas de una religión organizada, *Así habló Zaratustra* ofrece la figura del «superhombre» *(Übermensch)*. La humanidad es el puente entre los animales y el superhombre que va a llegar. Este, sin embargo, no es un ser acabado y mucho menos la evolución literal y biológica de la humanidad: es el hombre que se ha dominado a él mismo y es capaz de buscar sus propias verdades, que permanece «fiel a la Tierra» y rechaza a los que le ofrecen «verdades de otro mundo» de la clase que sean.

Pensamiento antipolítico

Como consecuencia de su gran individualismo, muchos pensaron que Nietzsche era antipolítico. Si bien empleó un tono político, su completo rechazo de la moral apunta a un nihilismo que poco tiene que ver con la comprensión de cómo actúa la esfera pública. Escribió únicamente acerca del individuo, nunca sobre

organismos, ni organizaciones. En este sentido, estuvo «más allá de la derecha o la izquierda», como dijo Georges Bataille. Sin embargo, llegó a ejercer una profunda influencia sobre pensadores políticos de ambas tendencias. En su *Nietzsche y la filosofía* (1962), Gilles Deleuze subrayó la preocupación de aquel por la voluntad de poder. Deleuze afirmó que esta voluntad era el impulso de diferenciar todas las cosas y el centro de un rechazo «empírico» de todas las afirmaciones trascendentales o místicas sobre el mundo. En su opinión, Nietzsche se convirtió en el filósofo de la diferencia (o de lo múltiple) y, a la vez, de la resistencia a las restricciones. La moral convencional solamente conduce a «pasiones tristes» que «menosprecian la vida». Actualmente, Nietzsche ocupa un puesto de honor entre los pensadores posestructuralistas empeñados en revisar los sistemas de dominación, incluso aquellos que se creían liberadores, como el marxismo. ∎

LO UNICO QUE IMPORTA ES EL MITO

GEORGES SOREL (1847–1922)

EN CONTEXTO

IDEOLOGÍA
Sindicalismo

ENFOQUE
El mito heroico

ANTES
1848 Marx y Engels publican su célebre *Manifiesto comunista*; las revoluciones barren Europa.

1864 Se constituye en Londres la Primera Internacional, también llamada Asociación Internacional de los Trabajadores, que une a socialistas y anarquistas.

1872 Los anarquistas son expulsados de la Primera Internacional, que entrará en crisis y se extinguirá en 1876.

DESPUÉS
1911 Admiradores de Sorel crean el grupo Círculo Proudhon con el objetivo de promover las ideas antidemocráticas.

1919 El novelista italiano Enrico Corradini afirma que su patria es una «nación proletaria» y trata de unir el nacionalismo italiano con el sindicalismo.

La sociedad está cada vez más dividida en dos grandes clases: los **trabajadores** y los **jefes**.

La **democracia parlamentaria** ignora a la clase trabajadora; solo apoya a la clase media.

La clase trabajadora **necesita grandes mitos** en los que creer; poner esos mitos en acción por la violencia los hará reales.

Lo único que importa es el mito.

A comienzos del siglo XX, las sociedades capitalistas europeas se hallaban en pleno desarrollo. Junto a las enormes concentraciones de industrias y de riqueza creadas por el capitalismo, había surgido una nueva fuerza social muy poderosa: la clase trabajadora industrial. Se formaron partidos políticos que reclamaban el voto de los trabajadores, los cuales llegaron a formar organizaciones estables con una creciente importancia electoral. Sin embargo, a medida que dichos partidos se involucraban en la política parlamentaria y trataban de arrancar pequeñas concesiones al sistema, a muchos radicales únicamente les parecieron otro puntal del sistema ya existente.

Georges Sorel intentó cuestionar esta burocratización en lo que llegó a ser un corpus único, en el que resumió las influencias recibidas de Mark, Nietzsche y el filósofo Henri Bergson. En esta monumental colección de ensayos, titulada *Reflexiones sobre la violencia*, rechaza la ciencia objetiva como mero sistema de «ficciones» concebidas con objeto de imponer el orden en una realidad intrínsecamente caótica e irracional. Sostenía que tratar a la sociedad humana –la parte más caótica de esa

Véase también: Karl Marx 188–193 ▪ Friedrich Nietzsche 196–199 ▪ Eduard Bernstein 202–203 ▪ Lenin 226–233 ▪ Rosa Luxemburg 234–235

> Es a la violencia a la que el socialismo debe los altos valores éticos por los que trae la salvación al mundo moderno.
> **Georges Sorel**

realidad– como algo que había que comprender racionalmente era un insulto al poder de la imaginación y la creatividad humanas.

El poder del mito

Para conseguir cambiar la realidad, Georges Sorel propone utilizar los grandes mitos, y no la ciencia objetiva ni las teorías sobre la sociedad. Las masas, al creer en mitos heroicos sobre ellas mismas y sobre el nuevo mundo que está por venir, serían capaces de derrocar a la sociedad actual. La democracia parlamentaria había fracasado porque permitía que las nuevas y «mediocres» clases medias gobernaran al resto de la sociedad, incluyendo a los socialistas reconvertidos en parlamentarios. La razón y el orden habían sido sustituidos por la libertad y la acción. También el marxismo ortodoxo contenía la semilla de ese gobierno por las clases medias, ya que intentaba ofrecer una comprensión «científica» de la sociedad en la que la economía determina la historia.

A fin de romper las cadenas de la razón burguesa es necesario creer en un mito y hacerlo actuar. Sorel ve la violencia como el medio por el que los mitos cobran realidad, y da ejemplos de ellos, desde los militantes cristianos de la primitiva Iglesia hasta los sindicalistas revolucionarios o los gremialistas del momento, pasando por la Revolución Francesa. El sindicalismo era el ala más militante del movimiento gremialista, y rechazaba las maniobras políticas por corruptoras de los intereses de los trabajadores. La cima de la estrategia sindicalista era la huelga general, que Sorel considera el mito moderno que fundará una sociedad nueva. Es preciso dar la bienvenida a la «violencia heroica» como vía ética y necesaria para establecer un nuevo mundo.

La obra de Sorel es ambigua y rechaza ser clasificada políticamente. Sus ideas no son claramente ni de izquierda ni de derecha, si bien ambas partes han hecho uso de ellas. ▪

Las huelgas de los mineros de Reino Unido durante la década de 1980 ejemplifican las protestas masivas que alcanzaron un «poder heroico» similar al del pensamiento radical de Sorel.

Georges Sorel

Nació en Cherburgo (Francia), y fue ingeniero. En torno a los 50 años de edad se retiró para estudiar los problemas sociales. Teórico social autodidacta, si bien en un inicio se identificó con el ala «revisionista» del marxismo, posteriormente se volvió más radical.

Sus ensayos fueron muy leídos entre la izquierda radical francesa. Sorel apoyó tanto el sindicalismo revolucionario como la creación de la Confederación General del Trabajo (CGT) francesa, opuesta al parlamentarismo. Sin embargo, se desilusionó, y volvió su mirada hacia el movimiento monárquico y ultraderechista Acción Francesa, pensando que una alianza entre los aristócratas y los trabajadores podría derribar a la clase media. Censuró con gran vehemencia la Primera Guerra Mundial y apoyó a los bolcheviques rusos. Hacia el final de su vida, su opinión sobre el fascismo fue ambivalente.

Obras principales

1908 *Reflexiones sobre la violencia.*
1908 *Las ilusiones del progreso.*
1919 *Materiales para una teoría del proletariado.*

TENEMOS QUE TOMAR A LOS TRABAJADORES COMO LO QUE SON

EDUARD BERNSTEIN (1850–1932)

A comienzos de la década de 1890, el izquierdista Partido Socialdemócrata de Alemania (SPD) tenía motivos para el optimismo. Su ilegalización durante una década, a partir de 1878, había servido para reforzar los apoyos que recibía. Como líder del socialismo europeo, las izquierdas de todo el continente seguían su evolución, y los debates generados en sus filas fijaron el marco intelectual en que operó el movimiento. Cuando se legalizó en 1890, el SPD se lanzó a por el poder.

No obstante, como señaló uno de sus principales miembros, Eduard Bernstein, existía un problema. El partido quería un futuro socialista y se guiaba por la ideología marxista. Pero en cuanto fue rehabilitado, libre al fin de las tremendas presiones que

Los socialistas creían que el **capitalismo** traería **pobreza**.

Sin embargo, el capitalismo **mejoró la economía** de los trabajadores.

El capitalismo ha demostrado ser un sistema **seguro y estable**.

Esto significa que los **trabajadores aceptan** el capitalismo.

Tenemos que tomar a los trabajadores como lo que son.

Los socialistas tendrían que reclamar **reformas graduales** bajo el capitalismo.

Véase también: Karl Marx 188–193 ▪ Lenin 226–233 ▪
Rosa Luxemburg 234–235

soportaba por ser ilegal, su día a día quedó falto de rumbo. Sus miembros seguían reclamando la transformación de la sociedad, pero, en la práctica se siguió una vía gradual, buscando promover cambios mediante leyes parlamentarias.

Bernstein combatió frontalmente esta contradicción. En la década de 1890 sostuvo que muchas predicciones de Marx, como el inevitable empobrecimiento de la clase trabajadora y su impulso hacia una revolución, no se habían cumplido. En realidad, el capitalismo era un sistema estable, que hacía posible obtener pequeñas reformas que, paso a paso, llevarían hacia el socialismo.

Cambio gradual

En 1899, la publicación de *El socialismo evolucionista*, de Bernstein, avivó el debate dentro del SPD, convirtiéndose en el argumento clave de los pensadores socialistas del siglo siguiente. ¿Se aceptaría el capitalismo con sus pequeñas mejoras o quedaría superado? El centro de dicho debate era qué sucedía en la mente de los trabajadores. En opinión de

Los trabajadores alemanes ganaron el derecho a la huelga para lograr mejores salarios y condiciones. Bernstein creyó que los obreros obtendrían notables concesiones con el capitalismo.

En todos los países avanzados vemos que los privilegios de la burguesía capitalista pasan, uno a uno, a las organizaciones democráticas.
Eduard Bernstein

Karl Marx, la clase obrera conduciría al mundo hacia el socialismo cuando se diera cuenta de que era capaz de hacerlo. Sin embargo, en realidad, la conciencia de clase no había traído ideas revolucionarias. Por el contrario, los trabajadores votaban, cada vez en mayor número, a un partido que ofrecía reformas graduales dentro del sistema capitalista.

Bernstein propuso abandonar el supuesto de que los trabajadores llegarían a la revolución. En vez de eso, los socialistas debían estudiar qué pensaban los obreros sobre el mundo y avanzar a partir de ese punto. Esta fue la primera defensa teóricamente sólida de un socialismo «reformista», o «gradualista».

El SPD nunca adoptó las ideas de Bernstein en vida de él, y los marxistas ortodoxos reaccionaron con furia a sus planteamientos. Hubo que esperar al Congreso de Bad Godesberg (1959) para que el SPD renunciara formalmente al marxismo. De hecho, hace ya tiempo que la política de este partido sigue las líneas defendidas por Bernstein, aunque no lo declare abiertamente. ▪

Eduard Bernstein

A los 22 años de edad se unió al ala marxista del movimiento socialista alemán. En 1878, al aprobarse la ley antisocialista, que prohibía toda organización de izquierdas, Bernstein se vio obligado a exiliarse en Suiza y, luego, en Londres. Allí conoció a otros muchos exiliados, como Friedrich Engels, con quien mantuvo una relación laboral.

En Zúrich trabajó en *Der Sozialdemokrat*, publicación de los socialistas alemanes, y desde 1881 fue su editor. Tras legalizarse el refundado SPD, en 1890, sus artículos fueron más favorables a un socialismo «revisionista». En 1901 volvió a Alemania, y en 1902 se le eligió para el Reichstag (Parlamento). Sin embargo, su clara oposición a la Primera Guerra Mundial le hizo romper con el SPD en 1915 para cofundar, posteriormente, el Partido Socialdemócrata Independiente de Alemania (USPD). En 1919 regresó al SPD y, durante ocho años, volvió a ejercer de parlamentario.

Obras principales

1896–1898 *Los problemas del socialismo.*
1899 *Las premisas del socialismo y las tareas de la socialdemocracia.*

EL DESDEN DEL VECINO FORMIDABLE, QUE NO LA CONOCE, ES EL PELIGRO MAYOR DE NUESTRA AMERICA

JOSÉ MARTÍ (1853–1895)

Como grupo de colonias, Latinoamérica compartía **antepasados y un patrimonio político comunes**.

El colonialismo europeo había sido derrotado…

Para mantener la **soberanía nacional y la democracia**…

… pero, **desde EE UU**, iba a llegar un nuevo tipo de **colonialismo**

… es necesario que los países de Latinoamérica **se ayuden entre ellos** contra esta nueva amenaza.

En el siglo XIX, tanto España como Portugal habían debilitado la defensa de sus colonias. El ejemplo de las revoluciones francesa y norteamericana inspiró una sucesión de revueltas contra los gobiernos europeos en toda la América colonial. A lo largo de la década de 1830, la mayoría de las colonias había logrado ya su independencia formal: solo Puerto Rico y Cuba seguían directamente sometidos.

José Martí fue uno de los héroes de la independencia cubana. Con la propagación de los alzamientos y de las guerras contra el imperio español durante la segunda mitad del siglo XIX, Martí se dio cuenta de que

Véase también: Simón Bolívar 162–163 ■ Emiliano Zapata 246 ■ Smedley D. Butler 247 ■ Che Guevara 312–313 ■ Fidel Castro 339

> Los derechos se toman,
> no se piden; se arrebatan,
> no se mendigan.
> **José Martí**

la soberanía de Latinoamérica debía enfrentarse todavía a una amenaza mucho mayor.

Al norte, EE UU había peleado por su propia soberanía cuando, en 1776, trece estados se declararon libres del gobierno colonial y vencieron en la guerra de la Independencia de 1783. Al final de la guerra de Secesión (1865), la república unificada controlaba una gran parte del norte del continente y ya miraba hacia afuera. En su célebre Doctrina (1823), el presidente estadounidense James Monroe afirmaba que dicho país siempre sería contrario al colonialismo europeo y que cualquier esfuerzo del Viejo Mundo por ampliar o establecer colonias en las Américas se consideraría un acto de agresión. En otras palabras, la Doctrina Monroe sugería que tanto Norteamérica como Suramérica quedaban bajo la protección de EE UU.

Un nuevo poder colonial

Al principio, los revolucionarios latinoamericanos saludaron con gran entusiasmo dicha Doctrina. Simón Bolívar pensó que ahora contaba con un poderoso aliado en su lucha por la libertad. Sin embargo, conforme consolidaba su poder, EE UU aplicó cada vez más tal Doctrina con objeto de asegurarse el control de su «esfera de influencia».

Hacia el final de su vida, Martí pidió una respuesta latinoamericana común en defensa de sus libertades, tan duramente ganadas. Se percató de que la democracia estaba siendo amenazada por un nuevo poder colonial que ahora provenía del norte. Ayudó a construir el argumento común del antiimperialismo latinoamericano durante el siglo siguiente y sostuvo que EE UU se aferraría a sus propios intereses económicos y políticos, sin importarle el impacto sobre el resto de América.

Martí falleció en 1895. Solo tres años después, EE UU arrebató a España el control de Cuba. A partir de la Segunda Guerra Mundial, EE UU ha sido acusado de apoyar numerosos golpes militares y dictaduras en toda Latinoamérica. ■

El palacio presidencial de Chile fue bombardeado en 1973, y su presidente, Salvador Allende, resultó muerto en uno de los golpes militares respaldados por EE UU en Latinoamérica.

José Martí

Martí fue un periodista, poeta, ensayista y revolucionario cubano, nacido en La Habana cuando esta se hallaba bajo mandato español. Participó de manera muy activa en el movimiento por la independencia de su país al estallar la guerra de los Diez Años contra España en 1868. Acusado de traición en 1869, se le sentenció a seis años de cárcel. Al enfermar se le deportó a España, donde se le permitió continuar con sus estudios.

Se graduó en derecho y, luego, hizo un recorrido por las Américas, defendiendo la independencia y la unidad de Latinoamérica. En 1892 fundó el Partido Revolucionario Cubano. Martí perdió la vida en la batalla de Dos Ríos, el 19 de mayo de 1895, durante una insurrección contra los españoles. Finalmente, Cuba se independizó de España en 1898 gracias a la intervención de EE UU, durante la llamada guerra Hispano-estadounidense.

Obras principales

1891 *Nuestra América* (ensayo).
1891 *Versos sencillos* (que incluye «Guantanamera», la canción patriótica cubana más conocida).
1892 Periódico *Patria*.

PARA TRIUNFAR ES NECESARIO ATREVERSE
PIOTR KROPOTKIN (1842–1921)

EN CONTEXTO

IDEOLOGÍA
Anarcocomunismo

ENFOQUE
Acción política

ANTES
1762 Rousseau escribe *El contrato social* y afirma que «el hombre nace libre pero siempre está encadenado».

1840 En *¿Qué es la propiedad?*, el pensador y revolucionario francés Pierre-Joseph Proudhon se considera anarquista.

1881 El zar Alejandro II muere asesinado en San Petersburgo.

DESPUÉS
1917 En Rusia, los bolcheviques toman el poder.

Década de 1960 Movimientos contraculturales comienzan a ocupar edificios vacíos y formar comunas en Europa y EE UU.

2011 En Madrid, el movimiento 15-M, o de los indignados, lleva a cabo protestas pacíficas para promover una democracia más participativa.

Hacia finales del siglo XIX, la Rusia zarista era el invernadero de todos los movimientos sociales nuevos, desde el fascismo hasta el comunismo radical. Piotr Kropotkin, que abjuraba de su posición privilegiada como hijo de un príncipe, fue un producto de su época y promovió la destrucción de la autoridad. En su obra *La conquista del pan* (1892) afirmó que la mejor virtud de la humanidad –su capacidad de colaborar– le permitiría deshacerse de las estructuras opresoras. Intuyó que el movimiento obrero sería capaz de derrocar a sus opresores –desde el clero hasta el capitalismo– e instaurar una nueva sociedad basada en el respeto mutuo y en la colaboración. Sentó las bases de lo que posteriormente sería conocido como el anarcocomunismo: la fe en una sociedad colaboradora e igualitaria, sin Estado.

Llamada a la acción

La anarquía es la teoría de la acción y Kropotkin instó a sus seguidores a actuar siempre. Simpatizó con la revolución bolchevique de 1917, aunque, durante la guerra civil que la siguió denunció su autoritarismo. Para crear un mundo nuevo no se necesitan leyes nuevas, sino anarquistas dispuestos a oponer su coraje a la opresión. Tanto el compromiso como los cálculos políticos son ajenos al anarquismo: sus partidarios tienen que enfrentarse a un mundo corrupto con su fervor moral. Al igual que otros anarquistas, Kropotkin ayudó a definir el concepto de «política de la acción», apoyado por las posteriores ideologías radicales. ■

En vez de la frase cobarde «obedece la ley», gritamos «¡rebélate contra todas las leyes!».
Peter Kropotkin

Véase también: Pierre-Joseph Proudhon 183 ▪ Mijaíl Bakunin 184–185 ▪ Henry David Thoreau 186–187 ▪ Karl Marx 188–193 ▪ Lenin 226–233

A LAS MUJERES HAY QUE MATARLAS O DARLES EL VOTO

EMMELINE PANKHURST (1858–1928)

EN CONTEXTO

IDEOLOGÍA
Feminismo

ENFOQUE
Desobediencia civil

ANTES
1792 La pensadora y escritora británica Mary Wollstonecraft publica la obra *Vindicación de los derechos de las mujeres*, una de las primeras defensas de la igualdad femenina.

1865 El británico John Stuart Mill es elegido al Parlamento con un programa en favor del sufragio de las mujeres.

1893 Nueva Zelanda es el primer gran país que concede el voto a las mujeres.

DESPUÉS
1990 En Suiza, se obliga al cantón de Appenzell Innerhoden a aceptar el voto femenino (los demás cantones ya lo habían admitido desde 1971).

2005 En Kuwait se concede a las mujeres el derecho a votar y a ser parlamentarias.

A inicios del año 1900, el derecho al voto se extendía por todo el mundo, pero el femenino se continuaba ignorando. Nueva Zelanda fue el primer país independiente que dio el sufragio a las mujeres, en 1893, pero en Europa y Norteamérica el avance era dolorosamente lento: los obstáculos provenían de políticos tozudos, de una conservadora opinión pública y, muchas veces, de campañas periodísticas sesgadas. En 1903, Emmeline Pankhurst cofundó la Unión Política y Social de la Mujer (Women's Social and Political Union, WSPU), en Gran Bretaña. Llamadas «sufragistas», estas mujeres expresaron su desobediencia civil con rotura de cristales, ataques e incendios. En 1913, la activista Emily Davidson murió al arrojarse bajo el caballo del rey en unas carreras en Derby, y una huelga de hambre de sufragistas encarceladas hubo de resolverse alimentándolas por la fuerza.

Cuando, a finales del año 1913, Pankhurst enunció que «a las mujeres hay que matarlas o darles el voto», estaba defendiendo la autoridad moral de las sufragistas a actuar como mejor les pareciera a favor de una causa justa, y subrayó su decisión, en un principio inquebrantable, de ganar dicha causa. Sin embargo, esto terminó al estallar la Primera Guerra Mundial (1914), cuando la WSPU abandonó su campaña para apoyar a Gran Bretaña. Al final de la guerra se dio derecho a votar a las mujeres de más de treinta años, y, a partir de 1928, a todas las adultas. ∎

Emmeline Pankhurst, detenida junto al palacio de Buckingham en mayo de 1914. Para lograr sus objetivos, la WSPU era partidaria de la acción directa.

Véase también: Mary Wollstonecraft 154–155 ▪ John Stuart Mill 174–181 ▪ Simone de Beauvoir 284–289 ▪ Shirin Ebadi 328

NEGAR LA EXISTENCIA DE UNA NACION JUDIA ES RIDICULO

THEODOR HERZL (1860–1904)

EN CONTEXTO

IDEOLOGÍA
Sionismo

ENFOQUE
Un Estado judío

ANTES
1783 El filósofo alemán Moses Mendelssohn hace una llamada a la tolerancia religiosa en un Estado laico, en la obra *Jerusalén o sobre el poder religioso y el judaísmo*.

1843 En *La cuestión judía*, Bruno Bauer considera que el pueblo judío debe renunciar a la religión para conseguir la emancipación política.

DESPUÉS
1933 Nombrado canciller de Alemania, Adolf Hitler promueve tanto el nacionalismo alemán como el antisemitismo.

1942 Durante la Conferencia de Wannsee, los líderes nazis exponen sus atroces planes para la «solución final» de la cuestión judía.

1948 Se funda el Estado de Israel.

Los estados modernos prometen **derechos iguales y universales** para todos…

…y, sin embargo, sigue existiendo el **antisemitismo**, que ya es **endémico** en la sociedad.

Como **no se puede acabar** con el antisemitismo, y la **asimilación** no funciona…

…la única alternativa es **establecer un Estado judío**.

La Tercera República francesa, fundada al cabo de un siglo de revoluciones, prometió garantizar la igualdad de derechos de todos sus ciudadanos. Sin embargo, pronto se puso a prueba esta igualdad constitucional. En diciembre de 1894, un joven oficial de artillería, Alfred Dreyfus, fue acusado de espionaje a favor de Alemania y finalmente condenado a cadena perpetua, a pesar de existir pruebas suficientes de que era otra persona la que vendía los secretos y de que las evidencias contra Dreyfus habían sido amañadas. Un joven periodista judío llamado Theodor Herzl, que trabajaba en un periódico austriaco, cubrió el juicio.

También Dreyfus era judío, y su caso sacó a la luz las profundas divisiones de la sociedad francesa. Aquellos que le apoyaban, llamados «dreyfusianos», consideraban que la causa real de la condena de un inocente era el antisemitismo. Numerosos intelectuales (como Émile Zola) políticos y sindicalistas apoyaron la campaña para liberar a Dreyfus.

En cambio, para los antidreyfusianos, este caso revelaba algo completamente diferente: era necesario estar atentos a los enemigos de Francia. La libertad, la igualdad y

Véase también: Johann Gottfried Herder 142–143 ■ Marcus Garvey 252 ■
Hannah Arendt 282–283 ■ Adolf Hitler 337

la fraternidad eran auténticos valores franceses, pero, según ellos, no eran franceses todos los que vivían en Francia. Las protestas a favor de Dreyfus se enfrentaban a multitudes que gritaban: «¡Muerte a los judíos!».

El antisemitismo tenía una larga y odiosa historia en Europa, donde a la discriminación oficial por parte de la Iglesia se unían una serie de prejuicios populares, lo que con frecuencia acababa en «limpiezas étnicas». Se había expulsado a los judíos de varios países, y en otros se les habían negado plenos derechos. Sin embargo, a finales del siglo XIX, inspirados por los ideales de la Ilustración muchos estados-nación modernos entre ellos Francia, habían desterrado formalmente la discriminación por creencias religiosas. La asimilación (la integración plena de los grupos minoritarios en la sociedad) llegó a ser un ideal cada vez más aceptado.

Contra la asimilación

Pese a estos cambios estatales, el caso Dreyfus convenció a Herzl de que el antisemitismo era endémico en la sociedad, y vio que los intentos de erradicarlo o de que los judíos se asimilasen estaban condenados al

> Siempre intentamos sinceramente integrarnos en las comunidades en que vivimos, y solo pedimos poder preservar la fe de nuestros padres. No se nos permite hacerlo.
> **Theodor Herzl**

fracaso. Por tanto, serían los judíos los que deberían adoptar una idea de la Ilustración totalmente diferente: el nacionalismo. Herzl dijo que los judíos eran «un pueblo» y que la población de la diáspora debía unirse en un Estado judío único dentro del mundo moderno. Comenzó a buscar la tierra para ese Estado, instó a los poderes europeos a que le ayudasen a encontrar un lugar y pidió a los judíos que donasen fondos a la causa. Pensaba que la nueva patria tendría que estar fuera de Europa, quizá en Argentina o en Israel.

Las ideas defendidas por Herzl se propagaron con rapidez, aunque toparon con la resistencia enconada de algunos sectores de la sociedad judía que aún estaban a favor de la asimilación. El movimiento sionista se extendió en las décadas siguientes a la muerte de Herzl. Los británicos cedieron tierras a los judíos dentro de Palestina en 1917, abriendo el camino para que, tras el holocausto, se creara el Estado de Israel, en 1948. Alfred Dreyfus, en cambio, no fue indultado hasta 1906. ■

Según Herzl, una patria judía en la que los ciudadanos estuviesen unidos resultaba vital para su identidad. Creía que era el único modo en que los judíos evitarían las actitudes antisemitas.

Theodor Herzl

Nació en Pest, perteneciente al Imperio austrohúngaro, en el seno de una familia judía laica. A los 18 años de edad, Herzl se trasladó a Viena para estudiar derecho. Su primera actividad política data de su época en la fraternidad de estudiantes alemanes nacionalistas, Albia, de la que terminó separándose en protesta por su creciente antisemitismo.

Tras una breve carrera legal empezó a ejercer el periodismo, y, siendo corresponsal de *Neue Freie Presse* en París, cubrió el caso Dreyfus. El generalizado y virulento antisemitismo de la sociedad francesa durante este caso llevó a Herzl a romper con sus ideas sobre la asimilación. Fue propagador y organizador de la causa sionista y, en 1896, logró publicar *El Estado judío*, una obra que provocó grandes controversias. Un año después presidió el primer Congreso Sionista, en Basilea (Suiza), que él consideró el Parlamento simbólico del Estado sionista. Murió en 1904, a consecuencia de un ataque cardíaco, con solo 44 años de edad.

Obras principales

1896 *El Estado judío.*
1902 *La vieja nueva tierra.*

NADA SERVIRA PARA SALVAR UNA NACION CUYOS TRABAJADORES HAN DECAIDO
BEATRICE WEBB (1858–1943)

A finales del siglo XIX, con el capitalismo industrial ya enraizado en Gran Bretaña, el interés público se centró en sus consecuencias. Las poblaciones industriales albergaban multitudes de personas sin trabajo, apartadas de la sociedad y viviendo en la miseria.

En 1905 se creó un comité real a fin de afrontar el problema, pero el informe de 1909 tan solo contenía propuestas inanes. Como integrante del comité, la investigadora social Beatrice Webb emitió un informe a título personal mucho más radical en el que pedía un Estado benefactor que protegiera del desempleo y la enfermedad. Ella y Sidney Webb, su esposo y colaborador, no creían que los pobres fueran culpables de su pobreza. Sostenían que una planificación benevolente podía resolver los problemas sociales y administrar la sociedad en beneficio de todos.

Una sociedad planificada
Oponiéndose a todos los que apoyaban la superioridad de los mercados no regulados y preferían que continuasen la caridad y la exigencia de

Se necesita con urgencia «limpiar la base de la sociedad».
Beatrice Webb

autosuperación para los pobres, los Webb propusieron una nueva organización social. Sin embargo, como muchos de sus coetáneos, eran partidarios de la eugenesia y opinaban que cierta benefactora planificación también podría mejorar la «estirpe humana. Para Webb, los deseos de los pobres y sus intentos de mejorar sus propias condiciones no significaban tanto como su ideal de construir una sociedad racional en la que la mayoría aceptaría el sabio gobierno de los planificadores. ∎

Véase también: Eduard Bernstein 202–203 ▪ Jane Addams 211 ▪ John Rawls 298–303 ▪ Michel Foucault 310–311

LAS LEYES DE PROTECCION ESTADOUNIDENSES SON VERGONZOSAMENTE INSUFICIENTES
JANE ADDAMS (1860–1935)

EN CONTEXTO

IDEOLOGÍA
Movimiento progresivo

ENFOQUE
Reforma social

ANTES
Década de 1880 En Alemania, el canciller Otto von Bismarck implanta los primeros programas de seguridad social.

1884 En el barrio londinense de Whitechapel se inaugura el Toynbee Hall para dar servicios a los más pobres. Jane Addams lo visita en 1887.

DESPUÉS
1912 El Congreso de EE UU decide aprobar la fundación del Children's Bureau, cuyo objetivo será velar por el bienestar de los niños.

1931 Otorgan a Jane Addams el premio Nobel de la Paz y se convierte así en la primera mujer estadounidense en recibirlo.

1935 En EE UU se implementa el primer sistema nacional de seguridad social.

El censo de 1890 en EE UU declaró inexistente la frontera que hasta entonces había limitado los asentamientos del oeste, pero no antes de consolidarse la idea del país como sociedad definida por un emprendedor «espíritu de frontera». Retando el mito de las oportunidades y del crecimiento ilimitados, los reformadores sociales de EE UU señalaron la pobreza y la ausencia de oportunidades a que se enfrentaban las clases pobres y obreras del país. Hacía falta un cambio radical.

En 1889, Jane Addams, socióloga y defensora del voto femenino, fundó en Chicago la Casa Hull, primera «casa comunitaria» para brindar servicios sociales a los más pobres de la ciudad, especialmente a mujeres y niños. Con las donaciones de ricos benefactores y el trabajo de voluntarios, Addams quiso mostrar con la Casa Hull que diferentes clases sociales podían aprender que la colaboración produce beneficios prácticos. Estaba convencida de que si se canalizan las energías de los jóvenes hacia actividades productivas, al poco tiempo aprenderán bue-

La Casa Hull, al promover la educación como clave del futuro, ofrecía un jardín de infancia, clubes para niños mayores y clases nocturnas para adultos.

nos hábitos, con lo cual reduciría los costes que acarrean la pobreza, la delincuencia y las enfermedades.

Según Addams, en EE UU, las leyes sobre la protección de mujeres y niños en la industria estaban muy atrasadas respecto a otras naciones. Creía que la caridad directa e individual no es eficaz: solo las acciones públicas concertadas, respaldadas por las leyes, pueden ocuparse de los problemas sociales. Esta idea ayudó a definir la asistencia social como actividad comprometida a cambiar la sociedad y a las personas. ∎

Véase también: Beatrice Webb 210 ▪ Max Weber 214–215 ▪ John Rawls 298–303

¡TIERRA PARA LOS CAMPESINOS!

SUN YAT-SEN (1866–1925)

EN CONTEXTO

IDEOLOGÍA
Nacionalismo

ENFOQUE
**Distribución
justa de la tierra**

ANTES
1842 Gran Bretaña obtiene
concesiones comerciales con
China y el puerto de Hong Kong
gracias al Tratado de Nankín.

1901 Fracasa la revuelta de
los bóxers contra la dominación
extranjera y causa la captura de
Pekín por la Alianza de las Ocho
Naciones.

DESPUÉS
1925–1926 El Guomindang
aborta la primera Revolución
China, provocando la retirada del
Partido Comunista, en lo que se
conocerá como la Larga Marcha.

1937 Japón invade China.
El Guomindang y el Partido
Comunista lideran la resistencia.

1949 Tras la derrota de Japón
comienza la guerra civil china,
que gana el Partido Comunista.

China fue un Estado unificado desde la fundación de la dinastía Qin, en 222 a.C., y hasta la segunda mitad del siglo XIX, cuando se la repartieron los principales países occidentales que impusieron los llamados «tratados desiguales», un conjunto de acuerdos firmados bajo coacción por los sucesivos emperadores, que impedían el desarrollo y empobrecían al pueblo. El fracaso del Imperio chino en su defensa y la del pueblo, al que decía favorecer, provocó una larga crisis. Al empeorar las condiciones de vida, el régimen se hizo muy impopular, y las revueltas fueron cada vez más destructivas.

Con el telón de fondo de la lucha social, la subyugación por parte de

China está dirigida por **una Corte imperial débil y
corrompida** y está dominada por potencias extranjeras.

↓

Pero el **respeto de China** como gran nación con una gran historia…

↓   ↓

…más la **democracia
«occidental»**…   …más el **desarrollo
económico** y la justa
distribución de la tierra…

↓   ↓

…desembocarán en una **China moderna y republicana**.

Véase también: Ito Hirobumi 195 ▪ José Martí 204–205 ▪ Emiliano Zapata 246 ▪ Mustafá Kemal Atatürk 248–249 ▪ Mao Zedong 260–265

Al vasto campesinado de China se le prometieron tierras bajo los «tres principios del pueblo», propuestos por Sun Yat-sen, que creía que el progreso económico tenía que provenir de una justa distribución de la tierra.

las potencias extranjeras y, posteriormente el dominio nipón, surgió una forma especial de nacionalismo chino proclive a aprender de Occidente, modernizar el país y poner fin a los fracasos del imperio y a las revueltas campesinas, percibidas como un atraso. A partir de la década de 1880, Sun Yat-sen se unió a esos grupos nacionalistas todavía en formación e intentó alzarse contra el gobierno de Pekín. A diferencia de muchos de sus contemporáneos, enfatizó la fuerza de la cultura china y reclamó respeto por la historia de su país en aquel proceso de adopción de los valores occidentales.

Los tres principios

Sun reunió sus ideas en los llamados «tres principios del pueblo»: nacionalismo, democracia y prosperidad o desarrollo económico, el cual Sun entendió que consistía en la justa distribución de los recursos del país, especialmente la tierra, destinada a quien la labra, los campesi-

nos. Había que erradicar el corrompido sistema de terratenientes, así como al emperador corrupto al que apoyaban, a fin de despejar el camino hacia una China moderna, republicana y democrática.

Sun fue un unificador excepcional dentro de los movimientos revolucionarios chinos. Fundó el Guomindang, que cobró preponderancia durante el caótico periodo republicano tras la caída de la dinastía Qin, en 1911. En 1922, el Guomindang se unió al Partido Comunista, pero los terratenientes que luchaban por más territorios y una sucesión de emperadores nuevos imposibilitaron crear un gobierno central. Sun murió en 1925, sucediéndole Chang Kai-shek al frente del Guomindang, que sofocó una revuelta comunista en Shanghái en 1926, lo que provocó la ruptura entre ambos grupos políticos. La victoria de los comunistas en la guerra civil (1946-1949) obligó al Guomindang a exiliarse en la isla de Formosa (Taiwán).

En la actualidad, China se inclina cada vez más hacia el legado de Sun, a quien ha citado como inspiración para su evolución hacia una economía de mercado. ▪

Nuestra sociedad no es libre para crecer, y el pueblo llano carece de medios de vida.
Sun Yat-sen

Sun Yat-sen

Nacido en la aldea de Cuihen, en el sur de China, a los 13 años fue a Honolulu (Hawái) a cursar sus estudios. Aprendió inglés y leyó mucho. Siguió estudiando en Hong Kong y se convirtió al cristianismo. Se graduó en medicina, pero poco después la abandonó para concentrarse en su actividad revolucionaria.

Sun luchó para que China fuese un Estado moderno. Tras una serie de revueltas fallidas, se vio en la obligación de vivir en el exilio. Regresó en 1911, participando en el alzamiento antiimperial en Wuchang, que pronto se extendió por el sur; en 1912 fue elegido presidente de la República provisional (en Nankín), pero dimitió pronto por desacuerdos con los partidarios de la dinastía Qin, en el norte, y se exilió en Japón. Ese mismo año creó el Guomindang para continuar peleando por una república unificada, mientras el país se sumía en una crisis civil. En 1918 formó un nuevo gobierno republicano. Murió en 1925, en Pekín.

Obras principales

1922 *Desarrollo internacional de China.*
1927 *San Min Chu I: los tres principios del pueblo.*

EL INDIVIDUO SOLO ES UN PIÑON DE UN MECANISMO EN MOVIMIENTO PERPETUO

MAX WEBER (1864–1920)

EN CONTEXTO

IDEOLOGÍA
Liberalismo

ENFOQUE
La sociedad

ANTES
1705 El pensador holandés
Bernard Mandeville escribe *La
fábula de las abejas*, libro con
el que trata de demostrar que
las instituciones colectivas
surgen gracias a las acciones
individuales.

1884 Se publica, inconcluso,
el último volumen de *El capital*,
obra cumbre de Karl Marx.

DESPUÉS
1937 El estadounidense Talcott
Parsons publica *La estructura de
la acción social*, donde presenta
el trabajo de Weber a un público
internacional.

1976 El sociólogo británico
Anthony Giddens publica *El
capitalismo y la moderna teoría
social*, obra en la que expone su
crítica a las teorías de Weber
y defiende la primacía de las
estructuras en la acción social.

El auge del capitalismo a lo largo del siglo XIX trajo consigo nuevas ideas acerca del mundo. Se transformaron las relaciones interpersonales y se rompieron las formas de vida tradicionales. Los conocimientos científicos y técnicos avanzaban sin pausa, y la sociedad pasó a ser un objeto que se podía estudiar y comprender. Max Weber dio un nuevo enfoque al estudio de la sociedad: la disciplina llamada «sociología». Su obra inconclusa *Economía y sociedad* intenta describir el funcionamiento de la sociedad, así como establecer un método que permita profundizar en ese análisis. Uno de los métodos de estudio de Weber era usar nociones abstractas como los «tipos ideales». Igual que la

Una persona
actúa de acuerdo con su
visión del mundo.

Las personas **actúan
colectivamente** de
maneras complejas.

Los puntos de vista individuales se fusionan formando
comprensiones colectivas, como la religión.

Pero las **estructuras sociales** creadas por esas comprensiones
colectivas **limitan las libertades individuales**.

**El individuo solo es un piñón de un
mecanismo en movimiento perpetuo.**

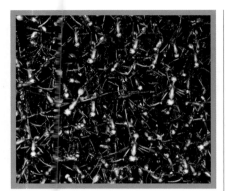

Las hormigas de fuego forman sociedades complejas en las que cada individuo es clave para el éxito del nido. Del mismo modo, Weber consideraba que las acciones de cada persona son parte de una sociedad humana mayor.

caricatura de una persona, un tipo ideal exagera los rasgos principales y reduce los secundarios, pero no para divertir, sino para extraer la verdad subyacente. Dicho enfoque fue crucial para su método y le permitió comprender sectores complejos de la sociedad por medio de una versión simplificada. El papel del sociólogo era construir y analizar tipos ideales por medio de la observación de la realidad, contrariamente a Marx y otros escritores sobre temas sociales que intentaban deducir las acciones de la sociedad de acuerdo con su lógica interna y no por observación directa.

Comprensiones colectivas

En opinión de Weber, la sociedad solo se puede entender por sus partes constituyentes, siendo las más básicas las personas. Estas actúan colectivamente de maneras complejas, pero que el sociólogo comprende. Poseen la capacidad de actuar según su propia visión del mundo. Esa visión puede revelarse a través de comprensiones colectivas, como,

por ejemplo, la religión y los sistemas políticos como el capitalismo. En *La ética protestante y el espíritu del capitalismo*, su primera obra, Weber arguyó que lo que allanaba el camino a la acumulación de capital y la creación de una sociedad de mercado era el nuevo «espíritu» del protestantismo individualista. En *Economía y sociedad* redunda en esta idea, distingue entre tipos de creencias religiosas y analiza las formas en que las personas actúan socialmente utilizando una amplia diversidad de estructuras religiosas.

Limitaciones a la acción

Weber considera que, una vez en su sitio, quizá las estructuras colectivas de la sociedad no actúen como habilitantes, es decir, para expandir la libertad humana, sino más bien como limitadoras. Por esta razón, establece un símil entre las personas y los piñones de una maquinaria. Las estructuras que crean los pueblos también restringen sus acciones, con sus propios resultados: se dijo a los protestantes que debían trabajar, pero también evitar el consumismo, y fueron sus ahorros los que dieron lugar al capitalismo. ▪

A efectos sociológicos, no existe algo llamado personalidad colectiva que «actúa».
Max Weber

Max Weber

Nació en Erfurt (Alemania), e inicialmente estudió la carrera de derecho en la Universidad de Heidelberg. Fue catedrático de la Universidad de Friburgo y su obra versa sobre materias muy diversas: economía, teoría legal e historia. Comprometido políticamente desde muy joven, Weber alcanzó notoriedad como pensador en políticas sociales gracias a sus investigaciones sobre la inmigración polaca de la década de 1890 y tras unirse al Congreso Social Evangélico. Después de la Primera Guerra Mundial cofundó el liberal Partido Democrático Alemán.

En 1897 tuvo una intensa discusión familiar e intelectual con su padre, que falleció dos meses después. Este hecho le provocó una crisis nerviosa de la que nunca se recuperaría del todo. Ya nunca pudo conservar un puesto permanente como profesor en la Universidad y padeció insomnio y depresión hasta su muerte, en 1920.

Obras principales

1905 *La ética protestante y el espíritu del capitalismo.*
1922 *Economía y sociedad.*
1927 *Historia general de la economía* (publicado póstumamente).

CHOQUE DE IDEOL

1910–1945

OGIAS

Emiliano Zapata crea el **Ejército Libertador del Sur** (los «zapatistas») para luchar en la Revolución Mexicana.

Comienza la Primera Guerra Mundial con el **asesinato del archiduque Francisco Fernando** en Sarajevo (en la actual Bosnia).

El armisticio acaba con las luchas de la Primera Guerra Mundial, pero la guerra finaliza formalmente al año siguiente, con la firma del **Tratado de Versalles**.

Stalin es elegido secretario general del **Partido Comunista de la Unión Soviética**.

1910   **1914**   **1918**   **1922**

1912   **1917**   **1922**   **1923**

Con la derrota de la dinastía Qin, Sun Yat-sen se convierte en el primer presidente de la **República de China**.

Después de la **Revolución de Febrero**, abdica el zar Nicolás II de Rusia; en la **Revolución de Octubre**, Lenin crea un gobierno bolchevique.

Benito Mussolini lidera a los fascistas en la llamada **Marcha sobre Roma** y se convierte en primer ministro de Italia.

Tras dirigir a las fuerzas nacionalistas en las guerras de independencia turcas, Atatürk es elegido presidente de la **República de Turquía**.

Durante la primera mitad del siglo XX cayeron los antiguos poderes imperiales y se crearon nuevas repúblicas. Esto causó una inestabilidad política generalizada, especialmente en Europa, y desembocó en dos guerras mundiales que fueron el rasgo dominante del periodo. En el proceso de reemplazo del viejo orden europeo surgió una oleada de partidos nacionalistas y autoritarios extremos, y en Rusia la revolución bolchevique de 1917 allanó el camino a una dictadura totalitaria comunista. Mientras tanto, la Gran Depresión de comienzos de la década de 1930 condujo a un mayor liberalismo económico y social en EE UU.

A finales de esa década, el pensamiento político de las potencias más importantes se polarizaba entre el fascismo, el comunismo y la democracia social del capitalismo liberal y de libre mercado.

Revoluciones en el mundo

Las revoluciones que provocaron tal sacudida en el pensamiento político no tuvieron su origen en Europa. En 1910, en México, al caer el régimen de Porfirio Díaz, se inició una lucha armada (Revolución Mexicana) que iba a durar una década. En China, la Revolución Xinhai (1911) derrocó a la dinastía Qin e instauró una república proclamada por Sun Yat-sen (1912). Pero los acontecimientos más influyentes del periodo se produjeron en Rusia: en 1905, la inquietud política había causado un alzamiento que fracasó, pero que se reavivó en 1917 y llevó al violento derrocamiento del zar Nicolás II por los bolcheviques. El optimismo del final de la Primera Guerra Mundial duró muy poco. La creación de la Liga de las Naciones y la esperanza que trajo de asegurar una paz duradera no sirvió para aplacar las tensiones que aumentaban en Europa. Unas reparaciones de guerra punitivas y el colapso económico de posguerra fueron los principales impulsores de los movimientos extremistas.

Dictadura y resistencia

Tanto el partido fascista de Benito Mussolini, en Italia, como el partido nazi de Adolf Hitler, en Alemania, surgieron de pequeñas formaciones extremistas. En España, el general Francisco Franco encabezó una sublevación militar derechista contra la Segunda República, lo cual dio inicio a la Guerra Civil española. Y en Rusia, a la muerte de Lenin, en 1924, Stalin se tornó cada vez más autocrático, eliminó a sus oposito-

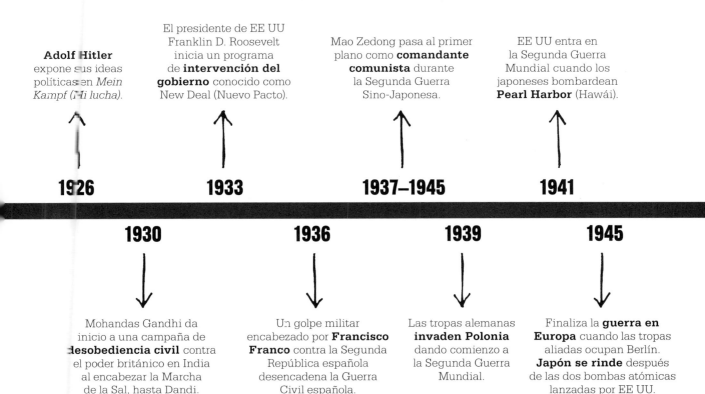

Adolf Hitler
expone sus ideas
políticas en *Mein Kampf* *(Mi lucha)*.

El presidente de EE UU
Franklin D. Roosevelt
inicia un programa
de **intervención del gobierno** conocido como
New Deal (Nuevo Pacto).

Mao Zedong pasa al primer
plano como **comandante comunista** durante
la Segunda Guerra
Sino-Japonesa.

EE UU entra en
la Segunda Guerra
Mundial cuando los
japoneses bombardean
Pearl Harbor (Hawái).

1926   **1933**   **1937–1945**   **1941**

1930   **1936**   **1939**   **1945**

Mohandas Gandhi da
inicio a una campaña de
desobediencia civil contra
el poder británico en India
al encabezar la Marcha
de la Sal, hasta Dandi.

Un golpe militar
encabezado por **Francisco Franco** contra la Segunda
República española
desencadena la Guerra
Civil española.

Las tropas alemanas
invaden Polonia
dando comienzo a
la Segunda Guerra
Mundial.

Finaliza la **guerra en Europa** cuando las tropas
aliadas ocupan Berlín.
Japón se rinde después
de las dos bombas atómicas
lanzadas por EE UU.

res e hizo de la Unión Soviética una potencia industrial y militar.

Mientras los totalitarismos ganaban fuerza en la Europa continental, Gran Bretaña veía desintegrarse su imperio. La amenazaban los movimientos por la independencia en las colonias, especialmente en India, con la campaña de desobediencia civil no violenta liderada por Mohandas Gandhi (el Mahatma), y también en África, donde Yomo Kenyatta, de Kenia, llamaba a la resistencia.

En la lucha

En EE UU, la fuerte caída de la Bolsa de Nueva York, en 1929, puso fin al auge de la década de 1920 y fue el preludio de una gran depresión económica. En 1933, el presidente Franklin D. Roosevelt inició una política intervencionista (New Deal), que aportó una nueva forma de libe-

ralismo a la política estadounidense. El país quería mantenerse neutral ante la inestabilidad europea, pero el feroz antisemitismo de la Alemania nazi causó la emigración a EE UU de muchos intelectuales, sobre todo los de la Escuela de Frankfurt, de inspiración marxista, cuya nueva manera de pensar no casaba con ciertas políticas de Roosevelt.

No era solo Europa lo que EE UU trataba de evitar. Asia también sufría fuertes turbulencias políticas: el militarismo japonés encendió la mecha de la Guerra Sino-Japonesa de 1937, y, cuando la situación desfavorecía a China, apareció el líder comunista Mao Zedong.

También Gran Bretaña deseaba mantenerse al margen, a pesar de la amenaza fascista. Incluso al inicio de la Guerra Civil española, en 1936, mientras Alemania e Italia dieron su

apoyo a los sublevados y la Unión Soviética a la República, Gran Bretaña y otros países europeos decidieron mantener las distancias. Sin embargo, tanto en Gran Bretaña como en EE UU aumentaba la presión para frenar las exigencias territoriales de Hitler. Al estallar la guerra, en 1939, la alianza contra Alemania creció, y en 1941, tras el ataque a Pearl Harbor por los japoneses (aliados de Alemania), EE UU entró en guerra.

Gran Bretaña, EE UU y la URSS cooperaron con éxito en la Segunda Guerra Mundial, pero tras derrotar al fascismo volvieron a trazarse las fronteras políticas. Así nació el enfrentamiento entre el este comunista y el oeste capitalista, con el resto de Europa tratando de encontrar su sitio en el medio. Ya estaba listo el escenario para la guerra fría, que dominaría la política de la posguerra. ■

EL PRIMER ARTICULO DE MI FE ES

MI FE ES LA NO VIOLENCIA

MOHANDAS GANDHI (1869–1948)

EN CONTEXTO

IDEOLOGÍA
**Nacionalismo
anticolonialista**

ENFOQUE
Resistencia no violenta

ANTES
Siglos v–vi a.C. En India surgen las enseñanzas jainistas de la no violencia y la autodisciplina.

1849 El escritor y filósofo estadounidense Henry David Thoreau publica su célebre *La desobediencia civil*, conferencia en la que defiende la objeción de conciencia a las leyes injustas.

DESPUÉS
1963 Durante su discurso en Washington «Tengo un sueño», el líder de los derechos civiles Martin Luther King explica su ilusión de que negros y blancos vivan juntos y en paz.

2011 Las protestas pacíficas de la plaza Tahrir, en El Cairo, fuerzan al presidente egipcio Hosni Mubarak a dimitir.

Dios es **Verdad** y **Amor**.

En la Verdad y el Amor no hay ninguna violencia y **no causan daño**.

Nuestra valiente expresión del Amor y la Verdad hace reconciliarse a nuestros contrarios con **la bondad y la justicia** que llevan dentro.

Debemos **enfrentarnos a nuestros enemigos** con Verdad y Amor.

Así, las facciones en guerra se ponen de acuerdo y nace el **estado de paz**.

El primer artículo de mi fe es la no violencia.

En todos los imperios globales que erigieron las potencias europeas a lo largo del siglo xvi, fue el ejemplo de los imperialistas mismos lo que originó los movimientos nacionalistas opuestos al colonialismo. Los pueblos colonizados, siendo testigos del fuerte sentimiento de identidad nacional de sus colonizadores –basado en la concepción europea de nación y de la enorme importancia de la soberanía dentro de los límites geográficos–, terminaron por experimentar el deseo de su propia nacionalidad y autodeterminación. Sin embargo, la falta de una economía y de un ejército fuertes hizo nacer numerosos movimientos anticolonialistas con modalidades de resistencia que no eran europeas.

Un arma espiritual

En India, durante la primera mitad del siglo xx, la lucha por obtener la independencia de Reino Unido se distinguió de otras revueltas independentistas gracias a la filosofía política y moral de su líder espiritual, Mohandas Gandhi, más conocido por el título honorífico de el «Mahatma» («alma grande»). Gandhi creía en un Estado democrático poderoso, pero también sostenía que ese Estado nunca debía obtenerse, forjarse o mantenerse bajo ninguna forma de violencia. Su ética de la desobediencia civil y resistencia radical no violentas, que él llamaba *satyagraha* («adhesión a la verdad»), dio un enfoque de moralidad y conciencia a la marea de nacionalismo anticolonialista que estaba modificando el paisaje político del siglo. Gandhi afirmaba que su método era un «arma puramente espiritual».

Consideraba que el universo estaba regido por un principio supremo, al que llamaba *satya* («Verdad»). Según Gandhi, este era otro de los muchos nombres de Dios, el único

Dios de Amor que, en su opinión, se hallaba en la base de todas las grandes religiones del mundo. Siendo todos los seres humanos emanaciones de este Ser divino, Gandhi creía que el único principio verdadero de las relaciones entre las personas es el amor, que significa el afecto y el respeto por los demás y una devoción desinteresada y eterna a la causa de «enjugar todas las lágrimas de todos los ojos». Esto imponía entre sus partidarios la *ahimsa*, u obligación de no causar daño. Si bien Gahdhi era hindú, elaboró su filosofía moral a partir de muchas tradiciones religiosas diferentes, incluido el jainismo y el pacifismo cristiano del novelista ruso Lev Tolstói, que destacaban la importancia de no causar daño a criatura viviente alguna.

Fines políticos

La ideología de Gandhi se basaba en intentar aplicar la regla del amor a todos los ámbitos de la vida. Sin embargo, también pensaba que el sufrimiento voluntario o «poner la otra mejilla» ante cualquier trato abusivo por parte de un individuo o un Estado –y no la resistencia violenta o la represalia–, eran un medio hacia un fin político, además de espiritual. Esta disposición a sacrificarse obraría como una ley de la verdad sobre la naturaleza humana con objeto de asegurar la reforma y la colaboración del contrario. Sería ejemplo para un sector más amplio de la sociedad, tanto para los amigos como para los enemigos políticos. El autogobierno de India sería el resultado inevitable de una revolución masiva de la conducta basada en principios trascendentales pacíficos.

Activista sudafricano

La primera vez que Gandhi se opuso al colonialismo británico fue en Sudáfrica. Después de ejercer la abogacía en Londres, Gandhi trabajó durante 21 años en Sudáfrica (que entonces también era colonia británica) como defensor de los derechos civiles de los inmigrantes indios. En esa época adquirió su sentido de la «indianidad», que él consideró que acababa con las divisiones por raza, religión y casta, y que apuntaló su »

Gandhi estaba muy influido por el jainismo, religión basada en evitar el daño a todo ser vivo. Los monjes jainistas llevan máscaras para no contaminar a los insectos con el aliento.

Mohandas Gandhi

Mohandas Karamchand Gandhi, llamado el Mahatma, nació el 2 de octubre de 1869 en una prominente familia hindú de Porbandar que, en aquel momento, formaba parte de la Presidencia de Bombay en India Británica. El padre de Gandhi fue un alto funcionario del gobierno y su madre una jainista devota.

Gandhi se casó a los 13 años de edad. Cinco años más tarde, su padre lo envió a Londres a estudiar derecho. Se graduó como abogado en 1891 y puso oficina en Sudáfrica para defender los derechos de los inmigrantes indios. Mientras vivía en Sudáfrica asistió a un curso de *brahmacharya*, o autodisciplina hindú, y dio inicio a una vida de ascetismo. En 1915 volvió a India, hizo voto de pobreza y fundó una *ashram* (ermita). Solo cuatro años más tarde encabezó el Congreso Nacional Indio. Gandhi acudía a rezar cuando fue asesinado por un extremista hindú, que le culpaba de la partición de India y la creación de Pakistán.

Obras principales

1909 *Hind Swaraj.*
1929 *Historia de mis experiencias con la Verdad.*

aspiración a una nación india unificada. En Sudáfrica, Gandhi fue testigo directo de la violencia racial y de la explotación por parte del gobierno colonial. Como respuesta, sus ideales pacifistas adquirieron una forma práctica de oposición. Demostró su don de liderato en el año 1906, cuando encabezó a miles de pobladores indios pobres en una campaña de desobediencia civil contra las nuevas leyes que les exigían empadronarse. Después de siete años de luchas y represiones violentas, el primer ministro sudafricano Jan Smuts accedió a negociar un acuerdo con los manifestantes, lo cual demostró el poder de la resistencia no violenta. Llevaría tiempo, pero finalmente triunfaría, obligando a los oponentes a hacer lo correcto.

En los años siguientes, Gandhi gozó de un enorme éxito promoviendo su teoría de que la resistencia no violenta era la más eficaz. Volvió a India en el año 1915 con fama de nacionalista, y pronto alcanzó un puesto importante en el Congreso Nacional Indio, el movimiento político del nacionalismo. Llamó al boicoteo de los bienes de fabricación británica, especialmente los textiles, y alentó a todos los indios a hilar y llevar *khadi*, tejido elaborado a mano en India, con objeto de reducir la dependen-

Miles de personas se unieron a Gandhi en su protesta contra la tasa sobre la sal impuesta por los británicos. En 1930 marcharon hasta la costa, a Dandi, para elaborar su propia sal con agua del mar.

Gandhi opinaba que los medios no violentos que utilizaba para lograr su fin eran tan importantes como el fin mismo. Para ilustrar su teoría utilizó el ejemplo del reloj.

Si te **pago** por tu reloj, pasa a ser de mi propiedad.

Si **peleo** por tu reloj, pasa a ser una pertenencia robada.

Si te **suplico** tu reloj, pasa a ser una donación.

cia de la industria foránea y fomentar la propia. En su opinión, estos boicoteos eran la extensión lógica de una pacífica no colaboración, y pidió al pueblo indio que no utilizara las escuelas ni los tribunales británicos, que dimitieran de sus cargos en el gobierno y que evitaran los títulos y honores ingleses. En medio de un entusiasmo y una notoriedad crecientes, Gandhi aprendió a distinguirse como sagaz líder político, valorando siempre el poder e influencia de los medios de comunicación sobre la opinión pública.

Rebeldía pública
En 1930, cuando el gobierno británico se negó a responder a la propuesta parlamentaria de Gandhi de reclamar la autodeterminación de India, el Congreso Nacional Indio decidió declarar de manera unilateral la independencia total. Poco después, Gandhi lanzó una nueva *satyagraha* en contra del impuesto británico a la sal, y convocó a miles de personas en una larga marcha hacia el mar. A la vista de todos, recogió un puñado de la sal que cubría de blanco toda la playa, e inmediatamente fue detenido. Su prisión, pero sobre todo su acto de rebeldía, demostraron a los comentaristas de todo el mundo la terrible injusticia del colonialismo británico en India. Esta acción de desobediencia no violenta cuidadosamente escenificada comenzó a resquebrajar el poder británico en ese país. Periódicos e informativos

Una religión que no toma en cuenta los asuntos prácticos ni ayuda a resolverlos, no es religión.
Mohandas Gandhi

de todo el mundo recogieron la noticia de las campañas y del encarcelamiento de Gandhi. El físico Albert Einstein dijo de él: «Inventó una manera totalmente nueva y humana de guerra de liberación de un pueblo oprimido. La influencia moral que tuvo sobre todos los seres humanos conscientes del mundo civilizado probablemente será mucho más duradera que lo que creemos actualmente, cuando nos gusta tanto usar la fuerza bruta y la violencia.»

Pacifismo estricto

Sin embargo, la confianza absoluta de Gandhi en su doctrina de la no violencia parecía debilitarse cuando la aplicaba a los conflictos del resto del mundo, lo que le acarreó no pocas críticas procedentes de diversos ámbitos. En ocasiones, el «sufrimiento voluntario» parecía exigir el suicidio en masa, tal como demuestra su lastimero ruego al virrey británico de India de deponer las armas y enfrentarse a los nazis únicamente con la fuerza espiritual. Asimismo criticó a los judíos que intentaron huir del holocausto o lucharon contra la represión alemana: «Los judíos debían haberse ofrecido al cuchillo del carnicero. Debían haberse arrojado al mar desde los arrecifes. Esto habría levantado al mundo y al pueblo de Alemania». También recibió críticas de la izquierda: el periodista marxista británico Rajani Palme Dutt le acusó de «utilizar los muy religiosos principios de humanidad y amor para disfrazar su apoyo a la clase de los propietarios». Mientras tanto, el primer ministro Winston Churchill trató de ningunearle llamándole «faquir semidesnudo».

Las protestas no violentas, desde boicotear productos hasta bloquear las calles, son dos de los métodos más populares y eficaces de desobediencia civil en el mundo político actual.

Sin importar cuán limitada pudiera resultar su aplicación en otras situaciones, los métodos empleados por Gandhi tuvieron éxito en su país y finalmente terminaron por conceder a India su independencia en 1947, aunque él se opuso enconadamente a la separación del país en dos estados en función de las creencias religiosas —India, predominantemente hindú, y Pakistán, musulmán— lo cual obligó a desplazarse a millones de personas. Poco después de la partición, Gandhi fue asesinado a manos de un nacionalista hindú que le acusaba de favorecer a los musulmanes.

En la actualidad, la rápida industrialización de India ha dado lugar a un país que se halla muy lejos del romanticismo rural y el ascetismo que fueron el ideal político de Mohandas Gandhi. Mientras tanto, el incremento de las tensiones con su vecino Pakistán demuestra que no se ha cumplido su aspiración de una identidad india capaz de trascender la religión. Además, el sistema de castas al que se había opuesto tan encarnizadamente, sigue vigente en

> Cristo nos dio las metas y el Mahatma Gandhi las tácticas.
> **Martin Luther King**

su sociedad. A pesar de todo, India continúa siendo un Estado laico y democrático que todavía se adhiere a la creencia básica de Gandhi de que un Estado únicamente se puede crear por medios pacíficos. Activistas de todo el mundo han adoptado su ejemplo y sus métodos; uno de ellos fue el líder de los derechos civiles Martin Luther King, quien afirmó que su resistencia pacífica a las leyes racistas de EE UU en las décadas de 1950 y 1960 estaba inspirada en las ideas de Gandhi. ■

LA POLITICA COMIENZA DONDE ESTAN LAS MASAS

LENIN (1870–1924)

A comienzos del siglo XX, el imperio ruso era un gran coloso agrario, pero económicamente se encontraba muy por detrás de los estados industrializados de Europa occidental. Su población se componía de numerosos y diferentes grupos étnicos: rusos, ucranianos, polacos, bielorrusos, judíos, finlandeses y alemanes, y únicamente el 40 por ciento de ellos hablaba ruso. El gobierno lo ejercía un zar absolutista y autoritario, Nicolás II, y se había impuesto por la fuerza una estricta jerarquía social. No existía la libertad de prensa, ni de expresión, ni de asociación; los derechos políticos eran pocos, y las minorías no tenían ninguno. No sorprende, pues, que en este ambiente de represión surgieran las fuerzas revolucionarias que alcanzarían la victoria en la Revolución de Octubre, en 1917, lideradas por el agitador político Vladímir Ilich Uliánov, más conocido como Lenin.

La ley de la historia

El socialismo apareció en Europa durante el siglo XIX como una reacción natural a la extrema dureza de las condiciones de vida de la nueva clase obrera industrial. Desprotegidos por instituciones sociales o tradicionales como los sindicatos, los obreros corrían el riesgo de ser explotados por sus nuevos empleadores. En vista de su sufrimiento y convencidos de que el conflicto de clases conduce forzosamente al cambio social, Karl Marx y Friedrich Engels proclamaron que era inevitable una revolución internacional en contra del capitalismo. En su *Manifiesto comunista*, de 1848, hicieron una llamada a la unión del proletariado de toda Europa.

Sin embargo, Marx y Engels no habían previsto que, cuando se sintieran más seguros y lograran mejorar su nivel de vida, los trabajadores de las sociedades industrializadas avanzadas de Europa occidental aspirarían a convertirse en burgueses (la clase mercantil), y no a alzarse en contra de ellos. Los socialistas comenzaron a trabajar cada vez más por vías legales y constitucionales a fin de obtener el voto para los varones de la clase obrera y obrar el cambio por medio del proceso democrático. La opinión socialista se dividió entonces entre aquellos que defendían llevar a cabo las reformas a través de las urnas y aquellos que exigían una revolución.

Para tener éxito, una **insurrección** debe basarse en la **acción de las masas**.

Los **objetivos e intereses** del partido de vanguardia deben estar en **armonía** con los de las masas, a fin de ganárselas.

Para **impulsar** a las masas a entrar en acción se necesita un **partido de vanguardia**.

La política comienza donde están las masas.

Véase también: Karl Marx 188–193 ▪ Stalin 240–241 ▪ Trotski 242–245 ▪ Mao Zedong 260–265

> Por una decisión
> libremente adoptada, nos
> hemos asociado para luchar
> contra el enemigo.
> **Lenin**

Las condiciones de Rusia

Rusia había llegado tarde a la industrialización, y, a finales del siglo XIX, su clase obrera todavía no había obtenido ninguna verdadera concesión de sus empleadores. A diferencia de lo ocurrido en Europa occidental, la industrialización no había comportado ningún beneficio material a la gran mayoría de la población rusa. En la década de 1890 comenzó a aumentar la cantidad de activistas políticos que, como el joven estudiante

de derecho Lenin, conspiraban contra un Estado cada vez más represor y contra su policía secreta; y, en 1905, una ola de inquietud recorrió todo el país. Este primer conato revolucionario no logró derrocar al zar, pero sí ganó algunas concesiones democráticas. Aun así, los obreros rusos siguieron viviendo bajo unas durísimas condiciones, y los revolucionarios continuaron conspirando para derrocar al régimen zarista.

Durante toda su carrera, Lenin se esforzó por trasladar la teoría de Marx a la práctica política. Al analizar la situación de Rusia con la óptica marxista, observó que el país pasaba a trompicones del feudalismo al capitalismo. Lenin visualizó la economía agraria como un tablón más en la estructura capitalista, y pensó que si la privaba de ese tablón, todo el engranaje capitalista se iría al garete. Como los campesinos aspiraban a tener sus propias tierras, Lenin comprendió que no serían ellos la clase social que protagonizaría la revolución socialista, uno de cuyos objetivos centrales era el fin de la propiedad privada. Para Lenin

Aunque al principio Lenin intentó que los campesinos rusos apoyasen su revolución, más tarde se percató de que no estarían a su lado porque aspiraban a poseer su propia tierra.

estaba claro que la fuerza impulsora de la revolución debía proceder de la creciente clase obrera industrial.

Un partido de vanguardia

En el análisis marxista, la burguesía es la clase mercantil –la que posee los medios de producción (como **»**

Lenin

Vladímir Ilich Uliánov, conocido popularmente como Lenin, nació en 1870, en Simbirsk (Rusia), llamada Uliánovsk en el periodo soviético. Recibió una educación clásica y destacó en latín y griego. En 1887, su hermano mayor Aleksandr fue ejecutado tras haber intentado asesinar al zar Alejandro III. Ese año, Lenin accedió a la Universidad de Kazán para estudiar derecho, aunque le expulsaron por llevar a cabo varias protestas estudiantiles. Exiliado en casa de su abuelo, se sumergió en las obras de Karl Marx. Después de graduarse en derecho comenzó su verdadera actividad

política como revolucionario. Fue detenido, apresado y desterrado a Siberia y, posteriormente, viajó por Europa, mientras escribía y organizaba la futura revolución. Efectivamente, la revolución de 1917 le llevó a dirigir toda Rusia. Logró sobrevivir a un intento de asesinato en 1918, aunque nunca recuperó del todo la salud.

Obras principales

1902 *¿Qué hacer?*
1917 *El imperialismo, fase superior del capitalismo.*
1917 *El Estado y la revolución.*

las fábricas)–, mientras que el proletariado son los que no tienen otra opción que vivir de vender su trabajo. Entre la clase burguesa rusa había una serie de personas instruidas, como el mismo Lenin, que consideraban injusta la explotación del proletariado y reclamaban un cambio radical. Esos «burgueses revolucionarios» habían desempeñado papeles importantes en las revueltas del pasado, incluida la Revolución Francesa de 1789. Sin embargo, la rápida industrialización de Rusia se financiaba principalmente gracias al capital extranjero, lo cual significaba que la burguesía era una clase relativamente reducida. Para colmo, dentro de sus filas había pocos revolucionarios.

Lenin comprendió que una revolución necesitaba liderato y organización, y defendió la idea de Engels y Marx de un «partido de vanguardia», un grupo de «personas resueltas», con un pensamiento político claro y mayormente reclutadas entre la clase obrera, que conformaran la punta de lanza de la revolución. Su misión era la de alentar al proletariado a que se convirtiera en la «clase por antonomasia» que desplazara la supremacía burguesa y estableciera una «dictadura del proletariado» democrática. Lenin organizó ese partido de vanguardia bajo el apelativo «bolchevique» («de la mayoría»), que, con el tiempo, se convertiría en el Partido Comunista de la Unión Soviética (PCUS).

La revolución internacional

Al igual que Marx, Lenin también pensaba que el proletariado unido se alzaría como una gran ola revolucionaria que traspasaría fronteras e identidades nacionales, que lograría superar los etnocentrismos y las religiones y que se convertiría, sin duda, en un Estado por derecho propio, sin fronteras ni castas. Supondría la propagación internacional de la «democracia para los pobres», y vendría acompañada de la supresión por la fuerza de la clase explotadora y opresora, que quedaría excluida de esta nueva democracia. Lenin consideraba esta fase transitoria como parte indispensable del paso de la democracia al comunismo: el Estado revolucionario definitivo soñado por Marx, que seguiría a la dictadura del proletariado y en el que no habría clases ni propiedad privada.

Lenin afirmó que sus ideas prenderían «no donde haya miles, sino millones; es ahí donde comienza la política en serio». Para enfrentarse al poder y la fuerza del Estado imperialista, armado hasta los dientes,

Los ricos banqueros huyen mientras la clase obrera avanza tras ellos bajo el lema común «Larga vida a la revolución socialista internacional», cita de Lenin que subraya el carácter transnacional de la lealtad de clase social.

Un ejército rebelde, abrumado por las ingentes bajas en la Gran Guerra, desempeñó un papel crucial en el éxito de la Revolución de Octubre, en 1917. La guerra en Europa desacreditó al régimen zarista.

se necesitarían millones de obreros desafectos, alienados por ese Estado. Únicamente esos millones, organizados por revolucionarios profesionales, serían capaces de destruir un régimen capitalista bien armado y financiado. Bajo el gobierno de los zares, tanto los intereses de las clases trabajadoras como los del campesinado dependían de los intereses de los propietarios de la producción o de la tierra, pero Lenin les instó a percatarse de que sus derechos y su bienestar dependían solo de su clase social. Las masas estaban cohesionadas por sus mismos sufrimientos, formando un cuerpo sociopolítico único, lo cual era ahora recalcado por la constante retórica de los bolcheviques. Para Lenin, el poder de las masas era el único poder revolucionario eficaz. Cuando Lenin entregó su informe al Séptimo Congreso Extraordinario del entonces llamado Partido Comunista Ruso, el 6 de marzo de 1918, después de la exitosa Revolución de Octubre, su comen-

La victoria será solo de los que tienen fe en el pueblo, los que están inmersos en la primavera vivificadora de la creatividad popular.
Lenin

tario acerca de la revolución fue que era «la genuina sustanciación marxista de todas nuestras decisiones». El octubre anterior, su partido bolchevique había arrebatado el poder al gobierno de transición en lo que, en esencia, fue un golpe de Estado incruento. Fueron los primeros revolucionarios comunistas del mundo que triunfaron. Dentro del sistema financiero capitalista, Rusia era un país pobre, y con un proletariado relativamente débil, pero su clase burguesa era más débil todavía, con lo cual las masas de obreros urbanos movilizados para desposeerlas obtuvieron una «fácil victoria». Otro factor importante del éxito de la revolución había sido la participación de Rusia en la Primera Guerra Mundial. En 1917, dicho conflicto impuso penurias intolerables al pueblo ruso. Ni siquiera los escuadrones de la muerte eran capaces de detener los motines y las deserciones entre sus tropas, y la guerra «imperialista» se fue transformando poco a poco en una guerra civil entre el bolche-

vique Ejército Rojo y el contrarrevolucionario Ejército Blanco. Lenin escribió: «En esta guerra civil, la abrumadora mayoría de la población demostró estar de nuestro lado, y por eso alcanzamos la victoria con tan extraordinaria facilidad». En todas partes vio cumplida la esperanza de Marx de que, a medida que el proletariado aprendía duramente que no era posible colaborar con el Estado burgués, el «fruto» de la revolución de las masas «maduraría» de manera espontánea.

En realidad, también contribuyeron muchos otros factores. Tal como se desarrollaron los sucesos de 1917, las instituciones del viejo orden –la administración local, el Ejército y la Iglesia– perdieron su autoridad. Quebraron las economías urbana y rural. La forzosa retirada de Rusia de la Primera Guerra Mundial y la guerra civil posterior acontecieron en medio de graves carestías que causaron enormes sufrimientos. Lenin se había apercibido de que solo una fuerza dominante y coercitiva » tenía esperanzas de crear un nuevo orden a partir de aquel completo caos. El partido bolchevique era la vanguardia, aunque no la sustancia principal del poder revolucionario. En cuanto a las categorías marxistas de las masas y los bloques de obreros y campesinos, Lenin veía la democracia del proletariado de los *soviets* (consejos) obreros como el sustrato del nuevo Estado de «comunas». Estos consejos se unían al grito de: «¡Todo el poder para los soviets!». En octubre de 1917 nació el primer Estado socialista de la historia, la República Socialista Federativa Soviética de Rusia.

Comunismo de guerra

En lo concerniente a la economía, durante los tres años posteriores a la revolución, se siguió un plan llamado Comunismo de Guerra y cuyo resultado fue una terrible hambruna que causó la muerte de millones de campesinos porque los alimentos que producían eran confiscados para alimentar a los ejércitos y las ciudades bolcheviques y para la guerra civil contra el Ejército Blanco. Las condiciones eran tan duras que Lenin y los suyos se enfrentaron a levantamientos de las mismas masas en las que se habían apoyado. El historiador David Christian sostiene que el Comunismo de Guerra puso a prueba los ideales del nuevo partido comunista de Lenin, ya que «el gobierno que decía representar a la clase obrera se hallaba ahora al borde del derrocamiento por esa misma clase».

El Comunismo de Guerra fue un plan improvisado a resultas de la revolución, pero, una vez finalizada la guerra civil, fue reemplazado por una nueva política concreta promovida por Lenin. La Nueva Política Económica, a la que Lenin llamó «capitalismo del Estado», permitía realizar algunos pequeños negocios a los agricultores, que podían así vender sus superávits para quedarse con las ganancias. Las grandes industrias y los bancos pasaron a manos del Estado. Esta nueva política fue vilipendiada por un gran número de bolcheviques, debido a que mezclaba la economía socialista con elementos capitalistas. Sin embargo, consiguió que aumentase la producción agrícola al alentar a los campesinos a producir mayores cantidades de alimentos apelando a sus propios intereses. En los años siguientes a la muerte de Lenin, Stalin

> Esta lucha debe organizarla ... gente comprometida profesionalmente en actividades revolucionarias.
> **Lenin**

sustituyó esta política por el colectivismo forzado, que provocó nuevas y generalizadas hambrunas durante la década de 1930.

El poder proletario

Hasta qué punto la Revolución de Octubre fue auténticamente socialista solo depende de en qué medida «las masas» estuvieron realmente de acuerdo con los bolcheviques y se sintieron representadas por ellos. El proletariado que padecía la explotación por parte de las clases dirigentes, ¿de verdad se liberó a sí mismo «desde abajo», o fueron los líderes bolcheviques quienes se apoderaron del poder mediante su discurso de victoria de las masas sufrientes? ¿Cuán real era este nuevo poder proletario —el poder de las masas— que fue concretado y, más adelante, constantemente definido, explicado y elogiado por Lenin?

Nikolái Sujánov, un activista socialista muy crítico con la revolución bolchevique y contemporáneo de

En la guerra civil posrevolucionaria, los bolcheviques lucharon contra el Ejército Blanco, contrarrevolucionario. Las medidas de emergencia impuestas pusieron a prueba el apoyo de las masas.

Durante la Revolución Cultural proletaria china, los jóvenes guardias rojos fueron la vanguardia que erradicó todo tipo de actitud antirrevolucionaria. Lenin pensaba que las vanguardias eran necesarias para liderar una revolución.

Lenin, escribió: «Lenin es un orador de gran poder, capaz de simplificar lo complicado […], es de esos que machacan, machacan y machacan el cerebro de las gentes hasta que pierden la voluntad, y entonces las esclaviza».

La aristocracia obrera

Son muchos los opositores de Lenin que han criticado sus planteamientos argumentando que, cuando los bolcheviques insistían en que la dictadura del partido era el verdadero Estado de los trabajadores, en realidad solo estaban justificando su dominación sobre ellos. Lenin excusó esta dominación con el elitista razonamiento de que, sin los «revolucionarios profesionales», los obreros no serían capaces de alcanzar nada más importante que una simple «conciencia sindicalista». Esto significaba que la visión revolucionaria de los obreros era limitada y no llegaría mucho más allá de establecer pequeñas alianzas con sus compañeros de trabajo más cercanos, sin alcanzar nunca una alianza de clase más amplia.

Lo que agravaba el problema, en opinión de Lenin, era que las clases obreras de algunos países de Europa occidental habían obtenido ciertas concesiones que tan solo habían servido para limitar y apaciguar sus ánimos de rebelión. Según Lenin, más bien se había creado una «aristocracia obrera»: una serie de trabajadores que habían ganado derechos importantes y, con ellos, se habían

olvidado de la lealtad hacia su propia clase. Para Lenin, tal lealtad exigía una «conciencia socialista revolucionaria» capaz de entender los principios marxistas de la unificación de las clases. Esto solo podría proporcionarlo una vanguardia surgida del seno de la propia clase obrera…, y ese partido de vanguardia era el de los bolcheviques.

Sostenía Lenin que la existencia de la verdad absoluta era incondicional, y que el marxismo era la verdad que no daba lugar a la disensión. Este absolutismo provocó que el bolchevismo adquiriese un cariz autoritario, antidemocrático y elitista que no casaba con su creencia en una democracia absoluta. Su revolución de partido de vanguardia ha sido posteriormente copiada por todo el espectro político, desde el Guomindang de Taiwán, derechista y anticomunista, hasta el Partido Comunista Chino.

Hoy día, algunos intelectuales siguen definiéndose como «leninistas», como el filósofo esloveno Slavoj Zizek, que defiende y admira el deseo de Lenin de poner en práctica la teoría marxista y su disposición a «ensuciarse las manos» para conseguir sus objetivos. Los leninistas actuales contemplan la globalización como una clara continuación del imperialismo del siglo XIX al que Lenin se oponía con vehemencia, puesto que los intereses capitalistas se vuelven ahora hacia los países más pobres en busca de nueva mano de obra para explotar. Su solución a este problema es, como la de Lenin hace un siglo, un movimiento internacional de la masa trabajadora. ∎

Solo Lenin podía llevar a Rusia a la ciénaga encantada; solo él habría encontrado el camino de vuelta a la carretera.
Winston Churchill

LA HUELGA GENERAL ES CONSECUENCIA INEVITABLE DE CONDICIONES SOCIALES HISTORICAS
ROSA LUXEMBURG (1871–1919)

EN CONTEXTO

IDEOLOGÍA
Socialismo revolucionario

ENFOQUE
La huelga general

ANTES
1826 La primera huelga general en Reino Unido se convoca contra la reducción de los sueldos de los mineros.

1848 Karl Marx, en el *Manifiesto comunista*, defiende la idea de que los cambios históricos son resultado de conflictos de clase entre las clases dominantes y las clases subordinadas.

DESPUÉS
1937–1938 La transformación forzosa de la Unión Soviética en una potencia industrial a manos de Stalin desemboca en la «gran purga», por la que se ejecuta a cientos de miles de personas.

1989 En Polonia, el sindicato Solidaridad derrota al Partido Comunista con un gobierno de coalición encabezado por Lech Walesa.

En una sociedad capitalista hay **desigualdad y opresión**.

↓

Los obreros oprimidos no necesitan **líderes de fuera**…

↓

…ya que se **levantarán espontáneamente** para derrocar a sus opresores.

↓

La huelga general es consecuencia inevitable de condiciones sociales históricas.

La marxista Rosa Luxemburg concibió la idea de la huelga general de forma revolucionaria, acentuando su naturaleza orgánica. Identificó las dos huelgas generales, la política y la económica, como las herramientas más importantes en la lucha por el poder de los trabajadores.

Sus convicciones fueron la respuesta tanto a las huelgas obreras generalizadas como a la masacre del Domingo Sangriento que tuvo lugar en San Petersburgo, y que desembocó en la Revolución Rusa de 1905.

Una revolución social
Karl Marx y Friedrich Engels habían imaginado una huelga general del proletariado liderada por una vanguardia profesional externa o «por encima» de la clase obrera, mientras que los teóricos anarquistas sostenían que la revolución se encendía gracias a acciones extraordinarias de destrucción y propaganda. Luxemburg no creía que ninguna de ellas fuera la manera correcta de comprender o facilitar la huelga general. En cambio, pensaba que había muchas dinámicas diferentes que se unían en una revolución social.

En su obra *Dialéctica de la espontaneidad y la organización* explicó

Véase también: Karl Marx 188–193 ▪ Eduard Bernstein 202–203 ▪ Lenin 226–233 ▪ Stalin 240–241 ▪ Trotsky 242–245

Lech Walesa fundó Solidaridad en Polonia, en 1980. Este sindicato usó las huelgas generales para mejorar la vida de los obreros, y esas huelgas fueron el catalizador del cambio político.

que la organización política aparecería de forma espontánea desde dentro, una vez que los obreros hubieran aprendido gracias a su participación en huelgas por mejores salarios y, más adelante, con fines políticos. La revolución se explicaría por sí sola a las masas. Creía que los líderes solo debían ser la personificación consciente de los sentimientos y las ambiciones de las masas, y que las huelgas generales traerían una nueva forma de socialismo. Los acontecimientos de 1905 le habían demostrado que no se puede decretar una huelga general por decisión ejecutiva, y tampoco pueden fomentarla de forma creíble las bases sociales de los partidos, sino que es un fenómeno espontáneo, fruto de la concienciación del proletariado, el resultado ineludible de la realidad social y, en especial, de las penurias de los obreros, forzados a realizar trabajos agotadores y mal remunerados en las nuevas industrias de Europa central y Rusia.

El avance de los obreros

Luxemburg consideraba que la presión del descontento proletario contra el poder militar y el control financiero del Estado explotaría en huelgas con y sin éxito, que culminarían en una huelga general espontánea. Los obreros alcanzarían sus objetivos y se transformaría el liderato del partido mientras avanzaba la revolución anticapitalista. También los obreros avanzarían intelectual-

La huelga general es solo una forma de lucha revolucionaria en un momento dado.
Rosa Luxemburg

mente, lo que garantizaba un mayor progreso. Lenin objetó que esta «espontaneidad revolucionaria» mermaba los beneficios de una revolución liderada por comandantes ilustrados y asignó el papel de líder a su partido bolchevique. Luxemburg previó que esto conduciría a la dictadura y, en última instancia, al «embrutecimiento de la vida pública». Los horrores del Terror Rojo de Lenin y la estela de crímenes de Stalin confirmaron sus temores. ▪

Rosa Luxemburg

Nacida en Zamosc (Polonia), fue una estudiante y lingüista destacada que a los 16 años se interesó por la política socialista. Obtuvo la ciudadanía alemana en 1898 y decidió trasladarse a Berlín, donde se unió al movimiento obrero internacional y, después, al Partido Socialdemócrata de Alemania. Escribió sobre socialismo, sufragio femenino y economía, y trabajó en pro de una revolución obrera. En 1907 conoció a Lenin en Londres, en un congreso socialdemócrata.

Después de su encarcelamiento en Breslau, en 1916, formó la Liga Espartaquista, una organización clandestina. En 1919, durante uno de sus actos revolucionarios en Berlín, Luxemburg fue apresada por oficiales del Ejército que, tras asesinarla, arrojaron el cadáver al canal Landwehr. Su cuerpo no fue recuperado hasta meses después.

Obras principales

1904 *Problemas organizativos de la socialdemocracia rusa.*
1906 *Huelga de masas, partido y sindicato.*
1913 *La acumulación del capital.*
1915 *Folleto Junius: la crisis de la socialdemocracia alemana.*

UN PACIFICADOR ES ALGUIEN QUE ALIMENTA A UN COCODRILO CONFIANDO EN QUE A EL SE LO COMERA EL ÚLTIMO
WINSTON CHURCHILL (1874–1965)

EN CONTEXTO

IDEOLOGÍA
Conservadurismo

ENFOQUE
No apaciguamiento

ANTES
C. 350 A.C. El estadista
y orador Demóstenes critica
a los atenienses por no prever
los objetivos imperialistas
de Filipo de Macedonia.

1813 Las potencias europeas
intentan pactar con Napoleón,
pero sus nuevas campañas
obligan a una coalición de
aliados a derrotarle en Leipzig.

DESPUÉS
1982 La primera ministra
británica Margaret Thatcher
cita a Neville Chamberlain
cuando se le insta a pactar
con Argentina durante la
guerra de las Malvinas.

2003 Tanto George Bush,
desde EE UU, como Tony Blair,
en Reino Unido, invocan los
peligros del apaciguamiento
durante los prolegómenos de
la invasión a Irak.

Hacia mediados de la década
de 1930, el término «apaciguamiento» no había adquirido todavía el matiz de cobardía
e ignominia que posee en la actualidad. Después de la Primera Guerra Mundial, mientras las potencias
europeas trataban de mitigar lo que
Winston Churchill denominaba «los
tremendos odios y antagonismos
que existen en Europa», la norma política era la conciliación. Pero cuando la Gran Depresión pasó factura a
todo el mundo y Adolf Hitler llegó al
poder en Alemania, Churchill y otros
advirtieron que la conciliación era
peligrosa. En Gran Bretaña, el gasto
en defensa disminuyó enormemente
como consecuencia de la crisis económica. La necesidad de rearmarse
contra la Alemania de Hitler apareció en un momento de extremada
penuria en un país que trataba de
recuperarse de la Gran Guerra y que
tenía el grueso de sus recursos militares desplegados en sitios remotos
del imperio. El primer ministro conservador Stanley Baldwin y también
su sucesor, su correligionario Neville
Chamberlain, rechazaron la idea de
volver a enfrentarse a Alemania para
detener a Hitler. Pensaban que lo

Un pacificador cree **no ser lo bastante poderoso**
como para derrotar a un tirano.

↓

Por lo tanto, **hace concesiones** para evitar entrar en guerra.

↓   ↓

Sus concesiones
lo debilitan.

Sus concesiones
refuerzan al tirano.

Véase también: Mohandas Gandhi 220–225 ▪ Napoleón Bonaparte 335 ▪ Adolf Hitler 337

Churchill denunció el pacto firmado por Neville Chamberlain con Hitler en Múnich, en 1938, como «derrota total y sin paliativos».

más práctico y moderado era tratar de disipar los agravios del dictador.

La red extraoficial de inteligencia militar de Churchill lo mantenía informado acerca de los objetivos y movimientos nazis y del estado de escasa preparación de las fuerzas británicas. En 1933 advirtió a los parlamentarios sobre las intenciones de Adolf Hitler y continuó reprochándoles, mediante discursos de una enorme fuerza poética, lo que

él veía como una actitud de complacencia, pero se burlaron de él por belicista y lo relegaron a los bancos traseros del Parlamento.

El Pacto de Múnich

La actitud de apaciguamiento era general entre los políticos británicos, por lo que el país no ofreció ninguna resistencia al sistemático quebrantamiento por parte de Hitler de las cláusulas del Tratado de Versalles (1919), firmado al final de la Gran Guerra —incluyendo su remilitarización de Renania—, ni a sus leyes en contra de los judíos. Envalentonado, en 1938 Hitler se anexionó Austria y coaccionó groseramente a Chamberlain en Múnich para hacerse con los Sudetes checoslovacos a cambio de otra falsa promesa de paz.

Hitler estaba asombrado por sus fáciles triunfos. Quería «aplastar» a Checoslovaquia con una entrada en Praga a sangre y fuego, y, en cambio, llegó a una ciudad que «prácticamente se me sirvió en bandeja».

Winston Churchill había denunciado el Pacto de Múnich: alimentar al monstruo nazi mediante conce-

> Se os dio a elegir entre guerra o deshonor. Escogisteis el deshonor, y tendréis la guerra.
> **Winston Churchill**

siones únicamente serviría para aumentar su voracidad. Sin embargo, otros políticos confiaban en Hitler, y Churchill lo condenó prácticamente en solitario, al menos entre los conservadores. Siempre se negó a mantener conversaciones con Hitler o sus representantes. Radical pero razonada, esta desconfianza absoluta hacia la tiranía, hasta la muerte si era preciso, fue la idea central que acabaría derrotando a los nazis. ▪

Winston Churchill

Hijo de la heredera estadounidense Jennie Jerome y de lord Randolph Churchill, sir Winston Leonard Spencer-Churchill se describió como «una confederación angloparlante». Estudió en Harrow y en la academia militar de Sandhurst, y después sirvió en India, en la caballería. En la década de 1890 se distinguió como corresponsal de guerra en la revuelta cubana contra España, en las campañas británicas de India y de Sudán y en la guerra de los Bóeres sudafricana. Su carrera en la Cámara de los Comunes como primer ministro liberal primero y, más adelante, conservador, abarcó

sesenta años. Durante la Segunda Guerra Mundial se hizo cargo del gobierno de unidad nacional y fue primer ministro por tercera vez en 1951. Era un prolífico escritor, y en 1953 recibió el premio Nobel de Literatura, principalmente por su historia de la Segunda Guerra Mundial, en seis tomos. Falleció en 1965, a la edad de 90 años.

Obras principales

1953 *La Segunda Guerra Mundial.*
1958 *Historia de los pueblos de habla inglesa.*
1974 *Discursos completos.*

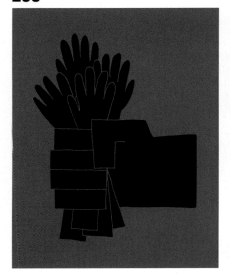

LA CONCEPCION FASCISTA DEL ESTADO LO ABARCA TODO
GIOVANNI GENTILE (1875–1944)

En 1918, después de terminar la Primera Guerra Mundial, Italia quedó sumida en el descontento social y político. Se la había forzado a ceder territorio a Yugoslavia, y aún sufría el impacto de las terribles pérdidas de la guerra. El desempleo aumentaba y la economía comenzaba a desmoronarse. Los partidos mayoritarios eran completamente incapaces de ofrecer soluciones, y diversos grupos, tanto de izquierdas como de derechas, ganaban popularidad entre los campesinos y los obreros. El derechista Partido Nacional Fascista, liderado

por Benito Mussolini con la asesoría de Giovanni Gentile, utilizó la retórica nacionalista para atraerse el apoyo popular. Propugnaba una forma nueva y radical de organización social, construida alrededor de un Estado fascista.

Unidad por el colectivismo
Los principios rectores del nuevo Estado italiano se exponen en la obra *La doctrina fascista*, probablemente un texto de Gentile, aunque fue firmado por Mussolini. Gentile rechazaba el individualismo, y consideró que el colectivismo daba respuesta tanto a la necesidad de un propósito por parte del pueblo como a la necesidad de vitalidad y cohesión por parte del Estado.

En opinión de Gentile, la concepción fascista del Estado es una actitud hacia la vida en que personas y generaciones se unen bajo una ley y una voluntad mucho más elevadas: las de la nación. Como el comunismo, el fascismo también intentó promover una serie de valores más allá

Mussolini visita la Exposición de la Revolución Fascista (Milán, 1932). Este gran acontecimiento propagandístico fue idea de artistas e intelectuales, incluido Gentile, para anunciar una nueva era.

El Estado fascista

La ley y la voluntad de la nación están por encima de las individuales.

Todos los **valores humanos y espirituales** residen dentro del Estado.

Toda acción individual sirve para **preservar y expandir** el Estado.

La concepción fascista del Estado lo abarca todo.

del materialismo, y Gentile, como Marx, quiso que su filosofía fuera el sustrato de esta nueva forma de Estado. No estaba de acuerdo con el marxismo, que entendía la sociedad como una división de clases y los procesos históricos como el resultado de la lucha entre ellas, ni tampoco con la idea democrática del gobierno de la mayoría, que considera que la voluntad de la nación está subordinada a la de la mayoría. Por encima de todo, su concepto de Estado fascista se definía como oposición a las doctrinas prevalentes de liberalismo político y económico, que en ese momento histórico habían sido incapaces de mantener la estabilidad política. Gentile pensaba que la paz eterna era un absurdo porque no reconocía los intereses opuestos de las diferentes naciones, que es lo que hace inevitable el conflicto.

El objetivo de esta nueva concepción omnicomprensiva del Estado era apelar a ese «espíritu italiano» seguro y victorioso que se remontaba hasta el Imperio romano. Con Mussolini como *Il Duce* («el Líder»), el Estado fascista volvería a poner a Italia en el mapa del mundo como gran potencia. Para crear la nueva nación fascista había que aglutinar todas las voluntades individuales en una sola. Se reprimieron todas las formas de sociedad civil ajenas al Estado, y se subordinaron a él todas las esferas de la vida: económica, social, cultural y religiosa. También intentó el Estado su expansión colonialista, lo cual lograría con sus conquistas en el norte de África.

Giovannni Gentile fue el filósofo más destacado del movimiento fascista. Trabajó como ministro de Educación y jefe de organización de la política cultural, puestos en los que sus acciones resultaron clave para la creación de un Estado italiano fascista corporativo. ▪

Giovanni Gentile

Gentile nació en Castelvetrano, situado al oeste de Sicilia, en 1875. Al terminar los estudios secundarios en Trapani, obtuvo una beca para la prestigiosa Escuela Normal Superior de Pisa, donde estudió filosofía con Donato Jaja y se centró en la tradición idealista italiana. Trabajó como profesor en las universidades de Palermo, Pisa, Roma, Milán y Nápoles. Durante su estancia en esta última cofundó el influyente diario *La crítica*, junto con el filósofo liberal Benedetto Croce. Ambos se distanciaron años más tarde, cuando Croce comenzó a ser más crítico con el régimen fascista de Mussolini, en el que Gentile había llegado a ser una figura clave.

Como ministro de Educación Pública en el primer gabinete de Mussolini, Giovanni Gentile implementó la llamada *Riforma Gentile*, una drástica reforma de la enseñanza secundaria que priorizó las materias de historia y de filosofía. Fue el alma de la *Enciclopedia italiana*, un intento radical de reescribir la historia del país. Más adelante se convirtió en el principal ideólogo del régimen fascista. Llegó a presidente de la Academia Italiana, en 1943, y apoyó el régimen marioneta de la República de Salò cuando el reino de Italia cayó ante las tropas aliadas. Al año siguiente fue asesinado por un grupo de la resistencia comunista.

Obras principales

1897 *Crítica del materialismo histórico.*
1920 *La reforma de la educación.*
1928 *La filosofía del fascismo.*

HAY QUE PRIVAR DE SUS MEDIOS DE VIDA A LOS AGRICULTORES RICOS
STALIN (1878–1953)

EN CONTEXTO

IDEOLOGÍA
Socialismo de Estado

ENFOQUE
Colectivismo

ANTES
1566 En Rusia, el zar Iván el Terrible intenta crear un Estado centralizado y provoca la huida masiva de los campesinos y una caída de la producción.

1793–1794 Tras la Revolución Francesa, los jacobinos instauran el régimen del Terror.

DESPUÉS
1956 Nikita Kruschov revela que Stalin también ejecutó a miles de comunistas leales durante sus purgas.

1962 La novela de Alexandr Solzhenitsin *Un día en la vida de Iván Denísovich*, que narra la vida en un campo de trabajo de la URSS, se convierte en un superventas mundial.

1989 Mijaíl Gorbachov impone la *Glasnost* (transparencia) y afirma: «Detesto las mentiras».

Tras la Revolución de 1917, los bolcheviques de Lenin crearon un nuevo sistema socialista por medio de la nacionalización: arrebataron bienes y empresas a sus propietarios y los transfirieron al Estado. El sucesor de Lenin como líder de la Unión Soviética, Stalin, aceleró este proceso a partir de 1929, y, al cabo de cinco años, la economía quedó industrializada y colectivizada por decreto. Bajo el pretexto de modernizar la agricultura, Stalin decidió expropiar las fincas agrícolas como «propiedad del Estado socialista». Los agricultores relativamente ricos, llamados *kulaks*, fueron obligados a entregar todas sus tierras y unirse en granjas colectivas. La policía de Stalin confiscó los alimentos de los *kulaks* y los llevó a las ciudades, y los campesinos, en represalia, quemaron sus cosechas y mataron a sus animales. Sobrevino entonces una hambruna desastrosa, y en la zona de Ucrania,

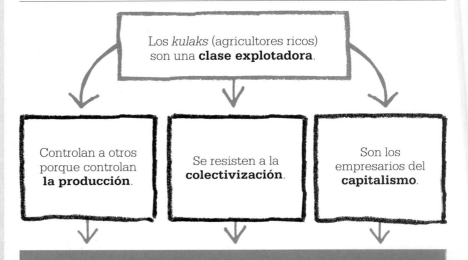

Los *kulaks* (agricultores ricos) son una **clase explotadora**.

Controlan a otros porque controlan **la producción**.

Se resisten a la **colectivización**.

Son los empresarios del **capitalismo**.

Hay que privar de sus medios de vida a los agricultores ricos.

Véase también: Karl Marx 188–193 ▪ Lenin 226–233 ▪ Trotski 242–245

conocida como «la cesta de pan» por sus ricas tierras, cinco millones de personas murieron de hambre o fueron fusiladas o deportadas. En 1934 se había «eliminado» a siete millones de *kulaks*, y los supervivientes estaban en granjas estatales dirigidas por funcionarios del gobierno.

La revolución desde arriba

Stalin consideraba que la colectivización era una forma imprescindible de guerra de clases y que, a la vez, formaba parte de una «revolución desde arriba». Esto le dio la justificación que necesitaba para apartarse de la política impulsada por Lenin, que apelaba a la persuasión para organizar a los campesinos en cooperativas. Stalin comenzó por «restringir las tendencias de los *kulaks*», más tarde los «desplazó» del campo y, finalmente, los «eliminó» como clase social. Lenin había advertido que mientras la Unión Soviética siguiera rodeada de países capitalistas también sería necesario continuar con la lucha de clases, frase que Stalin citó en numerosas ocasiones durante la colectivización. Argumen-

tó que la economía campesina individual «generaba capitalismo» y que, mientras esto sucediera, el capitalismo seguiría formando parte de la economía soviética.

Organizó el genocidio de millones de personas como «liquidación» de una clase, lo cual se había de llevar a cabo «privándolos de sus medios de vida productivos». Sin embargo, una vez acabada (y con éxito)

Durante la colectivización de la agricultura, los carteles de propaganda instaban a los granjeros a cultivar cada hectárea, pero la producción disminuyó drásticamente.

la destrucción de la agricultura privada, Stalin mantuvo el terror bajo el pretexto de que la «mentalidad *kulak*» pervivía y seguía amenazando al Estado comunista.

Al extenderse su política de terror, no solamente los *kulaks* fueron perseguidos: Stalin asesinó a los opositores a su gobierno, tanto reales como imaginarios, e incluso a los miembros del politburó de Lenin que continuaban con vida. La revolución de Lenin se convirtió entonces en la dictadura de Stalin, y el partido bolchevique, que Lenin había considerado un «partido de vanguardia» que inspiraba a las masas, pasó a ser un partido estatal descomunal e institucionalizado, instrumento del terror del régimen. Si bien Stalin comenzó su persecución con los *kulaks*, a mediados de la década de 1930 pocos eran los que se hallaban a salvo de la máquina infernal del Estado. ▪

Stalin

Iósiv Vissariónovich Dzhugachvili, llamado Stalin, nació en Georgia. Se educó en la escuela parroquial y, más adelante, fue expulsado del Seminario Teológico de Tiflis por sus ideas marxistas. En su juventud fue un poeta notable.

Su carrera política despegó en 1907 gracias a su asistencia, junto a Lenin, al V Congreso del Partido Obrero Socialdemócrata de Rusia. Su actividad política clandestina le valió el destierro a Siberia en más de una ocasión; en 1913 adoptó el sobrenombre de «Stalin», variante de la voz rusa *stal* (acero). Cuando estalló la Revolución de 1917, ya se

había convertido en una figura líder del partido bolchevique. La despiadada actuación de Stalin en la guerra civil subsiguiente fue un anuncio del terror que sobrevendría cuando sucedió a Lenin. Su vida privada fue difícil: tanto su primer hijo como su segunda esposa se suicidaron.

Obras principales

1924 *Fundamentos del leninismo.*
1938 *Sobre el materialismo dialéctico y el materialismo histórico.*

SI EL FIN JUSTIFICA LOS MEDIOS, ¿QUE JUSTIFICA EL FIN?

TROTSKI (1879–1940)

EN CONTEXTO

IDEOLOGÍA
Comunismo

ENFOQUE
La revolución permanente

ANTES
360 a.C. En *La república*, Platón describe un Estado ideal.

1794 El escritor François Noël Babeuf propone una sociedad de comunidades sin propiedad privada y con medios de vida garantizados.

DESPUÉS
1932 En EE UU. el presidente Roosevelt anuncia su programa New Deal, iniciando un periodo de intervención y regulación de la economía por el gobierno.

2007 El presidente de Venezuela Hugo Chávez declara su afinidad con la ideología trotskista.

2012 La banda de punk-rock rusa Pussy Riot denuncia el «sistema totalitario» de Putin.

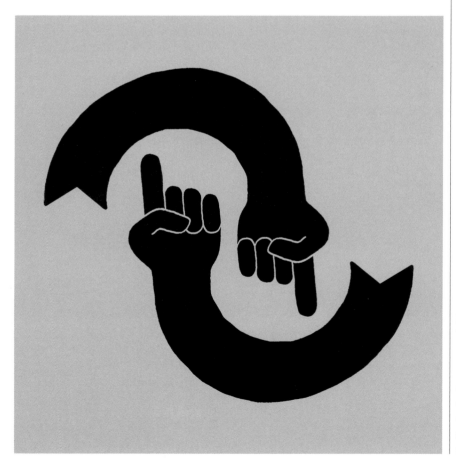

A lo largo de su carrera, Trotski intentó promover lo que él consideraba el verdadero marxismo. Trabajó junto a Lenin con objeto de poner en práctica las teorías de Marx mientras ambos lideraban la Revolución de 1917. Según esas teorías, a la revolución debía seguirle una «dictadura del proletariado» en la que los obreros tomarían las riendas de los medios de producción. Pero, después de morir Lenin, en 1924, la burocracia absolutista de Stalin se encargó de ahogar cualquier esperanza de tal movimiento de masas con la imposición de su dictadura unipersonal. Trotski quiso salvaguardar los avances que creía que había logrado la revolución por

Véase también: Karl Marx 188–193 ▪ Lenin 226–233 ▪ Stalin 240–241 ▪ Mao Zedong 260–265

Si el fin justifica los medios, ¿qué justifica el fin?

El fin mismo es un **medio para otro fin**.

Todo fin se justifica si él mismo es un fin para alcanzar el mayor poder del **hombre sobre la naturaleza** y abolir el poder del **hombre sobre el hombre**.

Solo son **«morales»** las acciones que realizan este fin.

medio de una estrategia de «revolución permanente» con el continuado apoyo de una clase obrera internacional. Marx había advertido que el socialismo no tenía esperanzas de triunfar en un único país, aislado del proletariado global, y argumentó que la revolución debía continuar «hasta que se haya despojado de sus puestos de mando a todas las clases con más o menos propiedades [...] no solo en un país sino en todos los países importantes del mundo». Lenin insistía en que la revolución socialista de Rusia únicamente podría triunfar si recibía el apoyo de los movimientos obreros de uno o más países económicamente avanzados. Desde entonces, los seguidores de Trotski dijeron que este fracaso en conseguir el apoyo internacional fue

el motivo de que la Unión Soviética cayera en manos de Stalin.

El comunismo con Stalin

Apenas cuatro años antes del fallecimiento de Lenin, tanto la democracia interna del partido como el sistema democrático soviético –la piedra angular del bolchevismo– estaban desmantelados en todos los partidos comunistas del mundo. En la misma Unión Soviética, la doctrina de Stalin del «socialismo en un solo país» acabó con la aspiración a una revolución internacional de los trabajadores.

Se denigró a los disidentes, tachándolos de trotskistas, y fueron expulsados del partido. Cuando esta facción, conocida como «oposición de izquierda», fracasó contra Stalin, Trotski tuvo que abandonar el Partido Comunista y, más tarde, fue desterrado. En 1937, Stalin ya había encarcelado o matado a todos los llamados trotskistas de la oposición de izquierda, y Trotski vivía en México, ocultándose de los asesinos.

Contra la moral

Muchos izquierdistas reaccionaron a los excesos de Stalin moviéndose a la derecha, rechazando el marxismo revolucionario y abrazando lo que Trotski tildó de posicionamientos «morales» que enfatizaban valores universales. Se insinuó que el bolchevismo –el sistema centralista de Lenin y Trotski– había consentido los crímenes de Stalin.

En *Su moral y la nuestra*, Trotski describe esta insinuación como un espasmo reaccionario del conflicto de clases disfrazado de moralidad. Una de las principales críticas al bolchevismo era que la creencia »

Stalin, Lenin y Kalinin, tres líderes de la revolución bolchevique. Tras la muerte de Lenin, Stalin tomó el poder y situó a Kalinin como jefe nominal del Estado.

Los bombardeos aliados sobre Dresde (Alemania), en 1945, ilustrarían el juicio de Trotski de que, en tiempos de guerra, los gobiernos capitalistas liberales violan sus propias reglas morales.

de Lenin en que «el fin justifica los medios» había conducido directamente a la «amoralidad» de la traición, la brutalidad y el genocidio. Para estos críticos, la moral protege de estas atrocidades. Sin embargo, Trotski consideraba que, con intención o sin ella, esta era una mera defensa del capitalismo, ya que el capitalismo no podía existir «solo por la fuerza», sino que «necesita el cemen-

Debemos liberarnos para siempre de la cháchara cuáquero-papista sobre la santidad de la vida humana.
Trotski

to de la moral». Para Trotski, la moral como un conjunto de valores eternos que no provienen de la evidencia material o de los sentidos no existe. Por tanto, todo comportamiento que no esté motivado por las condiciones sociales existentes o por los conflictos de clase es ilegítimo y falso. Los conceptos morales abstractos que no se basen en la evidencia empírica son meros instrumentos de las instituciones dirigentes para suprimir la lucha de clases. La clase dirigente impone a la sociedad obligaciones «morales» que ellos mismos no observan y que sirven para perpetuarles en el poder.

Como ejemplo, Trotski habla de la moral de la guerra: «Los gobiernos más "humanos", que en tiempos de paz "odian" la guerra, durante esta proclaman que el más alto deber de sus ejércitos es exterminar el mayor número de personas posible». También la insistencia sobre las normas de comportamiento fijadas por la religión y la filosofía sirven para engañar a las clases. En su opinión, el primer deber de un revolucionario era sacar a la luz este engaño.

La nueva aristocracia

Trotski deseaba demostrar que las tendencias centralizadoras propuestas por el bolchevismo no eran esos «medios» cuyo «fin» fue el estalinismo. Pese a que la centralización era necesaria para derrotar a los enemigos del bolchevismo, su fin siempre fue una dictadura del proletariado descentralizada y capaz de gobernar mediante el sistema de los soviets. Para Trotski, el estalinismo era una «monstruosa reacción burocrática» contra los avances de la Revolución de 1917. El estalinismo restablecía lo peor de todo aquello a lo que se creían con derecho los absolutistas, «regenerando el fetichismo del poder» más allá incluso de lo que jamás soñaron los zares: se había

Erradicad sin piedad a los contrarrevolucionarios, encerrad a los sospechosos en campos de concentración. Liquidad a los haraganes, a pesar de sus servicios pasados.
Trotski

instaurado una «nueva aristocracia». Trotski vio los crímenes llevados a cabo por Stalin como la consecuencia de la lucha de clases más brutal de todas: la de «la nueva aristocracia contra las masas que la llevaron al poder». Era mordaz con los autodenominados marxistas que enlazaban bolchevismo con estalinismo, y destacó la inmoralidad de ambos. Según Trotski, tanto él como sus seguidores se habían opuesto a Stalin desde el principio, mientras que sus críticos únicamente habían asumido dicha posición tras salir a la luz las atrocidades de Stalin.

Los críticos del marxismo suelen decir que la idea de que «el fin justifica los medios» solo justifica actos criminales y de barbarie, así como el engaño de las masas a las que supuestamente se dice beneficiar. Trotski insistía en que esto era un malentendido, y decía que «el fin justifica los medios» solo significa que hay maneras permisibles de hacer lo correcto. Por ejemplo: si es lícito comer pescado, entonces también lo es matarlo y cocinarlo. La justificación moral de una acción debe asociarse a su «fin» en este sentido. Matar a un perro rabioso que amenaza a un niño es una virtud, pero matarlo gratuitamente o con perversidad sin un «fin» es un crimen.

El fin último

Así pues, ¿cuál es la respuesta a la pregunta sobre «qué podemos y qué no podemos hacer»? ¿Qué fin justifica los medios necesarios para lograrlo? Para Trotski, el fin se justifica si «hace aumentar el poder del hombre sobre la naturaleza y termina con el poder del hombre sobre el hombre». Es decir, que el fin puede ser en sí mismo un medio hacia este fin último. Pero, ¿quería decir Trotski que la liberación de las clases obreras era un fin por el cual era lícito cualquier tipo de destrucción? Solo aceptaba esta pregunta con relación a la lucha de clases, y cualquier otro motivo era una abstracción sin sentido. Así, el único bien importante es el que une al proletariado revolucionario, fortaleciéndolo como clase para continuar la lucha.

Algunos marxistas consideraron el pensamiento de Trotski peligroso, contrarrevolucionario y falso. Por

El Ejército Rojo de Trotski llevó a cabo despiadadas matanzas durante la guerra civil rusa, y por eso sus críticos más feroces compararon el bolchevismo con las purgas de Stalin.

ejemplo, Harry Haywood, un estadounidense marxista-leninista que estuvo en la Unión Soviética durante las décadas de 1920 y 1930, afirmó que «Trotski estaba condenado a la derrota porque sus ideas eran incorrectas y no se ajustaban a las condiciones objetivas ni a las necesidades e intereses del pueblo soviético». Durante la guerra civil rusa (1917–1922), Trotski había centralizado las estructuras de mando en lo que se denominó Comunismo de guerra, lo cual desilusionó profundamente a algunos de sus antiguos seguidores, porque se cerró a la reflexión crítica, estaba convencido de la absoluta verdad de su propio análisis y no aceptaba disensiones. Además, dichas estructuras necesariamente limitan el ejercicio del poder a un pequeño grupo de líderes, ya que exigiría mucho tiempo y esfuerzo de los obreros el crear un sistema de participación masiva. En la década de 1940, el marxista estadounidense Paul Mattick escribió que la Revolución Rusa había sido igual de totalitaria que el estalinismo y que el legado del bolchevismo, el leninismo y el trotskismo era «una mera ideología para justificar el auge de sistemas capitalistas modificados (capitalismo de estado) [...] controlados por un Estado autoritario». ∎

Trotski

Lev Davídovich Bronstein, más conocido como Trotski, nació en 1879 en la aldea de Yanovka, en la actual Ucrania. Fue educado en la cosmopolita Odesa, participó en diversas actividades revolucionarias y abrazó el marxismo después de haberse opuesto a él. Con apenas 18 años, fue detenido, encarcelado y deportado a Siberia, de donde huyo usando el nombre de un carcelero que lo había custodiado: Trotski.

Consiguió salir del país, y fue a Londres; allí conoció a Lenin, con quien trabajó en el diario revolucionario *Iskra*. En 1905 regresó a Rusia a fin de apoyar la revolución. Detenido y enviado de nuevo a Siberia, su coraje le hizo muy popular. Tras volver a escapar se unió a Lenin en su exitosa revolución de 1917. Trotski creó y dirigió el Ejército Rojo durante la guerra civil rusa y ocupó otros cargos importantes, pero, a la muerte de Lenin, fue alejado del poder y desterrado por Stalin, quien finalmente ordenó su asesinato, ejecutado por Ramón Mercader en México, en 1940.

Obras principales

1937 *Stalin.*
1938 *Su moral y la nuestra.*

CONSEGUIREMOS LA UNION DE LOS MEXICANOS DANDO GARANTIAS TANTO AL CAMPESINO COMO AL HOMBRE DE NEGOCIOS
EMILIANO ZAPATA (1879–1919)

El motivo principal de la Revolución Mexicana, que tuvo lugar entre 1910 y 1920, fue la lucha por la tierra y por los derechos sociales. Campesino de nacimiento, Emiliano Zapata se convirtió en la figura clave del movimiento y lideró las fuerzas del sur. Su meta era resolver los conflictos por medio de una mezcla de derechos, promesas y lucha armada.

Las ideas de Zapata, afines a la tradición anarquista mexicana, giraban en torno al principio básico de la propiedad comunal de la tierra, basada en tradiciones indígenas. Para asegurar el desarrollo político y económico de México, Zapata quiso quebrar el monopolio de los hacendados y unir al país –campesinos y hombres de negocios– mediante una agenda de reformas gubernamentales. Al aprovechar los recursos de mano de obra y producción, también aseguraría su independencia en la escena internacional.

El ideal de Zapata cristalizó en su Plan de Ayala, de 1911. Este proyecto de reforma exigía elecciones libres, el fin de la dominación de los

Las tropas de Zapata en la Revolución estaban formadas en su gran mayoría por campesinos, e incluso había divisiones formadas solo por mujeres.

hacendados y la transferencia de los derechos de propiedad a las aldeas y los ciudadanos.

Como la mayoría de los líderes de la revolución, Zapata fue asesinado antes de acabar el conflicto. Si bien hubo una reforma agraria en la década de 1920, las desigualdades continuaron. Pero las ideas de Zapata perduraron en el país, llegando incluso a inspirar el reciente movimiento zapatista entre los indios agricultores de Chiapas, que ha pasado a ser un estado casi autónomo en el sur. ∎

Véase también: Pierre-Joseph Proudhon 183 ▪ Piotr Kropotkin 206 ▪ Antonio Gramsci 259 ▪ José Carlos Mariátegui 338

LA GUERRA ES UN FRAUDE

SMEDLEY D. BUTLER (1881–1940)

En Occidente, la industrialización alteró de forma drástica la naturaleza del comercio y de la guerra. La relación entre los intereses económicos y los asuntos exteriores cuestionó los motivos y los beneficios de los conflictos armados e hizo que muchos, como Smedley D. Butler, destacasen el papel de los militares en la política exterior.

Butler fue un general estadounidense muy condecorado del cuerpo de Marines, y durante 34 años participó en numerosas campañas en ultramar, especialmente en Cen-

troamérica. Sus experiencias bélicas, sobre todo durante las llamadas «guerras bananeras», le llevaron a pensar que su carrera militar había servido para asegurar los intereses de su nación en otros países, y que su papel había sido el de «mafioso o gánster del capitalismo».

Redefinir la guerra justa

Butler opinaba que las acciones militares beneficiaban a los industriales, que se aseguraban comerciar e invertir en el extranjero, por lo que propuso que los únicos motivos de las guerras fuesen la autodefensa y la protección de los derechos civiles.

Ya retirado de los Marines, expuso sus ideas en una serie de charlas, y en el libro *War is a racket (La guerra es un fraude)*, publicado en 1935, propuso limitar la rentabilidad de la guerra y restringir el poder de los gobiernos para iniciar acciones ofensivas en otros países.

A pesar de que en su época Butler atrajo poca atención, sus opiniones acerca del negocio de la guerra y la política exterior de EE UU siguen teniendo hoy una gran influencia. ∎

La guerra se hace para el beneficio de muy pocos, a expensas de muchos.
Smedley D. Butler

Véase también: José Martí 204–205 ▪ Hannah Arendt 282–283 ▪ Noam Chomsky 314–315

LA SOBERANIA NO SE CONCEDE, SE TOMA

MUSTAFÁ KEMAL ATATÜRK (1881–1938)

Un Estado debe tener la **potestad incondicional** de gobernarse.

Esto solo se logra con el autogobierno democrático, o «**la soberanía del pueblo**».

Esta soberanía debe **obtenerse por la fuerza**, y no por conversaciones u otros medios.

La soberanía no se concede, se toma.

Después de la derrota del Imperio otomano en la Primera Guerra Mundial, el Tratado de Sèvres (1920) lo desposeyó de sus provincias árabes, estableció una Armenia independiente, otorgó el autogobierno a los kurdos, y a Grecia el control de sectores occidentales de Turquía. Un ejército liderado por Mustafá Kemal Atatürk se rebeló contra el califato del sultán otomano y las fuerzas de ocupación que lo apoyaban. Había comenzado la guerra por la independencia de Turquía.

Gracias al apoyo económico y armamentístico de los bolcheviques, Atatürk consiguió derrotar a los extranjeros y el sultán se vio obligado a huir a Malta en un barco de guerra británico. Exactamente tres años después del Tratado de Sèvres, el Tratado de Lausana reconoció una

Véase también: Jean-Jacques Rousseau 118–125 ▪ Ito Hirobumi 195 ▪ Sun Yat-sen 212–213

Turquía independiente, con Atatürk como primer presidente electo.

La voluntad soberana del pueblo

Atatürk estaba completamente decidido a levantar un estado-nación moderno de las ruinas del Imperio otomano feudal, en el que el desarrollo industrial había sido casi inexistente. Creía que una sociedad equilibrada e igualitaria, que diera a las personas las garantías básicas de libertad y justicia, solo se podía cons-

La ideología extremadamente laica de Atatürk sostiene que la *hijab*, o pañuelo para la cabeza, está prohibido en muchas instituciones turcas. Dicha afirmación sigue generando muchas controversias.

truir sobre la soberanía del pueblo. Insistió en que la soberanía no se otorgaba ni se negociaba: había que tomarla por la fuerza.

En primer lugar, soberanía significaba un autogobierno plenamente democrático, sin ninguna otra autoridad (ni siquiera la del sultán califa), ni interferencia de la religión ni de las potencias extranjeras. El nacionalismo «kemalista» de Atatürk consideraba al Estado turco una unidad soberana de territorios y gentes que respetaban el mismo derecho a la independencia de otras naciones. Si bien una alianza con esas potencias extranjeras, o «civilización», sería un apoyo continuado a la nueva nación, esta todavía tendría que surgir política, cultural y económicamente por medio de reformas revolucionarias autoimpuestas.

Sin embargo, este planteamiento del poder soberano de un pueblo para reformar su propio Estado resultaba extraño para el grueso de la población. Muchas de las zonas rurales pobres vieron el programa de modernización de Atatürk como la imposición de la voluntad de una elite

> Solo hay un poder: la soberanía nacional. Solo hay una autoridad: la presencia, la conciencia y el corazón de la nación.
> **Mustafá Kemal Atatürk**

urbana laica sobre una población campesina analfabeta y profundamente religiosa. Gracias al apoyo incondicional de las fuerzas armadas, Atatürk pudo conformar la nueva república como un estado-nación laico y de apariencia occidental, pero las tensiones que enfrentan a los islamistas rurales con los militares laicos y las elites urbanas continúan hasta nuestros días. ▪

Mustafá Kemal Atatürk

Nació en Salónica (Grecia), en 1881, bajo el nombre de Mustafá Kemal Paşa. Se distinguió como un buen estudiante en la escuela militar, destacando en literatura y matemáticas. Después de finalizar sus estudios en la Academia Militar de Constantinopla, fue ascendido rápidamente y tomó el mando del Séptimo Ejército durante la Primera Guerra Mundial, pero dimitió del Ejército otomano en el año 1919 con el fin de liderar un movimiento de resistencia en contra de las fuerzas de ocupación.

Desde muy joven, Kemal había participado en grupos clandestinos de oposición, y en 1923 obtuvo al fin la independencia de Turquía y fue elegido primer presidente de su nuevo Estado laico. En 1934, el Parlamento le otorgó el apellido «Atatürk» («padre turco»). Murió en 1938, víctima de una cirrosis hepática, tras muchos años de alcoholismo.

Obras principales

1918 *Conversación con el comandante en jefe.*
1927 *Nutuk* (transcripción de un discurso ante la Gran Asamblea Nacional Turca).

EUROPA SE HA QUEDADO SIN CODIGO MORAL
JOSÉ ORTEGA Y GASSET (1883–1955)

La celebridad le llegó al pensador José Ortega y Gasset durante la década de 1920, un periodo de gran malestar social en España. La monarquía estaba perdiendo autoridad tras los disturbios del Marruecos español y el régimen dictatorial del general Miguel Primo de Rivera había ahondado aún más la división entre la izquierda y la derecha, lo que acabaría por desencadenar la Guerra Civil en 1936.

Para la neutral España, la Primera Guerra Mundial había supuesto una época de enorme prosperidad, dado que durante el conflicto aprovisionó a los dos bandos. Como resultado, el país se había industrializado con gran rapidez, y las masas de trabajadores, cada vez más numerosas, empezaron a ganar poder y a obtener concesiones: una huelga en Barcelona en 1919 hizo que España fuese el primer país que instituyó la jornada laboral de ocho horas para todos los trabajadores.

La rebelión de las masas
A medida que el poder de los obreros aumentaba, en Europa la cuestión de las clases sociales se situó en el centro de la discusión filosófica y sociológica de la época, pero Ortega y Gasset negó la idea de que las clases

sociales son solo el resultado de una división económica. En vez de eso, distinguió entre el «hombre masa» y el «hombre noble» de acuerdo con su adherencia a códigos morales basados en la tradición. En *La rebelión de las masas*, citando a Goethe, señaló que «vivir a gusto es de plebeyo: el noble aspira a ordenación y ley». Ortega y Gasset pensaba que la disciplina y el servicio otorgan la nobleza. Consideraba el acceso de las masas al poder y su creciente tendencia a la rebelión –por medio de huelgas y otras formas de descontento social– como un fenómeno muy problemático, y las llamaba «las mayores crisis que pueden afligir a pueblos, naciones y civilizaciones».

El europeo está solo, sin muertos vivientes a su vera.
José Ortega y Gasset

Véase también: Platón 34–39 ▪ Immanuel Kant 126–129 ▪ Friedrich Nietzsche 196–199 ▪ Michael Oakeshott 276–277

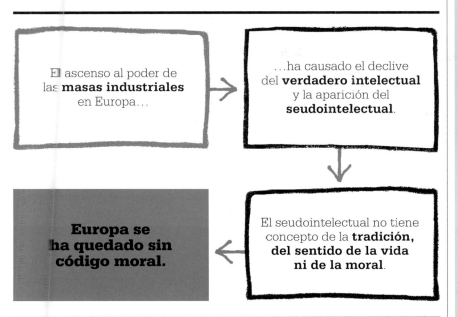

El ascenso al poder de las **masas industriales** en Europa…

…ha causado el declive del **verdadero intelectual** y la aparición del **seudointelectual**.

El seudointelectual no tiene concepto de la **tradición, del sentido de la vida ni de la moral**.

Europa se ha quedado sin código moral.

José Ortega y Gasset

Nació en Madrid, en 1883, en el seno de una familia de políticos con una gran tradición liberal. Su padre dirigía el diario *El imparcial*, perteneciente a la familia de su madre. Aunque comenzó a estudiar filosofía en Madrid, prosiguió sus estudios en diversas ciudades alemanas, entre ellas Leipzig, Marburgo, Núremberg, Colonia y Berlín, donde recibió la influencia de la tradición neokantiana.

En 1910 la Universidad de Madrid le concedió la cátedra de metafísica. Años después, en 1923, fundó la *Revista de Occidente*, que publicó textos de algunos de los filósofos más notables de la época. Después de la caída de la monarquía y la dictadura de Primo de Rivera, en 1931 fue elegido diputado durante la Segunda República. Sin embargo, tras solo un año de ocupar este cargo, decidió apartarse de la vida política. La Guerra Civil española le obligó a exiliarse, y vivió en París y en Buenos Aires hasta su regreso a Europa, en 1942.

Obras principales

1930 *La rebelión de las masas.*
1937 *La España invertebrada.*
1969 *Unas lecciones de metafísica.*

Para Ortega y Gasset, la amenaza que suponen las masas estaba ligada a la mayor desmoralización de la Europa de posguerra, que había perdido el norte. El declive del poder imperial, junto con la devastación causada por la Primera Guerra Mundial, había dejado a Europa sin fe en sí misma, pese a seguir manteniendo una gran fuerza industrial.

Seudointelectuales

Ortega y Gasset consideraba que el auge de las masas viene acompañado del declive del intelectual. Esto marcaría el triunfo del seudointelectual, un hombre vulgar sin interés en las tradiciones ni en los códigos morales y que se considera superior. El seudointelectual es una nueva fuerza de la historia, una fuerza sin sentido de la dirección.

En su opinión, las masas carecen de propósito y de imaginación, y se limitan a exigir su parte del progreso sin comprender las tradiciones científicas clásicas que han hecho posible ese progreso. No les interesan los principios de la civilización ni tampoco que se establezca un sentido real de la opinión pública. Por eso las ve sumamente tendentes a la violencia. A sus ojos, una Europa sin intelectuales verdaderos, dominada por masas sin intereses, puede perder su posicionamiento y su objetivo en el mundo.

La filosofía de Ortega y Gasset sigue vigente hoy, y sus seguidores resaltan las conexiones entre clase económica y cultura. ▪

Después de la Gran Guerra algunos trabajadores, como fue el caso de los obreros metalúrgicos en Francia, lograron ciertas concesiones y poder político.

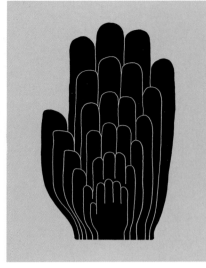

SOMOS 400 MILLONES DE PERSONAS QUE PEDIMOS LIBERTAD

MARCUS GARVEY (1887–1940)

EN CONTEXTO

IDEOLOGÍA
Nacionalismo negro

ENFOQUE
Activismo social

ANTES
Siglo XVI Comienza la llamada *Maafa*, u Holocausto Africano, del esclavismo transatlántico.

1865 Se ilegaliza la esclavitud en EE UU gracias a la decimotercera enmienda.

1917 En San Luis estalla uno de los peores disturbios raciales de toda la historia de EE UU.

DESPUÉS
Década de 1960 El movimiento cultural «Black is Beautiful» empieza a ganar adeptos.

1963 En una gran marcha en favor de los derechos humanos en Washington, Martin Luther King pronuncia su discurso «Tengo un sueño».

1965 El congreso de EE UU aprueba la Ley del Derecho al Voto, que permite votar a los ciudadanos negros.

A inicios del siglo XX, el jamaicano Marcus Garvey dio a los negros del continente americano la posibilidad de responder con fuerza a la supremacía blanca. En 1914 fundó la Asociación Universal de Desarrollo Negro y clamó porque los «400 millones» de africanos del mundo se unieran para liberar al continente africano –y a ellos mismos– de la opresión racial. Dos años más tarde llevó su campaña a EE UU, donde organizó empresas que empleaban a afroamericanos.

Seguro de que los negros eran capaces de destacar en cualquier área cultural, política o intelectual que eligiesen, Garvey dio primacía a la raza, luego puso la autodeterminación y, después, la nacionalidad negra. Imaginó unos Estados Unidos de África que protegerían los intereses de todas las personas negras, impulsadas por un sentido casi religioso de redención racial. La «nueva conciencia negra» se inspiraría en tradiciones intelectuales existentes, pero forjaría su propia interpretación de la política internacional. Al acuñar el término «fundamentalismo

Soy igual a cualquier hombre, y quiero que vosotros os sintáis así.
Marcus Garvey

africano», Garvey promovió también el sentido del ser negro enraizado en la creencia de que las antiguas y declinadas civilizaciones africanas se regenerarían.

El mensaje radical de Garvey –y la mala administración de sus muchas empresas exclusivamente para negros– atrajo la ira de líderes rivales y del gobierno de EE UU. Pero fue el primero en poner de relieve el «poder negro» y en pergeñar una propuesta de liberación africana que hoy sigue inspirando a los nacionalistas. ∎

Véase también: John C. Calhoun 164 ▪ Yomo Kenyatta 258 ▪ Nelson Mandela 294–295 ▪ Malcolm X 308–309 ▪ Martin Luther King 316–321

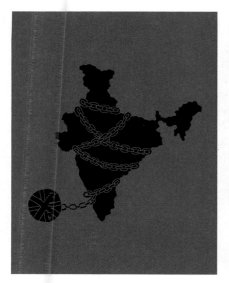

INDIA NO PUEDE SER LIBRE DE VERDAD A MENOS QUE SE SEPARE DEL IMPERIO BRITÁNICO

MANABENDRA NATH ROY (1887–1954)

EN CONTEXTO

IDEOLOGÍA
Socialismo revolucionario

ENFOQUE
Revolución permanente

ANTES
1617 El emperador mogol Jahangir permite comerciar a la Compañía Británica de las Indias Orientales, favoreciendo así el comercio inglés.

1776 En EE UU, la Declaración de Independencia reafirma el derecho al autogobierno de los pueblos.

1858 La Rebelión india provoca que la Corona británica asuma el gobierno directo del *Raj*.

1921 Mohandas Gandhi, elegido líder del Congreso Nacional Indio, insta a la desobediencia civil no violenta a su pueblo.

DESPUÉS
1961 En *Los condenados de la tierra*, el revolucionario Frantz Fanon analiza la violencia del colonialismo y la necesidad de la resistencia armada.

En el año 1931, a su regreso a India después de visitar a los gobiernos comunistas del mundo, los británicos acusaron al activista y teórico Manabendra Nath Roy de «conspirar para arrebatar al rey emperador su soberanía sobre India», según el célebre Apartado 121-A de aquel Código Penal. Juzgado en prisión, y no en un tribunal —y sin permitírsele alegación alguna en su defensa, ni testigos ni jurado—, fue sentenciado a 12 años de prisión, en unas condiciones tan miserables que arruinarían su salud.

Resulta irónico que en sus escritos sobre la soberanía británica en India, Roy siempre basó sus argumentos en los principios de justicia ingleses. Acusado por las autoridades de enaltecer la violencia, sostuvo que la fuerza era honorable cuando se utilizaba para defender del despotismo a la población «depauperada», pero no lo era cuando se aplicaba para oprimir a esa población. A lo largo de tres siglos, los británicos habían adquirido «esta valiosa posesión» por medio de la «silenciosa» transferencia de poderes del moribundo Imperio mogol a la Compañía de las Indias Orientales —cuya administración respaldaba un numeroso ejército— y, en última instancia a la Corona británica.

Roy sostenía que el gobierno británico de India no se había instaurado para mejorar el bienestar del pueblo, sino únicamente para beneficio de una «dictadura plutocrática», y que los intereses del pueblo indio necesitaban una separación total de los británicos, y, si fuera necesario, el uso de la fuerza para lograrlo. ∎

Cuando nos hayamos internado por la buena senda, nada podrá detenernos.
M. N. Roy

Véase también: Mohandas Gandhi 220–225 ▪ Paulo Freire 297 ▪ Frantz Fanon 304–307

ES EL SOBERANO EL QUE DECIDE SOBRE LA EXCEPCION

CARL SCHMITT (1888–1985)

EN CONTEXTO

IDEOLOGÍA
Conservadurismo

ENFOQUE
El poder extrajudicial

ANTES
1532 Se publica *El príncipe*, de Maquiavelo, obra que versa sobre los principios de la soberanía.

1651 El filósofo inglés Thomas Hobbes publica *Leviatán*, donde justifica el poder del soberano por el contrato social.

1934 Adolf Hitler llega al poder en Alemania.

DESPUÉS
2001 John Mearsheimer usa las teorías de Carl Schmitt para justificar el «realismo ofensivo» de los estados preparados para la guerra.

2001 La Ley Patriótica de EE UU establece poderes permanentes y la ley marcial para situaciones de emergencia.

Carl Schmitt fue un teórico de la política y abogado alemán cuya labor durante el primer tercio del siglo XX lo consagró como uno de los principales críticos del liberalismo y la democracia parlamentaria. Para él, la «excepción» *(Ernstfall)*, o acontecimientos inesperados, era la característica por antonomasia de la vida política. Por eso discrepaba de la idea liberal de que el mejor garante de la libertad individual es la ley. Así como las leyes proporcionan una estructura dentro de la cual gestionar situaciones «normales», según Schmitt, estas no valen para lidiar con circunstancias «excepcionales», como golpes de Estado, revoluciones o guerras. Con-

Véase también: Nicolás Maquiavelo 74–81 ■ Thomas Hobbes 96–103 ■ Giovanni Gentile 238–239 ■ José Ortega y Gasset 250–251 ■ Adolf Hitler 337

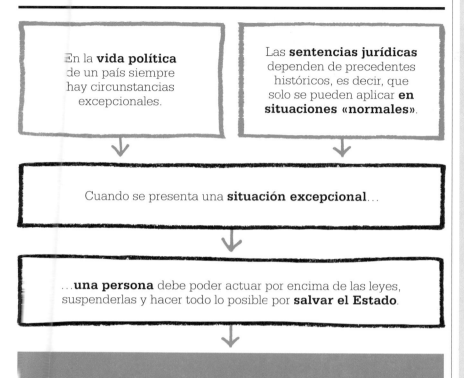

En la **vida política** de un país siempre hay circunstancias excepcionales.

Las **sentencias jurídicas** dependen de precedentes históricos, es decir, que solo se pueden aplicar **en situaciones «normales»**.

Cuando se presenta una **situación excepcional**…

…**una persona** debe poder actuar por encima de las leyes, suspenderlas y hacer todo lo posible por **salvar el Estado**.

**El único que puede hacer esto es el soberano.
Es el soberano el que decide sobre la excepción.**

Carl Schmitt

Nacido en 1888 en Plettenberg (Alemania), en el seno de una devota familia católica, Schmitt renunció posteriormente a su fe, si bien en su obra se detectan elementos de su concepción de la divinidad. Estudió derecho y, poco tiempo después, empezó a impartir clases en distintas universidades. En 1933 se afilió al partido nazi y fue nombrado consejero de Estado por Prusia. Sin embargo, en 1936, tras ser denunciado por las SS, Schmitt fue expulsado del partido.

Continuó trabajando como profesor en Berlín, pero, tras finalizar la Segunda Guerra Mundial, estuvo internado dos años por sus conexiones con el régimen nazi. Regresó a la ciudad de Plettenberg en 1946 y, rechazado por la comunidad internacional, siguió estudiando derecho hasta su muerte, a los 95 años.

Obras principales

1922 *Teología política. Cuatro capítulos sobre la doctrina de la soberanía.*
1928 *El concepto de lo político.*
1932 *Legalidad y legitimidad.*

La excepción es más interesante que la regla. La regla no demuestra nada: la excepción lo demuestra todo.
Carl Schmitt

sideraba que la teoría legal estaba demasiado apartada de la práctica jurídica y de las cambiantes normas sociales y, por consiguiente, no estaba capacitada para enfrentarse a los giros inesperados de la historia, muchos de los cuales amenazaban la existencia misma del Estado. Un presidente es más capaz de defender la Constitución de un país que un tribunal, y por eso tiene que estar por encima de las leyes. En situaciones excepcionales, el gobernante debe ser el legislador.

Un constante conflicto

Las críticas de Schmitt al liberalismo estaban directamente ligadas a su concepto singular de «lo político»

como posibilidad constante de conflicto, tanto entre amigos como entre enemigos. Previó que dicho conflicto se daría a escala internacional –con los países enemigos–, pero también se producirían a escala interna –con las personas enemigas–. Schmitt discrepaba de la visión de Hobbes de la naturaleza como estado de «todos contra todos» y de su opinión de que sin leyes la coexistencia es imposible. Por otra parte, sostenía que los liberales han hecho un flaco favor a la humanidad, y en especial al estado-nación, al promover la posibilidad de un mundo en perpetua paz. Para él, la Primera Guerra Mundial fue consecuencia del fracaso del liberalismo en reconocer »

Según Schmitt, el soberano decide si las circunstancias son normales (si basta con el imperio de la ley), o bien excepcionales (si es el soberano el que tiene la autoridad definitiva).

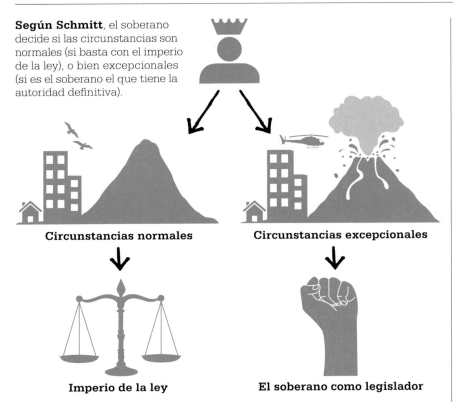

Circunstancias normales

Imperio de la ley

Circunstancias excepcionales

El soberano como legislador

la posibilidad de las enemistades, y culpó a los liberales de no entender la verdadera naturaleza de la política y de no ser sinceros con respecto a la verdadera naturaleza de lo político. En el supuesto de paz y amistad perpetuas, dijo, es menos probable que los estados estén preparados para lo excepcional, y así se arriesga la vida de los ciudadanos.

Afirmaba que siempre existe la posibilidad de enemistad junto con la de alianza y neutralidad. El individuo es potencialmente peligroso, y esto supone un riesgo político constante, ya que la posibilidad de la guerra está siempre presente. Schmitt consideraba que esta posibilidad constante debe ser la guía definitiva del soberano, que siempre ha de estar preparado para la guerra. La esfera política es, necesariamente, un mundo de antagonismos, y no un territorio independiente en el que interactúan los ciudadanos, como

pasa en la sociedad civil o en el comercio. En condiciones normales, las leyes pueden funcionar bien a través de los tribunales y la burocracia asociada, pero en política suelen aparecer condiciones excepcionales e incluso caóticas, y aquí los tribunales no disponen de medios para emitir juicios acertados y rápidos. Debe haber alguien que pueda suspender las leyes en circunstancias excepcionales. Según Schmitt, esto le corresponde al soberano, que posee la autoridad definitiva para decidir cuándo los tiempos son «normales» y cuándo son «excepcionales», y así dictaminar cuándo se deben aplicar ciertas leyes y cuándo no.

Al poner la vida por encima de la libertad, Schmitt sostenía que la legitimidad del soberano no reside en su aplicación de las leyes, sino en su capacidad de proteger el Estado y a sus ciudadanos. Creía que el poder real de un soberano se muestra en

circunstancias excepcionales, cuando hay que decidir sobre motivos nuevos. Solo entonces, el soberano se convierte en un verdadero legislador, por oposición a un proyector de las leyes, y así es capaz de movilizar a la población contra un enemigo concreto. Concluía que el poder del soberano, en su modalidad completa, exige el ejercicio de la violencia incluso cuando las leyes no la legitiman de otro modo.

Defensor de Hitler

Su defensa de la política de Hitler y de su ascenso al poder evidenció las limitaciones de la teoría de Schmitt, que justificó la «Noche de los cuchillos largos» −cuando Hitler mandó asesinar a unos 85 opositores políticos− como «la forma más alta de administración de justicia». A los ojos de Schmitt, Hitler había actuado como un genuino soberano: intervenía él mismo en circunstancias excepcionales que ponían en riesgo la existencia del Estado alemán. La violencia contra el ala izquierda del partido nazi, así como contra los judíos, se justificaba por ser una supuesta amenaza para el Estado.

El apoyo personal de Schmitt al régimen nazi indica que, en su opinión, era más importante la supervivencia del Estado que las vidas de sus ciudadanos. Sin embargo, la importancia de la preservación del Estado a toda costa no toma en cuenta el hecho de que, de igual modo que las personas y las sociedades, el Estado también cambia: no es una entidad monolítica fija y perfecta para siempre. Se podría −y muchos dirían que se debería− cuestionar en cualquier momento el Estado.

Excepciones contemporáneas

La incapacidad de Schmitt de comprender el efecto radical de su teoría, es decir, que el genocidio no es

> El estado de excepción no es una dictadura [...] sino un espacio sin leyes.
> **Giorgio Agamben**

aceptable bajo ninguna circunstancia, le acarreó el rechazo del mundo académico e intelectual. Pero, a finales del siglo XX, diversos autores que consideraban importante su contribución a la filosofía legal y política a pesar de sus carencias, reavivaron el interés por su obra. La noción de Schmitt sobre «lo político», la «distinción entre amigo y enemigo» y lo «excepcional» fue utilizada por estos escritores para comprender mejor las condiciones en que actúan los estados modernos y en que los líderes políticos toman sus decisiones.

El filósofo estadounidense Leo Strauss se interesó por los planteamientos de Schmitt y su crítica al liberalismo, y profundizó en ella argumentando que tendía a un relativismo y un nihilismo extremos al ignorar totalmente la realidad «sobre el terreno»: no se centra sobre lo que es, sino sobre lo que debería ser. Strauss distinguía entre dos formas de nihilismo: el «brutal» expresado por los regímenes nazi y marxista, que procura destruir todas las tradiciones, la historia y las normas morales anteriores; y el nihilismo «suave» de las democracias liberales de Occidente, que establece un igualitarismo sin juicios de valor y sin objetivos. Para Strauss, los dos son igual de peligrosos ya que destruyen la posibilidad de la excelencia humana.

El filósofo italiano Giorgio Agamben sostiene que el estado de excepción de Schmitt no es una circunstancia en la que las leyes quedan suspendidas –recluidas en algún sitio hasta que puedan restablecerse–, sino una situación totalmente carente de leyes en la que el soberano se arroga la autoridad definitiva sobre las vidas de los ciudadanos. En cuanto a los campos de concentración nazis creados durante la Segunda Guerra Mundial, Agamben afirma que los presos de esos campos eran despojados de todo rasgo de humanidad y convertidos en «nudas vidas»: estaban vivos, pero habían sido privados de todo estatuto jurídico, humano y legal. Para él, los llamados estados de excepción son especialmente peligrosos pues sus efectos se combinan de maneras impredecibles: la supuesta suspensión «temporal» de las leyes nunca es realmente «temporal», porque tiene consecuencias imposibles de revertir una vez se restauren las leyes.

El concepto de la excepción en Schmitt volvió a la palestra después de los atentados del 11 de septiembre de 2001, cuando diversos pensadores políticos conservadores y de la izquierda lo utilizaron, respectivamente, para justificar o para denunciar las nuevas medidas antiterroristas derivadas de la Ley Patriótica de EE UU. Los conservadores apelaron a la idea de la excepcionalidad para justificar violaciones de las libertades personales: una vigilancia más intensiva y tiempos más largos de detención sin juicio. Los humanistas de izquierda, en cambio, protestaron contra esas mismas prácticas, señalando los peligros de suspender la protección contra las violaciones de los derechos humanos.

La existencia de campos de prisioneros como el de Guantánamo demuestra el peligro de declarar «excepcional» un caso y asignarle medidas excepcionales, en especial que el poder ejecutivo redactara nuevas reglas sin inspeccionar el sitio. Más de diez años después, el estado de excepción declarado después del 11-S sigue vigente, y es preocupante que no haya señales de cambio. ∎

Al terminar la Segunda Guerra Mundial se juzgó a los principales líderes nazis en la ciudad alemana de Nuremberg. Schmitt fue investigado como propagandista del régimen nazi; no obstante, consiguió librarse del juicio.

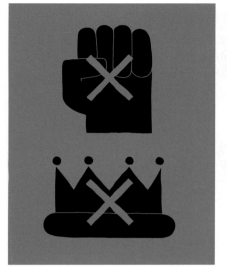

EL COMUNISMO ES TAN MALO COMO EL IMPERIALISMO
YOMO KENYATTA (1894–1978)

EN CONTEXTO

IDEOLOGÍA
Poscolonialismo

ENFOQUE
**Panafricanismo
conservador**

ANTES
1895 Los intereses comerciales británicos en África forman el protectorado del África Oriental Británica.

1952–1959 Se declara el estado de emergencia en Kenia durante la rebelión independentista del Mau Mau.

1961 En Belgrado, los países que quieren independizarse de las superpotencias fundan el Movimiento de Países No Alineados.

DESPUÉS
1963 Se funda la Organización para la Unidad Africana (OUA), con el objetivo de oponerse al colonialismo en África.

1968 Gran Bretaña pierde sus últimas colonias africanas, que logran al fin independizarse.

Yomo Kenyatta fue una figura capital en el proceso que conduciría a Kenia a independizarse del régimen colonial británico. Además, ocupó los puestos de primer ministro de su país y presidente poscolonial. Políticamente moderado, en vez de una revolución drástica implementó un programa de cambios graduales.

Amenazas exteriores

Las ideas de Kenyatta aunaban el anticolonialismo y el anticomunismo. Se opuso tenazmente a que los blancos gobernaran en África y promovió la idea de la independencia de su país al fundar el partido político Unión Nacional Africana de Kenia. El programa económico que impulsó Kenyatta fue de mercado mixto, abrió las puertas a la inversión extranjera y creó una política exterior pro occidental y anticomunista.

Kenyatta pensaba que los países poscoloniales corrían el riesgo de ser explotados por poderes exteriores a fin de consolidar su posición de poder sobre otras naciones del mundo. Para asegurar una independencia verdadera no era posible tolerar esa injerencia exterior que venía de la mano del comunismo soviético. En este sentido, el comunismo podía llegar a ser tan restrictivo para la autodeterminación de Kenia como el propio colonialismo. ∎

Los líderes de los nuevos estados independientes de África oriental Julius Nyerere, de Tanganica, Milton Obote, de Uganda, y Kenyatta, de Kenia, se reunieron en Nairobi, en 1964, para tratar su futuro poscolonial.

Véase también: Manabendra Nath Roy 253 ▪ Nelson Mandela 294–295 ▪ Frantz Fanon 304–307 ▪ Che Guevara 312–313

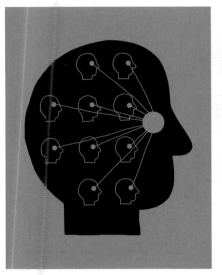

HAY QUE PENSAR EN EL ESTADO COMO «EDUCADOR»
ANTONIO GRAMSCI (1891–1937)

EN CONTEXTO

IDEOLOGÍA
Marxismo

ENFOQUE
Hegemonía cultural

ANTES
1867 Karl Marx finaliza el primer volumen de *El capital*, en el que analiza el sistema capitalista y la forma en que los ricos explotan a las masas.

1929 El filósofo español José Ortega y Gasset se lamenta por la «muerte de la intelectualidad» que conlleva el aumento del poder de la clase obrera.

DESPUÉS
1980 El pensador francés Michel Foucault describe las distintas maneras en que se distribuye el poder en la sociedad mediante instituciones tales como la escuela o la familia.

1991 Se funda el partido político italiano de derecha Liga Norte, con un programa que propone una mayor autonomía para las regiones industrializadas del norte del país.

Al exponer los desequilibrios entre el norte industrializado y el sur rural de Italia, el teórico marxista Antonio Gramsci desveló que la batalla para enfrentarse a la dominación de las clases dirigentes era tanto cultural como revolucionaria.

Gramsci desarrolló el concepto de «hegemonía cultural» para referirse al control ideológico y cultural sobre las clases obreras, que va más allá de la coerción y origina sistemas de pensamiento que refuerzan, por medio del consenso, la posición de los poderosos.

El papel de los intelectuales

En su opinión, ningún gobierno, sin importar lo poderoso que sea, mantiene su poder únicamente por la fuerza: también necesita de la legitimación y el consenso populares. Al considerar que las funciones del Estado son un medio para educar e indoctrinar a las masas en el servilismo, Gramsci alteró radicalmente el pensamiento de Marx. Observó que, para enfrentarse al dominio de la hegemonía cultural sobre la socie-

La masa humana no se «diferencia», no se independiza [...] sin organizarse; y sin intelectuales no hay organización.
Antonio Gramsci

dad, la educación era vital. En este sentido, Gramsci tenía una opinión particular sobre el papel de los intelectuales: creía que estos pueden existir en todos los niveles de la sociedad, y no solamente como la tradicional elite, y que es necesario desarrollar esta competencia entre las clases trabajadoras para poder contrarrestar la hegemonía de las clases dirigentes. ∎

Véase también: Karl Marx 188–193 ▪ Lenin 226–233 ▪ Rosa Luxemburg 234–235 ▪ Michel Foucault 310–311

EL PODER POLITICO POLITICO SALE DEL CAÑON DE UN ARMA

MAO ZEDONG (1893–1976)

IDEOLOGÍA
Marxismo-leninismo

ENFOQUE
La modernización de China

ANTES
1912 Se establece la República China, que termina con más de 2.000 años de imperio.

1919 El Movimiento Cuatro de Mayo politiza los acontecimientos en China y desemboca en la fundación del Partido Comunista de China en 1921.

DESPUÉS
1966–1976 La Revolución Cultural proletaria liderada por Mao, que suprime todo elemento tradicional chino supuestamente capitalista, da lugar a una lucha de facciones y provoca enormes pérdidas de vidas.

1977 Deng Xiaoping, líder de la República Popular China, implementa un programa de liberalización económica que acelera el crecimiento del país.

Al iniciarse el siglo XX, los estudiantes e intelectuales chinos, entre ellos el joven Mao Zedong, oyeron hablar de las ideologías socialistas que surgían en Europa y las aplicaron en China. En aquella época, no era el marxismo lo que atraía a esos jóvenes, sino el anarquismo de Mijaíl Bakunin y otras escuelas de pensamiento socialista utópico. Marx había suscrito que la base imprescindible de la revolución socialista era una economía capitalista sana, pero China todavía era esencialmente agraria y feudal, y no tenía industrias modernas ni una clase obrera urbana.

La inspiración revolucionaria
Antes de la Revolución Rusa del año 1917 poco había que impulsase a los desafectos intelectuales chinos a abrazar la idea de Marx de que los procesos de producción capitalista deben alcanzar una masa crítica para que pueda triunfar una revolución obrera. Al repasar los tremendos cambios que llevó a cabo en el paisaje político chino, Mao afirmaría que el levantamiento bolchevique alcanzó «como un rayo» a los pensadores políticos chinos. Los acontecimientos en Rusia fueron entonces un tema que suscitó un intenso interés en China por las similitudes percibidas entre los dos gigantes subdesarrollados. Mao viajó a Pekín y fue ayudante y protegido de Li Dazhao, bibliotecario jefe de la universidad y uno de los primeros comunistas de China que estudiaba, impartía seminarios y escribía sobre el movimiento revolucionario ruso.

Mao tomó las ideas marxistas y leninistas y las adaptó para resolver el problema que suponía desarrollar una revolución de obreros en una tierra de campesinos. La teoría leninista del imperialismo preveía que el comunismo se propagaría por los países en desarrollo y cercaría poco a poco al Occidente capitalista. Mao pensaba que los países que continuaban inmersos en el feudalismo se saltarían la fase capitalista del desarrollo y se instalarían plenamente en el socialismo. Un partido vanguardista de elite con una mayor «conciencia» de clases instilaría valores revolucionarios y una identidad proletaria al campesinado.

La politización del pueblo
La emoción y expectativas que generó la Revolución en Rusia podría,

China es una sociedad **agraria** y no **industrial**.

Por lo tanto, la **clase proletaria** de china son los campesinos.

El poder político sale del cañón de un arma.

Para poder librarse del arma, **es necesario apoderarse** del arma.

Los campesinos **carecen de poder** contra los explotadores capitalistas armados.

Cultivadores de arroz y otros campesinos cedieron sus tierras a cooperativas en un programa que fue clave en el esfuerzo de Mao por reformar la economía rural.

no obstante, haberse limitado a los grupos universitarios de debate de no ser por la irresponsable traición de los aliados occidentales a los intereses chinos después de la Primera Guerra Mundial. Como apoyo solidario a los esfuerzos de guerra de la Triple Entente (Reino Unido, Francia y Rusia), China había enviado a Francia a más de 140.000 trabajadores, en el bien entendido de que, entre otras cosas, el protectorado alemán de Shandong, situado en la costa nordeste, volvería a ser chino después de la guerra. Sin embargo, en 1919, en la Conferencia de Paz celebrada en París, los aliados decidieron ceder el territorio a Japón.

Los estudiantes de toda China se alzaron en protestas contra la «cobarde» capitulación de su país. Trabajadores urbanos y empresarios de Shanghái se unieron, y se formó una coalición conocida como Movimiento Cuatro de Mayo cuyo objetivo fue el de obligar al gobierno a aceptar

> Para los trabajadores es muy difícil [...] darse cuenta de la importancia de tener armas en las manos.
> **Mao Zedong**

sus exigencias. Como resultado de la Conferencia de Paz se firmó el Tratado de Versalles (1919), que China se negó a aceptar, aunque esto no tuvo efecto alguno sobre los aliados. La importancia real del Movimiento Cuatro de Mayo fue que incitó a pensar a un gran número de ciudadanos chinos en sus precarias vidas y en la vulnerabilidad de su país ante las amenazas exteriores. Supuso un importante punto de inflexión para el pensamiento político chino, en el que la democracia liberal de corte occidental perdió mucho de su atractivo y, en cambio, los conceptos marxista-leninistas ganaron adeptos.

Mao Zedong fue uno de los intelectuales que dieron un paso adelante en este delicado momento y se propuso organizar tanto a campesinos como a obreros en el Partido Comunista. Nunca iba a olvidar la lección de Shandong: negociar desde una posición débil era perder. En política, el poder definitivo es el poder de las armas. Mao iba a ser despiadado en su búsqueda del poder armado y en su disposición a usarlo.

En 1921 asistió al Primer Congreso del Partido Comunista Chino (PCCh), en Shanghái, y en 1923 fue elegido para el Comité Central. Pasó la década de 1920 organizando huelgas obreras, estudiando e implementando sus ideas. Para él estaba claro que en China sería el proletariado rural y no urbano el que llevara a término la revolución.

El crisol del comunismo

El PCCh compartía la ideología marxista-leninista con el Guomindang —el partido nacionalista antimonárquico fundado por Sun Yat-sen con conexiones con la Rusia soviética—, y el objetivo de ambos era la unificación nacional. Sin embargo, el movimiento popular del campesinado y la mano de obra comunista era demasiado radical para el Guomindang, que, en 1927, se volvió contra sus aliados y los aplastó, suprimiendo después sus organizaciones en las ciudades. Este violento conflicto fue el crisol del que emergió la doctrina «maoísta» como estrategia revolucionaria marxista rural en forma »

> Sin un ejército para
> el pueblo, no hay nada
> para el pueblo.
> **Mao Zedong**

El culto a la personalidad de Mao quedó fortalecido por manifestaciones masivas de multitudes que llevaban retratos del líder y portaban ejemplares de su *Libro rojo* de citas.

de guerrillas. En 1934 y 1935, Mao –ahora presidente de la República Soviética China, una pequeña república fundada en la región montañosa de Jiangxi, al sureste– afianzó su posición como jefe de los comunistas durante la Larga Marcha. Fue la primera de una serie de marchas, y recorrió 9.600 kilómetros durante más de un año; su declarado objetivo era el de expulsar a los invasores japoneses, pero en realidad obedeció más bien a una necesaria retirada del Ejército Rojo comunista para evitar a las fuerzas nacionalistas en-

> La política es la guerra
> incruenta, y la guerra es
> la política cruenta.
> **Mao Zedong**

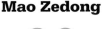

cabezadas por Chang Kai-shek. Cruzaron 18 cordilleras y 24 ríos caudalosos, y, del contingente original de 80.000 soldados y trabajadores que salió de Jiangxi en octubre de 1934, solamente la décima parte logró llegar a Shanghái al año siguiente. La supremacía de Mao quedó asegurada y, en noviembre de 1935, fue proclamado líder del PCCh. Después de la derrota de Japón por los aliados en la Segunda Guerra Mundial, y tras la reanudación de la guerra civil en China y la rendición final de las fuerzas nacionalistas, en 1949 se estableció la República Popular China, comunista, con Mao al timón.

El gran timonel

En el año 1938, en su alegato final en la sexta sesión plenaria del Sexto Comité Central del PCCh, Mao expuso su teoría de la revolución. Dijo que, en una China aún semifeudal, la verdadera clase revolucionaria era el campesinado y que solo la lucha militar acarrearía la revolución; manifestaciones, protestas y huelgas no eran suficientes. Con un campesinado-proletariado armado y pode-

roso, Mao –a quien ahora llamaban «el gran timonel»– mejoró muchas cosas. Entre otras medidas prohibió los matrimonios concertados y promovió el estatus de las mujeres, duplicó la asistencia a las escuelas, aumentó el índice de alfabetismo y dio casas a todos. Sin embargo, su admiración por Stalin y su amor por el lenguaje marxista y las teorías de la revolución ocultaba los muchos miles de brutales homicidios que él y sus fuerzas cometieron en su ascenso al poder. Iban a producirse millones más, algunos por la violenta represión de los considerados opositores a China, y otros por abandono. Mao obligó al país a autoabastecerse, pero con un coste inimaginable en vidas humanas, comodidades, libertades y cordura.

Gracias al Primer Plan Quinquenal (1953–1957) se lograron aumentos espectaculares de la producción y, en 1958, le siguió el llamado «gran salto adelante». Si bien el objetivo de Mao era el de obligar a la economía china a ponerse al mismo nivel de Occidente por medio de proyectos de trabajo masivo en industria, agricultura e infraestructuras, el resultado final fue una de las peores catástrofes de la historia china: entre 1958 y 1962 fueron sometidos a torturas, malos tratos, sobreexplotación laboral y hambrunas hasta la muerte al menos 45 millones de personas –sobre todo campesinos–, un saldo humano atroz y apenas inferior al recuento completo de muertos de la Segunda Guerra Mundial.

Los archivos del Partido Comunista, abiertos nuevamente, catalogaron minuciosamente las atrocidades de ese periodo, y demuestran que la «clase genuinamente revolucionaria» –la gente elegida por Mao en su gran lucha por la justicia social– en realidad era tratada por él y el partido como objetos desechables y sin rostro. Contrariamente a la con-

vicción de Marx de que el socialismo tenía que ser consecuencia inevitable de los logros materiales y culturales del capitalismo, Mao atribuyó la pobreza que veía en China a una pureza moral que, según él, conduciría a la utopía socialista. En 1966 llevó a cabo la Revolución Cultural proletaria para limpiar a China de influencias «burguesas». Se «reeducó» a millones de personas por medio de trabajos forzados y miles fueron ejecutados.

Mao en la China moderna

La política que, en palabras de Mao, «sale del cañón de un arma», resultó ser el totalitarismo del terror, la brutalidad, la quimera y el engaño. A su muerte, el PCCh declaró que sus ideas «guiarán nuestras acciones por mucho tiempo». Sin embargo, a medida que la sociedad va tomando conciencia de sus horrorosos crímenes, es posible que la influencia de Mao en el pensamiento chino caiga finalmente en el olvido. ∎

Los tractores de fabricación china no sirvieron solamente para aumentar la producción, sino que simbolizaron la política maoísta de «ser independientes y fiarnos de nosotros mismos».

Mao Zedong

Hijo de un próspero agricultor, Mao nació en Shaoshan, en China central, en 1893. Describió a su padre como un hombre duro y estricto que golpeaba a sus hijos con casi cualquier pretexto.

Tras completar sus estudios para ser maestro, viajó a Pekín, donde trabajó en la biblioteca de la universidad. Estudió el marxismo y llegó a ser uno de los miembros fundadores del Partido Comunista Chino en 1921. Después de varios años de guerras civiles y nacionales, los comunistas obtuvieron la victoria y, bajo la dirección de Mao, fundaron la República Popular China, en 1949.

Mao decidió modernizar China a toda costa a través de su programa general de trabajo llamado «gran salto adelante» y más tarde con la Revolución Cultural proletaria. Sin embargo, ambas iniciativas fracasaron, dando como único resultado una escalofriante cifra de millones de muertos. Murió en 1976.

Obras principales

1937 *Problemas estratégicos de la guerra de guerrillas contra Japón.*
1964 *El libro rojo o Citas del presidente Mao Zedong.*

LA POLIT

DE POSG

1945—PRESENTE

CA
UERRA

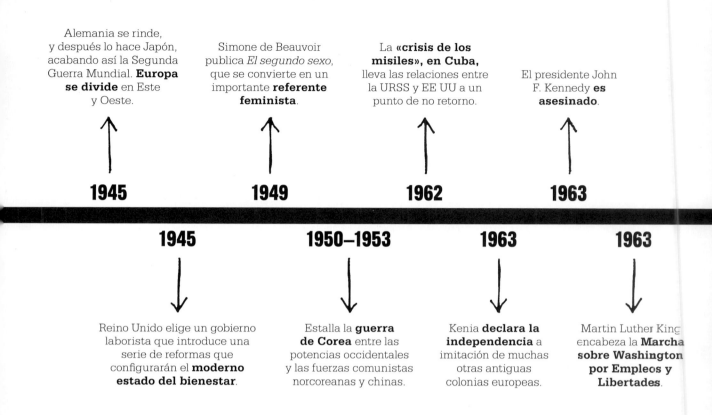

Alemania se rinde, y después lo hace Japón, acabando así la Segunda Guerra Mundial. **Europa se divide** en Este y Oeste.

Simone de Beauvoir publica *El segundo sexo*, que se convierte en un importante **referente feminista**.

La **«crisis de los misiles», en Cuba,** lleva las relaciones entre la URSS y EE UU a un punto de no retorno.

El presidente John F. Kennedy **es asesinado**.

1945

1949

1962

1963

1945

1950–1953

1963

1963

Reino Unido elige un gobierno laborista que introduce una serie de reformas que configurarán el **moderno estado del bienestar**.

Estalla la **guerra de Corea** entre las potencias occidentales y las fuerzas comunistas norcoreanas y chinas.

Kenia **declara la independencia** a imitación de muchas otras antiguas colonias europeas.

Martin Luther King encabeza la **Marcha sobre Washington por Empleos y Libertades**.

En los años siguientes al fin de la Segunda Guerra Mundial se produjeron grandes cambios industriales y sociales. El alcance de la guerra y la industrialización que conllevó, la decadencia de las grandes potencias coloniales y las batallas ideológicas entre el comunismo y el capitalismo afectaron profundamente al pensamiento político. Un mundo que se recuperaba de una tragedia humana sin precedentes necesitaba una reinterpretación urgente, así como nuevas recetas para el desarrollo y la organización sociales.

En toda Europa occidental surgió un nuevo consenso político y aparecieron economías mixtas, con empresas privadas y públicas. También emergieron nuevas demandas de derechos civiles y humanos en todo el mundo, y en las colonias europeas lograron apoyo los movimientos independentistas.

La guerra y el Estado
Los pensadores políticos se enfrentaban a muchas preguntas evidentemente inspiradas por el conflicto mundial. La Segunda Guerra Mundial no había tenido precedentes en cuanto a expansión de la capacidad militar, pero ejerció un impacto colosal sobre la industria de las principales potencias. Este nuevo entorno fue la plataforma ideal para el choque de ideas entre el Este y el Oeste; las guerras de Corea y Vietnam, junto con gran cantidad de contiendas menores, fueron espejo del conflicto entre la URSS y EE UU.

Las bombas nucleares que pusieron fin a la Segunda Guerra Mundial marcaron una era de desarrollo tecnológico que amenazó a la humanidad de forma aterradora e hizo que muchos escritores se replanteasen la ética de la guerra. Algunos, como Michael Walzer, exploraron las ramificaciones morales de los conflictos y actualizaron las ideas de santo Tomás de Aquino y san Agustín.

Otros pensadores, como Noam Chomsky y Smedley D. Butler, analizaron las estructuras de poder ocultas tras el nuevo complejo militar-industrial. El reciente surgimiento del terrorismo global y los conflictos en Irak y Afganistán llevaron estas ideas a un primer plano.

El periodo de posguerra también planteó serias preguntas sobre el papel del Estado. Las democracias europeas cimentaron el estado del bienestar, y el comunismo se expandió y asentó por toda Euro-

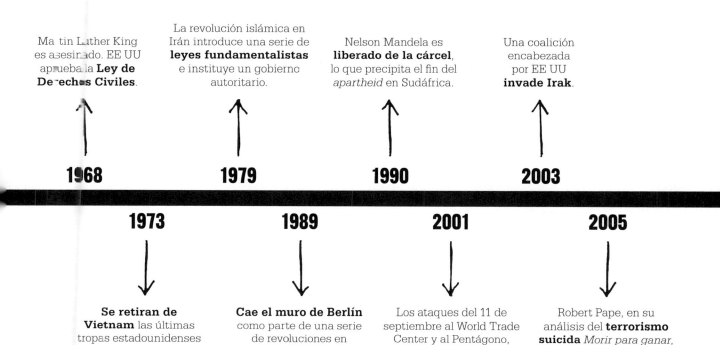

Martin Luther King es asesinado. EE UU aprueba la **Ley de Derechos Civiles**.

La revolución islámica en Irán introduce una serie de **leyes fundamentalistas** e instituye un gobierno autoritario.

Nelson Mandela es **liberado de la cárcel**, lo que precipita el fin del *apartheid* en Sudáfrica.

Una coalición encabezada por EE UU **invade Irak**.

1968

1979

1990

2003

1973

1989

2001

2005

Se retiran de Vietnam las últimas tropas estadounidenses entre el descontento público y las protestas.

Cae el muro de Berlín como parte de una serie de revoluciones en Europa del Este, lo que marca el fin del comunismo soviético.

Los ataques del 11 de septiembre al World Trade Center y al Pentágono, en EE UU, precipitan la **«guerra global contra el terrorismo»**.

Robert Pape, en su análisis del **terrorismo suicida** *Morir para ganar*, concluye que se trata de un «fenómeno esencialmente reivindicativo».

pa del Este. Los filósofos políticos comenzaron a tener en cuenta el significado de estos movimientos, especialmente en lo tocante a las libertades individuales: escritores como Friedrich Hayek, John Rawls y Robert Nozick crearon una nueva conciencia de la libertad y la justicia, y, en general, se replanteó la posición de las personas en relación con el Estado.

Feminismo y derechos civiles

En la década de 1960 apareció una nueva forma de feminismo, abiertamente política, inspirada por autoras como Simone de Beauvoir, que cuestionó la posición de las mujeres en la política y la sociedad. Más o menos al mismo tiempo cobró fuerza la batalla por los derechos civiles, aprovechando el fin del colonialis-

mo en África y el movimiento popular contra la segregación racial en EE UU, impulsado por pensadores como Frantz Fanon y activistas ejemplares como Nelson Mandela y Martin Luther King. Una vez más, el pensamiento político se centró en las cuestiones del poder y, especialmente, en los derechos civiles y políticos.

Preocupaciones mundiales

Durante la década de 1970, la inquietud acerca del medio ambiente dio lugar a una fuerza política alimentada por las ideas sobre la «ecología profunda», de Arne Naess, que formaron el «movimiento verde». A medida que hay mayor conciencia sobre temas como el cambio climático y el fin del petróleo barato, los pensadores ecologistas parecen tener más influencia.

En el mundo islámico, los políticos y los filósofos han intentado ponerse de acuerdo sobre el sitio que ocupa el islam en la política. Desde la visión de un Estado islámico, de Maududi, hasta la preocupación por el papel de la mujer dentro del islam, de Shirin Ebadi, y, desde el surgimiento de Al Qaeda a la esperanza que ofreció la Primavera Árabe, este es un terreno político dinámico y contestatario.

Los diversos cuestionamientos de un mundo globalizado –con industrias, culturas y tecnologías de la comunicación transfronterizas– traen consigo nuevas remesas de problemas políticos. Entre ellos destaca la crisis financiera que comenzó en 2007 y que obligó a los pensadores a reconsiderar sus posiciones y buscar soluciones nuevas al nuevo problema. ■

EL MAYOR MAL ES EL GOBIERNO ILIMITADO

FRIEDRICH HAYEK (1899–1992)

EN CONTEXTO

IDEOLOGÍA
Neoliberalismo

ENFOQUE
Economía de libre mercado

ANTES
1840 Pierre-Joseph Proudhon pide una sociedad ordenada naturalmente, sin autoridad, y afirma que capital es igual a autoridad.

1922 El austriaco Ludwig von Mises critica las economías de planificación central.

1936 John Maynard Keynes arguye que la clave para escapar a la depresión económica es el gasto del gobierno.

DESPUÉS
1962 Según el economista Milton Friedman, el capitalismo competitivo es esencial para la libertad política.

1975 Margaret Thatcher, líder del partido conservador británico, menciona a Hayek como su inspirador.

Los mercados libres responden a las necesidades individuales.

La planificación central no puede responder a las necesidades cambiantes de cada persona.

De manera que hay que dejar que los mercados **operen libremente**…

O sea que la planificación central es **coerción** y **reduce la libertad** de todos…

… y **los gobiernos se limitarán** a dejar que el orden surja espontáneamente en la sociedad.

…y lleva al **gobierno totalitario, ilimitado**.

El mayor mal es el gobierno ilimitado.

E l economista austrobritánico Friedrich Hayek escribió en el apéndice de su obra *Los fundamentos de la libertad*, de 1960, la siguiente advertencia contra el gobierno ilimitado: «Por qué no soy conservador». En 1975, Margaret Thatcher, que acababa de ser elegida líder del partido conservador británico, arrojó este libro sobre la mesa durante una reunión con sus correligionarios y declaró: «En esto creemos nosotros».

Thatcher no fue el único político conservador que admiró a Hayek, una especie de héroe para numero-sos políticos de la derecha. Por eso puede parecer extraño que insistiera tanto en que no era conservador. Sin duda es esa aparente ambigüedad la razón por la que muchos comentaristas prefieren el término «neoliberal» para describir a Hayek y a otros que, como Thatcher y el expresidente Ronald Reagan, defendieron la idea de los mercados libres y sin trabas.

Hayek frente a Keynes
La idea central de la insistencia de Hayek en que «el mayor mal es el gobierno ilimitado» es el principio del libre mercado. Este economista obtuvo celebridad en la década de 1930, cuando contradijo las ideas de John Maynard Keynes sobre la Gran Depresión. Keynes defendía que la única forma de salir de la espiral descendente de desempleo y depresión del gasto era la intervención a gran escala del gobierno y la obra pública. Hayek respondía que esto no haría más que provocar inflación y que las «quiebras» periódicas eran parte inevitable –incluso necesaria– del ciclo empresarial. En aquel momento, las afirmaciones de Keynes agradaron a los políticos,

Véase también: Immanuel Kant 126–129 ▪ John Stuart Mill 174–181 ▪ Pierre-Joseph Proudhon 183 ▪ Ayn Rand 280–281 ▪ Mijaíl Gorbachov 322 ▪ Robert Nozick 326–327

Según Hayek, un mercado libre une espontáneamente la disponibilidad de recursos a la necesidad de estos por medio de la oferta y la demanda. El saber realizar estos ajustes a voluntad está muy lejos de las posibilidades de cualquier persona.

 →  →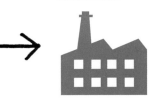

Cuando la **demanda** de un producto es **mayor que la oferta**…

…el precio **aumenta**.

Puede que a los consumidores les resulte difícil encontrar el producto, y tendrán que **pagar más** por él.

Se fabrican **más productos** para obtener más beneficios.

Cuando **la oferta** de un producto es **mayor que la demanda**…

…el precio **baja**.

Los consumidores no tienen dificultad en encontrar el producto y pueden comprarlo a **precios más bajos**.

Los productores fabrican **menos productos**.

---

pero Hayek insistió en sus ideas. Afirmó que la planificación central está condenada al fracaso porque los planificadores nunca pueden disponer de toda la información necesaria para hacer frente a las cambiantes necesidades de cada persona. Imaginar que los planificadores tendrían la omnisciencia de satisfacer tantas necesidades distintas no es más que un delirio.

La brecha de la planificación es la información, y es aquí donde entran los mercados libres. Las personas conocen los recursos y la necesidad que hay de ellos de una manera en que un planificador central no podría siquiera soñar conocer. Según Hayek, el libre mercado revela este conocimiento perfecta y continuamente por medio de los precios, que varían para equilibrar la oferta y la demanda. Si los precios aumentan, es que la oferta de los géneros es poca; si se reducen, hay sobreproducción. El mercado también ofrece a la gente el incentivo de responder aumentando la producción de géneros escasos para aprovecharse de los beneficios adicionales de la oferta. Hayek no consideraba este mecanismo de precios como una invención humana deliberada, sino como un ejemplo de orden social que surge espontáneamente, como el lenguaje.

Pérdida de la libertad
Con el tiempo, Hayek comenzó a pensar que la brecha entre la economía planificada y el libre mercado no era únicamente un asunto de políticas económicas equivocadas, sino un tema fundamental de libertad política. Planificar la economía es controlar la vida de la gente. Por eso, en 1944, en plena guerra, escribió su célebre obra *Camino de servidumbre*, para aconsejar a su país de adopción, Gran Bretaña, que se apartase de los peligros del socialismo.

En ese libro, Hayek afirma que el control gubernamental de nuestra vida económica es totalitarismo y nos convierte a todos en siervos. »

Solo un gobierno con poderes totalitarios satisface el reclamo de igualdad de la posición material.
Friedrich Hayek

El control económico no es el mero control de una parte de la vida humana separado del resto: es controlar los medios para todos nuestros fines.
Friedrich Hayek

Creía que los resultados del control central socialista de la economía y el fascismo de los nazis no son muy diferentes, no importa cuán distintas sean las intenciones políticas. Para implementar un plan económico maestro, aunque el propósito sea beneficiar a todos, hay que delegar tantos temas clave a tecnócratas no elegidos que el programa será intrínsecamente antidemocrático. Es más: un plan económico total no deja lugar a la elección personal en ningún aspecto de la vida.

El gobierno necesita límites

En *Los fundamentos de la libertad*, Hayek explica más ampliamente la conexión entre mercados libres y libertad política. Pese a aseverar que los mercados libres deben ser el principal mecanismo de orden de la sociedad, de ninguna manera está en contra del gobierno. Opina que el cometido central del gobierno debe ser mantener el «imperio de la ley» con la menor intervención posible en la vida de la gente. Se trata de una «asociación civil» que se limita a proporcionar un marco dentro del cual las personas puedan realizar sus propios proyectos.

Los fundamentos de la ley son un conjunto de reglas de conducta comunes anteriores al gobierno, que surgen espontáneamente. «En este sentido», escribe, «un juez es la institución de un orden espontáneo». Es aquí donde encaja la declaración de Hayek de que no es conservador. Dice que los conservadores tienen miedo de la democracia, a la que culpan de los males de la época, porque los cambios les intimidan. Pero Hayek no tiene problemas con la democracia ni con los cambios: el problema es un gobierno que no está bien controlado y limitado. Asegura que «nadie está cualificado para tener poder ilimitado», y da a entender que esto incluye «al pueblo». No obstante, concede que «los poderes que posee la democracia moderna serían todavía más intolerables en manos de una pequeña elite».

Hayek critica aquellas leyes que han sido redactadas a fin de remediar un defecto en particular y cree que la coerción del gobierno a la sociedad se debe mantener al mínimo. Critica más aún la idea de «justicia social»: el mercado es un juego en el que «no tiene sentido calificar el resultado de justo o injusto». De esto concluye que «justicia social es una expresión vacía y de significado incierto». Para él todo intento de redistribuir la riqueza –por ejemplo, aumentar los impuestos para pagar la seguridad social– es una amenaza a la libertad. Solo se necesita una red de seguridad básica que «proteja de los actos desesperados de los necesitados».

Durante muchos años, las ideas desarrolladas por Friedrich Hayek no contaron con demasiados discípulos, porque entre los gobiernos occidentales de la posguerra predominó la economía keynesiana. Muchos países crearon estados del bienestar a pesar de las advertencias lanzadas por Hayek, pero tanto la escasez de petróleo como la consecuente crisis económica de la década de 1970 hicieron necesario revisar sus propuestas y, para sorpresa de todos, en 1974 se le concedió el premio Nobel de Economía. A partir de aquí, esas ideas se convirtieron en el núcleo duro de los

En la Europa de posguerra, las ideas de John Maynard Keynes predominaron sobre las de Hayek. Todas las industrias clave, como los ferrocarriles, eran empresas estatales.

defensores de los mercados libres no regulados como camino hacia la prosperidad económica y la libertad individual. En la década de 1980, Ronald Reagan y Margaret Thatcher siguieron políticas encaminadas a desmantelar el estado del bienestar con la reducción de impuestos y el recorte de prestaciones sociales. Muchos de los líderes de las revoluciones contra los regímenes comunistas de Europa del Este también se inspiraron en Hayek.

Política de choque

Muchos criticaron la afirmación de Hayek de que era liberal, por ejemplo el que fue cabeza del Partido

Ronald Reagan y Margaret Thatcher escucharon y aplicaron la idea de Hayek de reducir el gobierno y recortar los impuestos y los servicios que prestaba el Estado.

Liberal británico David Steel, quien decía que la libertad solo es posible «con justicia social y una distribución equitativa de la riqueza y el poder, lo que, a su vez, exige un grado de activa intervención del gobierno». Más criticable aún desde la perspectiva liberal fue la asociación de las ideas de Hayek con lo que la periodista canadiense Naomi Klein describe como la «doctrina de choque». Según esta, se convence a la gente de que acepte «por su propio bien» una cantidad de medidas extremas de libre mercado –tales como una rápida desregulación, la venta de industrias estatales y un alto desempleo– al ponerla en estado de choque, ya sea mediante grandes dificultades económicas o normas de gobierno brutales.

La ideología de libre mercado defendida por Hayek se acabó relacionando con varias dictaduras militares violentas en Sudamérica, como la del general Augusto Pinochet, en Chile, aparentemente el

tipo de régimen totalitario que atacaba Hayek. A él mismo se le asoció con estos regímenes, si bien siempre insistió en que solo les asesoraba económicamente.

Hayek sigue siendo muy controvertido: los partidarios del libre mercado y muchos políticos de la derecha lo consideran un defensor de la libertad, y muchos de la izquierda le desprecian al pensar que sus ideas están detrás del viraje hacia el capitalismo de línea dura que ha llevado la miseria a muchos países del mundo y ha aumentado la brecha entre ricos y pobres. ∎

Un gobierno que es grande para darte todo lo que quieres, es fuerte para quitarte todo lo que tienes.
Gerald Ford

Friedrich Hayek

Nació en Viena, en 1899, e ingresó en la universidad de esa ciudad justo después de la Primera Guerra Mundial, cuando era uno de los tres mejores sitios del mundo para estudiar economía. Se matriculó en derecho, pero la economía y la psicología le fascinaron, y la pobreza de la Viena de posguerra le hizo alinearse con el socialismo. En 1922, cuando leyó *Socialismo*, de Ludwig von Mises, devastadora crítica de la planificación central, Hayek decidió acudir al curso de economía de Mises. En 1931 se trasladó a la London School of Economics para conferenciar sobre

la teoría misesiana de los ciclos empresariales, y comenzó su contienda con Keynes acerca de las causas de la Gran Depresión. En 1947, junto a Mises, fundó la Sociedad Libertaria Mont Pèlerin. Tres años más tarde ingresó con Milton Friedman en la escuela de Chicago de economistas de libre mercado. A su muerte, en 1992, sus ideas eran muy influyentes.

Obras principales

1944 *Camino de servidumbre.*
1960 *Los fundamentos de la libertad.*

EL GOBIERNO PARLAMENTARIO Y LA POLITICA RACIONALISTA NO PERTENECEN AL MISMO SISTEMA

MICHAEL OAKESHOTT (1901–1990)

EN CONTEXTO

IDEOLOGÍA
Conservadurismo

ENFOQUE
Experiencia práctica

ANTES
1532 *El príncipe*, de Maquiavelo, analiza diversos métodos, por lo general violentos, de obtener y retener el poder político.

1689 La Declaración de Derechos inglesa permite limitar el poder de la monarquía.

1848 Marx y Engels publican el *Manifiesto comunista*, que, según Oakeshott, sirve como «reglamento» de las acciones políticas.

DESPUÉS
1975 Pol Pot declara en Camboya el «año cero» y borra la historia. Su régimen asesina a dos millones de personas en tres años.

1997 El principio chino de «un país, dos sistemas» permite la economía de libre mercado en Hong Kong cuando Gran Bretaña lo devuelve a China.

Las instituciones parlamentarias son producto del **arte práctico de gobernar**.

↓

Han existido durante generaciones y gobiernan por **la experiencia y la historia**.

↓

La política racionalista se basa en **ideologías y nociones abstractas**.

↓

Se dedica a la **destrucción** y la creación de un **nuevo orden**.

↓

El gobierno parlamentario y la política racionalista no pertenecen al mismo sistema.

El extremismo que irrumpió en gran parte del mundo en el siglo xx, con la llegada de Hitler a Alemania, Stalin a Rusia y Mao a China, impulsó la investigación de Michael Oakeshott sobre la naturaleza de las ideologías políticas y su impacto en la vida de las naciones. Pensaba que tanto los líderes marxistas como los fascistas se habían aferrado a las ideas de los teóricos políticos como «una infección», con consecuencias desastrosas para millones de personas. Oakeshott llamó «racionalismo» a esta enfermedad contagiosa.

Al rastrear el origen de las instituciones parlamentarias británicas

Véase también: Nicolás Maquiavelo 74–81 ▪ Thomas Hobbes 96–103 ▪ Edmund Burke 130–133 ▪ Georg Hegel 156–159 ▪ Karl Marx 188–193

hasta el «periodo menos racionalista de la política: la Edad Media», Oakeshott explicó que, en Gran Bretaña, el Parlamento no se constituyó siguiendo un orden racionalista o ideológico. En realidad, el imperativo de poner límites al poder político y proteger al pueblo de la tiranía fue lo que estabilizó el país, alejándolo de los absolutismos racionalistas que atenazaban Europa.

Creencias inamovibles

Para Oakeshott el racionalismo en política es una niebla que oscurece la vida real, los problemas cotidianos que deben afrontar todos los políticos y partidos. Las acciones del racionalista responden a sus inamovibles creencias teóricas, y no a su experiencia objetiva o «práctica». Antes de surcar las aguas en las que se encuentra, este tiene que memorizar los reglamentos, como el *Manifiesto comunista* de Marx y Engels, y por eso siempre está alejado de la realidad y actúa sumido en una niebla ideológica de teorías

abstractas. Oakeshott dijo que «los hombres navegan por un mar sin fronteras y sin fondo», es decir que el mundo es difícil de sondear y que los intentos de dar sentido a la conducta de la sociedad inevitablemente distorsionan y simplifican los hechos. No le gustaban las ideologías: las veía como creencias inamovibles, abstractas, incapaces de explicar lo inexplicable. Para él, las ideologías, al ser alérgicas a las incertidumbres, responden a situaciones complejas con fórmulas simples. El impulso del político racionalista es actuar desde dentro de la «autoridad de su propio razonamiento», que es la única autoridad que reconoce. Actúa como si comprendiese el mundo y supiese cómo se lo debería cambiar. Según Oakeshott, en política es muy peligroso actuar según una ideología artificial en vez de hacerlo según la experiencia real del gobierno. El conocimiento práctico es la mejor guía, y la ideología es conocimiento falso.

Si bien se le consideró conservador y su pensamiento ha inspirado a algunos elementos del conservadurismo actual, él nunca se vio como tal y tampoco pidió el apoyo público a los partidos de esa tendencia. ▪

Oakeshott comparó la vida política a un navío en mar gruesa. Es imposible predecir exactamente la formación de las olas, de modo que sortear la tormenta exige experiencia.

Así pues, en política,
los hombres navegan
en un mar sin fronteras
y sin fondo.
Michael Oakeshott

Michael Oakeshott

Michael Oakeshott nació en 1901, en Londres, hijo de un funcionario y una enfermera. Estudió historia en la Universidad de Cambridge y se graduó en 1925. Consagró su carrera a la vida universitaria, salvo durante la Segunda Guerra Mundial, época en la que sirvió anónimamente a la Inteligencia británica como parte de la unidad de reconocimiento «Phantom» en Bélgica y Francia.

Fue profesor tanto en Oxford como en Cambridge, y más tarde se trasladó a la London School of Economics, donde impartió clases de ciencias políticas. Su trabajo queda reflejado en las muchas obras que publicó sobre filosofía de la historia, religión, estética, leyes y política. Su influencia en el partido conservador británico provocó que la primera ministra Margaret Thatcher lo propusiera para el título de sir, título que él rechazó porque no consideraba que su obra favoreciera a ningún partido. Decidió retirarse en 1968 y murió dos años más tarde.

Obras principales

1933 *Experience and its Modes.*
1962 *El racionalismo en la política y otros ensayos.*
1975 *On Human Conduct.*

EL OBJETIVO DE LA YIHAD ISLAMICA ES ELIMINAR EL SISTEMA DE GOBIERNO NO ISLAMICO

ABUL A'LA MAUDUDI (1903–1979)

EN CONTEXTO

IDEOLOGÍA
Fundamentalismo islámico

ENFOQUE
Yihad

ANTES
622–632 En Medina, Mahoma logra unir a las tribus dispersas bajo el paraguas de la fe, y se crea la primera mancomunidad musulmana.

1906 El Aga Kan III, Mohamed Sah, funda la Liga Musulmana Panindia.

DESPUÉS
1979 En Pakistán, el general Zia ul-Haq pone en práctica algunas ideas de Maududi y convierte en ley el código islámico de la sharía.

1988 Osama bin Laden forma Al Qaeda y llama a la yihad global para imponer la sharía en todo el mundo.

1990 La Declaración de El Cairo, o de los Derechos Humanos en el islam, cita la sharía como su única fuente legal.

El islam **no es solo una religión**: es un **programa de vida revolucionario**.

↓

Los musulmanes deben **llevar a cabo** su programa revolucionario.

↓

La yihad es la **lucha revolucionaria** con la que el partido islámico alcanza su meta.

↓

El fin del islam es un Estado islámico y la destrucción de los estados que se le opongan.

Se ha dicho que el origen del resurgimiento global del islamismo en el siglo xx es el rechazo del colonialismo europeo y su decadencia en África y Asia. Pero también se ha vinculado a aspectos internos de política comunal, a la identidad musulmana, la dinámica del poder en una sociedad multiétnica y multirreligiosa y, en India, al nacionalismo. El partido político que fundó Maududi en 1941, Jama'at-i Islami, llegó a ser una fuerza revolucionaria que guió el despertar musulmán de India. Dirigiéndose a lo que consideraba profunda incertidumbre intelectual y ansiedad política entre los musulmanes indios después del gobierno del Raj británico, Maududi aportó una nueva perspectiva sobre el islam que invertiría el declive del poder político musulmán al forjar una nueva hermandad ideológica universal.

El Estado islámico

Maududi siempre fue más un humanista y *mujaddid* (reformador) que un político práctico, y no se ocupó de problemas políticos y sociales concretos. Sin embargo, se concentró en comunicar su visión del Estado islámico ideal. Cada elemento de dicho Estado estaría informado «desde arriba» por las leyes de la *din* (religión) y no por los principios laicos occidentales de gobierno democrático. Por lo tanto, el Estado islámico sería democrático desde su nacimiento, ya que reflejaría directamente la voluntad de Alá.

Esta comunidad santa solamente se haría realidad si se convertía a todos sus ciudadanos, sacándolos de la ignorancia y del error para alcanzar un entendimiento del islam más puro y riguroso como modelo de vida. Maududi había estudiado a los socialistas europeos, que consideraban que su «base» eran las masas obreras de todos los países. Maududi también vio la población mundial de musulmanes como su «base». Si se unían ideológicamente, llegarían a ser políticamente indivisibles y prescindirían de los estados-nación laicos. La yihad (guerra santa) islámica no era solo una lucha para lograr el progreso espiritual, sino también una lucha política para imponer una ideología islámica que lo abarcase todo. Se centraría en el control de los recursos por el islam, como manera de establecer el Reino de Dios en la tierra.

En 1947, la partición de India y Pakistán siguiendo criterios religiosos disolvió el Raj británico. Aun cuando su partido no apoyó la partición y criticó a sus líderes por no ser lo bastante islámicos, Maududi se trasladó a Pakistán decidido a transformarlo en Estado islámico.

Críticas al método

Los occidentales que critican el llamamiento de Maududi a un orden mundial islámico sostienen que el islam contempla su propia historia como un largo descenso a partir de

La revolución islámica en Irán, liderada por Ruhollah Jomeini, fue la primera república islámica del mundo (1979) y representa el objetivo de toda la vida de Maududi.

un comienzo ideal y no como un progreso evolutivo de la civilización y la razón. Mientras tanto, los musulmanes fundamentalistas seguidores de Maududi ven la interferencia de los países occidentales en la política interna de Oriente Medio como continuación de la dominación colonial, y creen que solo un régimen islámico que gobierne por la sharía (ley canónica basada en las enseñanzas del Corán), según la interpretan los clérigos musulmanes, puede gobernar a la humanidad. ▪

Abul A'la Maududi

Nacido en 1903, en Aurangabad (India), este reformador, filósofo político y teólogo pertenecía a la tradición Chisti, un orden islámico sufí místico. Lo educó en casa su padre, que era muy religioso. Más tarde comenzó a ganarse la vida como periodista. En 1928 publicó *Risala al Dinyat (Entendiendo el islam)*, que le dio a conocer como pensador y escritor islámico. Si bien en un inicio apoyó el nacionalismo de Gandhi, pronto comenzó a instar a los musulmanes de India a que reconocieran el islam como su única identidad.

En 1941, Maududi se trasladó a Pakistán, donde habló a favor de un Estado islámico. En 1953 fue arrestado y sentenciado a muerte por incitar a la rebelión, pero finalmente se le conmutó la sentencia. Murió en Buffalo (Nueva York), en 1979.

Obras principales

1928 *Entendiendo el islam.*
1948 *La forma de vida islámica.*
1972 *El significado del Corán.*

El islam no quiere limitar su gobierno a un solo Estado ni a un puñado de países. Su objetivo es generar una revolución universal.
Abul A'la Maududi

NO HAY NADA QUE PRIVE A UN HOMBRE DE SU LIBERTAD, SALVO OTROS HOMBRES
AYN RAND (1905–1982)

EN CONTEXTO

IDEOLOGÍA
Objetivismo

ENFOQUE
Libertad individual

ANTES
1917 La joven Ayn Rand es testigo directo de la Revolución de Octubre en Rusia.

Década de 1930 El fascismo crece en Europa y se materializa en varios estados autoritarios que centralizan el poder.

DESPUÉS
Década de 1980 Ganan las elecciones los conservadores pro mercado libre: Margaret Thatcher, en Reino Unido, y Ronald Reagan, en EE UU.

2009 En EE UU aparece el movimiento Tea Party, cuyas principales características son un enfoque ultraconservador y la defensa de los bajos impuestos.

Finales de la década de 2000 Una profunda crisis financiera global renueva el interés por la obra de Rand.

A mediados del siglo XX, dos fuerzas gemelas, el fascismo y el comunismo, hicieron que muchos occidentales cuestionaran la ética de la intervención estatal en la vida de las personas.

La filósofa y novelista estadounidense de origen ruso Ayn Rand creía en un individualismo ético según el cual actuar en el propio interés es moralmente lícito; todo intento de controlar las acciones de los demás por medio de reglas corrompe la capacidad de las personas de trabajar libremente como miembros productivos de la sociedad. Es decir, para ella era importante preservar la libertad individual ante la interferencia de otras personas. En especial, Rand creía que era inmoral que el Estado tuviese el monopolio del uso legal de la fuerza, pues eso impedía que el in-

La única fuente del conocimiento humano es la **razón**.

Para ser libre, el hombre debe vivir **de acuerdo con la razón**.

Un hombre solo puede vivir de acuerdo con la razón si se le permite actuar **en su propio interés**.

La interferencia de los demás, incluido el Estado, restringe su capacidad de actuar en su propio interés.

No hay nada que prive a un hombre de su libertad, salvo otros hombres.

Véase también: Aristóteles 40–43 ▪ Friedrich Nietzsche 196–199 ▪ Friedrich Hayek 270–275 ▪ Robert Nozick 326–327

> El hombre –cada hombre– es un fin en sí mismo, y no el medio para los fines de otros.
> **Ayn Rand**

dividuo hiciera un uso práctico de su razón. Por eso condenaba el cobro de impuestos, así como la regulación de los negocios y de muchos otros sectores de la vida pública.

Objetivismo

La mayor contribución de Rand al pensamiento político es una doctrina que ella llamó «objetivismo». Intentaba que fuese una «filosofía práctica para vivir en la Tierra» y aportaba una serie de principios relativos a todos los aspectos de la vida,

Atlas sostiene el mundo sobre sus poderosos hombros en esta escultura del Rockefeller Center, en Nueva York. Rand pensaba que los empresarios sostienen del mismo modo el estado-nación.

como la política, la economía, el arte y las relaciones interpersonales. El objetivismo parte de la idea de que los únicos absolutos en la vida humana son la razón y la racionalidad, y de que toda forma de «conocimiento justo» basado en la fe y el instinto, como la religión, no proporciona sustrato suficiente a la existencia. Para Rand, el capitalismo sin trabas es el único sistema de organización social compatible con la naturaleza racional del ser humano, y las acciones colectivas del Estado solo sirven para limitar las capacidades de la humanidad.

Su obra más influyente, *La rebelión de Atlas*, describe esta convicción con claridad. Es una novela ambientada en unos EE UU paralizados por la intervención del gobierno y los empresarios corruptos, donde los héroes son los industriales y los emprendedores cuya productividad apuntala la sociedad y cuya coope-

ración sostiene la civilización. Hoy, sus tesis aparecen en movimientos libertarios y conservadores que apuestan por reducir el aparato estatal. Otros, en cambio, ven en ellas el problema de la falta de medidas para proteger a los más débiles de la explotación por los poderosos. ▪

Ayn Rand

Nació en San Petersburgo (Rusia), como Alisa Zinóvievna Rosenbaum. Con la revolución bolchevique de 1917, su familia perdió el negocio y sufrió enormes penurias. Rand completó su educación en Rusia, donde estudió filosofía, historia y cine, antes de emigrar a EE UU.

Una vez allí, durante la década de 1930, trabajó como guionista en Hollywood antes dedicarse a la literatura. Gracias a su novela *El manantial*, aparecida en 1943, alcanzó la fama, pero fue su última obra de ficción, *La rebelión de Atlas*, la que resultó ser su legado más perdurable. Rand escribió además

varios ensayos y enseñó filosofía, promoviendo el objetivismo y sus aplicaciones a la vida moderna. Falleció en 1982, pero su trabajo ha ido ganando influencia desde entonces, llegando incluso a ser citada como uno de los grandes pilares filosóficos sobre los que descansan las modernas políticas conservadoras y libertarias de derechas.

Obras principales

1943 *El manantial.*
1957 *La rebelión de Atlas.*
1964 *La virtud del egoísmo.*

SE PUEDE NEGAR TODO HECHO CONOCIDO Y ESTABLECIDO

HANNAH ARENDT (1906–1975)

EN CONTEXTO

IDEOLOGÍA
Antitotalitarismo

ENFOQUE
La verdad y el mito

ANTES
1882 El historiador francés Ernest Renan asegura que la identidad nacional depende del recuerdo distorsionado y selectivo de acontecimientos pasados.

1960 Hans-Georg Gadamer publica *Verdad y método*, que se centra en la importancia de la creación de la verdad colectiva.

DESPUÉS
1992 Según el británico Eric Hobsbawm, «ningún historiador serio puede ser un nacionalista político comprometido».

1995 El filósofo británico David Miller sostiene que los mitos cumplen una valiosa función integradora pese a ser falsos.

1998 En *Verdad y justificación*, Jürgen Habermas critica la posición de Hannah Arendt.

La filósofa alemana Hannah Arendt escribió sobre la naturaleza de la política en una época muy tumultuosa: vivió durante el auge y la caída del régimen nazi, la guerra de Vietnam y los asesinatos de John F. Kennedy y Martin Luther King. Como judía residente en Alemania y, posteriormente, en la Francia ocupada, en Chicago, Nueva York y Berkeley (California), Arendt vivió en persona esos acontecimientos. Su filosofía política se vio influida por ellos y por la forma en que los comunicó al público.

En su ensayo *Verdad y política*, de 1967, se ocupa de la forma en que los hechos históricos se distorsionan al politizarse y se utilizan como herramientas para justificar ciertas decisiones políticas. Esta distorsión de la historia no resultaba nueva en el terreno político, donde las mentiras siempre han desempeñado un papel importante en la diplomacia y la seguridad. Pero la novedad acerca de las mentiras políticas desde la década de 1960 en adelante ha sido la gran ampliación de su alcance. Arendt advierte de que habían hecho bastante más que ocultar secretos de Estado: ahora se señalaba y lentamente se borraba toda una realidad colectiva de hechos conocidos por todos, mientras se construía una versión diferente de la «realidad» histórica para reemplazarla.

Arendt advierte de que la manipulación masiva de hechos y opiniones ya no es exclusiva de los regímenes totalitarios en los que la opresión es omnipresente y evidente, motivo por el que la gente quizá esté más en guardia contra la propaganda, sino que sucede cada vez más en democracias liberales como EE UU, donde los informes manipulados y la desinformación deliberada sirven para justificar intervenciones bélicas como la de la guerra de Viet-

Durante la guerra de Vietnam, el gobierno estadounidense desinformó al público distorsionando los hechos, tal como describe Arendt, a fin de justificar su participación en el conflicto.

Véase también: Ibn Jaldún 72–73 ▪ Karl Marx 188–193 ▪ José Ortega y Gasset 250–251 ▪ Michel Foucault 310–311 ▪ Noam Chomsky 314–315

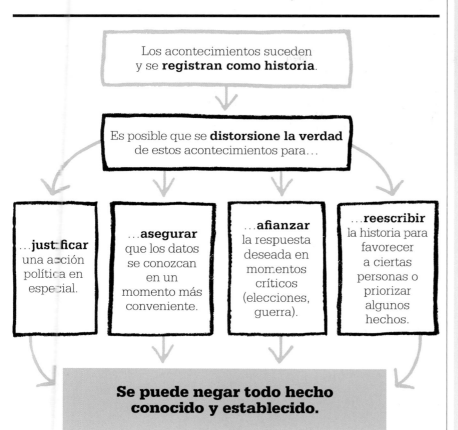

Los acontecimientos suceden y se **registran como historia**.

⬇

Es posible que se **distorsione la verdad** de estos acontecimientos para…

...**justificar** una acción política en especial.

...**asegurar** que los datos se conozcan en un momento más conveniente.

...**afianzar** la respuesta deseada en momentos críticos (elecciones, guerra).

...**reescribir** la historia para favorecer a ciertas personas o priorizar algunos hechos.

Se puede negar todo hecho conocido y establecido.

Hannah Arendt

Hannah Arendt nació en Linden (Alemania), en 1906, en el seno de una familia de judíos laicos. Se crió en Konigsberg y Berlín, y más tarde estudió filosofía en la Universidad de Marburgo, donde fue alumna del célebre filósofo Martin Heidegger, con quien mantuvo una estrecha relación tanto intelectual como romántica, que terminó cuando Heidegger decidió dar su apoyo al partido nazi.

Por su condición de judía, durante el régimen nazi se le prohibió impartir clases en las universidades alemanas, por lo que se vio obligada a huir a París y, posteriormente, a EE UU, donde formó parte de un activo círculo intelectual. Arendt publicó un gran número de libros y ensayos de enorme influencia, y fue profesora en las universidades de California (Berkeley) y Chicago, en la New School de Princeton (donde fue la primera profesora mujer) y, finalmente, en la Universidad de Yale. Falleció en 1975 como consecuencia de un infarto.

Obras principales

1951 *Los orígenes del totalitarismo.*
1958 *La condición humana.*
1962 *Sobre la revolución.*

---

nam (1955–1975). Según Arendt, en los países libres, las verdades históricas molestas se transforman con frecuencia en meras opiniones, y así pierden su condición de factuales. Por ejemplo: es como si las políticas de Francia y del Vaticano durante la Segunda Guerra Mundial ya no fueran «asunto de los registros históricos, sino cuestiones de opinión».

La realidad alternativa

Reescribir la historia contemporánea ante los mismos ojos de los que la han vivido, negando o desestimando los hechos conocidos o establecidos, no solo lleva a la creación de una realidad más halagüeña que satisfaga necesidades políticas concretas, sino que también establece una realidad totalmente sustituta que ya nada tiene que ver con la verdad desnuda. Esto, afirma Arendt, resulta muy peligroso, y buen ejemplo de ello es la realidad sustituta que justificó las matanzas en masa bajo el régimen nazi. Lo que está en juego, según ella, es «la realidad misma».

Los seguidores actuales de las tesis de Arendt señalan como ejemplo de dicho fenómeno la invasión de Irak por EE UU y sus aliados en 2003. Es muy probable que Julian Assange, el fundador de Wikileaks, empleara los argumentos de Arendt para justificar su publicación de documentos secretos que contradicen la versión oficial de los hechos ofrecida por gobiernos de todo el mundo. ▪

¿QUE ES LA MUJER?

SIMONE DE BEAUVOIR (1908–1986)

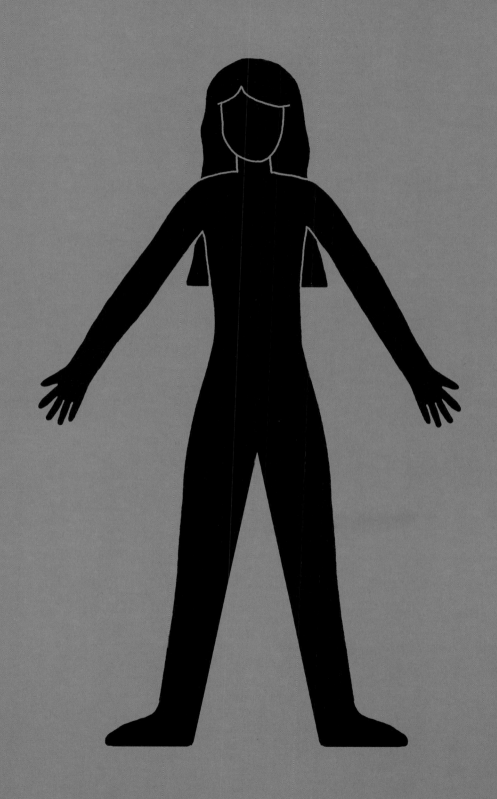

EN CONTEXTO

IDEOLOGÍA
Feminismo existencialista

ENFOQUE
Libertad de elección

ANTES
1791 La escritora y política francesa Olympe de Gouges redacta la *Declaración de los derechos de la mujer y de la ciudadana*.

1892 Eugénie Potonié-Pierre y Léonie Rouzade fundan la Federación de Sociedades Feministas Francesas.

1944 En Francia, las mujeres obtienen el derecho al voto.

DESPUÉS
1963 Betty Friedan publica la obra *La mística femenina*, en la que da a conocer muchos de los planteamientos de Beauvoir.

1970 En *La mujer eunuco*, la escritora australiana Germaine Greer expone cómo la sociedad de consumo tiende a limitar la vida de las mujeres.

E n todo el mundo, las mujeres ganan menos dinero que los hombres, a menudo no tienen derechos legales ni políticos y sufren diversas formas de opresión cultural. En este contexto, las interpretaciones feministas de los problemas políticos han contribuido de manera importante a la teoría política e inspirado a generaciones de pensadores.

El concepto de feminismo fue ganando fuerza paulatinamente a lo largo del siglo XIX, pero existían profundas diferencias conceptuales entre los diversos grupos feministas. Algunos apoyaban la idea de «igualdad de la diferencia», que aceptaba que existen diferencias innatas entre hombres y mujeres, y que esas diferencias son la fuerza de sus respectivas posiciones en la sociedad. Otros sostenían que no se debe considerar a las mujeres de forma diferente a los hombres, y se centraban casi exclusivamente en el sufragio universal como meta primordial, con la igualdad de derechos políticos como objetivo clave. Esta batalla por los derechos se conoce como «feminismo de la primera ola» para distinguirlo del «feminismo de la segunda ola»,

Él es Sujeto,
él es el Absoluto.
Ella es Otro.
Simone de Beauvoir

un movimiento con metas políticas más amplias que tuvo su auge en la década de 1960. Este nuevo movimiento tomaba en cuenta la discriminación en el hogar y en el trabajo, así como la manifestación, a menudo sutil, de prejuicios inconscientes que no siempre podían solucionarse cambiando las leyes. Gran parte de la inspiración intelectual de este concepto provino de la obra de la filósofa Simone de Beauvoir.

Trascender el feminismo
Si bien es habitualmente conocida como la «madre del movimiento femenino moderno», mientras,

---

Simone de Beauvoir

Simone Lucie Ernestine Marie Bertrand de Beauvoir nació en 1908, en París, en el seno de una familia adinerada que le proporcionó una excelente educación privada hasta que decidió estudiar filosofía en la Sorbona. Estando en la universidad conoció a Jean-Paul Sartre, quien se convertiría en su colega filosófico y compañero sentimental para toda la vida.

Siendo adolescente, Beauvoir declaró abiertamente su ateísmo. Su rechazo hacia las instituciones, entre ellas la religión, hizo que se negase a contraer matrimonio con Sartre. Su trabajo versa sobre sus experiencias en París, aunque también trató otros problemas políticos de mayor alcance, como la propagación internacional del comunismo. Su interés en este último inspiró varias de sus obras. Además escribió algunas novelas.

Su salud se deterioró tras la muerte de Sartre, en 1980. Murió seis años después y fue enterrada en la misma tumba.

Obras principales

1943 *La invitada*.
1949 *El segundo sexo*.
1954 *Los mandarines*.

Véase también: Mary Wollstonecraft 154–155 ▪ Georg Hegel 156–159 ▪ John Stuart Mill 174–181 ▪ Emmeline Pankhurst 207 ▪ Shirin Ebadi 328

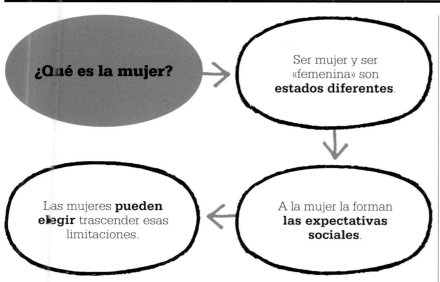

¿Qué es la mujer?

Ser mujer y ser «femenina» son **estados diferentes**.

A la mujer la forman **las expectativas sociales**.

Las mujeres **pueden elegir** trascender esas limitaciones.

en 1949, escribía *El segundo sexo*, que acabaría convirtiéndose en su obra más célebre, Beauvoir no se consideraba «feminista». Aspiraba a trascender esa definición, sobre todo cuando se atascaba en sus propias afirmaciones. Así, encaró el concepto de diferencia desde un punto de vista más subjetivo y combinó sus ideas feministas con una perspectiva filosófica existencialista. Sin embargo, más adelante, se uniría a la segunda ola del movimiento feminista; ya en la década de 1970 continuó apoyando activamente sus propios planteamientos, exponiendo en diversas novelas el amplio potencial de las mujeres en la sociedad.

Simone de Beauvoir se percató de que, cuando quería definirse a ella misma, la primera frase que se le ocurría era «soy mujer». La nece-

El papel tradicional de la mujer
como esposa, ama de casa y madre, dice Beauvoir, la atrapa en un sitio en el que se separa de otras mujeres y queda definida por su marido.

sidad de investigar esta definición involuntaria y su significado profundo son la base de su obra. Para ella es importante diferenciar entre ser hembra y ser mujer, y finalmente su obra da con la definición: «Un ser humano de condición femenina». Rechaza la teoría del «eterno femenino» —la esencia misteriosa de la femineidad—, que suele emplearse para justificar la desigualdad. En

El segundo sexo, Beauvoir señala la gran importancia del hecho mismo de plantear la pregunta «¿qué es la mujer?», porque subraya la «otredad» inherente de las mujeres con respecto al hombre. Fue una de las primeras escritoras en definir claramente el concepto de «sexismo» en la sociedad, es decir, los prejuicios y supuestos acerca de las mujeres. Se pregunta también si las mujeres nacen o si las crean los preconceptos sociales, como las expectativas educacionales, las estructuras religiosas y los precedentes históricos. Examina la forma en que representan a las mujeres el psicoanálisis, la historia y la biología, y acude a muchas fuentes —literarias, académicas y anecdóticas— para demostrar los efectos de esos supuestos sobre ellas.

Beauvoir sabe que la respuesta a la pregunta «¿qué es la mujer?» está condicionada por su compromiso con el existencialismo, al que básicamente le preocupa el descubrimiento del yo por medio de la libertad de elección personal dentro de la sociedad. En este sentido, »

considera que la libertad de las mujeres se halla muy restringida. Esta orientación filosófica se vio reforzada durante la relación que mantuvo con Jean-Paul Sartre, a quien conoció en la Universidad de la Sorbona, en 1929. Sartre era el más importante filósofo existencialista, y ambos mantuvieron un prolongado y fructífero diálogo así como una compleja y duradera relación personal.

El posicionamiento de Beauvoir también está influido por sus fuertes convicciones políticas de izquierda. La lucha de las mujeres es también parte de la lucha de clases, y reconoce que, al haber pertenecido a la burguesía, ella tuvo oportunidades que no poseen otras mujeres de clases inferiores. Lo que reclama es la misma libertad de oportunidades para todas las mujeres –en realidad para todas las personas– no importa su clase social. Beauvoir traza similitudes entre el confinamiento físico de las mujeres –«en la cocina o en el *boudoir*»– y las fronteras intelectuales que se les imponen. Dice que estas limitaciones las llevan a aceptar la mediocridad y las desalienta a seguir luchando para conseguir algo más.

Llama a este estado «inmanencia», que quiere decir que las mujeres se ven limitadas a su propia experiencia directa del mundo y, a la vez, por esta. Además, contrapone dicha posición a la «trascendencia» de los hombres, que les permite acceder a cualquier posición que elijan, sin importar los límites de su propia experiencia directa. Así, el hombre es «Uno» o «Sujeto», que se define a sí mismo, mientras que la mujer es «Otro», y es definida por su vínculo con el hombre.

¡Qué maldición es ser mujer! Y, sin embargo, cuando se es mujer, la peor maldición es no comprender que es una maldición.
Søren Kierkegaard

Beauvoir mantuvo una larga relación con Jean-Paul Sartre, aunque nunca se casaron. Ella consideraba su relación abierta como ejemplo de la libertad de elección de la mujer.

Beauvoir también se cuestiona por qué las mujeres suelen aceptar esta posición de «Otro», y trata de achacar esta sumisión a los supuestos masculinos. Afirma claramente que la inmanencia no es un «defecto moral» de las mujeres. También reconoce la contradicción a que se enfrenta la mujer: la imposibilidad de escoger entre verse a sí misma –como mujer– como un ser de naturaleza radicalmente distinta a la del hombre, o como un miembro absolutamente idéntico al resto de la especie humana.

Libertad de elección

Muchos aspectos de *El segundo sexo* generaron una gran controversia, como el tratamiento abierto del lesbianismo y su franco desdén por el matrimonio, dos cosas muy ligadas a su propia vida. Beauvoir se negó a casarse con Sartre porque no quería que una institución masculina forzara su relación. Según ella, el matrimonio era el núcleo del sometimiento de la mujer al hombre, aquello que las ataba a la sumisión social y las aislaba de otras personas de su sexo. Pensaba que solo cuando las mujeres permanecieran autónomas podrían levantarse juntas contra la opresión. Consideraba que si se condicionase a las chicas a encontrar «un camarada, un amigo, una pareja» en vez de un «semidiós», podrían tener una relación mucho más igualitaria.

En el pensamiento de Beauvoir es importante el concepto, surgido del existencialismo, de que las mujeres pueden «elegir» modificar su posición en la sociedad. «Si la mujer descubre que es prescindi-

> En la sociedad humana nada es natural, y la mujer, como muchas otras cosas, es un producto de la civilización.
>
> **Simone de Beauvoir**

ble, y nunca llega a ser imprescindible, es porque ella misma no lleva a cabo la transformación.» En otras palabras, solo las mujeres pueden liberarse: los hombres nunca lo harán por ellas. Asumir la responsabilidad de tomar elecciones difíciles era una tesis central del existencialismo de Beauvoir. La elección que ella hizo de su relación fue difícil en la década de 1920: significó el rechazo total de los valores en los que la habían educado y el desprecio de las normas sociales.

Algunos lectores de *El segundo sexo* creyeron que Beauvoir afirmaba que las mujeres debían ser como los hombres: que debían dejar de lado la «femineidad» que se les había forzado a asumir y, con ella, las diferencias esenciales con los hombres. Sin embargo, su idea principal era que la colaboración entre hombres y mujeres podía erradicar los conflictos propios de la posición aceptada del hombre como Sujeto y de la mujer como Objeto. Exploró esta posibilidad en su relación con Sartre y trató de aplicar a su propia vida muchos de los conceptos que defendía en sus escritos. Se la acusó de estar en contra de la maternidad, de la misma manera que

se posicionaba en contra del matrimonio. En realidad, nunca fue antimaternal, aunque sí consideraba que la sociedad no da a las mujeres la posibilidad de elegir continuar con su trabajo o de tener hijos fuera del matrimonio. Las mujeres podían utilizar la maternidad como refugio –porque les daba un objetivo en la vida–, pero terminaban prisioneras de ella Por encima de todo, subrayaba la importancia de que existieran opciones reales y de que las mujeres eligieran con honestidad.

Restructuración de la política feminista

Se ha reconocido que la primera traducción de *El segundo sexo* al inglés no consiguió interpretar exactamente el lenguaje o los conceptos expuestos por Beauvoir, por lo que muchas personas fuera de Francia no llegaron a entender su postura. En la década de 1980, ella misma declaró que durante treinta años no se había percatado de los grandes fallos de la traducción, y que deseaba que se hiciera otra. Finalmente, en 2009 se publicó una versión revisada del libro.

Su gran popularidad en todo el mundo hizo de *El segundo sexo* un texto enormemente influyente en el pensamiento feminista. El análisis del papel de la mujer en la sociedad, así como sus consecuencias políticas tanto para los hombres como las mujeres, ayudó al mundo occidental a tomar conciencia, y fue el punto de partida del movimiento feminista radical de la segunda ola. En 1963, la escritora estadounidense Betty Friedan trabajó sobre la afirmación de Beauvoir de que las sociedades patriarcales desperdiciaban el potencial de las mujeres. Esta afirmación fue la base del pensamiento político feminista durante las décadas de 1960 y 1970. ■

Para Beauvoir, el hombre tiene la posición aceptada de «Sujeto» en la sociedad, mientras la mujer es «Otro», la alteridad.

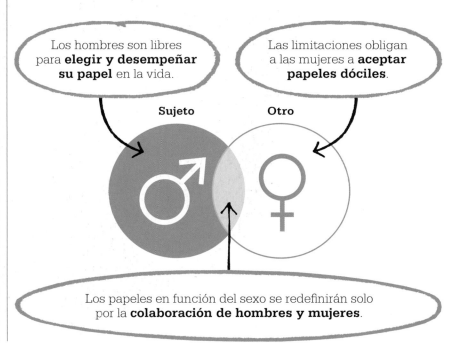

Los hombres son libres para **elegir y desempeñar su papel** en la vida.

Las limitaciones obligan a las mujeres a **aceptar papeles dóciles**.

Sujeto

Otro

Los papeles en función del sexo se redefinirán solo por la **colaboración de hombres y mujeres**.

NINGUN OBJETO DE LA NATURALEZA ES UNICAMENTE UN RECURSO

ARNE NAESS (1912–2009)

EN CONTEXTO

IDEOLOGÍA
Medioambientalismo radical

ENFOQUE
Ecología drástica

ANTES
1949 Publicación póstuma del ensayo de Aldo Leopold *Una ética de la tierra*, que propone una nueva ética medioambiental.

1962 Rachel Carson, divulgadora estadounidense, publica la obra *Primavera silenciosa*, que será un libro de referencia para el movimiento ecologista.

DESPUÉS
1992 En Río de Janeiro (Brasil), la Cumbre de la Tierra reconoce los problemas medioambientales a escala global.

1998 En Alemania, la «coalición roja-verde» gana las elecciones: por primera vez se elige a un partido ecologista al frente del gobierno nacional.

urante las últimas décadas, los problemas económicos, sociales y políticos planteados por el cambio climático han dado pie a la aparición de nuevas ideas políticas. Como proyecto político, el ecologismo comenzó realmente en la década de 1960 y actualmente se halla plenamente integrado en la vida política. Como campo de investigación, el movimiento verde, ha dado origen a muchas ramas y escuelas de pensamiento diferentes.

Los primeros ecologistas

Las raíces del movimiento medioambiental son firmes. En el siglo xix, a algunos pensadores como los in-

Véase también: John Locke 104–109 ■ Henry David Thoreau 186–187 ■ Karl Marx 188–193

La humanidad es parte de un **ecosistema frágil**.

↓

La acción humana **causa daños irreparables** al ecosistema.

↓ ↓

El **movimiento de la «ecología superficial»** mantiene que la actual estructura económica y social puede adaptarse para **resolver los problemas medioambientales**.

El **movimiento de la «ecología profunda»** afirma que se necesita un drástico cambio político y social para **evitar una crisis medioambiental**.

Arne Naess

Nació cerca de Oslo (Noruega), en 1912. Después de estudiar filosofía llegó a ser el profesor de esta disciplina más joven en la historia de la Universidad de Oslo, con tan solo 27 años de edad. Naess centró su brillante carrera académica en las áreas del lenguaje y de la semántica principalmente. Sin embargo, en 1969 decidió dimitir de su cargo para poder dedicarse por completo al estudio de la ecología ética y la promoción de respuestas prácticas a los problemas medioambientales. Finalmente se retiró a escribir en soledad y llegó a producir casi 400 artículos, junto a un gran número de libros.

Además de su trabajo como intelectual, Naess fue también un gran alpinista; a los 19 años ya se había convertido en un reputado montañero, y vivió durante muchos años en una remota cabaña de las montañas noruegas, donde escribió gran parte de su extensísima obra.

Obras principales

1973 *The Shallow and the Deep, Long-Range Ecology Movement: a Summary.*
1989 *Ecology, Community and Lifestyle: Outline of an Ecosophy.*

gleses John Ruskin y William Morris ya les preocupaba el aumento de la industrialización y el consiguiente impacto que podía tener en la naturaleza. Pero no fue hasta después de la Primera Guerra Mundial cuando comenzó a comprenderse científicamente el alcance de los daños que el ser humano estaba causando al medio ambiente. En 1962, la bióloga marina estadounidense Rachel Carson publicó el libro *Primavera silenciosa*, que describía el perjuicio provocado por el uso de los plaguicidas industriales. Esta obra aseguraba que el efecto sobre la naturaleza del uso indiscriminado de plaguicidas como el DDT resultaba devastador. Carson añadía que también afectaba a las personas, con lo cual situaba al ser humano dentro del ecosistema, en lugar de pensar en él como un ente separado de la naturaleza.

La obra de Carson fue el catalizador para el surgimiento del movimiento medioambiental en la política. Arne Naess, filósofo y ecologista noruego, afirmó que *Primavera silenciosa* había inspirado su obra, centrada en los cimientos filosóficos del ecologismo. Él era un filósofo de renombre en la Universidad de Oslo, y se le conocía fundamentalmente »

La Tierra no pertenece a los seres humanos.
Arne Naess

La revolución industrial cambió por completo el modo de pensar en el medio ambiente, que se consideraba un recurso a explotar; según Naess, dicha actitud podría llegar a destruir a la humanidad.

por sus estudios sobre el lenguaje. Pero, a partir de la década de 1970, Naess se dedicó casi por completo a los problemas medioambientales y ecológicos; de hecho, dimitió de la universidad en 1969 a fin de poder entrar de pleno en este nuevo camino. Fue el filósofo más práctico de la ética medioambiental y aportó nuevas respuestas a los problemas ecológicos que se iban identificando. En especial propuso maneras inéditas de concebir el papel y el lugar de los seres humanos en la naturaleza.

Para Naess era capital la noción de que la Tierra no es únicamente un recurso para el uso de los seres humanos. Es necesario que estos se consideren parte de un complejo sistema interdependiente, y no solo meros consumidores de los bienes naturales; además, deben respetar a los seres no humanos. No entender esto es arriesgarse a destruir el mundo natural a causa del egoísmo y la estrechez de miras.

Al comienzo de su carrera como ecologista, Naess ideó un marco de pensamiento medioambiental que permitiría aportar soluciones a los problemas de la sociedad. Denominó a este marco «ecosofía T» (la T

procedía de Tvergastein, la casa de Naess en la montaña). La ecosofía T se basaba en el supuesto de que tenemos que aceptar que todos los seres vivos –sean humanos, animales o vegetales– tienen el mismo derecho a la vida. Al reconocernos como partes de un todo interconectado, se ponen de relieve las consecuencias de cada acción sobre el medio ambiente. Cuando no se conocen las consecuencias de la actividad humana, la única opción ética es la inacción.

Ecología profunda

Sin lugar a dudas, Naess es el padre de la contraposición entre «ecología superficial» y «ecología profunda», que ilustran las carencias de muchos de nuestros conceptos sobre el tema. En su opinión, la ecología superficial es la creencia de que los problemas medioambientales pueden resolverse por medio del capitalismo, la industria y la intervención humana. Dicho planteamiento mantiene que las estructuras sociales son un buen punto de partida para solucionar los problemas ambientales, los cuales ve desde una perspectiva antropocéntrica.

Para Naess, la ecología superficial no carecía de valor, aunque opinaba que las soluciones que proponía a los distintos problemas medioambientales resultaban superficiales, que consideraba a la humanidad como algo superior dentro del ecosistema y que no reconocía la necesidad de una reforma social más amplia. Los problemas tenían raíces sociales, filosóficas y políticas más profundas que no quedaban resueltas, puesto que su principal preocupación eran los mezquinos intereses humanos y no la naturaleza en su totalidad.

Por el contrario, la ecología profunda mantiene que es necesaria una reforma drástica del comportamiento humano para evitar causar daños irreparables al planeta. El rápido avance del progreso y los cambios sociales han modificado el delicado equilibrio de la naturaleza, y el resultado es que no solo se perjudica el mundo natural, sino que la humanidad –como parte de él–

Los que apoyan la «ecología superficial» creen posible reformar nuestra relación con la naturaleza dentro de la actual estructura de la sociedad.
Arne Naess

Según Naess, resolver problemas medioambientales con los actuales sistemas políticos, económicos y sociales está condenado al fracaso. Se necesita una nueva forma de mirar el mundo que nos rodea y considerar a la humanidad como parte del sistema ecológico.

Con la **industrialización** y el **uso de los recursos de la Tierra** actuales, la humanidad va hacia un **desastre medioambiental**.

Para evitarlo, la humanidad tiene que buscar energías y bienes de producción **alternativos** que **no agoten innecesariamente los recursos de la Tierra**.

se dirige hacia su propia destrucción. Naess opina que, para comprender que la naturaleza tiene un valor intrínseco totalmente aparte de los seres humanos, debe producirse una toma de conciencia espiritual, lo que exige hacerse cargo de la importancia y la interconexión de todas las formas de vida. Los seres humanos deben entender que solo son habitantes, y no propietarios, de la Tierra, y que hay que utilizar únicamente los recursos que satisfacen necesidades vitales.

Acción directa

A lo largo de su vida, Naess combinó el pensamiento ecologista con la acción directa. En una ocasión se encadenó a unas rocas de Mardalsfossen, un espectacular salto de agua situado en un fiordo, como protesta contra la construcción de una represa, y salió victorioso. Para él, la concienciación ecológica profunda debe aplicarse a promover un acercamiento a la naturaleza más ético y responsable. Estaba a favor de re-

ducir el consumismo y los niveles de vida material de los países desarrollados como parte de un vasto programa de reformas. Sin embargo, no aceptaba los planteamientos fundamentalistas de la ecología: creía que los seres humanos podemos utilizar algunos de los recursos naturales para mantener una sociedad estable.

La influencia de Naess

A pesar de su clara preferencia por un cambio gradual y su desprecio hacia el fundamentalismo, algunos de los activistas más radicales han terminado adoptando sus tesis. Un grupo internacional de defensa del medio ambiente que realiza acciones directas, conocido como Earth First!, ha adaptado los planteamientos de Naess para establecer los cimientos de su particular interpretación de la ecología profunda. En esta versión, la ecología profunda puede ser utilizada para justificar acciones políticas como la desobediencia civil o el sabotaje.

Con el aumento de la conciencia medioambiental, el pensamiento de Naess va ganando presencia en la política. Este tipo de problemas no respeta las fronteras nacionales, y eso plantea muchas preguntas a los teóricos y también a los prácticos. El movimiento verde forma parte de la política actual tanto en partidos formales como en grupos de defensa como Greenpeace y Friends of the Earth. La obra de Naess ocupa un lugar destacado como proveedora de fundamentos filosóficos a sus acciones. Sus ideas han generado controversia y recibido críticas desde muchos sectores, entre ellas la acusación de estar desconectadas de la realidad de los factores socioeconómicos y tender a un cierto misticismo. Pese a estas críticas, los cuestionamientos políticos planteados por el movimiento verde, así como el lugar que ocupa el enfoque de la ecología profunda en su seno, siguen siendo muy importantes, y seguramente su trascendencia aumentará en el futuro. ∎

NO SOMOS ANTIBLANCOS: ESTAMOS EN CONTRA DE LA SUPREMACIA DE LOS BLANCOS
NELSON MANDELA (1918–2013)

EN CONTEXTO

IDEOLOGÍA
Igualdad racial

ENFOQUE
Desobediencia civil

ANTES
1948 En Sudáfrica resulta elegido el Partido Nacional, dominado por los afrikáneres, lo que inicia el *apartheid*.

1961 Frantz Fanon escribe su obra cumbre, *Los condenados de la tierra*, en la que bosqueja el proceso de la lucha armada para combatir a los opresores coloniales.

1963 Martin Luther King pronuncia su discurso «Tengo un sueño», en Washington.

DESPUÉS
1993 Mandela recibe el premio Nobel de la Paz por su trabajo en favor de la reconciliación en Sudáfrica.

1994 En las primeras elecciones libres y multirraciales, Mandela es elegido el primer presidente negro de Sudáfrica.

El *apartheid* es una injusta **segregación racial**.

↓

Debemos protestar contra **esta injusticia y esta desigualdad**.

↓

Es una lucha por el cambio **de todos los sudafricanos**.

↓

No somos antiblancos: estamos en contra de la supremacía de los blancos.

La lucha contra el *apartheid* en Sudáfrica fue, sin duda, una de las batallas políticas definitorias de finales del siglo xx. A partir de 1948, la toma del poder por el Partido Nacional, partidario del *apartheid*, marcó el comienzo de la opresión por la minoría blanca. Al frente de la resistencia estuvo Nelson Mandela, que organizó protestas públicas y movilizó numerosos apoyos gracias a su pertenencia al partido del Congreso Nacional Africano (CNA). Esta fue la respuesta a la legislación implantada por el nuevo gobierno y, a finales de la década de 1950, un amplio movimiento popular formaba parte de la resistencia al *apartheid*, inspirándose en líderes de los derechos civiles como el Mahatma Gandhi y Martin Luther King.

Por la libertad
La estrategia del CNA era obstaculizar el gobierno efectivo mediante una combinación de desobediencia civil, retirada en masa de la mano de obra y protestas públicas. A mediados de la década de 1950, el CNA y otros grupos del movimiento contra el *apartheid* ya habían expuesto sus demandas en la Carta de la Libertad, que consagraba los valores

Véase también: Mohandas Gandhi 220–225 ■ Marcus Garvey 252 ■ Frantz Fanon 304–307 ■ Martin Luther King 316–321

de la democracia, la participación y la libertad de movimiento y de expresión, las piedras angulares de las exigencias de los manifestantes. Sin embargo, el gobierno lo consideró un acto de traición.

De la protesta a la violencia

El efecto de esta disensión con el régimen del *apartheid* fue gradual, pero certero. Hacia finales de la década, si bien el proceso democrático seguía inoperante para la mayoría de los no blancos, algunos partidos políticos habían comenzado a promover determinadas formas de derechos democráticos –aunque solo parciales– para la gente negra de Sudáfrica.

Esto fue importante porque, al obtener el apoyo de parte de la minoría blanca políticamente activa, el movimiento contra el *apartheid* demostró que no se movilizaba por cuestiones raciales. Fue bueno para la lucha de Mandela y encajaba dentro de su visión de una nueva Sudáfrica. Dejó claro que la principal motivación de la protesta era combatir la injusticia racial y la supremacía blanca, y no atacar a la mi-

> He luchado contra la dominación blanca y he luchado contra la dominación negra. He acariciado el ideal de una sociedad democrática y libre.
> **Nelson Mandela**

noría blanca. A pesar de la correcta organización y de la actitud activa del CNA, no se vislumbraba ninguna reforma importante y tampoco se concedió la plena extensión del derecho al voto. En cambio, a medida que aumentaba la intensidad de la protesta, la respuesta del gobierno se hacía más violenta y culminó en la masacre de Sharpeville, en 1960, en la que la policía mató a tiros a 69 personas que protestaban contra las leyes que imponían a los negros llevar pasaporte.

Sin embargo, la lucha contra el *apartheid* no fue del todo pacífica. Al igual que otras muchas figuras revolucionarias, Mandela llegó a la conclusión de que la única manera de combatir el sistema era por medio de la lucha armada. En 1961, él y otros líderes del CNA fundaron Umkhonto we Sizwe (Lanza de la Nación), el brazo armado del CNA, acto que más tarde lo llevó a la cárcel. Pese a ello, su fe en la protesta civil y el principio de inclusión se ganaron el apoyo mundial, lo que culminó con la liberación de Mandela y el final del *apartheid*. ■

La lucha por el final del *apartheid* no fue un ataque a la minoría blanca sudafricana. Mandela aseguró que era contra la injusticia y, por ende, un llamamiento generalizado al cambio.

Nelson Mandela

Hijo de un asesor del jefe de la tribu tembu, Nelson Rolihlahla Mandela nació en el Transkei (Sudáfrica), en 1918. Siendo muy joven, Nelson se trasladó a Johannesburgo para estudiar derecho. En 1944 se unió al partido del Congreso Nacional Africano (CNA) y participó en la resistencia activa contra el injusto régimen del *apartheid* a partir de 1948. En 1961 ayudó a fundar el ala militar del CNA, Umkhonto we Sizwe, en parte como respuesta a la masacre de Sharpeville, el año anterior. En 1964 fue sentenciado a cadena perpetua y estuvo en prisión hasta 1990, habiendo pasado 18 años en la isla Robben.

Tras ser liberado, Mandela se convirtió en la figura clave para el desmantelamiento del *apartheid*: en 1993 le otorgaron el premio Nobel de la Paz, y en 1994 fue elegido presidente de Sudáfrica. Desde que abandonó la presidencia, en 1999, y hasta su muerte, participó en muchas causas, entre las que destaca su lucha contra el sida.

Obras principales

1965 *Un camino nada fácil hacia la libertad.*
1994 *El largo camino hacia la libertad* (autobiografía).

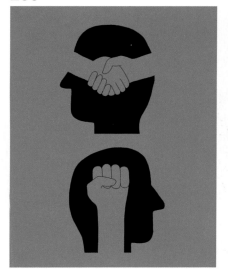

SOLO LOS POBRES DE ESPIRITU CREEN QUE LA POLITICA ES UN SITIO DE COLABORACION
GIANFRANCO MIGLIO (1918–2001)

EN CONTEXTO

IDEOLOGÍA
Federalismo

ENFOQUE
La «desunificación»

ANTES
1532 Se publica *El príncipe*, de Nicolás Maquiavelo, obra que ya predice la unificación de Italia.

1848–1867 El militar y político italiano Giuseppe Garibaldi lucha por la unión de Italia.

1870 Finalmente se alcanza la unificación de Italia con la toma de Roma por el ejército del rey Víctor Manuel II.

DESPUÉS
1993 Robert Putnam, sociólogo y politólogo estadounidense, publica *Para que la democracia funcione*, obra donde explora las profundas divisiones de la vida civil y política en Italia.

1994 El partido separatista Liga Norte participa por vez primera en el gobierno nacional italiano.

La política italiana se caracteriza por poseer un largo historial de confrontaciones. Desde sus inicios fue una nación dividida, gobernada por una especie de coalición de ciudades-estado hasta que tuvo lugar la completa unificación del país en 1870. Entre el norte industrial y el sur rural se extiende una sucesión de desigualdades y disputas, que hace que muchos ciudadanos del norte piensen que la unificación ha aportado beneficios económicos al sur pero desventajas a su propia región.

Gianfranco Miglio fue un académico y político cuya obra se centró en el estudio de las estructuras de poder en la vida política. Inspirado por las ideas de Max Weber y Carl Schmitt, Miglio se opuso a la centralización de los recursos políticos de toda Italia, fundamentándose en que dicha forma de colaboración había perjudicado los intereses y la identidad del norte.

Separatismo del norte
Miglio pensaba que, en política, la colaboración no es algo deseable, y

La industria automovilística, como es el caso de Fiat, contribuyó al desarrollo económico del norte de Italia. En opinión de Miglio, era injusto que dicha riqueza subsidiase al sur, más pobre.

que tampoco parecía posible en el mercado político. Los distintos intereses de las diferentes regiones de Italia no se resolverían mediante acuerdos y conversaciones, sino a través del dominio de las agrupaciones más poderosas. Las tesis de Miglio lo llevaron a la arena política, y, en la década de 1990, fue elegido senador nacional como miembro radical del partido separatista Liga Norte, fundado en 1991. ∎

Véase también: Nicolás Maquiavelo 74–81 ∎ Max Weber 214–215 ∎ Carl Schmitt 254–257

DURANTE LA ETAPA INICIAL DE LA LUCHA, LOS OPRIMIDOS TIENDEN A CONVERTIRSE EN OPRESORES
PAULO FREIRE (1921–1997)

EN CONTEXTO

IDEOLOGÍA
Radicalismo

ENFOQUE
Pedagogía crítica

ANTES
1929–1934 En sus *Cuadernos de la cárcel*, el filósofo y político italiano Antonio Gramsci, reflexiona varios aspectos del pensamiento marxista.

Década de 1930 Brasil sufre una pobreza extrema durante la Gran Depresión.

DESPUÉS
Década de 1960 Mientras imparte clases de historia y filosofía de la educación en la Universidad de Recife, Freire crea un novedoso programa para poner fin al analfabetismo masivo.

Década de 1970 Freire, en colaboración con el Consejo Mundial de Iglesias, pasa casi una década asesorando sobre la reforma educativa en un gran número de países.

En muchas ocasiones, los escritores sobre temas políticos han tratado de entender la lucha contra la opresión política. Pensadores como Gramsci y Marx formularon la opresión en términos de dos grupos de actores: los opresores y los oprimidos.

Las tesis del educador brasileño Paulo Freire revisan dicha relación y se concentran en las condiciones necesarias para romper el ciclo de la opresión. Argumentaba que la opresión deshumaniza a las dos partes, y que, una vez liberadas, existe el peligro de que las personas repitan la injusticia que han padecido. En efecto: los oprimidos pueden convertirse en opresores.

La verdadera liberación

Este pensamiento sostiene que hará falta más que un simple intercambio de papeles para terminar con la opresión y comenzar el verdadero proceso de liberación. Freire pensaba que por medio de la educación era posible restaurar la humanidad y que la reforma de la educación produciría un tipo de personas que se replantearían sus vidas. Así, los opresores dejarían de considerar a los demás como un grupo abstracto y entenderían su posición como personas sometidas a la injusticia.

Según Freire, la educación también es un acto político en el que tanto alumnos como maestros necesitan reflexionar sobre sus posiciones y apreciar el medio en el que tiene lugar la educación. Su obra ha supuesto una gran influencia para muchos teóricos de la política. ■

La gran tarea humanista e histórica de los oprimidos es liberarse y liberar también a sus opresores.
Paulo Freire

Véase también: Georg Hegel 156–159 ▪ Karl Marx 188–193 ▪ Antonio Gramsci 259

LA PRIMERA VIRTUD DE LAS INSTITUCIONES SOCIALES ES LA JUSTICIA

JOHN RAWLS (1921–2002)

EN CONTEXTO

IDEOLOGÍA
Liberalismo

ENFOQUE
Justicia social

ANTES
1762 En *El contrato social*,
Jean-Jacques Rousseau habla
de la legitimidad de la autoridad.

1935 Un ensayo del economista
estadounidense Frank Knight,
titulado *Economic Theory and
Nationalism*, hace comprender
a John Rawls el procedimiento
deliberativo.

DESPUÉS
1974 Robert Nozick publica una
crítica de la *Teoría de la justicia*
de Rawls, bajo el título *Anarquía,
estado y utopía*.

1995 Gerald Cohen, teórico
canadiense, publica una crítica
marxista a la obra de Rawls.

2009 El filósofo y economista
bengalí Amartya Sen publica
La idea de la justicia, obra que
dedica a Rawls.

La clave de una sociedad justa es un **contrato social justo** entre el Estado y las personas.

Para que un contrato social sea justo, se deben **tratar con equidad** las **necesidades de todos**.

Para poder tratarles con equidad, las **instituciones sociales deben ser justas**: accesibles a todos y redistributivas cuando sea necesario.

Solo las **instituciones justas** pueden hacer una **sociedad equitativa**.

La primera virtud de las instituciones sociales es la justicia.

El prolongado compromiso de John Rawls con la justicia, la equidad y la igualdad surgió de su experiencia personal, al haber crecido en Baltimore, ciudad en la que se padecía la segregación racial, y haber pasado por el Ejército. Le urgía encontrar una estructura general de principios morales dentro de la cual fuera posible emitir juicios morales individuales. Para él, los principios morales generales tan solo se justificaban y consensuaban por la aplicación de los procedimientos comúnmente aceptados para tomar decisiones. Esos procedimientos son la clave del proceso democrático: Rawls pensaba que lo que otorga verdadero valor a la democracia, más que la acción de votar, es el proceso de debate y deliberación antes de una elección.

La desigualdad de la riqueza

Rawls trató de demostrar que los principios de la justicia no se pueden basar únicamente en la estructura moral de una persona, sino también en la manera en que el sentido de la moral de la persona se expresa y se preserva en instituciones sociales como el sistema educativo, el sanitario, el de recaudación de impuestos y el electoral. A Rawl le inquietaba mucho el proceso por el cual las desigualdades económicas se trasladan a los diferentes niveles de influencia política, con el resultado de que la estructura de las instituciones sociales y políticas está sesgada en favor de las personas y las empresas ricas.

Durante la guerra de Vietnam, que consideraba injusta, Rawls escribió que la desobediencia civil es la acción de una minoría justa que apela a la conciencia de la mayoría.

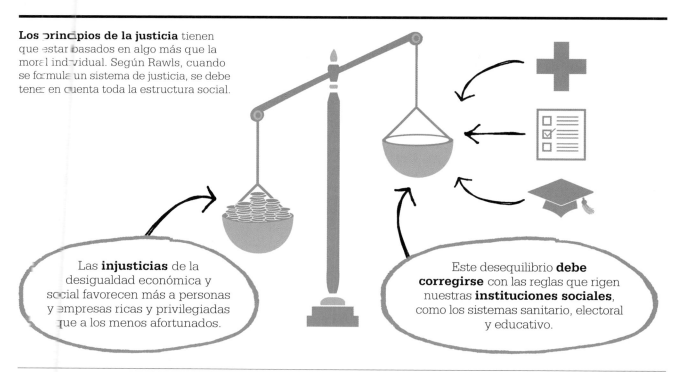

Los principios de la justicia tienen que estar basados en algo más que la moral individual. Según Rawls, cuando se formula un sistema de justicia, se debe tener en cuenta toda la estructura social.

Las **injusticias** de la desigualdad económica y social favorecen más a personas y empresas ricas y privilegiadas que a los menos afortunados.

Este desequilibrio **debe corregirse** con las reglas que rigen nuestras **instituciones sociales**, como los sistemas sanitario, electoral y educativo.

Se opuso a los procedimientos usados por el gobierno de EE UU para llamar al servicio militar obligatorio, que permitían a los estudiantes ricos eludir la leva mientras se reclutaba a los pobres si suspendían una sola asignatura. Le obsesionaba que las instituciones discriminatorias, como las fuerzas armadas, se contagiasen de las desigualdades eco-nómicas, en especial porque esas instituciones eran las mismas que se jactaban de actuar en nombre de la justicia.

En justicia, como en la equidad, lo correcto viene antes que lo bueno.
John Rawls

Los principios de la justicia

Para que exista la justicia, tiene que considerársela «equitativa» según determinados principios de igualdad. En su teoría de la justicia como equidad, Rawls formula dos principios fundamentales. El primero afirma que todas las personas tienen el mismo derecho a las libertades básicas. El segundo sostiene que «hay que solucionar las desigualdades sociales y económicas de manera que sea posible tener una esperanza razonable de que las soluciones favorecen a todos y están ligadas a cargos y despachos abiertos para todos». El primer principio, el de la libertad, toma prioridad sobre el segundo, el de la diferencia. Rawls los justifica al afirmar que a medi-da que las condiciones económicas mejoran gracias al avance de la civilización, crece la importancia de los asuntos relacionados con la libertad. Hay pocos ejemplos, si los hay, en que una persona o un grupo obtienen ventajas al aceptar menos libertad a cambio de mayores medios materiales.

Rawls denomina «ventajas amenazadoras» a ciertos privilegios sociales y económicos, como «el poder político de facto, la riqueza o los talentos naturales», que permiten a ciertas personas obtener más que lo justo, como el acosador escolar que se queda con el dinero para el almuerzo de otros alumnos solamente porque es más grande que ellos. La desigualdad —así como las ventajas que se basan en ella— no puede ser el fundamento de ningún principio o teoría de la justicia. Dado que las desigualdades forman parte de la realidad de todas las sociedades, »

Rawls concluye que «hay que corregir la arbitrariedad del mundo al ajustar las circunstancias de la situación contractual inicial». Al hablar de «situación contractual» se refiere a un contrato social entre las personas, tanto de unas con otras como con todas las instituciones del Estado, incluida la familia. Pero este contrato social comprende acuerdos entre los individuos sobre una base desigual. Como el Estado tiene la misma responsabilidad hacia todos sus ciudadanos, tan solo puede garantizarse la justicia si se corrige de raíz la desigualdad.

Para Rawls la clave de esta corrección son las instituciones sociales, que deberían asegurar que todas las personas tengan igual acceso a ellas y crear un mecanismo de redistribución que mejore la situación de todos. Rawls considera que el liberalismo y las democracias liberales son los sistemas políticos mejor posicionados para asegurar que esta redistribución sea equitativa. Creía que los sistemas comunistas se centran demasiado en la igualdad absoluta sin saber con certeza si lleva a todos el mayor bien. Defendía que es más probable que un sistema capitalista con instituciones sociales fuertes asegure un sistema de justicia equitativo. Donde el capitalismo, si se le dejara solo, causaría resultados no equitativos, las instituciones sociales que tienen un fuerte sentido de la justicia podrían corregirlos.

La sociedad multicultural

Rawls considera que las instituciones justas desempeñan otro papel como unificadoras de la sociedad. Una de las lecciones más importantes de la modernidad es que es posible vivir juntos bajo reglas comunes sin compartir necesariamente un único código moral, siempre y cuando todas las personas compartan un compromiso moral hacia la estructura de la sociedad. Si están de acuerdo en que la estructura de la sociedad es equitativa, estarán satisfechas a pesar de vivir entre personas que quizá tengan códigos morales diferentes. Para Rawls, esto es la base de las sociedades plurales y multiculturales, y las instituciones sociales son imprescindibles para garantizar la equidad en tan complejos sistemas sociales.

Un velo de ignorancia

Afirma Rawls que es necesario decidir desde el comienzo los principios que sustentan la redistribución detrás de lo que llama «un velo de ignorancia». Imagina una situación hipotética en la que se decide la estructura de una sociedad ideal, pero

> La envidia tiende a empeorar la situación de todos.
> **John Rawls**

ninguno de los que deciden sabe cuál será su lugar en ella. El «velo de ignorancia» significa que nadie conoce la posición social, la doctrina personal, o los atributos intelectuales o físicos que tendrán ellos mismos. Pueden ser de cualquier género, orientación sexual, raza o clase. De este modo, el velo de ignorancia garantiza que todos —sin importar su posición social y sus características individuales— reciben justicia: finalmente, los que deciden sobre sus circunstancias deben estar felices al ocupar su puesto. Rawls suponía que desde detrás del velo de ignorancia se formaría un contrato social para ayudar a los integrantes menos favorecidos de la sociedad ya que en última instancia todos tienen miedo de ser pobres y querrán construir instituciones sociales que les protejan de eso.

Rawls concede que es probable que persistan las diferencias sociales, pero afirma que un principio equitativo de justicia ofrecería mayores beneficios a los integrantes menos afortunados de la sociedad. Otros humanistas, como el teórico

Para Rawls, una sociedad equitativa debe garantizar el acceso igualitario a instituciones como bibliotecas públicas: da a todos las mismas posibilidades, con independencia de su posición social.

indio Amartya Sen y el marxista canadiense Gerald Cohen, han cuestionado la fe de Rawls en la posibilidad de que un régimen capitalista garantice el respeto de esos principios. También cuestionan los efectos benéficos del velo de ignorancia en las sociedades modernas, donde las desigualdades están profundamente enraizadas en las instituciones sociales. El velo de ignorancia solo tiene valor, afirman muchos, si puedes comenzar desde cero.

Las críticas a Rawls

Sen cree que Rawls fija una falsa distinción entre los derechos políticos y los económicos. Para Sen, las desigualdades y las privaciones son en gran medida resultado de la ausencia de derecho sobre ciertos bienes, y no de la ausencia misma de los bienes. Expone como ejemplo la hambruna bengalí de 1943, provocada por el aumento del precio de los alimentos a causa de la urbanización, y no de la falta de comida. Los bienes —en este caso los alimentos— no representan una ventaja en sí mismos. Sin embargo, la ventaja viene definida por la relación entre la gente y los bienes: los que podían comprarlos a precios más altos fren-

te a los que no podían permitírselos. Además asegura que el contrato social definido por Rawls es defectuoso al suponer que solo se establece de forma interpersonal. Afirma que, en cambio, el contrato social se negocia por medio de los intereses de una cantidad de grupos que no son parte directa del contrato, como los extranjeros, las generaciones futuras y la misma naturaleza.

La desigualdad intrínseca

Gerald Cohen pone en tela de juicio la fe de Rawls en el liberalismo, y apunta que la obsesión de este sistema por optimizar su propio interés no es compatible con las intenciones igualitarias de la política redistributiva que preconiza Rawls. Cohen afirma que la desigualdad es intrínseca al capitalismo, y no solamente resultado de una redistribución no equitativa por parte del Estado. Para él, ni el capitalismo ni el liberalismo darán nunca la solución «equitativa» que busca Rawls.

A pesar de estas críticas, *Teoría de la justicia* sigue siendo una de las obras contemporáneas de teoría política más influyentes, y uno de los superventas de la Harvard University Press. Las teorías de Rawls

La hambruna bengalí de 1943 fue resultado de las fuertes desigualdades económicas en la población. El sistema de Rawls, centrado en las estructuras políticas más que en las económicas, no explica esos desastres.

han encendido una serie de debates sobre la restructuración del moderno sistema de bienestar, tanto en EE UU como en todo el mundo. Muchos de sus antiguos discípulos, entre ellos Sen, siguen con esos debates. Como reconocimiento a su contribución a la teoría social y política, en 1999, el presidente Clinton concedió a Rawls la Medalla Nacional de Humanidades, y afirmó que su obra ha ayudado a reavivar la fe en la democracia. ■

John Rawls

Nació en Baltimore (EE UU), hijo del prominente jurista William Lee Rawls y de Anna Abell Stump, presidenta de la Liga de Mujeres Votantes de Baltimore. Su infancia quedó tristemente marcada tras la muerte de sus dos hermanos por una enfermedad infecciosa que les contagió el propio Rawls. Hombre tímido y aquejado de un defecto en el habla, estudió filosofía en la Universidad de Princeton. Tras licenciarse se enroló en el Ejército, donde sirvió en el Pacífico; recorrió Nueva Guinea y Filipinas, y ocupó Japón. Ya de regreso en Princeton se doctoró, en 1950, con una tesis

sobre los principios morales de los juicios morales individuales. Pasó un año en la Universidad de Oxford (Reino Unido), donde entabló una estrecha amistad con el filósofo legal H. L. A. Hart y el teórico político Isaiah Berlin. A lo largo de su dilatada carrera, Rawls ha sido maestro de varias figuras esenciales de la filosofía política. Murió en 2002.

Obras principales

1971 *Teoría de la justicia.*
1999 *El derecho de gentes.*
2001 *La justicia como equidad.*

EL COLONIALISMO ES VIOLENCIA EN ESTADO NATURAL

FRANTZ FANON (1925–1961)

A mediados del siglo XX, e colonialismo europeo empezó a decaer rápidamente. Agotadas después de dos guerras mundiales y enfrentadas a los cambios sociales que trajo la industrialización, muchas potencias coloniales habían aflojado su sujeción a los territorios.

Durante la posguerra se multiplicaron a gran velocidad los movimientos de base popular espontáneos que exigían la independencia. La expansión de la Unión Nacional Africana de Kenia ayudó a la liberación de este país de Reino Unido, mientras India se aseguraba la independencia en 1947, después de una larga lucha. En Sudáfrica, el

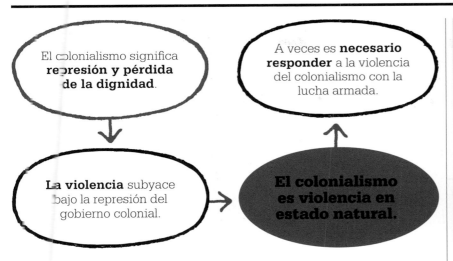

El colonialismo significa **represión y pérdida de la dignidad**.

La violencia subyace bajo la represión del gobierno colonial.

El colonialismo es violencia en estado natural.

A veces es **necesario responder** a la violencia del colonialismo con la lucha armada.

En la guerra de Argelia (1954–1962) el Ejército francés trató de aplastar el movimiento argelino de independencia. Fanon fue un apasionado portavoz de la causa de Argelia.

combate contra el gobierno colonial se atrincheró en el más prolongado aún contra el *apartheid*. Sin embargo, comenzaron a surgir un gran número de preguntas sobre la forma exacta que adoptarían las naciones poscoloniales y cómo manejar el legado de violencia y represión que dejaban tras de sí los años de gobierno colonial.

El pensamiento poscolonial

Frantz Fanon fue un pensador francoargelino cuya obra examina los efectos del colonialismo y la respuesta de los pueblos oprimidos a la finalización del gobierno europeo. Inspirado por las tesis de Marx y Hegel, Fanon adopta una actitud idiosincrática al analizar el racismo y el colonialismo. Sus textos se ocupan tanto del lenguaje y la cultura como de la política, y con frecuencia explora las relaciones entre estos diferentes campos para demostrar cómo el lenguaje y la cultura están influidos por el racismo y otros prejuicios. Siendo probablemente el teórico más destacado de la descolonización, Fanon influyó mucho en el pensamiento antiim-

perialista y su obra ha inspirado a activistas y políticos hasta hoy.

Fanon realizó un concienzudo estudio del impacto y del legado del colonialismo. Su visión de este como dominación blanca estuvo ligada a un fuerte igualitarismo que rechazaba la opresión y la pérdida de dignidad que traen consigo los gobiernos coloniales. Esto refleja en parte la participación del mismo Fanon en la lucha contra la opresión. En su obra *El año V de la revolución argelina*, testimonio directo de la lucha de Argelia por la independencia, detalla la andadura del

Lo que importa no es conocer el mundo, sino cambiarlo.
Frantz Fanon

conflicto armado y la forma en que surgió de él una nación independiente. La estrategia y la ideología de la lucha armada anticolonialista están presentes en su integridad, y Fanon realiza un análisis detallado de las tácticas empleadas por ambos bandos.

El marco de la opresión

La contribución de Fanon al exponer las estructuras opresoras que funcionaban dentro de los sistemas coloniales fue más teórica que práctica. Estudió las jerarquías de etnicidad que constituían la columna vertebral de la opresión colonial, y mostró cómo aseguran no solo un sistema estrictamente ordenado de privilegios, sino también una expresión de la diferencia tanto cultural como política. En Argelia –y en otros países, como Haití– se creó un orden político poscolonial con la intención explícita de evitar este tipo de dominación. »

La cruenta rebelión del Mau Mau contra el gobierno colonial de Kenia fue aplastada violentamente por las fuerzas británicas, causando una división entre la mayoría kiyuyu, parte de la cual luchó a favor de los ingleses.

La visión de Fanon sobre la descolonización tiene una relación ambivalente con la violencia. En su obra más célebre, *Los condenados de la tierra*, puede leerse un prefacio escrito por Jean-Paul Sartre que subraya la posición de la violencia en la lucha contra el colonialismo. Sartre presenta el libro de Fanon como una llamada a las armas y piensa que el «loco impulso de asesinar» es la lógica expresión del «inconsciente colectivo» de los oprimidos como respuesta a los años de tiranía. Debido a este prefacio, sería sencillo considerar que las tesis de Fanon son un clarín que llama a la revolución armada.

El racismo colonial

Sin embargo, concentrarse únicamente en la faceta revolucionaria del trabajo de Fanon es no hacer justicia a la enorme complejidad de su pensamiento. Para él, la violencia del colonialismo la ejercen los opresores. Es indudable que el co-

El colono mantiene viva en el nativo la ira, a la cual no deja ninguna salida; el nativo está atrapado en las cadenas del colonialismo.
Frantz Fanon

lonialismo fue violencia en estado natural, aunque se manifestara de muchas maneras diferentes. Podía expresarse por la fuerza bruta, pero también mediante los estereotipos y las divisiones sociales relacionadas con el racismo que Fanon identificó como un rasgo definitorio de la vida colonial. La dominación de la cultura blanca dentro del gobierno colonial significaba que cualquier otra forma de identidad que no fuera la de los europeos blancos se consideraba negativa. Existían insalvables divisiones entre los colonizadores y los gobernados según la supuesta inferioridad de la cultura de estos últimos.

Fanon creía que la violencia formaba parte del régimen colonial, y su obra condena sin paliativos esta forma de actuar por parte de las potencias coloniales. Sostiene que tan solo las apoyan las fuerzas militares, y que dicha violencia –igual que su apoyo– se ejerce sobre los colonizados con objeto de asegurar su sumisión. Los pueblos oprimidos no tienen otra posibilidad que aceptar una vida de subyugación o enfrentarse a ella. Hay que dar al colonialismo una respuesta que se oponga a los supuestos del gobier-

no colonial, pero también independiente de tal gobierno, con el fin de conformar nuevas identidades y valores nunca antes definidos en Europa. Tanto la lucha armada como la revolución violenta podrían ser necesarias, pero estarían condenadas al fracaso a menos que condujeran a una descolonización verdadera.

Hacia la descolonización

Los condenados de la tierra es, sin lugar a dudas, la obra más significativa de Fanon y ofrece un marco teórico para que personas y naciones se desprendan de la indignidad de los regímenes coloniales. Después de explorar en profundidad los supuestos de superioridad cultural en todos sus libros, Fanon comprende la opresión cultural por parte de los blancos realizando un análisis forense de la forma en que funcionaba: imponiendo en toda la sociedad los valores de la minoría blanca. Sin embargo, también ofrece la receta para una aproximación global al difícil proceso de la descolonización. Las ideas de Fanon se refieren a la dignidad y el valor de toda la gente, independientemente de su raza o su historia. Insiste en que todas las

No soy el esclavo de la esclavitud que deshumanizó a mis antepasados.
Frantz Fanon

razas y las clases tienen la posibilidad de participar en la descolonización y beneficiarse de ella. Es más: para Fanon todo intento de reforma basada en negociaciones entre una elite privilegiada que encabece el proceso de descolonización y los gobernantes coloniales no hará más que repetir las injusticias del régimen anterior. Un intento así estaría enraizado en supuestos privilegios y, lo que es más importante, fracasaría, puesto que los pueblos oprimidos tienden a imitar la conducta y las actitudes de las elites gobernantes. Este fenómeno es especialmente notable en las clases

media y por su educación y su relativa fortuna, tienden a presentarse como culturalmente similares a los colonialistas.

Por el contrario, una verdadera transición del colonialismo a la independencia incluiría a las masas y representaría un movimiento sostenido hacia la creación de una identidad nacional. Un movimiento de descolonización exitoso debería desarrollar una conciencia nacional que originara nuevas orientaciones hacia el arte y la literatura, con el objetivo de articular una renovada cultura que a la vez fuera capaz de resistir la tiranía del poder colonial y estar separada de ella.

La influencia de Fanon

Estas ideas sobre la violencia del colonialismo y la importancia de la identidad en la formación del futuro político y la dirección social de una nación han influido directamente sobre la forma en que los activistas y los líderes revolucionarios tratan la lucha contra el poder colonial; *Los condenados de la tierra* es, en esencia, un esbozo para la revolución armada. Sin embargo, más allá de esto, la profunda comprensión de Fanon acerca de las acciones y los

En Francia se retrataba habitualmente a los colonizadores como a europeos civilizados que llevaban orden a los salvajes. Con tales actitudes racistas se justificaban la opresión y la violencia.

efectos del colonialismo ha dejado un legado duradero. Sus inteligentes observaciones sobre la vertiente racista del colonialismo y, en especial, sus teorías sobre las condiciones para el éxito de una descolonización han influido enormemente en el estudio de la pobreza y del fenómeno de la globalización. ∎

Frantz Fanon

Nació en la Martinica, en 1925, en una familia de buena posición. Después de luchar en el Ejército de la Francia Libre durante la Segunda Guerra Mundial, estudió medicina y psiquiatría en Lyon, donde sufrió las actitudes racistas que inspirarían gran parte de sus primeros escritos.

Tras completar sus estudios se trasladó a Argelia para trabajar como psiquiatra, llegando a ser un importante activista y portavoz de la revolución. Publicó crónicas sobre la revolución en periódicos afines y entrenó enfermeros para el Frente de Liberación Nacional. Fanon apoyó a los rebeldes hasta

que le expulsaron del país. Hacia el final de la lucha, el gobierno provisional le nombró embajador en Ghana, aunque poco después cayó enfermo. Murió de leucemia en 1961, con apenas 35 años de edad, pero alcanzó a terminar *Los condenados de la tierra* justo antes de morir.

Obras principales

1952 *Piel negra, máscaras blancas.*
1959 *El año V de la revolución argelina.*
1961 *Los condenados de la tierra.*

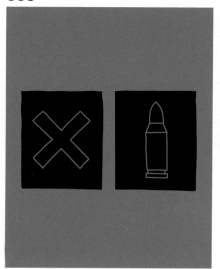

EL VOTO O LA BALA

MALCOLM X (1925–1965)

Los estadounidenses negros deben **participar en las elecciones**.

Los votantes negros deben votar únicamente a quienes prometan **defender sus derechos**.

Pero, a menudo, al asumir sus cargos, los políticos **olvidan las promesas** hechas antes de las elecciones.

Si los políticos **no dan** la igualdad que prometen durante la campaña, los negros deben **apelar a la violencia** para lograr sus aspiraciones.

El voto o la bala.

urante la posguerra, el movimiento por los derechos civiles en EE UU pasó a ser un punto de referencia en la larga lucha por la igualdad social y política de toda la sociedad. Sin embargo, no se tenía ninguna idea sobre cómo alcanzar esa meta. Los líderes de esta lucha, como Martin Luther King, se inspiraron en las protestas no violentas de Gandhi y crearon un movimiento similar que comenzó a cosechar adhesiones en todos los estratos de la sociedad. Sin embargo, la poca velocidad de los cambios y la continuada opresión de los negros impulsó a muchos a oponerse a este enfoque.

Malcolm X fue una de las figuras claves del movimiento Nación del Islam (también llamado Musulmanes Negros), a favor del separatismo racial y el nacionalismo negro. En este sentido, Malcolm sostuvo una concepción de la lucha por los derechos civiles muy diferente a la de King. Malcolm creía que la lucha por la igualdad se hallaba estrechamente ligada a la capacidad de las personas de decidir por sí mismas, y por eso todo intento de restringir esos derechos debía frustrarse mediante la «acción directa» y, de ser necesario, por la fuerza. La Nación

Queremos libertad por cualquier medio. Queremos justicia por cualquier medio. Queremos igualdad por cualquier medio.
Malcolm X

del Islam prohibía a sus miembros tomar parte en el proceso político, pero, cuando Malcolm decidió abandonar la formación en 1964 y establecer su propia organización, defendió la participación política y exigió la igualdad de derechos electorales. Previó la creación de un bloque de votantes negros que podía exigir un verdadero cambio en el momento de las elecciones y guiar las acciones de los políticos

para garantizar mayor igualdad social y política. Pese a todo, Malcolm siguió siendo escéptico en cuanto a que la obtención del derecho al voto comportara cambios genuinos en EE UU. En especial, le preocupaba la disparidad entre los discursos de los políticos en campaña electoral y sus acciones una vez en el gobierno.

El año de la acción

En 1964, Malcolm pronunció un discurso en Detroit que fue una seria advertencia a los políticos: si no reconocían suficientemente las necesidades de los ciudadanos negros, estos se verían obligados a tomar el asunto en sus manos y habría violencia. «La generación joven», dijo, «está insatisfecha, y al sentirse frustrados quieren acción». Ya no iban a aceptar un estatus de segunda clase y no les importaba si las posibilidades estaban contra ellos. Dijo que los ciudadanos negros «ya hacía demasiado tiempo que oían los engaños, las mentiras y las falsas promesas del hombre blanco». A menos que el sistema político respondiese con mayor altura a las

Ciudadanos negros llevan un ataúd con el letrero «Aquí yace Jim Crow» en una manifestación contra las leyes de segregación de 1944, que legitimaron el racismo.

exigencias de los votantes negros, no habría otra alternativa que utilizar ya no las urnas, sino las armas: no los votos, sino las balas.

A pesar de la enorme fama que tuvo en su época, Malcolm X dejó pocos escritos. Pero sus ideas siguen dando forma a la agenda sobre derechos civiles, centrándose en el fortalecimiento de los estadounidenses negros y su reconexión con su herencia africana. ■

Malcolm X

Nació en Omaha (Nebraska), en 1925, con el nombre Malcolm Little. Durante toda su infancia y juventud padeció el racismo contra su familia, especialmente contra su padre, un predicador laico de la fe bautista. La muerte del padre, en 1931, precipitó la desintegración de la familia: la madre ingresó en un sanatorio psiquiátrico y Malcolm pasó a vivir en casas de acogida. Cometió algunos delitos menores y fue encarcelado por robo en 1946.

Durante su estancia en la cárcel experimentó un despertar religioso y social, se convirtió al islam y se afilió a la organización religiosa y

sociopolítica Nación del Islam. Tras salir de la prisión, adoptó el nombre Malcolm X y llegó a ser una de las figuras públicas del nacionalismo negro. En 1964 abandonó la Nación del Islam y se convirtió en musulmán suní, hizo el peregrinaje a La Meca y habló en público en Europa, África y EE UU. En 1965 fue asesinado por tres miembros de la Nación del Islam.

Obra principal

1964 *Malcolm X: biografía* (con Alex Haley).

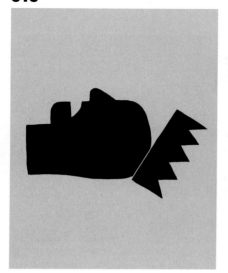

DEBEMOS «CORTARLE LA CABEZA AL REY»
MICHEL FOUCAULT (1926–1984)

EN CONTEXTO

IDEOLOGÍA
Estructuralismo

ENFOQUE
El poder

ANTES
1532 *El príncipe*, de Nicolás Maquiavelo, un cínico análisis del poder de las personas y del Estado, se publica póstumamente.

1651 Thomas Hobbes finaliza su obra maestra, *Leviatán*, que habla del papel del soberano y del estado de naturaleza corrupto del hombre.

DESPUÉS
Década de 1990 Los «verdes» utilizan las tesis de Foucault para explicar que los gobiernos pueden implementar políticas ecológicas mediante la ayuda de expertos.

2009 Elaine Jeffreys aplica las teorías de Foucault al análisis de las estructuras de poder en China y subraya la racionalidad de la sociedad china.

Desde sus inicios, la filosofía política ha intentado definir y localizar la fuente del poder en la sociedad. Muchas de las obras políticas más importantes han imaginado un Estado poderoso como centro de la autoridad política legítima. En *El príncipe*, Maquiavelo defiende que los intereses del gobierno justifican la cruda expresión del poder. Posteriormente, Hobbes afirmó en *Leviatán* que el antídoto del espíritu corrupto de la humanidad es un monarca poderoso. Estos y otros pensadores prepararon el terreno para gran parte de la erudición política moderna, y el análisis del poder del Estado sigue siendo hoy la forma predominante de análisis político.

Según el filósofo francés Michel Foucault, el poder no está centrado en el Estado, sino disperso por una gran cantidad de espacios de «micropoder» que se reparten por toda la sociedad. Criticó la filosofía política corriente por creerla basada en la noción de autoridad formal y por su insistencia en analizar una entidad llamada «Estado». Para Foucault, el Estado no es más que la expresión de las estructuras y la configuración del poder en la sociedad, y no una entidad única que ejerce su domi-

nio sobre las personas. Esta visión del Estado como una «práctica», y no como una «cosa en sí misma», significa que únicamente se puede alcanzar la verdadera comprensión de la estructura y la distribución del poder en la sociedad a través de un análisis más amplio.

El análisis de Foucault se ocupaba de la naturaleza de la soberanía. Quería apartarse de lo que consideraba un planteamiento erróneo: que la teoría política debe centrarse en comprender el poder que esgrime un soberano individual, que aprueba leyes y castiga a quienes las violan. Foucault pensaba que la naturaleza del gobierno había cambiado

El poder no es una institución ni una estructura; tampoco es una fuerza que se nos ha dado.
Michel Foucault

Véase también: Nicolás Maquiavelo 74–81 ▪ Karl Marx 188–193 ▪ Paulo Freire 297 ▪ Noam Chomsky 314–315

> La **naturaleza** de la sociedad ha **cambiado**.

> **El poder** ya no es **exclusivo del Estado** ni de una única **figura autoritaria**.

> **Ya no se puede separar** el poder del Estado del poder de la sociedad.

> El poder también existe en las **«microestructuras de poder»** de toda la sociedad, como escuelas, lugares de trabajo y familias.

> **Para entender los mecanismos del poder, debemos «cortarle la cabeza al rey» en teoría política.**

Michel Foucault

Nació en Poitiers (Francia), en el seno de una familia acomodada. Muy dotado intelectualmente, pronto ganó celebridad como filósofo. En 1969 fue nombrado primer jefe del departamento de filosofía de la Universidad de París VIII, centro experimental creado para dar respuesta a las manifestaciones estudiantiles de 1968. Se convirtió en una figura célebre al adherirse al activismo de los estudiantes y enfrentarse, incluso, a la policía. En 1970 fue elegido profesor de sistemas de pensamiento en el prestigioso Collège de France, puesto que mantuvo hasta su muerte.

Hacia el final de su carrera, que transcurrió principalmente en EE UU, Foucault se dedicó al activismo político. Autor muy prolífico, llegó a ser una figura importante en distintos campos de la filosofía y de las ciencias sociales. Falleció en 1984 como consecuencia de una infección generalizada.

Obras principales

1963 *El nacimiento de la clínica.*
1969 *La arqueología del saber.*
1975 *Vigilar y castigar.*
1976–1984 *Historia de la sexualidad* (inconclusa).

---

entre el siglo XVI –cuando los problemas de la política se limitaban a cómo podía obtener y mantener el poder un soberano– y la época actual en la que resulta imposible separar el poder del Estado de otras formas de poder en la sociedad. Indicó que los teóricos políticos necesitan «cortarle la cabeza al rey»» y crear un método de comprensión del poder que refleje dicho cambio.

Gobernabilidad

Foucault elaboró estos pensamientos en conferencias en el Collège de France, en París, donde propuso el concepto de «gobernabilidad». Según este criterio, el gobierno es un arte que comprende toda una gama de técnicas de control y disciplina. Puede darse en una enorme diversidad de entornos, por ejemplo, dentro de la familia, en el colegio o en el lugar de trabajo. Al ampliar su comprensión del poder alejado de las estructuras jerárquicas de la soberanía, Foucault nombró diferentes tipos de poder en la sociedad, como el conocimiento y las estadísticas. En muchas de sus obras profundizó en este análisis del poder, centrando su atención en áreas tan dispares como el lenguaje, los castigos y la sexualidad. ▪

El aula escolar es, según Foucault, una «microestructura» de poder político. Los «micropoderes» ejercen el poder dentro de la sociedad, al margen de las estructuras tradicionales de gobierno.

LOS LIBERTADORES NO EXISTEN. SON LOS PUEBLOS LOS QUE SE LIBERAN A SI MISMOS

CHE GUEVARA (1928–1967)

EN CONTEXTO

IDEOLOGÍA
Socialismo revolucionario

ENFOQUE
La guerra de guerrillas

ANTES
1762 Rousseau inicia su obra clave, *El contrato social*, afirmando: «El hombre nace libre pero siempre está encadenado».

1848 Karl Marx y Friedrich Engels publican el *Manifiesto comunista*.

1917 La Revolución Rusa depone al zar y a su familia y establece por vez primera un gobierno bolchevique comunista.

DESPUÉS
1967 El filósofo político Régis Debray sistematiza la teoría de la guerra de guerrillas como basada en el «foquismo».

1979 El régimen del dictador Anastasio Somoza es finalmente derrocado en Nicaragua gracias a las tácticas de la guerra de guerrillas.

Debido a su participación en las revoluciones de Cuba, de la República Democrática del Congo y de Bolivia, la imagen popular de Ernesto Guevara es la de un «hombre de acción», y no la de un teórico de la política, pero sus tácticas de guerrilla fueron una contribución muy importante a la evolución del socialismo revolucionario. Tras haber visto personalmente la opresión y la pobreza de toda Latinoamérica bajo dictaduras respaldadas por EE UU, pensó que la salvación del continente solo podía provenir de una revolución anticapitalista como la que preconizaba Marx.

Pero la interpretación práctica que hizo Guevara de la revolución fue más política y militante que el análisis económico de Marx, que estaba concebido para los estados capitalistas de Europa. Los regímenes tiránicos de Latinoamérica hacían parecer benignos los europeos y Guevara se dio cuenta de que la

> Las fuerzas del pueblo pueden implementar las condiciones que hagan posible la **revolución**.

> En un **entorno rural** los grupos militantes siempre tienen ventaja.

> Los **grupos guerrilleros** que atacan desde zonas rurales movilizan el descontento y crean un **frente popular** contra el régimen.

> **Los libertadores no existen. Son los pueblos los que se liberan a sí mismos.**

Un ejército popular dio la victoria a la Revolución Cubana sobre los militares. Los principios de la guerra de guerrilla bosquejados por Guevara fueron vitales para el éxito.

única manera de derrocarlos era por medio de la lucha armada. En vez de esperar a que se dieran las condiciones que permitieran hacer triunfar una revolución, él creó esas condiciones por medio de la estrategia guerrillera para alentar a los pueblos a rebelarse.

Poder para el pueblo

En sus *Recuerdos de la guerra revolucionaria cubana* y en *La guerra de guerrillas*, Guevara explica que el éxito de la Revolución Cubana de 1956 dependió de la movilización de un frente popular. No se veía a sí mismo como el adalid que llevaría la libertad al pueblo; para él, la revolución era crear un movimiento popular que derribara un régimen opresor, una acción con la que la gente se liberaría a sí misma. Este tipo de revolución, pensaba, no se inicia en las ciudades y pueblos industrializados, sino en las zonas rurales, donde grupos pequeños de rebeldes armados pueden actuar de manera óptima contra las fuerzas del régimen. La insurrección crea un *foco* de descontento, y el apoyo a la rebelión se convierte finalmente en un fren-

te popular, lo cual le da el impulso necesario para promover una revolución a gran escala.

Después del éxito de Cuba, Guevara expresó su apoyo a las luchas armadas de China, Vietnam y Argelia, y luego peleó en los fracasados golpes de la República Democrática del Congo y Bolivia. Su guerra de guerrillas resultó clave en su teoría «foquista» de la revolución y sus ideas inspiraron a muchos otros movimientos que adoptaron sus tácticas, entre ellos, el CNA de Sudáfrica, en su lucha contra el *apartheid* y los movimientos islamistas, como el de los talibanes, en Afganistán.

Guevara también fue un hábil estadista. Como ministro del gobierno socialista de Cuba ayudó a que el país figurase entre los más importantes estados socialistas internacionales; introdujo cambios positivos en la industria, la educación y las finanzas, que pensó que servirían para que los cubanos continuasen con su liberación al erradicar el egoísmo y la codicia de la sociedad capitalista. Dejó un amplio legado de escritos, entre ellos sus diarios personales, que siguen influyendo sobre el pensamiento socialista de hoy. ▪

Si te estremeces
de indignación
con cada injusticia,
eres mi camarada.
Che Guevara

Che Guevara

Ernesto Guevara, más conocido por el apodo *Che* («eh, tú»), nació en Rosario (Argentina). Estudió medicina en Buenos Aires. Entre 1952 y 1954 llevó a cabo dos viajes en motocicleta por toda Latinoamérica en los que pudo observar la pobreza, las enfermedades y las terribles condiciones laborales en las que vivían las capas más pobres de la sociedad, hecho que reafirmó sus ideas políticas.

Tras licenciarse, en 1953, hizo un tercer viaje, en el que fue testigo del derrocamiento del gobierno democrático de Guatemala a manos de fuerzas golpistas alentadas por EE UU. Un año más tarde, en México, conoció a Fidel Castro con el que dirigió a los rebeldes en la exitosa Revolución Cubana. En 1965 dejó Cuba para ayudar a las guerrillas de la República Democrática del Congo, y, en 1966, llevó la guerrilla hasta Bolivia. Gracias al respaldo de la CIA, Guevara fue capturado por el Ejército boliviano el 8 de octubre de 1967 y ejecutado al día siguiente.

Obras principales

1952 *Diarios de motocicleta.*
1961 *La guerra de guerrillas.*
1963 *Recuerdos de la guerra revolucionaria cubana.*

TODO EL MUNDO DEBE ASEGURARSE DE QUE LOS RICOS SEAN FELICES

NOAM CHOMSKY (n. en 1928)

EN CONTEXTO

IDEOLOGÍA
Socialismo libertario

ENFOQUE
El poder y el control

ANTES
Década de 1850 Marx opina
que una única clase social
ostenta todo el poder político
y económico.

Década de 1920 Max Weber
denuncia que los burócratas
forman elites que gestionan
las sociedades.

1956 En la obra *La elite del
poder*, Charles W. Mills afirma
que las normativas importantes
provienen de ciertos políticos,
militares y grandes negocios.

DESPUÉS
1985 El político, dramaturgo
y escritor checo Václav Havel
publica el ensayo *El poder de
los sin poder*.

1986 El sociólogo británico
Michael Mann sostiene que las
sociedades están formadas por
redes de poder que se solapan.

Las instituciones predominantes, como los medios de comunicación y los bancos, están controlados por una **minoría rica**.

↓

Esta minoría gobierna las instituciones de modo que **favorezcan sus intereses**.

↓

Todo **intento de reforma** lleva a un cese de la inversión que **arruina la economía**.

↓

Para mantener sana la economía, todos, incluso los pobres, deben **apoyar** un sistema que funciona para el **interés de los ricos**.

↓

Todo el mundo debe asegurarse de que los ricos sean felices.

La pregunta que sigue fascinando a los filósofos y a los políticos es: ¿dónde se concentra el poder en la sociedad? Son muchos y diferentes los tipos de personas e instituciones sociales que participan en el progreso y la organización, y con el tiempo se ha establecido en el mundo una apretada red de relaciones de poder. Pero, ¿significa esto que el poder está esparcido por toda la sociedad o que, en cambio, está concentrado en las manos de unos pocos privilegiados que constituyen una elite?

La opinión del lingüista y filósofo Noam Chomsky es que, en la mayoría de los países, una minoría rica controla las instituciones sociales y políticas clave, como los medios de comunicación y el sistema financiero, asegurándose de que el funcionamiento de la sociedad moderna favorezca a una elite poderosa. A su vez, esto significa que es casi imposible disentir y realizar cambios importantes, ya que las estructuras institucionales dominantes —desde la prensa hasta los bancos— se centran en conservar la posición de esa minoría en beneficio mutuo. Esas elites sociales no solo obtienen ventajas de su dinero y su posición, sino que también están en la cima de

Véase también: Platón 34–39 ▪ Karl Marx 188–193 ▪ Friedrich Hayek 270–275 ▪ Paulo Freire 297 ▪ Michel Foucault 310–311

> El poder está cada vez más concentrado en instituciones irresponsables.
> **Noam Chomsky**

una sociedad estructurada para favorecerles más todavía.

En opinión de Chomsky, cualquier intento de reforma tendría uno de estos dos resultados: un golpe militar, que volvería a poner el poder en manos privadas, o (más probablemente) la sequía del capital inversor, con graves consecuencias para la economía en general. Este último resultado se asegura de que todos los integrantes de la sociedad, por humildes que sean, tengan la responsabilidad de sostener la posición privilegiada de los muy ricos. Todo el mundo tiene que asegurarse de que los ricos sean felices a fin de garantizar la salud de la economía.

Mantener los beneficios

Dicha concentración del poder es estructural, y no la conspiración de unas pocas personas. Los intereses económicos de las grandes empresas, el gobierno y los inversores hacen que las decisiones públicas sean tomadas por grupos tan interdependientes que los cambios radicales resultan imposibles. Por el contrario, la red de instituciones que se apoyan mutuamente trabaja para mantener un sistema económico estable, lo que, según ellos, redunda en el beneficio común. Sin embargo, Chomsky advierte de que muchos de los «beneficios» de este sistema son «buenos para las instituciones, pero no para las personas, lo que significa que son buenos para la economía en el sentido técnico». También piensa que los países más ricos del mundo forman elites que amenazan la seguridad y los recursos de los menos ricos y desarrollados. Sin embargo,

La inmensa riqueza de los grandes bancos queda reflejada en sus lujosas oficinas centrales. Según Chomsky, el conjunto de la sociedad trabaja para satisfacer a esas multimillonarias organizaciones.

señala que, mientras los principios de la dominación imperial han cambiado poco, la capacidad de implementarlos ha disminuido, ya que ahora el poder se distribuye más en un mundo más diversificado. ▪

Noam Chomsky

Avram Noam Chomsky nació en Filadelfia (EE UU). Después de licenciarse en la Universidad de Pensilvania y de un tiempo como profesor júnior en la de Harvard, comenzó a trabajar para el MIT, donde permaneció durante más de cincuenta años. En este tiempo ha forjado una destacable carrera tanto por su notable contribución al campo de la lingüística como por su natural predisposición a comprometerse en temas de gran importancia política. Con tan solo 12 años de edad, Chomsky publicó un artículo crítico del fascismo y, desde entonces, ha sido activista político, muy preocupado por la cuestión de la influencia global y el poder estadounidense. Pensador controvertido, su trabajo ha sido muy influyente en varios campos y merecedor de premios tan diversos como prestigiosos. Ha escrito más de cien libros y dado conferencias por todo el mundo.

Obras principales

1978 *Human Rights and American Foreign Policy.*
1988 *La democracia en las sociedades industriales.*
1992 *El miedo a la democracia.*

NADA ES MAS PELIGROSO EN EL MUNDO QUE LA IGNORANCIA SINCERA

MARTIN LUTHER KING (1929–1968)

EN CONTEXTO

IDEOLOGÍA
Justicia social

ENFOQUE
Desobediencia civil

ANTES
1876–1965 En los estados del sur de EE UU se implementan las llamadas leyes «Jim Crow», que permiten llevar a cabo prácticas discriminatorias.

1954 Tras el caso «Brown contra el Comité de Educación», juzgado en la Corte Suprema de EE UU, se sentencia que la segregación en las escuelas públicas es inconstitucional.

DESPUÉS
1964–1968 En EE UU se aprueban leyes que prohíben la discriminación y restablecen el derecho al voto.

1973 Entre fuertes protestas antibelicistas en EE UU, el Ejército estadounidense se retira finalmente de Vietnam.

En la década de 1960, la batalla por los derechos civiles en EE UU llegaba a sus etapas finales. Desde el final de la guerra de Secesión, un siglo antes, los estados del sur seguían impidiendo el derecho al voto y segregando a los ciudadanos negros de manera manifiesta y bajo un amparo legalista. Esto se recogía en las leyes llamadas «Jim Crow», un conjunto de estatutos locales y regionales que, efectivamente, privaban a la población negra de un gran número de derechos básicos. La lucha por los derechos civiles de estos ciudadanos había comenzado ya al acabar la guerra de Secesión (1865), pero a mediados de la década de 1950 se había convertido en un movimiento generalizado de manifestaciones masivas y desobediencia civil.

La lucha contra la ignorancia

En la primera línea de ese movimiento figuraba Martin Luther King, activista que trabajaba con la Asociación Nacional para el Progreso de las Personas de Color (NAACP). Alentado por el triunfo de los defensores de los derechos civiles en otras partes del mundo y, especialmente, por las protestas no violentas de Mohandas Gandhi contra el gobierno británico de India, King llegó a ser la figura más importante de estas luchas. En 1957, junto con otros líderes religiosos, King dirigió la Conferencia Sur de Liderazgo Cristiano, una coalición de iglesias para negros que amplió el alcance de las organizaciones que participaban en el movimiento. Por primera vez se había generado un impulso a gran escala.

Como muchos del movimiento, King definía su lucha como la lucha de la ilustración contra la ignoran-

El opresor nunca da la libertad voluntariamente: son los oprimidos los que deben exigirla.
Martin Luther King

La discriminación proviene de **creencias firmemente arraigadas**.

Aunque equivocadas, esas creencias hacen que la gente **cometa actos de barbarie**.

Se necesita un **cambio de actitud** para resolver la discriminación.

Nada es más peligroso en el mundo que la ignorancia sincera.

cia. Las antiquísimas convicciones de superioridad racial y los derechos de que presumían los gobiernos de los estados del sur habían creado un sistema político que excluía a las personas negras y a muchas otras minorías. En opinión de King, los que se encontraban en el poder estaban totalmente convencidos de esto y su «sincera ignorancia» era la causa de la desigualdad. Por lo tanto, todo intento de enfrentarse al problema únicamente por medios políticos estaba condenado al fracaso. Para reformar la política y ganar la igualdad de participación y de acceso a la vida democrática hacía falta una acción directa. Y, para conseguir un cambio duradero, el movimiento por los derechos civiles tendría que enfrentarse a esas actitudes soterradas de la mayoría hacia la minoría.

La protesta no violenta

Contrariamente a otros líderes del movimiento por los derechos civiles, como Malcolm X y Stokely Carmichael, la no violencia era uno de los principios fundamentales de la lucha de King. Ejercitar la no violencia ante una provocación extrema exige una enorme fuerza moral, pero Gandhi había demostrado que era posible. Gandhi creía que si la resistencia era violenta, la autoridad moral de los manifestantes quedaría erosionada y se perdería el apoyo público. Por eso, King se esforzó para que su participación en el movimiento por los derechos civiles

Nueve alumnos negros desafiaron la segregación en el Instituto Central de Little Rock, tan solo permitido a los blancos, en 1957. Se les negó la entrada y las tropas federales tuvieron que velar por su seguridad.

no promoviera la violencia, y hasta llegó a cancelar discursos y actos al prever que los activistas podrían crear altercados. Asimismo, también se enfrentó sin miedo a la intimidación y la violencia cuando se ejercían sobre sus activistas. Con frecuencia encabezaba las manifestaciones, fue herido más de una vez y encarcelado en varias ocasiones. Las imágenes de las brutales cargas policiales contra los activistas por los derechos civiles constituyeron uno de los medios más eficaces de reclutar el apoyo de todo el país para su causa.

Esta actitud no violenta de King también le llevó a oponerse a la guerra de Vietnam. En 1967 pronunció su célebre discurso «Más allá de Vietnam: el momento de romper el silencio», en que habló de la ética del conflicto, lo tachó de «aventura de los estadounidenses» y condenó la inmensa cantidad de recursos desperdiciados en dicho conflicto. King opinaba que la guerra era una corrupción moral porque consumía enormes cantidades del presupues-

No violencia significa evitar no solo la violencia física exterior, sino también la del espíritu. No solo te niegas a dispararle a un hombre: te niegas a odiarle.
Martin Luther King

to nacional que podían haberse dedicado a aliviar los problemas de los pobres. Según él, la guerra, en cambio, agravaba el sufrimiento de la gente pobre de Vietnam.

La diferencia de opiniones entre los promotores de la no violencia y aquellos que utilizarían las armas en la lucha por los derechos civiles es, sin lugar a dudas, una de las **»**

Durante la lucha por los derechos civiles se dieron muchas formas de desobediencia civil no violenta, como no sentarse en el sector «para negros» al fondo de los autobuses públicos.

principales confrontaciones dentro de la desobediencia civil hasta hoy. En su «Carta desde la cárcel de Birmingham», King explicó su estrategia para enfrentarse a la ignorancia del racismo en EE UU, y dijo que «la acción no violenta directa intenta crear tal crisis y promover tal tensión que la comunidad que siempre se ha negado a negociar se vea obligada a hacerlo». Sin embargo, los más críticos del movimiento consideraron que dicho cambio sería demasiado lento y que existía el imperativo moral de responder a la violencia y a la intimidación de igual manera.

En contra de todas las desigualdades

La estrategia del movimiento por los derechos civiles de King fue evolucionando a lo largo de la década de 1960, ampliándose para incluir la injusticia económica junto a la racial. En 1968 comenzó su «Campaña por los pobres» centrada en el salario, la vivienda y la pobreza, que exigió al gobierno federal que invirtiera recursos para acabar con estos problemas. La campaña pedía que se garantizara un salario mínimo, que se construyeran viviendas sociales y que el Estado se comprometiera a asegurar el pleno empleo. Desde el principio, la intención de la campaña fue unir a todos los grupos raciales, centrándose en los problemas comunes de la pobreza y las dificultades, pero King perdió la vida antes de que comenzara, y, aunque se llevaron a cabo una marcha y toda una serie de protestas ampliamente publicitadas, no consiguió alcanzar el

mismo éxito que las campañas por los derechos civiles. Hacía ya tiempo que la conexión entre racismo y pobreza era uno de los temas de los derechos civiles y formaba parte del activismo de King. La «Marcha sobre Washington por el trabajo y la libertad», de 1963, se centraba en la lucha contra el racismo, pero también exigía una ampliación de

La discriminación es un cancerbero que muerde a los negros a toda hora para recordarles que su inferioridad es una mentira aceptada como verdad.
Martin Luther King

los derechos económicos. Al posicionarse en contra de la guerra de Vietnam, King acusó explícitamente a EE UU de intervenir en dicho conflicto con el objetivo de distraer la atención y no apoyar la batalla contra la pobreza. Estas campañas también pedían la ampliación de la seguridad social, un tema sobre el que King venía trabajando desde su pertenencia a la Conferencia Sur de Liderazgo Cristiano.

King defendía que resolver los problemas de la pobreza era enfrentarse a otra faceta de la ignorancia identificada por él en su lucha por la igualdad racial. En el libro *Adónde vamos: ¿caos o comunidad?* mencionó la necesidad de cambiar la actitud hacia la gente pobre. Creía que una gran parte del problema de la pobreza consiste en pensar que los pobres son pobres porque son ociosos. Dijo que la actitud más habitual era «considerar que la posición económica es la medida de las capacidades y el talento de la persona» y que «la ausencia de bienes terrenales indica una falta de hábitos industriosos y de fibra moral». Para luchar contra la pobreza hay que combatir esta actitud.

El legado de King

King es uno de los líderes en derechos civiles más importantes de la época moderna. Su oratoria es intemporal y forma parte ya del patrimonio humano, y su labor ha inspirado a los activistas que siguieron sus pasos en EE UU y en todo el mundo. La prueba más evidente de su influencia es la reforma de los derechos civiles que tuvo lugar gracias al movimiento que él lideró. La Ley del Derecho al Voto, aprobada en 1965, y la Ley de Derechos Civiles, de 1968, señalaron el final de las leyes «Jim Crow» y eliminaron la discriminación manifiesta en los estados del sur. Pero la última gran injusticia contra la que luchó, la pobreza, sigue sin solución. ∎

Cuando una persona protesta porque la sociedad se niega a reconocer su dignidad como ser humano, ese mismo acto de protesta le confiere dignidad.
Bayard Rustin

King sabía perfectamente que estaba en el punto de mira, pero esto nunca detuvo sus actividades en primera fila dentro de su movimiento. Días después de su muerte se aprobó la Ley de Derechos Civiles.

Martin Luther King

Nacido en Atlanta (Georgia, EE UU), Martin Luther King se educó en la Universidad de Boston. En 1954 ya era pastor y una figura importante de la Asociación Nacional para el Progreso de las Personas de Color. Comenzó a liderar el movimiento por los derechos civiles y organizó protestas por todo el sur del país, como el famoso boicoteo del sistema de autobuses de Montgomery, en 1955. En 1963 fue detenido mientras asistía a una protesta en Birmingham (Alabama) y encarcelado varias semanas.

Al salir encabezó la Marcha sobre Washington y pronunció su célebre discurso «Tengo un sueño». En 1964 recibió el premio Nobel de la Paz y lideró el movimiento popular para la retirada de las leyes «Jim Crow». King fue asesinado en Menfis (Tennessee), en marzo de 1968, mientras apoyaba una huelga de obreros de servicios sanitarios públicos.

Obras principales

1963 *Por qué no podemos esperar.*
1963 «Carta desde la cárcel de Birmingham».
1967 *Adónde vamos: ¿caos o comunidad?*

LA PERESTROIKA UNE SOCIALISMO Y DEMOCRACIA

MIJAÍL GORBACHOV (n. en 1931)

Mijaíl Gorbachov, durante su época como secretario general del Partido Comunista de la Unión Soviética, planificó numerosas reformas con el objetivo de reactivar la economía de la URSS, estancada desde la década de 1980. Defendía que dicho estancamiento era el resultado de una distribución no equitativa de la riqueza social, de estructuras rígidas que impedían a las masas aplicar su plena creatividad y de la autoridad abrumadora del Estado.

Su programa incluía dos componentes básicos: la *Perestroika* (reestructuración) supuso la revisión de los principios del centralismo democrático, un giro hacia métodos científicos y la aplicación equitativa de los principios universales de la justicia social; la *Glasnost* (transparencia) comportó una mayor apertura en las esferas social, política y de la libertad de expresión.

Según Gorbachov, la democratización no significaba el abandono del socialismo. Argumentaba que, en el espíritu de Lenin, el socialismo no era un plan teórico rígido, sino un proceso de cambio constante. Afirmaba que, en realidad, socialismo y democracia eran inseparables, si bien su idea de la democracia hacía referencia tan solo a la libertad de las masas obreras de alcanzar el poder.

Lamentablemente, las reformas económicas aplicadas por Gorbachov resultaron nefastas, y las sociales precipitaron la desintegración del Estado soviético. ∎

El programa de democratización de Gorbachov se proponía negociar el fin de la guerra fría con el presidente Ronald Reagan.

Véase también: Karl Marx 188–193 ▪ Lenin 226–233 ▪ Trotski 242–245 ▪ Antonio Gramsci 259 ▪ Mao Zedong 260–265

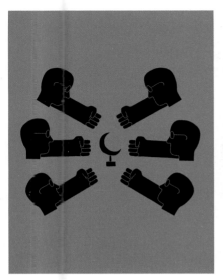

LOS INTELECTUALES SE EQUIVOCARON AL LUCHAR CONTRA EL ISLAM
ALÍ SHARIATI (1933–1977)

Influido por el puritanismo islámico, el marxismo y los pensadores poscoloniales, el filósofo iraní Alí Shariati defendió que las creencias islámicas son los pilares indiscutibles de la sociedad islámica, y promovió la independencia de la dominación occidental.

Shariati quería defender el islam de las ideas equivocadas. En su opinión, estas ideas eran el resultado de una división enfermiza entre la clase educada y el pueblo llano. Distinguió entre intelectuales e iluminados, y argumentó que estos últimos no necesitan estudios universitarios, sino conocer las tradiciones, la religión y las necesidades de la gente.

Antiintelectual
Al intentar aplicar la modernidad y los diversos modelos de desarrollo occidentales en Irán, los intelectuales no advierten que las condiciones de Irán son diferentes de las europeas. Los intelectuales no reconocen que lo que domina y sostiene la cultura iraní es el espíritu islámico, y suelen culpar a la religión de no preocuparse por asuntos materiales. Según Shariati, la emancipación de Irán únicamente será posible si se reconocen las raíces islámicas del país y se crea un sistema social igualitario según las normas religiosas. Quizá las masas necesiten ser más conscientes de ellas mismas, pero los intelectuales necesitan más «fe». Shariati no rechazó la modernidad: para él, el islam era la herramienta fundamental de Irán para ponerse a la par del mundo moderno. ∎

No existe profecía tan avanzada, poderosa y consciente como la profecía de Mahoma.
Alí Shariati

EL CARACTER INFERNAL DE LA GUERRA NOS IMPULSA A ROMPER TODA CONTENCION

MICHAEL WALZER (n. en 1935)

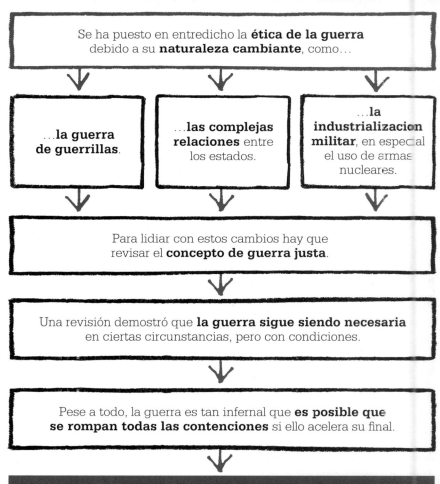

Se ha puesto en entredicho la **ética de la guerra** debido a su **naturaleza cambiante**, como…

…**la guerra de guerrillas**.

…**las complejas relaciones** entre los estados.

…**la industrialización militar**, en especial el uso de armas nucleares.

Para lidiar con estos cambios hay que revisar el **concepto de guerra justa**.

Una revisión demostró que **la guerra sigue siendo necesaria** en ciertas circunstancias, pero con condiciones.

Pese a todo, la guerra es tan infernal que **es posible que se rompan todas las contenciones** si ello acelera su final.

El carácter infernal de la guerra nos impulsa a romper toda contención.

Véase también: Sun Tzu 28–31 ■ San Agustín de Hipona 54–55 ■ Santo Tomás de Aquino 62–69 ■ Nicolás Maquiavelo 74–81 ■ Robert Nozick 326–327

¿Cuándo se justifica la guerra? ¿Qué conducta es lícita en el campo de batalla? Estas son algunas de las preguntas que han preocupado a los pensadores políticos desde que existe la guerra. En el siglo IV, san Agustín de Hipona estudio las condiciones de una guerra justa, y concluyó que la autodefensa o la defensa de los necesitados no solo la justificaba moralmente, sino que la hacían obligatoria. Más adelante, en su *Summa Theologica*, santo Tomás de Aquino sentó las bases de la moderna teoría de la guerra justa al defender que esta no se puede hacer para beneficio personal, sino que debe promoverla un organismo legítimo y que su motivo supremo es asegurar la paz.

Sin embargo, los recientes y rápidos progresos de la industria militar, las complejas relaciones entre los estados y el surgimiento de la guerra de guerrillas son factores que hacen dudar de la solidez del apoyo ético a los conflictos armados.

El uso de armas nucleares en la guerra afectó profundamente a Walzer. La inmensa capacidad de destrucción de estas armas le condujo a reevaluar la ética de la guerra.

El filósofo político Michael Walzer, considerado uno de los más eminentes teóricos de la guerra justa del último siglo, ha revigorizado esa teoría y aportado un nuevo conjunto de respuestas a la complejidad de los conflictos. Para Walzer, la guerra es necesaria en ciertas circunstancias, pero las condiciones para comenzarla y llevarla a cabo están sujetas a fuertes restricciones morales y éticas. No obstante, él cree que puede que sea necesario y justo que se libre una guerra con todos los medios disponibles, por horrorosos que sean. Por ejemplo: si es probable que la muerte de civiles acelere el final de la guerra, podría justificarse. Cree que hay que imponer restricciones morales a los que comienzan las guerras, pero que tales restricciones no pueden ser absolutas.

Guerras justas e injustas

En *Guerras justas e injustas*, Walzer pide mantener una base ética sólida y sostiene que, a veces, la guerra es necesaria, pero rechaza el absolutismo moral, es decir, la idea de que algunos actos nunca son moralmente válidos.

En su opinión, en los conflictos modernos, la ética compleja que los impulsa y la dinámica confusa del campo de batalla plantean nuevos retos al pensamiento ético. Como ejemplo de caso sumamente difícil de juzgar, expone el bombardeo aliado sobre Dresde en la Segunda Guerra Mundial. Walzer expone su especial preocupación por las armas nucleares, pues cambian tan drásticamente los límites de la moralidad que resulta muy difícil fijar un marco moral para la guerra. No obstante, como último recurso, se podrían llegar a justificar incluso las medidas más extremas. ■

Michael Walzer

Nació en Nueva York (EE UU) y estudió en la Universidad de Brandeis, en Boston, y en la de Cambridge, en Reino Unido, antes de doctorarse en Harvard en 1961. En esta última, impartió un curso en la década de 1970, junto con Robert Nozick, que dio origen a dos libros muy importantes: *Anarquía, estado y utopía*, de Robert Nozick, y *Las esferas de la justicia*, de Walzer. En 2007 fue nombrado profesor emérito del Instituto de Estudios Avanzados de la Universidad de Princeton.

El trabajo de Walzer ha resultado ser muy influyente en diversos campos, como la teoría de la guerra justa, pero también a la hora de abordar la igualdad, el liberalismo y la justicia. Como defensor de las comunidades autogobernadas, le ha preocupado la sociedad civil y el papel del estado del bienestar. Intelectual público y prominente, su obra sobre la guerra justa ha influido en muchos políticos y líderes militares contemporáneos.

Obras principales

1977 *Guerras justas e injustas.*
1983 *Las esferas de la justicia.*
2001 *Guerra, política y moral.*

NO SE PUEDE JUSTIFICAR UN ESTADO MAS GRANDE QUE EL ESTADO MINIMO

ROBERT NOZICK (1938–2002)

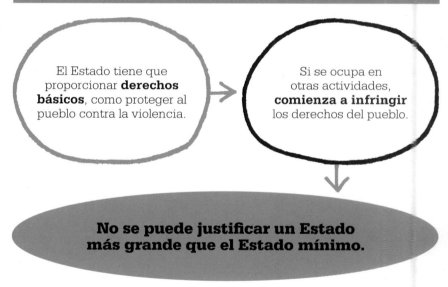

El Estado tiene que proporcionar **derechos básicos**, como proteger al pueblo contra la violencia.

Si se ocupa en otras actividades, **comienza a infringir** los derechos del pueblo.

No se puede justificar un Estado más grande que el Estado mínimo.

La situación de los derechos individuales en una época de estados fuertes y grandes instituciones públicas ha demostrado ser campo fértil para la teoría política. En este sentido se destacó el filósofo Robert Nozick, cuya obra fue, en parte, una respuesta a las ideas de John Locke y John Rawls.

En el segundo de sus *Dos tratados sobre el gobierno civil* (1689), John Locke puso los cimientos de la teoría del Estado moderno al proponer que el pueblo tuviera derechos individuales, pero insistiendo en que se necesitaba alguna forma de Estado para hacerlos respetar. Aquí nació el concepto del contrato social, descrito más adelante por Jean-Jacques Rousseau, por el que las personas ceden parte de su libertad a cambio de protección por parte del Estado.

El importante trabajo de Rawls *Teoría de la justicia*, publicado en 1971, abundó en esta idea al proponer una variante del contrato social que, según él, coincidía con las ideas de libertad e igualdad que exploraba la obra de Locke. Rawls

> El individuo tiene derechos, y hay cosas que ninguna persona o grupo puede hacerle.
> **Robert Nozick**

plantea una estructura que permita a las personas estar colectivamente de acuerdo con una idea de la justicia basada en la equidad y la igualdad y no en el propio interés, lo cual es la base de la democracia social. Nozick bebió de Locke y de Kant a la hora de afirmar que la forma de cooperación de Rawls entrañaba ciertos peligros. Actualizó la idea del libertarismo, que sostiene que hay que limitar en lo posible el alcance del Estado.

Nozick defendía que toda forma de Estado que no fuera la mínima era incompatible con los derechos individuales y, por tanto, injustificable. Cuando el Estado interviene en cualquier actividad que no sea la más básica –«protección contra la fuerza, el robo, el incumplimiento de contrato, el fraude, etc.»– infringe los derechos que Rawls intentaba preservar.

Anarquía, Estado y utopía

La más clara descripción que aportó Nozick de esta opinión se encuentra en su libro *Anarquía, Estado y utopía*, que propone un Estado mínimo y ofrece una serie de respuestas directas a las afirmaciones de Rawls.

El libro surgió a raíz de un curso que Nozick impartió en Harvard junto con Michael Walzer, en forma de debate entre ambos. Más tarde, Walzer fue uno de los más importantes críticos de estas ideas.

Posiblemente, la conclusión más célebre de *Anarquía, Estado y utopía* es la idea de que los impuestos, tal y como los utiliza el Estado moderno para redistribuir los ingresos y dotar a las instituciones públicas, son moralmente insostenibles. En opinión de Nozick, estos equivalen a trabajos forzados, en que parte del trabajo de unas personas beneficia obligatoriamente a otras. Incluso llegó a imaginar dicha situación como una forma de esclavitud en la que cada miembro de la sociedad tiene en propiedad parte del trabajo de cada individuo.

Anarquía, Estado y utopía fue inmensamente influyente y ayudó incluso a definir las modernas fronteras de la discusión entre el pensamiento libertario y el liberalismo. Se la suele leer junto con *Teoría de la justicia*, y es uno de los libros de filosofía política más importantes de la época moderna. ▪

Para Nozick, los impuestos son una forma de esclavitud, en el sentido de que los miembros de la sociedad pueden exigir una parte del trabajo de los demás, convirtiéndolo en un trabajo forzado.

Robert Nozick

Nació en Nueva York (EE UU), en 1938, hijo de un empresario judío. Llevó a cabo sus estudios universitarios en Columbia, Oxford y Princeton.

Si bien en un principio se sintió atraído por las ideas de izquierda, siendo estudiante leyó a Friedrich Hayek, Ayn Rand y otros teóricos liberales, lo cual lo reorientó hacia el libertarismo. Desempeñó la mayor parte de su carrera en Harvard, donde se estableció como una de las figuras clave del pensamiento libertario. Se dice que únicamente impartió el mismo curso dos veces en toda su carrera.

La obra de teoría política más importante de Nozick fue la primera: *Anarquía, Estado y utopía*, si bien escribió sobre muchos temas a lo largo de su vida, sin limitarse a la filosofía política. Hacia el final de su carrera rechazó el libertarismo extremo y propuso limitar el derecho de sucesiones. Falleció en 2002.

Obras principales

1974 *Anarquía, Estado y utopía.*
1981 *Philosophical Explanations.*
1993 *La naturaleza de la racionalidad.*

NINGUNA LEY ISLAMICA DICE «VIOLAD LOS DERECHOS DE LAS MUJERES»

SHIRIN EBADI (n. en 1947)

EN CONTEXTO

IDEOLOGÍA
Islam

ENFOQUE
Activismo por los derechos humanos

ANTES
1953 Un golpe respaldado por la CIA derroca a Mohamed Mosaddeq, primer ministro de Irán elegido democráticamente.

1979 La revolución islámica del ayatolá Jomeini elimina la monarquía autocrática en Irán y crea una república islámica que aprueba leyes represoras.

DESPUÉS
2006 En Teherán se disuelven manifestaciones pacíficas por los derechos de las mujeres y numerosas manifestantes son arrestadas y sentenciadas a recibir castigos físicos.

2011 La Primavera Árabe trae consigo una serie de rápidos cambios políticos y sociales a varios estados del norte de África y de Oriente Próximo, pero no a Irán.

La situación de los derechos humanos en los países islámicos plantea problemas que tienen serias repercusiones en el pensamiento político. El papel de la mujer en la vida pública ha quedado muy restringido por el avance del fundamentalismo, y se han aprobado leyes que favorecen la discriminación de género. Los pensadores islámicos discuten sobre cuál es la respuesta a dichos problemas y, en especial, sobre el papel que desempeñan las potencias occidentales.

Shirin Ebadi es una activista por los derechos humanos que obtuvo el premio Nobel de la Paz en 2003. Era jueza antes de la revolución islámica iraní de 1979, pero las leyes aprobadas por el nuevo régimen le obligaron a dejar de ejercer. Pese a esto, opina que los derechos de las mujeres son totalmente compatibles con el islam, y dice que la sólida situación anterior de la mujer en Irán indica que el problema no está en la ley islámica sino en el régimen actual.

Por este motivo, la intervención de los países occidentales y sus valores en la promoción de los derechos

Mujeres iraníes protestan en 1979 contra la nueva ley que les obliga a cubrirse en público. Ebadi cree que solo los propios iraníes pueden acabar con la opresión que ejerce el régimen.

humanos es muy discutida. Ebadi es contraria a la intervención de Occidente en Irán y afirma que pese al mal comportamiento del régimen en cuanto a derechos humanos, discriminación de género y falta de democracia, una intervención de las potencias extranjeras sería indeseable y no ayudaría: empeoraría las cosas. Cree que el cambio debe originarse desde dentro, y destaca que el movimiento femenino iraní es relativamente fuerte, comparado con los de otros países islámicos. ∎

Véase también: Emmeline Pankhurst 207 ▪ Abul A'la Maududi 278–279 ▪ Simone de Beauvoir 284–289 ▪ Alí Shariati 323

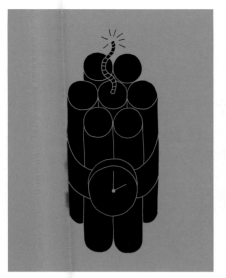

EL TERRORISMO SUICIDA ES BASICAMENTE UNA RESPUESTA A LA OCUPACION EXTRANJERA
ROBERT PAPE (n. en 1960)

Siempre se ha creído que el terrorismo suicida es una expresión del fundamentalismo religioso alimentada por una inagotable cantidad de mártires voluntarios. El politólogo estadounidense Robert Pape ha reunido pruebas que indican que en realidad se trata de una táctica laica y no religiosa, y que forma parte de campañas de más alcance para expulsar a fuerzas de ocupación de las zonas que los terroristas consideran su patria.

La conexión entre el terrorismo suicida y el fundamentalismo islámico, o cualquier otra religión, es poca.
Robert Pape

Respuesta estratégica
El libro de Pape *Morir para ganar: las estrategias del terrorismo suicida* (2005) analiza todos los casos conocidos de terrorismo suicida entre 1980 y 2003, un total de 315 ataques. Comprobó que no se realizaban por motivos o creencias personales y además descubrió poca correlación entre los ataques y la religión. Propuso una «lógica causal del terrorismo suicida», que apunta a que las acciones son la respuesta estratégica a la ocupación del país por otra potencia. Las investigaciones de Pape le condujeron a afirmar que el objetivo de todas las campañas terroristas y de más del 95 por ciento de todos los suicidios con bombas era la liberación nacional.

La conclusión es que el uso de la fuerza militar por parte de potencias extranjeras con objeto de subyugar o de reformar otras sociedades únicamente sirve para incrementar la cantidad de terroristas suicidas. Tal como afirma Pape, ese terrorismo no es cosa de una cantidad de fanáticos, sino un «fenómeno esencialmente reivindicativo». ∎

BIOGRAF

BIOGRAFIAS

Este libro presenta las ideas más importantes del pensamiento político y a algunos de sus pensadores más prominentes. Pero, inevitablemente, no se ha podido incluir a todos los que han conformado el pensamiento político del mundo a lo largo de los siglos. Este apartado de biografías, aunque no sea exhaustivo, incluye reseñas sobre algunos de los personajes que no se han tratado en el cuerpo del libro, con sus logros y las reflexiones por las que son conocidos. También remite a otras páginas del libro en que se exponen ideas, movimientos y pensadores relacionados con sus tesis, así como otros a quienes ellos han servido de inspiración. Los autores y personajes están ordenados cronológicamente por su fecha de nacimiento.

DARÍO I EL GRANDE
c. 550–486 a.C.

Darío I ciñó la corona de Persia en el año 522 a.C. Aplastó las rebeliones que habían destronado a su predecesor, Ciro el Grande, y expandió el imperio hasta el Asia central, el noreste de África, Grecia y los Balcanes. Para poder administrar tan vasto imperio, lo dividió en provincias supervisadas por sátrapas, que también se hacían cargo de los impuestos. Los sátrapas tenían su sede en las capitales regionales como Persépolis y Susa, donde se construían los grandes proyectos. Con objeto de unificar el Imperio persa, Darío también introdujo una moneda universal, el dárico, e hizo del arameo el idioma oficial.
Véase también: Alejandro Magno 332

MENCIO
c. 372–289 a.C.

También conocido como Mengzi, se cree que este filósofo chino estudió con uno de los nietos de Confucio, y su interpretación del confucianismo hizo de este el modelo de gobierno durante el periodo de los Reinos Combatientes. A diferencia de Confucio, Mencio hacía hincapié en la bondad esencial de la naturaleza humana, que la sociedad podía corromper, y defendía la educación para mejorar la moral pública. También fue algo menos complaciente con los gobernantes, ya que opinaba que si ejercían el poder sin justicia había que derrocarlos.
Véase también: Confucio 20–27 ▪ Mo Di 32–33 ▪ Han Fei Tzu 48

ALEJANDRO MAGNO
c. 356–323 a.C.

Hijo de Filipo II de Macedonia, Alejandro III, llamado Magno, nació durante la cúspide del periodo clásico de Grecia, y se cree que en su juventud fue discípulo de Aristóteles. A la muerte de su padre le sucedió en el trono y comenzó una titánica campaña de expansión. Invadió con éxito el Asia Menor y, a partir de ahí, conquistó lo que quedaba del Imperio persa de Darío III, extendiéndose finalmente hasta el norte de India. Durante este largo proceso introdujo la cultura y las instituciones griegas en África y Asia, donde se fundaron muchas ciudades que fueron construidas según el modelo helenístico de las *polis* (ciudades-estado).
Véase también: Aristóteles 40–43 ▪ Chanakia 44–47

GENGIS KAN
1162–1227

Nacido en un clan gobernante de Mongolia del norte, Temujin se ganó el apelativo Gengis Kan (Gran Emperador) al fundar el Imperio mogol. Antes de llegar al poder, la población de Asia central estaba formada por varios clanes distintos y fundamentalmente nómadas. Gengis Kan consiguió reunirlos en una sola nación y llevó a cabo una serie de campañas militares con las que conquistó una vasta extensión de China. Bajo su gobierno, el imperio se dividió en «kanatos», regidos por familiares suyos, y continuó expandiéndose hasta llegar al centro de Europa. Si bien fue considerado como un guerrero despiadado por los conquistados, erigió un imperio que respetaba la diversidad cultural de cada pueblo.
Véase también: Sun Tzu 28–31 ▪ Chanakia 44–47

FRAY BARTOLOMÉ DE LAS CASAS
1484–1566

El fraile e historiador español Bartolomé de las Casas emigró a la isla La Española (hoy República Dominicana y Haití) en 1502. Si bien en un principio comenzó trabajando en una plantación, en la que poseía esclavos, y participó en la conquista de Cuba como capellán, quedó tan desmoralizado por las atrocidades que vio perpetrar contra los taínos nativos que se hizo defensor de los indios. Ingresó en un monasterio dominico y viajó por toda Centroamérica, llegó a ser obispo de Chiapas (México) y «Protector de los Indios» antes de regresar a España en 1547. Sus escritos sobre la crueldad de la colonización de América se pueden considerar una primera propuesta de derechos humanos universales.

Véase también: Francisco de Vitoria 86–87 ▪ Nelson Mandela 294–295 ▪ Martin Luther King 316–321

AKBAR EL GRANDE
1542–1605

Akbar, el tercer emperador mogol de India, no solamente consiguió ampliar su imperio hasta abarcar la mayor parte de India del norte y central; también introdujo la tolerancia religiosa entre una población de gran diversidad étnica y reorganizó su gobierno. En vez de dividir el imperio en regiones autónomas, hizo que fuesen administradas por gobernadores militares bajo el mando de un gobierno central. Este, a su vez, se dividía en diferentes departamentos que se ocupaban de temas tales como los impuestos, la justicia y el Ejército. De este modo, Akbar

unificó las diversas regiones formando un país próspero y pacífico.

Véase también: Chanakia 44–47 ▪ Mohandas Gandhi 220–225 ▪ Manabendra Nath Roy 253

TOKUGAWA IEYASU
1543–1616

Este líder militar y estadista japonés era hijo del gobernante de la provincia de Mikawa. Nació durante un periodo de prolongado conflicto civil. Ieyasu heredó el cargo de su padre, así como su alianza con el gobernante vecino Toyotomi Hideyoshi. Pese a sus promesas de seguir manteniendo la alianza a la muerte de Hideyoshi Ieyasu derrotó al clan Toyotomi y estableció su sede en Edo, la actual Tokio. En 1603, el emperador nominal Go-Yozei nombró shogún (gobernador militar) a Tokugawa Ieyasu, con poder efectivo sobre todo Japón. Fue el fundador de la dinastía Tokugawa. Por medio de la distribución de tierras entre los líderes regionales y la imposición de estrictas reglamentaciones al mandato de estos, conservó una base de poder y consiguió estabilizar el país.

Véase también: Sun Tzu 28–31 ▪ Nicolás Maquiavelo 74–81 ▪ Ito Hirobumi 195

OLIVER CROMWELL
1599–1658

Miembro relativamente poco importante del Parlamento, Cromwell se dio a conocer durante la guerra civil inglesa. Demostró ser un hábil líder militar cuando las fuerzas parlamentarias derrotaron a los defensores de la Corona. Fue uno de los firmantes de la sentencia de muerte del rey Carlos I. Los motivos de la participación de Cromwell en el derroca-

miento del monarca fueron tanto religiosos como políticos, igual que su posterior ocupación de la Irlanda católica. Llegó al poder político durante el breve Protectorado inglés, cuando se le nombró *Lord Protector* (jefe de Estado) de Inglaterra, Gales, Escocia e Irlanda en 1653. Considerado por algunos como un despiadado dictador anticatólico, muchos lo han visto, en cambio, como la figura que consiguió llevar la libertad a su pueblo en un momento de decadencia de la monarquía, a la que Cromwell reemplazó con las bases de la democracia parlamentaria.

Véase también: barones del rey Juan 60–61 ▪ John Lilburne 333

JOHN LILBURNE
1614–1657

El político inglés John Lilburne dedicó la mayor parte de su vida a luchar por lo que él denominaba sus «derechos de nacido libre» en oposición a los derechos otorgados por las leyes. Fue encarcelado por imprimir panfletos ilegales durante la década de 1630 y se alistó en el Ejército parlamentario al inicio de la guerra civil. Abandonó el Ejército en 1645 porque creía que no luchaba por la libertad tal como él la entendía. Aunque se le relacionó con los *levellers* (niveladores), movimiento que propugnaba la igualdad de derechos de propiedad, Lilburne favorecía la igualdad de derechos humanos, lo que inspiró el panfleto de los niveladores titulado *An Agreement of the People*. Se le juzgó por alta traición en 1649, pero, debido a la presión popular, se le conmutó la pena y se le desterró. A su regreso a Inglaterra, en 1653, se le volvió a juzgar y se le encerró hasta su muerte.

Véase también: Thomas Paine 134–139 ▪ Oliver Cromwell 333

SAMUEL VON PUFENDORF
1632–1694

Hijo de un pastor luterano de Sajonia, Von Pufendorf comenzó a estudiar teología en Leipzig, pero finalmente decidió trasladarse a Jena para estudiar derecho. Allí descubrió las obras de Grocio y de Hobbes y sus teorías acerca de la ley natural. Destacó por sus ideas sobre la ley universal y fue nombrado primer profesor de leyes y naciones de la Universidad de Heidelberg, donde desarrolló sus teorías, que prepararon el camino para la concepción del contrato social de Rousseau. También propuso un sistema de leyes internacionales independientes de la religión. Luego se trasladó a Suecia como historiador de la corte real y creó una teoría del gobierno de la Iglesia que distinguía entre leyes eclesiásticas y leyes estatales.

Véase también: Hugo Grotio 94–95 ▪ Thomas Hobbes 96–103 ▪ Jean-Jacques Rousseau 118–125

SOR JUANA INÉS DE LA CRUZ
1651–1695

Juana Inés de Asbaje y Ramírez de Santillana nació en México, hija ilegítima de Isabel Ramírez y un capitán español. Aprendió a leer y escribir siendo muy pequeña y, enviada a vivir junto a su abuelo en 1660, se interesó por la biblioteca de este. En aquel tiempo, estudiar era un privilegio exclusivo de los hombres, y Juana rogó a su familia que le permitiese vestir de hombre para poder asistir a la universidad, pero terminó por aprender de los clásicos ella sola. En 1669 ingresó en la Orden de san Jerónimo, en la que permaneció como religiosa hasta su muerte. Autora prolífica, escribió gran cantidad de poemas y, en respuesta a las autoridades eclesiásticas que la criticaban por dedicarse a la literatura, hizo una apasionada defensa del derecho de las mujeres a la educación: la *Respuesta a sor Filotea de la Cruz.* Afirmó que mantener a las mujeres en la ignorancia era perjudicial para la sociedad, y preguntó: «¿Cuánto daño se habría evitado […] si nuestras mayores hubiesen aprendido?». Estos comentarios le acarrearon la censura eclesiástica.

Véase también: Mary Wollstonecraft 154–155 ▪ Emmeline Pankhurst 207 ▪ Simone de Beauvoir 284–289 ▪ Shirin Ebadi 328

GEORGE WASHINGTON
1732–1799

Comandante en jefe del Ejército continental en la guerra de la Independencia, Washington fue uno de los padres fundadores de EE UU y el primer presidente del país. No pertenecía a ningún partido político, y solía advertir contra el efecto separador de la política partidista. Durante sus dos mandatos introdujo una serie de medidas para unificar el país como república regida por un gobierno federal. Promovió el sentido del nacionalismo y dedicó muchos esfuerzos a aumentar la prosperidad de la república y fomentar el comercio: creó un sistema impositivo equitativo para liquidar la deuda nacional y, en asuntos exteriores, favoreció la neutralidad para no intervenir en guerras europeas. Washington instauró muchas tradiciones del gobierno de EE UU, como el discurso inaugural y la presidencia limitada a dos legislaturas.

Véase también: Benjamin Franklin 112–113 ▪ Thomas Paine 134–139 ▪ Thomas Jefferson 140–141

JOSEPH DE MAISTRE
1753–1826

El pensador Joseph-Marie, conde de Maistre, surgió como figura capital en la marea conservadora que siguió a la Revolución Francesa. Consideró la revolución resultado del pensamiento ilustrado ateo y afirmó que el Terror que la siguió fue la consecuencia inevitable del rechazo del cristianismo. Escapando de la revolución, huyó a Suiza y, luego, a Italia y Cerdeña. Creía que los sistemas de gobierno que se justificaban racionalmente estaban condenados a terminar en violencia y que la única forma estable de gobierno era la monarquía sancionada por Dios, con el papa como autoridad última.

Véase también: Santo Tomás de Aquino 62–69 ▪ Edmund Burke 130–133

NIKOLÁI MORDVINOV
1754–1845

Oficial de la Armada rusa, que también había servido en la Armada Real británica, Nikolái Mordvinov llamó la atención del zar Pablo I de Rusia, quien le ascendió a almirante y, posteriormente, a ministro de la Armada, posición desde la que influyó sobre las normas militares. Fue un gran defensor del liberalismo en un momento en que el gobierno ruso era absolutamente autocrático. Ferviente anglófilo, Mordvinov admiraba especialmente el liberalismo político de los británicos y utilizó su influencia para pedir el fin de la servidumbre, que, en su opinión, retrasaba el desarrollo económico de Rusia. Consideraba, además, que esto podía lograrse sin revoluciones.

Véase también: John Stuart Mill 174–181 ▪ Peter Kropotkin 206

MAXIMILIEN ROBESPIERRE
1758–1794

Robespierre, figura señera de la Revolución Francesa, fue considerado por sus partidarios como el sostén incorruptible de los principios revolucionarios. Sin embargo, en la actualidad es más recordado como un despiadado dictador. Estudió derecho en París, donde conoció las obras revolucionarias de Rousseau. Mientras practicaba la abogacía en Arras se interesó por la política, y llegó a ser miembro de la Asamblea Constituyente, donde luchó por la igualdad de derechos y el establecimiento de una república. Después de la ejecución de Luis XVI presidió el Comité de Seguridad Pública, un intento de erradicar la amenaza de una contrarrevolución mediante el régimen del Terror, pero finalmente fue detenido y ejecutado.

Véase también: Montesquieu 110–111 ▪ Jean-Jacques Rousseau 118–125 ▪ Graco Babeuf 335

GRACO BABEUF
1760–1797

El teórico y revolucionario francés François-Noël Babeuf trabajó como escritor y periodista y, al comenzar la Revolución Francesa, publicó artículos de propaganda bajo los seudónimos «Tribuno» y «Graco» Babeuf en honor de los reformadores romanos, los hermanos Graco. Sus opiniones les parecieron demasiado radicales incluso a los revolucionarios. La publicación de su diario *Le Tribun du Peuple*, en el que apoyaba los ideales del Terror, le aportó admiradores entre la Sociedad de los Iguales. En su organización hubo infiltraciones que provocaron acusaciones de conspiración y la de-

tención y ejecución de Babeuf y de muchos de sus colegas agitadores.

Véase también: Jean-Jacques Rousseau 118–125 ▪ Maximilien Robespierre 335

JOHANN FICHTE
1762–1814

Principalmente conocido como filósofo, también se considera a Fichte figura fundamental del nacionalismo político de Alemania. Después de la Revolución Francesa, Francia se anexionó varios estados occidentales de Alemania donde sembró ideas de libertad y derechos civiles, pero esto provocó una reacción patriótica. Fichte instó al pueblo alemán a unirse por su herencia y su idioma comunes, a oponerse a la influencia francesa y, lo que causó más controversia, a eliminar la amenaza que, según él, constituían los judíos, «un Estado dentro del Estado». Además de sus ideas abiertamente antisemitas, Fichte opinaba que las mujeres no debían tener derechos civiles. El nacionalsocialismo de Hitler iba a adoptar más adelante los puntos más extremistas de su ideario.

Véase también: Johann Gottfried Herder 142–143 ▪ Georg Hegel 156–159 ▪ Adolf Hitler 337

NAPOLEÓN BONAPARTE
1769–1821

Nacido en el seno de una familia italiana noble de Córcega, Napoleón estudió en la Academia Militar de Francia y sirvió después en el Ejército francés, si bien siempre fue un nacionalista corso. Sus ideas antimonárquicas le hicieron un sitio entre las fuerzas republicanas casi al final de la Revolución Francesa. Tras un golpe de Estado se autopro-

clamó primer cónsul de la República e implantó el Código Napoleónico, que establecía un gobierno meritocrático y desterraba el privilegio por nacimiento, e introdujo medidas para asegurar la libertad religiosa, especialmente para los judíos y los protestantes. Firmó un pacto con el papa Pío VII y restituyó parte de los privilegios a la Iglesia católica. Se proclamó emperador (Napoleón I) en 1804 y se embarcó en una serie de guerras que terminaría por perder. Abdicó y marchó al exilio en 1813, en Elba, pero pronto retomó el poder solo para ser derrotado por los británicos en Waterloo en 1815. Se le encarceló en la isla de Santa Elena hasta su muerte.

Véase también: Friedrich Nietzsche 196–199 ▪ Maximilien Robespierre 335

ROBERT OWEN
1771–1817

Owen provenía de una humilde familia galesa y, siendo adolescente, se trasladó a Manchester (Inglaterra) en busca de trabajo. Se hizo un nombre en el negocio textil, y a los 19 años ya dirigía una fábrica de tejidos de algodón. En *Una nueva visión de la sociedad* expresa sus ideas sobre las reformas sociales. Su socialismo utópico se basaba en mejorar la vivienda, la seguridad social y la educación de los obreros. Creó comunidades cooperativas en New Lanark (Escocia) y en otros sitios de Gran Bretaña, así como una en New Harmony (Indiana, EE UU). Pionero del movimiento cooperativista, sus comunidades inspiraron los movimientos de reforma social en su país.

Véase también: Tomas Paine 134–139 ▪ Jeremy Bentham 144–149 ▪ Karl Marx 188–193 ▪ Beatrice Webb 210

CHARLES FOURIER
1772–1837

Nacido en Besançon (Francia), e hijo de un empresario, Fourier viajó extensamente por Europa y desempeñó diversos trabajos antes de consagrarse a la escritura. A diferencia de otros pensadores socialistas del periodo revolucionario, creía que los problemas de la sociedad eran fruto de la pobreza, y no de la desigualdad, y creó una forma de socialismo libertario. También fue uno de los primeros defensores de los derechos de las mujeres. En lugar del comercio y la competencia, que consideraba una mala práctica de los judíos, propuso un sistema de cooperación. Las ideas utópicas de Fourier se concretarían en comunidades que él llamaba «falanges», alojadas en complejos de apartamentos. Se pagaría a los trabajadores según su contribución, y la paga sería mayor para los trabajos impopulares. Sus ideas fueron adoptadas por la Comuna de París, que gobernó brevemente en 1871, y el sistema de falanges se implantó en varias localidades de EE UU.
Véase también: Mary Wollstonecraft 154–155 ▪ Robert Owen 335

GIUSEPPE GARIBALDI
1807–1882

Militar, político y figura capital del llamado *Risorgimento* italiano –el movimiento para la unificación de Italia en el siglo XIX–, Garibaldi encabezó un grupo de guerrilleros célebres por sus camisas rojas, que conquistó Sicilia y Nápoles. También llevó a cabo varias campañas en Sudamérica durante los años en los que estuvo desterrado, y pasó algún tiempo en EE UU. Sus hazañas le dieron renombre a ambos lados del Atlántico, y su popularidad contribuyó a acelerar la unificación italiana. Profundamente opuesto al poder político del papado, aun siendo un convencido republicano llegó a apoyar una monarquía en pro de la unificación, y así se creó el Reino de Italia encabezado por el rey Víctor Manuel II, iniciado en 1861. Finalmente, en 1870, los estados papales se anexionaron al reino y el *Risorgimento* quedó completado. Garibaldi apoyaba la idea de una federación europea, que él esperaba encabezase una Alemania unificada.
Véase también: Giuseppe Mazzini 172–173

NASIR AL DIN SAH
1831–1896

El cuarto sah de la dinastía Qayar, Nasir al Din, subió al trono en 1848 y comenzó a reinar con reformas, influido por las ideas europeas. Además de mejorar la infraestructura del país –construyó carreteras y estableció los servicios postal y telegráfico– abrió escuelas de estilo europeo, introdujo medidas para disminuir el poder del clero y contempló con simpatía la idea de que se creara un Estado judío. Recorrió Europa en 1873 y nuevamente en 1878, y quedó especialmente impresionado por el sistema político británico. Sin embargo, su reinado fue cada vez más dictatorial, persiguió a las minorías y realizó concesiones a los comerciantes europeos mientras llenaba sus propios bolsillos. Favorecer los intereses extranjeros hizo aumentar su impopularidad entre el creciente movimiento nacionalista iraní, que lo asesinó en 1896.
Véase también: Theodor Herzl 208–209 ▪ Mustafá Kemal Atatürk 248–249

OSWALD SPENGLER
1880–1936

Este filósofo e historiador alemán se hizo célebre gracias a su obra *La decadencia de Occidente* que, acabada en 1914, no se publicó hasta después de la Primera Guerra Mundial. En ella expone su teoría de que todas las civilizaciones terminan por decaer, supuesto que se vio reforzado por la propia decadencia de Alemania durante la década de 1920. Otro libro suyo, *Prusianismo y socialismo*, clamaba por un nuevo movimiento nacionalista de socialismo autoritario. Sin embargo, Spengler nunca fue partidario del nazismo, criticó abiertamente las ideas de Hitler sobre superioridad racial y advirtió que una nueva guerra mundial podía acabar con la civilización occidental.
Véase también: Ibn Jaldún 72–73 ▪ Adolf Hitler 337

RICHARD TAWNEY
1880–1962

El historiador inglés Richard Tawney fue un enconado crítico del consumismo de la sociedad capitalista. Escribió el clásico análisis histórico *La religión y el nacimiento del capitalismo* y varios libros de crítica social en los que expuso sus tesis sobre el socialismo cristiano y la defensa de una sociedad igualitaria. Socialista reformista y miembro del Partido Laborista Independiente, trabajó junto con Sidney y Beatrice Webb en sus campañas para reformar la industria y la educación. Fue un entusiasta de la educación de los adultos y participó activamente en la Workers' Educational Association, que pasó a presidir en 1928.
Véase también: Beatrice Webb 210 ▪ Robert Owen 335

FRANKLIN D. ROOSEVELT
1882–1945

Roosevelt fue elegido 32.º presidente de EE UU en 1932, durante la peor fase de la Gran Depresión. Inmediatamente implementó un programa legislativo conocido como el New Deal cuyos objetivos eran promover el crecimiento económico, reducir el desempleo y regular las instituciones financieras. También introdujo una serie de reformas sociales que favorecieron los derechos civiles. Tanto su expansión de los programas sociales del gobierno como su intervención en los mercados financieros marcaron la norma de la política liberal estadounidense a lo largo del siglo xx. Sus medidas mejoraron la economía y levantaron la moral de los ciudadanos. Con el comienzo de la Segunda Guerra Mundial su popularidad quedó plenamente consolidada, ya que sacó al país de su posición aislacionista y lo puso a la cabeza de los asuntos mundiales.
Véase también: Winston Churchill 236–237 ▪ Stalin 240–241

BENITO MUSSOLINI
1883–1945

Siendo muy joven, Mussolini marchó a Suiza, donde fue activista del socialismo y periodista político. Sin embargo, también era un ferviente nacionalista italiano, y los socialistas acabaron expulsándolo del partido por apoyar la intervención de Italia en la Primera Guerra Mundial. Después de servir en el Ejército italiano, renunció a la idea socialista ortodoxa de la revolución proletaria y expuso una amalgama de conceptos nacionalistas y socialistas en el *Manifiesto fascista*, de 1921. Dirigió a su Partido Nacional Fascista en el golpe de Estado conocido como la Marcha sobre Roma, en 1922, y al año siguiente se convirtió en primer ministro de un gobierno de coalición. En pocos años asumió poderes dictatoriales y utilizó el título de *duce* (general, líder). Mussolini inició un programa de obras públicas y reformas económicas. Durante la Segunda Guerra Mundial se posicionó a favor de Hitler; después de la invasión de Italia por las tropas aliadas fue detenido, pero las fuerzas alemanas lo liberaron. Finalmente, fue capturado por los partisanos italianos, que le ejecutaron en 1945.
Véase también: Giovanni Gentile 238–239 ▪ Adolf Hitler 337

ADOLF HITLER
1889–1945

Aunque de origen austriaco, Adolf Hitler se trasladó a Alemania muy joven y no tardó en convertirse en un nacionalista acérrimo. Después de haber servido en la Primera Guerra Mundial, se afilió al derechista y recién creado Partido Obrero Alemán –que más tarde se convertiría en el partido nazi–, que pasó a dirigir en 1921. En 1923 fue encarcelado por preparar un golpe de Estado fallido, el *Putsch* de la cervecería de Múnich. Durante su estancia en la cárcel escribió la memoria autobiográfica *Mein Kampf (Mi lucha)*. Liberado al año siguiente, sus planteamientos sobre el nacionalismo alemán, la superioridad racial, el antisemitismo y el anticomunismo le valieron numerosos apoyos y fue elegido canciller en 1933. Implantó rápidamente un gobierno dictatorial, reemplazó la República de Weimar por el Tercer Reich (*Reich*: reino) y rearmó al Ejército con el objetivo de ganar territorios para el pueblo alemán. Su invasión de Polonia en 1939 supuso el comienzo de la Segunda Guerra Mundial, durante la cual expandió el Reich por toda Europa. Derrotado en 1945, se suicidó en su búnker, acosado por las fuerzas aliadas durante la batalla de Berlín.
Véase también: Stalin 240–241 ▪ Benito Mussolini 337

HÔ CHI MINH
1890–1969

El nombre real de Hô Chi Minh era Nguyen Sinh Cung; nació en la Indochina francesa (la actual Vietnam) y cursó sus estudios en el Liceo Francés de Hue. Durante un tiempo trabajó como profesor antes de enrolarse en un barco y viajar a EE UU; más tarde realizó trabajos menores en Londres y París. Estando en Francia conoció y se acercó a los supuestos comunistas y llevó a cabo una campaña para reemplazar el gobierno francés de su país por otro nacionalista. Pasó algunos años en la URSS y en China, y los británicos lo encarcelaron en Hong Kong. En 1941 regresó a Vietnam para liderar el movimiento independentista y adoptó el nombre de Hô Chi Minh («el que ilumina»). Logró evitar la ocupación de su país por los japoneses durante la Segunda Guerra Mundial y, en 1945, creó la República Democrática de Vietnam, comunista, con él mismo como presidente y primer ministro, pero siguió batallando por un Vietnam unido hasta que su mala salud le obligó a retirarse en 1955. Murió en 1969, antes del final de la Guerra de Vietnam, y continuó siendo la figura señera del Vietminh y del Vietcong contra Vietnam del Sur y las fuerzas estadounidenses.
Véase también: Karl Marx 188–193 ▪ Mao Zedong 260–265 ▪ Che Guevara 312–313 ▪ Fidel Castro 339

JOSÉ CARLOS MARIÁTEGUI
1894–1930

Este periodista peruano abandonó la escuela con solo 14 años de edad para trabajar como recadero de un periódico y fue aprendiendo su oficio en los diarios *La Prensa* y *El Tiempo*. En 1918 fundó su propio periódico de izquierdas, *La Razón*, y en 1920 se vio obligado a dejar el país por su apoyo a los socialistas. Recorrió Europa, cuando, hallándose en Italia y participando en la política socialista, Mussolini llegó al poder. Mariátegui culpaba del auge del fascismo a la debilidad de la izquierda. Regresó a Perú en 1923 y comenzó a escribir acerca de la situación en la que se encontraba su país a la luz de sus experiencias en Italia. Se unió a la APRA (Alianza Popular Revolucionaria Americana) y creó la revista *Amauta*. Cofundador del Partido Comunista del Perú, en 1928 escribió el análisis marxista *Siete ensayos de interpretación de la realidad peruana* a favor de un regreso al colectivismo de los peruanos indígenas. Sus planteamientos siguieron vigentes en Perú después de su prematura muerte, acaecida en 1930, e inspiraron los movimientos revolucionarios Sendero Luminoso y Túpac Amaru de finales del siglo xx.
Véase también: Simón Bolívar 162–163 ▪ Karl Marx 188–193 ▪ Che Guevara 312–313 ▪ Benito Mussolini 337

HERBERT MARCUSE
1898–1979

Marcuse fue uno de los muchos intelectuales alemanes que emigraron a EE UU durante la década de 1930. Estudió filosofía y se relacionó con la Escuela de Frankfurt, con la que mantuvo estrechos lazos hasta después de obtener la ciudadanía estadounidense en 1940. En sus libros *El hombre unidimensional* y *Eros y civilización* expuso una filosofía de inspiración marxista haciendo hincapié en la alienación de la sociedad moderna. Su interpretación del marxismo estaba hecha a la medida de la sociedad estadounidense, con un menor énfasis en la lucha de clases. Se mostró enormemente crítico con el comunismo soviético, que, en su opinión, tenía el mismo efecto deshumanizador que el capitalismo. Popular entre los grupos minoritarios y los estudiantes, en las décadas de 1960 y 1970 sus planteamientos le valieron el apelativo de «padre de la nueva izquierda».
Véase también: Jean-Jacques Rousseau 118–125 ▪ Karl Marx 188–193 ▪ Friedrich Nietzsche 196–199

LÉOPOLD SÉDAR SENGHOR
1906–2001

Nacido en Senegal, Senghor obtuvo una beca para estudiar en Francia, donde se graduó y trabajó como profesor en las universidades de Tours y París. Durante la ocupación nazi participó activamente en la resistencia francesa. Junto a otros emigrantes africanos, entre ellos Aimé Césaire y Léon Damas, creó el concepto de «negritud», que destacaba los valores positivos de la cultura africana en oposición a las actitudes coloniales racistas que prevalecían en Europa. Después de la Segunda Guerra Mundial regresó a África con objeto de continuar con su carrera académica y, además, participó en la vida política. Cuando Senegal obtuvo finalmente su independencia, en 1960, fue elegido primer presidente. Senghor adoptó un punto de vista socialista decididamente africano, basado en la negritud antes que en supuestos marxistas, y mantuvo los lazos con Francia y Occidente.
Véase también: Mohandas Gandhi 220–225 ▪ Marcus Garvey 252 ▪ Martin Luther King 316–321

MIHAILO MARKOVIČ
1923–2010

Nacido en Belgrado, en la antigua Yugoslavia, el filósofo serbio Mihailo Markovič fue un destacado miembro del movimiento humanista marxista conocido como Escuela de la Praxis. Después de haber luchado como partisano durante la Segunda Guerra Mundial, logró ganar notoriedad dentro del Partido Comunista de Yugoslavia gracias a su feroz crítica al estalinismo soviético y por pedir el regreso a los principios marxistas. Estudió en Belgrado y, más tarde, en Londres y, como respetado académico, atrajo la atención del movimiento Praxis en la década de 1960 por su llamamiento a la libertad de expresión, así como por su crítica social totalmente marxista. En 1986, Markovič fue coautor del memorándum de la Academia de las Artes y las Ciencias de Serbia, documento en el que se describía la posición de los nacionalistas serbios. Como miembro del Partido Socialista de Serbia, dio todo su apoyo al líder nacionalista Slobodan Milošević.
Véase también: Karl Marx 188–193 ▪ Herbert Marcuse 338

JEAN-FRANÇOIS LYOTARD
1924–1998

Figura importante del movimiento filosófico posmoderno francés, Lyotard estudió en la Sorbona y cofundó el Colegio Internacional de Filosofía.

Al igual que muchos otros socialistas de la década de 1950, no aceptó los excesos cometidos por la Rusia estalinista y decidió afiliarse a la organización Socialismo o Barbarie, fundada en 1949, cuyo principal objetivo era rebatir la política de Stalin desde una perspectiva marxista. Tomó parte durante las protestas de estudiantes y obreros de mayo de 1968 en París, pero le desilusionó la falta de respuesta de los pensadores políticos. En 1974, en su libro *Economía libidinal* renunció a su fe en la revolución marxista. Este y muchos otros escritos políticos de Lyotard son un análisis posmoderno de Marx y el capitalismo –y de la obra de Sigmund Freud– en términos de la «política del deseo».
Véase también: Karl Marx 188–193 ▪ Herbert Marcuse 338

FIDEL CASTRO
n. en 1926

Estandarte de la política antiimperialista, Castro se estrenó en la política cubana cuando estudiaba derecho en La Habana, estudios que abandonó para rebelarse en contra de los gobiernos de derechas de Colombia y la República Dominicana. En 1959, junto con su hermano Raúl y su amigo Che Guevara, encabezó el movimiento que logró derrocar la dictadura de Fulgencio Batista, respaldada por EE UU. Como primer ministro de la nueva República de Cuba, fundó un Estado unipartidista marxista-leninista. A pesar de los múltiples intentos de EE UU de destituirlo e incluso asesinarlo, llegó a la presidencia de Cuba en 1976. En vez de acercar demasiado su país a la URSS, Castro decidió adoptar una posición internacional como miembro del Movimiento de Países No Alineados, que durante la guerra fría

defendió una vía intermedia antiimperialista entre Occidente y Oriente. Tras la disolución de la URSS, alió a Cuba con otros países latinoamericanos y aprobó una serie de medidas para abrir el país a la inversión extranjera. La enfermedad le obligó a retirarse en 2008 y pasó la presidencia a su hermano Raúl.
Véase también: Karl Marx 188–193 ▪ Lenin 226–233 ▪ Che Guevara 312–313

JÜRGEN HABERMAS
n. en 1929

Se conoce al filósofo y sociólogo alemán Jürgen Habermas por sus análisis sobre la sociedad capitalista moderna y la democracia desde una perspectiva ampliamente marxista. Acentúa el racionalismo del análisis marxista, que contempla como una continuación del pensamiento de la Ilustración. Influido por sus experiencias durante la Segunda Guerra Mundial, y especialmente por los juicios de Núremberg, intentó encontrar una nueva filosofía política para la Alemania de posguerra. Miembro de la Escuela de Frankfurt, no estuvo de acuerdo con su posición antimoderna. Más adelante fue director del Instituto de Investigación Social (Universidad de Fráncfort). Escritor prolífico, Habermas ha luchado por un socialismo auténticamente democrático, y con frecuencia ha criticado el posmodernismo.
Véase también: Karl Marx 188–193 ▪ Max Weber 214–215

DAVID GAUTHIER
n. en 1932

El canadiense Gauthier estudió filosofía en las universidades de Toronto, Harvard y Oxford, y fue profesor

en Toronto hasta 1980, año en que comenzó a impartir clases en la Universidad de Pittsburgh. Sus estudios se centran en el análisis de la moral en la filosofía y, más particularmente, en las teorías políticas de Hobbes y Rousseau. En sus escritos expone una filosofía política libertaria fundamentada en la teoría moral de la Ilustración. Su libro más conocido, titulado *La moral por acuerdo*, aplica distintas teorías modernas sobre la toma de decisiones –como la teoría del juego– a la idea del contrato social y examina la base moral de la toma de decisiones tanto políticas como económicas.
Véase también: Thomas Hobbes 96–103 ▪ Jean-Jacques Rousseau 118–125

ERNESTO LACLAU
1935-2014

El politólogo Ernesto Laclau fue un importante activista del socialismo en su Argentina natal y miembro del Partido Socialista de la Izquierda Nacional hasta que, en 1969, se le convenció para que prosiguiera con sus actividades académicas en Inglaterra. Allí estudió en la Universidad de Essex, donde todavía hoy imparte clases de teoría política. Laclau se describe como posmarxista. Aplica diversos elementos de pensamiento de los filósofos franceses, entre ellos Jean-François Lyotard, Jacques Derrida y la teoría psicoanalítica de Jacques Lacan, a una filosofía política fundamentalmente marxista. Sin embargo, ha rechazado las ideas de Marx acerca de la lucha de clases y del determinismo económico en favor de una «democracia plural radical».
Véase también: Karl Marx 188–193 ▪ Antonio Gramsci 259 ▪ Jean-François Lyotard 338

GLOSARIO

Absolutismo El poder total y sin restricciones de un gobierno. También se conoce como **totalitarismo**.

Absolutismo moral Filosofía basada en el supuesto de que la moralidad debe ser la guía de las acciones humanas, sobre todo por lo que respecta a las leyes internacionales.

Agrarismo Filosofía política que considera que la sociedad rural y los campesinos son superiores a la sociedad urbana y los trabajadores pagados, y sostiene que la agricultura es una forma de vida capaz de forjar valores sociales.

Aislacionismo La política de retirarse un país de las alianzas militares, los acuerdos internacionales y, en ocasiones, incluso del comercio internacional.

Anarquismo Abolición, si es necesario por medios violentos, de la autoridad gubernamental y adopción de una sociedad basada en la colaboración voluntaria.

Apartheid «Separación» en idioma afrikaans; política de segregación racial que se introdujo en Sudáfrica después de la victoria del Partido Nacional en las elecciones de 1948.

Apparatchik Miembro del aparato del partido **comunista** soviético. Hoy se ha convertido en un término despectivo que designa a un fanático político.

Autocracia Comunidad o Estado en que una única persona ejerce autoridad ilimitada.

Bipartito Enfoque de una situación o un problema que acuerdan dos partidos políticos que normalmente se oponen entre sí.

Bolchevique En ruso, «mayoría». Facción del Partido Obrero Socialdemócrata de Rusia que se separó de la facción menchevique en 1903 y se convirtió en el Partido Comunista de la Unión Soviética después de 1917.

Burguesía Para el marxismo, clase social que posee los medios de producción y cuyos ingresos provienen de esa propiedad, y no del trabajo remunerado.

Capitalismo Sistema económico sustentado por las fuerzas del mercado, con inversiones privadas en los medios de producción y distribución de un país, de los que ellas son propietarias.

Cleptocracia Corrupción política y gubernamental en que los políticos, los funcionarios y sus amigos y protegidos ejercen el poder para su propio beneficio. El término proviene del griego «gobierno de los ladrones».

Colectivismo Teoría política que propugna el control colectivo y no individual de las instituciones sociales y económicas, en especial de los medios de producción.

Colonialismo Declaración de soberanía de un Estado sobre otros territorios fuera de su nación. Se caracteriza por relaciones desiguales de poder entre los colonizadores que gobiernan los territorios y la población autóctona de estos.

Comunismo Ideología que defiende la eliminación de la propiedad privada a favor de la posesión común de los bienes. Se basa en el manifiesto político de Karl Marx y Friedrich Engels, de 1848.

Confucianismo Sistema basado en las enseñanzas de Confucio, que pone el acento sobre la lealtad y la jerarquía, aunque también destaca la posibilidad de desarrollo y mejora individuales.

Conservadurismo Posición política que desaprueba y se opone a los cambios radicales en la sociedad. Los conservadores suelen propugnar la conservación de la libertad económica, el emprendimiento, la propiedad privada, la libertad de los mercados, la privatización de las empresas y la reducción de las actividades del gobierno.

Constitucionalismo Sistema de gobierno que respeta la Constitución, es decir, el escrito que recoge los principios y las leyes fundamentales de un Estado.

Contrato social Contrato teórico o real entre personas para formar una sociedad organizada, o bien entre personas y un gobernante o un gobierno para definir los límites, derechos y deberes de cada uno de ellos.

Cuarto poder Institución teórica compuesta por los medios de comunicación. El término deriva de los primeros tres poderes o «estados» reconocidos por la Asamblea Legislativa francesa en el siglo XVIII: la Iglesia, la nobleza y los ciudadanos.

Democracia Forma de gobierno en la que el poder supremo recae sobre el pueblo y es ejercido por este a través de sus representantes elegidos.

Democracia directa Gobierno real, y no solo teórico, del pueblo: los ciudadanos votan sobre cada tema que les afecta. Se practicaba en la antigua Atenas.

Democracia social Movimiento político reformista que trata de promover una transición gradual del **capitalismo** al **socialismo** por medios pacíficos y **democráticos**. Sus principios clásicos incluyen el derecho de todos los ciudadanos a la educación, la asistencia sanitaria, las compensaciones a los trabajadores y la no discriminación.

Derechismo Ideología de la «derecha» política, que se define a grandes rasgos como favorecedora de actitudes **conservadoras** y en pro de los mercados, que prefiere los derechos individuales a las intervenciones del gobierno, se orienta estrictamente hacia la ley y el orden y propugna el **nacionalismo**.

Derecho consuetudinario inglés También llamado «derecho común» o «anglosajón», aquel en que la ley se aplica más siguiendo la interpretación de los tribunales (o jurisprudencia) y guiándose por las tradiciones, que según la estricta aplicación de las leyes escritas.

Derecho divino de los reyes Doctrina que sostiene que el monarca está legitimado por Dios y, por consiguiente, no está sujeto a ninguna autoridad terrenal.

Déspota Gobernante con poder **absoluto** que habitualmente lo ejerce de forma tiránica y abusiva.

Dictador Gobernante **absoluto**, en especial el que asume el control total sin el consentimiento de su pueblo, y que suele ejercer la opresión.

Distopía Sociedad teórica que se caracteriza por un Estado malvado y disfuncional. *Véase* **utopía**.

Ecosofía Dentro del llamado **movimiento verde**, la filosofía ecológica de Arne Naess que propone la armonía y el equilibrio ecológicos.

Elitismo Creencia en que la sociedad debe estar gobernada por un grupo selecto de personas.

Estado de naturaleza En la teoría del **contrato social**, el estado hipotético que existía antes del surgimiento de los gobiernos organizados. Según Jean-Jacques Rousseau, se trataba de un estado de armonía idílica entre los seres humanos y la naturaleza, mientras que Thomas Hobbes lo describe como un estado de **distopía** de las personas en constante conflicto con sus semejantes.

Estructuralismo económico Presunción de que la conducción del mundo político se basa en la forma en que ese mundo está organizado económicamente.

Extremismo Cualquier teoría política que favorezca políticas o acciones intransigentes.

Fascismo Ideología nacionalista caracterizada por un liderato fuerte, por la acentuación de una identidad colectiva y por el empleo de violencia e incluso de la guerra en interés del Estado. El término deriva del italiano *fascio* (haz o grupo de varillas atadas) que simboliza la identidad colectiva y se aplicó por primera vez al régimen de Mussolini.

Federalismo Sistema de gobierno en el que los poderes se dividen entre el gobierno central y los de los estados más pequeños o provincias.

Feudalismo Sistema político medieval que consistía en pequeñas unidades geográficas –como principados o ducados– gobernados por la nobleza y en las que la población aldeana vivía en estado de servidumbre hacia su señor.

Fundamentalismo Adhesión estricta a los principios religiosos en los que se cree.

Glasnost «Transparencia» en ruso, fue la política implementada por Mijaíl Gorbachov en la Unión Soviética y cuyo objetivo era el de exigir al gobierno mayores responsabilidades y aperturismo.

Guerra justa Doctrina de ética militar que comprende el *ius ad bellum* –en latín «derecho a la guerra»–, es decir, la necesidad de que la guerra tenga una base tanto moral como legal, y la *ius in bello* –en latín «justicia en la guerra»–, es decir, la necesidad de que exista conducta moral en el desarrollo de la guerra.

Hábeas corpus Derecho que tiene la persona detenida por cualquier acusación a aparecer ante los tribunales a fin de que se decida su culpabilidad o su inocencia.

Igualitarismo Filosofía que defiende la igualdad social, política y económica.

Ilustración También llamada la Era de la Razón, fue un periodo de grandes adelantos intelectuales durante el siglo XVIII que cuestionaba la concepción religiosa del mundo y defendía la aplicación de la razón.

Imperialismo Política de extensión del dominio de un país por medio de la intervención directa en los asuntos de otros países, con apropiación de territorios y subyugación de pueblos para construir un imperio.

Izquierdismo Ideología de la «izquierda» política, basada en un enfoque intervencionista del bienestar social y una visión del mundo internacionalista. El concepto surgió en Francia durante el siglo XVIII, cuando la nobleza que intentaba mejorar las condiciones de los campesinos se sentaba a la izquierda del rey.

Junta Camarilla, facción o conciliábulo, por lo general militar, que toma el poder tras destituir un gobierno.

Legalismo Filosofía política **utilitaria** adoptada en China en el periodo de los Reinos Combatientes, que acentuaba la importancia de mantener la ley y el orden, si fuera necesario por medio de duros castigos.

Ley natural El concepto de que las leyes positivas y justas descansan sobre una «ley superior» –originalmente definida por santo Tomás de Aquino como el reflejo de la ley eterna de Dios que guía el universo–, evidenciada en la mayoría de las personas por el sentido común.

Liberalismo Ideología política que acentúa los derechos y las libertades de las personas. Abarca una amplia gama de políticas, como la defensa del libre comercio, la libertad de expresión y la libertad religiosa.

Liberalismo clásico Filosofía surgida en el siglo XVIII, que afirma que los derechos de las personas están por encima de los del Estado o la Iglesia, oponiéndose así al **absolutismo** y al **derecho divino de los reyes**.

Libertarismo Defensa de la libertad y el libre albedrío. Hay libertarios tanto en la **izquierda** como en la **derecha** políticas. Incorpora creencias tales como la dependencia de uno mismo, la razón y la no interferencia del Estado en los asuntos económicos y personales.

Maoísmo Movimiento político, inspirado en las enseñanzas del líder chino Mao Zedong, que deriva de la doctrina **marxista-leninista**. Su principio central consiste en que, para apoyar la revolución comunista, el campesinado puede hacer las funciones del **proletariado**.

Maquiavelismo Actividad política astuta, cínica y oportunista. El término proviene del pensador y teórico político florentino del siglo XVI Nicolás Maquiavelo.

Marxismo La filosofía de los escritos de Karl Marx, en que propone que el orden económico de la sociedad determina sus relaciones políticas y sociales.

Marxismo-leninismo Ideología fundamentada en las teorías de Karl Marx y Lenin que propugna la creación de una sociedad **comunista** internacional.

Meritocracia Creencia de que los gobernantes deben ser elegidos de acuerdo con sus méritos y no por su fortuna o su nacimiento.

Movimiento verde Corriente ideológica que se centra en la construcción de una sociedad ecológicamente sostenible.

Multilateralismo La colaboración de muchos países que trabajan juntos en relaciones internacionales. Lo opuesto al **unilateralismo**.

Nacionalismo Lealtad y devoción a la nación de uno y creencia política de que el principal objetivo de todas las políticas debe ser el interés de esa nación.

Negritud Posición ideológica solidaria que se basa en una identidad africana negra compartida, creada por intelectuales franceses en la década de 1930 como reacción al racismo del **colonialismo** francés.

Oligarquía Forma de gobierno en la que el poder se halla en manos de un grupo reducido de personas que lo ejerce en su propio interés y, habitualmente, en perjuicio del resto de la población.

Pacifismo Oposición tanto ideológica como activa a la guerra y la violencia como forma de resolver disputas, que suele basarse en la religión o la moral. Término acuñado por el activista francés a favor de la paz Émile Arnaud (1864–1921).

Partidario Persona que apoya incondicionalmente a un líder político, un partido o una causa y que suele exhibir su lealtad incuestionable.

Perestroika Reforma política, burocrática o económica de un sistema o una organización. Palabra rusa que significa «reestructuración» y que usó por primera vez Mijaíl Gorbachov para describir las reformas acometidas en el sistema **comunista** en la antigua Unión Soviética.

Plutocracia Gobierno controlado o sumamente influido por los ricos de la sociedad.

Progresismo Doctrina que propugna el avance político moderado hacia condiciones mejores en el gobierno y en la sociedad.

Proletariado En la teoría **marxista**, los trabajadores de una nación que no poseen propiedades y deben vender su trabajo para ganarse la vida.

Radicalismo Defensa de formas extremas de cambio con objetivos políticos. También se refiere a creencias que se separan notablemente de las tradicionales o establecidas.

Reacción Orientación política que se opone al cambio social radical y, en cambio, favorece el retorno a antiguos órdenes políticos o sociales.

Realpolitik Política pragmática y realista opuesta a la que se guía por objetivos morales o éticos. A veces la *Realpolitik* incluye cierto acercamiento a las libertades civiles.

Republicanismo Creencia de que la mejor forma de gobierno es una república, esto es, un Estado sin monarquía en la que el pueblo elige a su jefe de Estado y a sus representantes políticos.

Segregacionismo Convicción de la necesidad de separar las razas, clases o grupos étnicos diferentes.

Sharía Cuerpo de la ley divina del islam, que rige la vida civil y religiosa musulmana. Algunos musulmanes argumentan que la sharía es la única base legítima de las leyes.

Sindicalismo Ideología de comienzos del siglo XX que apareció como alternativa al **capitalismo** y al **socialismo**. Muy popular en Francia y España, preconizaba la apropiación de los medios productivos de un país —y el derrocamiento del gobierno— en una huelga general por los gremios de trabajadores y la organización de la producción a través de una federación de sindicatos locales.

Soberanía Poder supremo ejercido por un Estado o gobernante autónomo, que no recibe influencia ni control del exterior. Suele utilizarse para hablar del derecho de una nación a la autodeterminación respecto a las relaciones internacionales con otros países y en sus asuntos internos.

Soberanía popular Teoría según la cual la autoridad política soberana se confiere a los ciudadanos de un Estado, que la comparten y que otorgan el ejercicio de esa autoridad al Estado, a su gobierno y a sus líderes políticos, pero sin renunciar a la suprema **soberanía**.

Socialismo Ideología y método de gobierno que defiende la propiedad y regulación de la industria por el Estado, así como el control centralizado de la asignación de recursos en lugar de permitir que estos queden a merced de las fuerzas del mercado.

Socialismo marxista Fase del desarrollo económico que Marx consideraba etapa imprescindible en la transición de un Estado **capitalista** a otro **comunista**.

Sociedad Fabiana Doctrina británica que defendía la necesidad de introducir el **socialismo** de manera gradual por medio de la educación y de cambios legislativos.

Sufragio Derecho a votar en elecciones o referéndums. El sufragio universal es el derecho a votar de todos los ciudadanos, independientemente de su sexo, raza o su clase social o económica, mientras que el sufragio femenino es el derecho de las mujeres a votar en las mismas condiciones que los hombres, como resultado de las campañas de las activistas llamadas «sufragistas» a comienzos del siglo XX.

Teocracia Sistema político organizado, gobernado y dirigido por el clero, e incluso por un «dios vivo» proclamado, en general siguiendo los preceptos de una doctrina religiosa, o bien inspirados por la intervención divina.

Teoría de la dependencia Idea de que los países ricos del hemisferio norte han creado una relación neocolonial con los del hemisferio sur, por la cual los países menos desarrollados son dependientes y están en desventaja.

Totalitarismo Régimen que subordina los derechos de los individuos a los intereses del Estado por medio del control de los asuntos económicos y políticos, así como por el mandato de cuáles han de ser las actitudes, los valores y las creencias de la población.

Unilateralismo Cualquier acción llevada a cabo de una única manera. En política suele describir a países que llevan los asuntos internacionales de forma individualista, consultando mínimamente con otros países, incluso sus aliados. Su opuesto es el **multilateralismo**.

Utilitarismo Rama de la filosofía social creada por Jeremy Bentham que sostiene que, en cualquier circunstancia dada, la mejor política es la que procura más felicidad a la mayor cantidad de gente.

Utopía Lugar idealmente perfecto. En política se aplica el adjetivo «utópico» al sistema que se encamina a crear una sociedad ideal. Proviene del griego y significa «ningún sitio»; el término fue empleado por primera vez por el escritor y pensador inglés Tomás Moro en su obra de ficción *Utopía* (1516). *Véase* **distopía**.

INDICE

Los números en **negrita** hacen referencia a las entradas principales de los pensadores recogidos en esta obra.

D

E

N

O

P

T

U

V

W

Y

Z

AGRADECIMIENTOS

Dorling Kindersley y Tall Tree Ltd. desean expresar su agradecimiento a Sarah Tomley por la planificación de contenidos; a Alison Sturgeon y a Gaurav Joshi por su ayuda editorial; a Debra Wolter por la corrección de pruebas, y a Chris Bernstein por la elaboración del índice.

CRÉDITOS FOTOGRÁFICOS

194 Corbis: Philippe Giraud / Goodlook (cd). **197 Wikimedia Commons:** F. Hartmann/http://en.wikipedia.org/wiki/File:Nietzsche187a.jpg (sd). **198 Corbis:** Heidi & Hans-Juergen Koch / Minden Pictures (bi). **201 Getty Images:** Steve Eason / Stringer / Hulton Archive (cd); Roger Viollet (bi). **203 Getty Images:** CHRISTOF STACHE / AFP (cib); UniversalImagesGroup / Universal Images Group (sd). **205 Corbis:** Bettmann (cd, bi). **207 Corbis:** Hulton-Deutsch Collection (cb). **209 Corbis:** Bettmann (sd). **Getty Images:** Paul Chesley / Stone (cib). **211 Getty Images:** Fotosearch / Archive Photos (cd). **213 Corbis:** Adam Woolfitt (cia). **Library Of Congress, Washington, D.C.:** LC-USZ62-5972 (sd). **215 Corbis:** Mark Moffett / Minden Pictures (cia). **Getty Images:** German / The Bridgeman Art Library (sd). **223 Corbis:** Hulton-Deutsch Collection (bi); Frederic Soltan / Sygma (cd). **224 Getty Images:** Hulton Archive / Stringer / Archive Photos (cib). **225 Corbis:** David Osuna / Demotix (bd). **229 Corbis:** Bettmann (sd); Hulton-Deutsch Collection (bi). **230 Corbis:** (bi). **231 Corbis:** Hulton-Deutsch Collection (sd). **232 Corbis:** Bettmann (bi). **233 Corbis:** Bettmann (si). **235 Alamy Images:** The Art Archive (bi). **Corbis:** Bettmann (cia). **237 Corbis:** Bettmann (cia). **Library Of Congress, Washington, D.C.:** LC-USW33-019093-C (bi). **238 Alamy Images:** tci / MARKA (cb). **241 Corbis:**

Bettmann (bi). **Getty Images:** Buyenlarge / Archive Photos (ca). **243 Getty Images:** Keystone-France / Gamma-Keystone (bd). **244 Corbis:** Hulton-Deutsch Collection (si). **245 Corbis:** Underwood & Underwood (bi). **Wikimedia Commons:** The Russian Bolshevik Revolution (PDF gratuito en: Archive.org)/http://en.wikipedia.org/wiki/File:Lev_Trotsky.jpg (sd). **246 Corbis:** (cda). **249 Corbis:** Bettmann (bi); Tolga Bozoglu / epa (ci). **251 Corbis:** Bettmann (sd). **Getty Images:** Alinari Archives / Alinari (cb). **257 Getty Images:** (bd). **258 Corbis:** Bettmann (cb). **263 Getty Images:** Imagno / Hulton Archive (cda). **264 Getty Images:** Hulton Archive / Archive Photos (sd). **265 Corbis:** Roman Soumar (sd). **Getty Images:** Keystone-France / Gamma-Keystone (bi). **274 Corbis:** Martin Jones; Ecoscene (bi). **275 Corbis:** Wally McNamee (si). **Getty Images:** Apic / Hulton Archive (bi). **277 Corbis:** (bi). **279 Corbis:** Michel Setboun (cda). **281 Corbis:** Atlantide Phototravel (sd); Oscar White (bi). **282 Corbis:** Bettmann (bc). **283 Getty Images:** Apic / Hulton Archive (sd). **286 Corbis:** Hulton-Deutsch Collection (bi). **287 Corbis:** Blue Lantern Studio (bd). **288 Corbis:** Gianni Giansanti / Sygma (si). **291 Getty Images:** ERLEND AAS / AFP (sd). **292 Corbis:** Stapleton Collection (si). **295 Corbis:** Hulton-Deutsch Collection (cib); Stephane

Ruet / Sygma (sd). **296 Corbis:** Bettmann (cd). **302 Dreamstime.com:** Marcio Silva (bi). **303 Getty Images:** AFP / Stringer / AFP (sd); Frederic REGLAIN / Gamma-Rapho (bi). **305 Corbis:** Raymond Darolle / Europress / Sygma (cda). **306 Getty Images:** Topical Press Agency / Hulton Archive (sd). **307 Getty Images:** AFP (bi) Leemage / Universal Images Group (sc). **309 Corbis:** (cda). **Library Of Congress, Washington, D.C.:** LC-USZ62-115058 (bi). **311 Corbis:** Bettmann (sd); Wolfgang Flamisch (cb). **313 Corbis:** epa (cia). **Getty Images:** Joseph Scherschel / Time & Life Pictures (sd). **315 Corbis:** Christopher Felver (bi). **Getty Images:** Bloomberg (cca). **319 Wikimedia Commons:** US Army. http://en.wikipedia.org/wiki/File:101st_Airborne_at_Little_Rock_Central_High.jpg (bd). **320 Corbis:** Bettmann (sd). **321 Corbis:** Flip Schulke (bi). **Library Of Congress, Washington, D.C.:** LC-USZ62-126559 (sd). **322 Corbis:** Bettmann (cb). **325 Corbis:** Najlah Feanny / CORBIS SABA (sd). **Getty Images:** AFP (cib). **327 Corbis:** Pascal Deloche / Godong (cb). **Getty Images:** Martha Holmes / TIME & LIFE Images (sd). **328 Corbis:** Bettmann (cda).

Las demás imágenes © Dorling Kindersley

Para más información, consulte: **www.dkimages.co.uk**